Roswitha K. Renner

WEINKUNDE IN STICHWORTEN

Ein Weinkolleg

von

Kurt M. Hoffmann

Neu bearbeitete und stark erweiterte
2. Auflage

Seit 1832
hirt
Cum Deo et Die

VERLAG FERDINAND HIRT

Über den Verfasser

Dr. phil. nat. KURT M. HOFFMANN, geb. 1907 in Berlin; Studium der Naturwissenschaften und Mathematik in Berlin und Kiel; Dr. Ing.-Dissertation in Berlin.

Leiter von Schulen verschiedener Schulgattungen (Volksschule, Höhere Fachschule und Gymnasium); Referent für den mathematisch-naturwissenschaftlichen Unterricht im Reichs- und im Landesministerium; Schul-, Kultur- und Theaterdezernent der Stadt Kiel.

Weitere Veröffentlichungen: Verfasser zahlreicher Aufsätze, Schriften und Bücher, u. a.: Cytologie der Orchidaceen (1930); Holzverzuckerung (1932); Energie und Stoff (1938 und 1943); Arznei- und Gewürzpflanzen (1948); Anschauliche Mathematik (1958 und 1960); Verantwortung, Freiheit, Recht (1960).

Für freundlich erteilte Reproduktionsgenehmigung danken wir:

Herrn Professor Dr. PAUL CLAUS, Hessische Lehr- und Forschungsanstalt für Wein-, Obst- und Gartenbau, Geisenheim/Rhg: Tafeln 9, 10, 11

Frau Dr. ELSE LUISE HOFMANN, Hessische Lehr- und Forschungsanstalt für Wein-, Obst- und Gartenbau, Geisenheim/Rhg.: Tafeln 1–8, 12–16

2. Auflage 1977

Printed in Germany
ISBN 3 554 **80061** 9

Redaktion: Verlag Ferdinand Hirt
Kartographie: H. Neide

Vorwort zur 1. Auflage

An Büchern über den Wein mangelt es nicht. Es fehlt jedoch eine kurzgefaßte Weinkunde (Oenologie) und Kulturkunde des Weines. Die vorliegende »Weinkunde in Stichworten« will diese Lücke schließen; sie will Führer sein durch die Botanik der Weinrebe, durch Boden- und Klimakunde, Geographie der Weinlandschaften, Chemie der Inhaltsstoffe des Weins, der Weinbereitung und Kellerwirtschaft, sie will helfen beim Verstehen der Weinfachsprache, beim Lesen des Flaschenetiketts, sie will die wechselseitigen Beziehungen zwischen Wein und Glas, Speise, Gesundheit zeigen und Hinweise geben für den Weineinkauf, die Einrichtung des eigenen Weinkellers, die Lagerung des Weins, die Weinbeurteilung und die Kultur des Weingenusses.

Die »Weinkunde in Stichworten« möchte nicht nur Sachwissen vermitteln, sondern auch Verständnis für den Wein und Interesse für die Kulturgeschichte des Weins wecken. Der praktische Umgang mit dem Wein, die »verkostete« Erfahrung, das Probieren und Genießen, erhalten reizvolle Bereicherung, wenn man weiß, wo der Wein wächst, wo er entsteht, wie er bereitet wird. Der Weinliebhaber entwickelt sich so allmählich zum Weinkenner.

Der knapp beschreibende Text einer »Weinkunde in Stichworten« kann nur erste Kenntnisse vermitteln. Die Darstellung – unterstützt durch zahlreiche Abbildungen und Kartenskizzen – ist deshalb vorwiegend auf die bekannten deutschen Rebsorten und Weine beschränkt. Die europäischen Verhältnisse sind zu Vergleichen und als Anregung für Weinreisen herangezogen.

Herrenalb, im September 1970 KURT M. HOFFMANN

Vorwort zur 2. Auflage

In einer Zeit des immer rascher wachsenden Wissens ist für die meisten allgemein Interessierten das klassische Fachbuch zu umfangreich, seine Wahl zudem durch das reiche Angebot erschwert, und das Lexikon bei seiner Langlebigkeit schnell veraltet. Die Form der Wissensvermittlung in Stichworten, die frei vom unverbindlichen Geplauder des Feuilletons rasch, leicht und sachlich informiert, hat sich auch für die Weinkunde als die zeitgemäße, erste fachliche Orientierung erwiesen. Die 1. Auflage der »Weinkunde in Stichworten« hat sich daher ungeteilten Zuspruchs erfreut.

Verlag und Verfasser sind für die Aufnahme und zahlreiche Anregungen dankbar. Die Mehrzahl von ihnen läßt die Erweiterung des Abschnittes, der sich mit den außerdeutschen Weinen befaßt, als vordringlich erscheinen. Reisen durch Europa wie nach Übersee und die zunehmende Bereicherung des deutschen Marktes mit Weinen aus aller Welt haben das Bedürfnis nach Information über fremde Weine stark vermehrt.

Die vorliegende 2. Auflage der »Weinkunde in Stichworten« behandelt daher in den Kapiteln 9 und 10 die europäischen und die wichtigsten außereuropäischen Weine einschließlich einer Übersicht über die landes- und kulturgeschichtliche Entwicklung des jeweiligen Weinbaus, das Wesen des Anbaugebietes, Klima und Böden, Anbaufläche und Weinertrag, Rebsorten und typische Weine.

Beim gegebenen Umfang des Buches ist die gleichmäßige Behandlung der etwa 80 europäischen und der kaum kleineren Anzahl überseeischer Weinbaugebiete weder möglich noch interessant. Die Rangfolge ist schwerpunktmäßig nach der Begehrtheit der Reiseziele und der in der Bundesrepublik Deutschland erhältlichen Weine verlagert, und die Auswahl nicht frei vom subjektiven Weingeschmack des Verfassers. Die meisten Weingebiete hat er bereist und die Weine des Landes ausgiebig verkostet; denn Versuch und Erfahrung sind die einzigen unbestechlichen Ratgeber.

Die Neubearbeitung der Kapitel 1–8 hat den Text auf den neuesten Informationsstand gebracht und ihn durch die Hereinnahme der beurteilungsreif gewordenen Neuzüchtungen sowie die eingehendere Behandlung des 6. Deutschen Weingesetzes von 1971 und der deutschen Anbaugebiete mit ihren Weinen wesentlich erweitert.

Alle Zahlenangaben im Text gelten – sofern nicht anders vermerkt – bei der BRD für 1975, bei den übrigen Ländern für 1974.

Neues EWG-Bezeichnungs- und Aufmachungs-Recht vom Juni 1976, z. B. für Etikettierung, findet in BRD erst für Weinjahrgang 1977 Anwendung (ab 1. 9. 1977).

Den zahlreichen Persönlichkeiten und Institutionen, die hilfreich mit Rat und Tat bei der Gestaltung der Neuauflage mitgewirkt haben, sei gemeinsam herzlich gedankt. Aus den benachbarten Weinbauländern seien stellvertretend für alle genannt

in der Schweiz:

Privat-Dozent Dr. KOBLET, Chef der Sektion Weinbau der Eidgenössischen Forschungsanstalt für Obst-, Wein- und Gartenbau, Wädenswil;

L. KARLEN, Sitten (Wallis);

in Österreich:

Dipl.-Ing. TRAXLER, Geschäftsführer des österreichischen Weinwirtschaftsfonds, Wien;

Dr. SCHERER von der Bundeskammer der Gewerblichen Wirtschaft, Sektion Handel, Wien;

Prof. Dr. h. c. L. MOSER, Rohrendorf bei Krems;

Hofrat Dipl.-Ing. L. MÜLLNER, Klosterneuburg, Leiter der Abteilungen Weinbau und Rebenzüchtung der Höheren Bundeslehr- und Versuchsanstalt für Wein- und Obstbau;

Dr. E. WALTER, Verband der Agrarjournalisten in Österreich, Wien;

in der Deutschen Demokratischen Republik:

Dr. habil. FR. GOLLMICK, Naumburg/Sa;

in Ungarn:

Dr. J. CSIZMAZIA, Direktor des Ampelologischen Instituts, Budapest.

Bad Herrenalb, im September 1976 KURT M. HOFFMANN

Inhalt

Verzeichnis der numerierten tabellarischen Übersichten

Verzeichnis der Karten

Verzeichnis der Farbtafeln

zwischen den Seiten 128 und 129

Verzeichnis der Abkürzungen und Zeichen

Alk.-Gehalt	Alkoholgehalt	östl.	östlich
b. A.	bestimmtes Anbaugebiet	poln.	polnisch
bes.	besonders	portug.	portugiesisch
Brsg.	Breisgau	Q. b. A.	Qualitätswein bestimmter Anbaugebiete
bzw.	beziehungsweise	rd.	rund
cal	Kalorie	Rhg.	Rheingau
dt.	deutsch	Rhh.	Rheinhessen
dt	Dezitonne	Rhpf.	Rheinpfalz
dz	Doppelzentner	röm.	römisch
engl.	englisch	russ.	russisch
evtl.	eventuell	S	Süden
frz.	französisch	s. Br.	südliche Breite
geb.	geboren	sog.	sogenannt
ggfs.	gegebenenfalls	span.	spanisch
griech.	griechisch	Std.	Stunden
H.	Heft	südl.	südlich
ha	Hektar	Tab.	Tabelle
hl	Hektoliter	u.	unten
i. e. S.	im engeren Sinne	u. a.	und andere, unter anderem
i. w. S.	im weiteren Sinne	u. U.	unter Umständen
ital.	italienisch	ü. NN	über Normalnull
J	Jahr	urspr.	ursprünglich
Jh.	Jahrhundert	v. a.	vor allem
Kap.	Kapitel	vgl.	vergleiche
lat.	lateinisch	Vol. %	Volumenprozent
Min.	Minuten	W	Westen
Mol.	Molekulargewicht	westl.	westlich
Mrd.	Milliarde(n)	z. Z.	zur Zeit
N	Norden	Zschr.	Zeitschrift
n. Br.	nördliche Breite	†	gestorben
nördl.	nördlich	→	siehe
O	Osten		
o.	oben		

1 KULTURGESCHICHTE DER WEINREBE UND DES WEINS

1.1 Weinrebe in der Erd- und Vorgeschichte

Rebengewächse gehören zu den ältesten Laubgewächsen. An Funden von Pflanzenresten der Weinrebe, v. a. widerstandsfähigen und daher gut erhaltenen Samen (Traubenkernen), konnte man feststellen, daß es schon Ende der Kreidezeit (vor mehr als 60 Mill. Jahren) Weinreben gegeben hat. In der Braunkohlenzeit *(Tertiär)*, vor rd. 60 bis 3 Mill. Jahren, besiedelten 40 heute fossile, d. h. inzwischen ausgestorbene und nur in Pflanzenabdrücken oder in Resten in der Braunkohle erhaltene Rebarten und Rebsorten, weit ausgedehntere Gebiete, als heute die Kulturreben einnehmen: nicht nur Bodensee, Wetterau, Rhön, Schlesien und Steiermark, sondern auch England, Irland, Grönland, Alaska, N-Amerika und Japan.

Im subtropischen Klima des Jungtertiärs *(Miozän)*, vor etwa 25 Mill. Jahren, rankten in Mittel-Europa vielerorts Reben der Europäischen Wildrebe *(Vitis vinifera ssp. silvestris)* als Lianengewächse bis hoch in die Wipfel von Mammutbäumen und Sumpfzypressen. Zahlreiche Überreste in Braunkohlenlagern legen davon Zeugnis ab.

Durch langandauernde Klimaverschlechterungen seit Ende der Braunkohlenzeit und während des darauf folgenden Eiszeitalters *(Pleistozän)*, vor etwa 2 Mill. bis 10 000 Jahren, wurden die Wildreben Mittel-Europas vernichtet, sofern es ihnen nicht gelang, in Lebensräume außerhalb der Vereisung nach S-Frankreich, Italien und SO-Europa auszuweichen. Sie wanderten in der nacheiszeitlichen Wärmezeit *(Postglaziale* vor 10 000 bis 5 000 Jahren) durch das Rhône-Tal wieder ins Rheintal ein oder drangen längs der Donau nach NW vor.

Der Mensch (in seiner Entwicklung zum Homo sapiens vor einigen hunderttausend Jahren) fand die Wildrebe also bereits vor; Geschichte der Weinrebe ist um ein Vielfaches älter als Homo sapiens.

Zwischen Resten prähistorischer Behausungen fand man Traubenkerne in solchen Massen, daß sie nur Preßrückstände vergorener Trauben sein können. Mit Hilfe des Radiokohlenstoff-Verfahrens, einer modernen Methode zur Bestimmung des Alters geologischer und biologischer Objekte, wurde erwiesen, daß Wein in Mesopotamien bereits vor 10 000 Jahren hergestellt worden sein muß. In Kleinasien wurden Traubenpressen gefunden, deren Alter auf 8 000 Jahre geschätzt wird.

Wildreben, wie sie heute noch an den Abhängen des Kaukasus, auf dem Balkan und in den Donaurieden – bis in unser Jahrhundert hinein auch in den Auwäldern am Oberrhein – vorkommen, sind die *Stammformen unserer Kulturreben,* sind die Ahnen der edlen europäischen Rebsorten, wie Weißer Riesling, Roter Traminer oder Blauer Spätburgunder.

Im Abfall von Pfahlbausiedlungen der Jungsteinzeit *(Neolithikum,* rd. 5000–1800 v. Chr.) am Bodensee und an Alpenseen, am Oberrhein bei Kleinkems und im Kochertal bei Schwäbisch Hall sind verschiedenartige Wildreben festgestellt worden. In den durch ihre Wandmalereien berühmt gewordenen Höhlen von Altamira bei Santander (Spanien) und von Lascaux in der Dordogne (SW-Frankreich) hat man abgegessene Traubengerippe und Traubenkerne gefunden, und in Behausungen der *Bronzezeit* (rd. 1800–700 v. Chr.) am Neuenburgersee zeigen die Funde schon recht unterschiedliche Formen und Größen von Rebkernen. Das beweist, daß bereits in der Jungsteinzeit der frühgeschichtliche Mensch auffallende, genießbare Früchte von Wildreben ausgesucht (selektioniert) hat.

Neuere Ausgrabungen steinzeitlicher Siedlungen am Bodensee, am Neckar bei Stuttgart und Heilbronn sowie am Kocher haben ergeben, daß der Wein im süddeutschen Raum bestimmt schon um 3500 v. Chr. gekeltert worden ist.

1.2 Weinrebe und Wein in der europäischen Geschichte

Die Urheimat, das Gen-Zentrum der botanischen Rebenart, welche die Weintrauben trägt, *Vitis vinifera L.* (lat. = weintragende Rebe), ist in den weiten Gebieten südl. des Kaukasus über Kleinasien bis Persien anzunehmen (→2.3).

Jeder neuen Landnahme und kulturellen Ausbreitung von O nach W folgten Rebe und Wein: Phönizier aus Karthago drangen nach Spanien vor und gründeten heutiges Cádiz (röm. Gadir) um 1101 v. Chr., griechische Phokäer aus Kleinasien besiedelten S-Italien und S-Frankreich und gründeten Marseille (Massalia, lat.: Massilia) um 611 v. Chr., brachten den keltischen Allobrogern den Rebstock an die Rhône und gelangten weiter bis Bordeaux (Burdigala); Römer schließlich beglückten Gallier und Germanen – letztere waren bis dahin keine Weintrinker gewesen – mit dem kultivierten Umgang mit Wein, der ihnen als Lebenselixier galt; sie kannten bereits 130 Rebsorten, die sie ständig selektionierten.

Der weinkundige römische Schriftsteller VERGIL (70–19 v. Chr.) spricht von Rebsorten »zahllos wie der Sand der Wüste«, PLINIUS (23–79 n. Chr.) führt 91 und COLUMELLA in seinem 12-bändigen Werk über den Landbau (»De re rustica«) um 60 n. Chr. insgesamt 58 ihm bekannte Sorten auf, von denen 3 Rebsorten im damaligen Italien angebaut wurden: die *ammineische,* die *apianische* und die *nomentanische* Rebe. *Vitis amminea,* aus deren Trauben der berühmte Falerner des klassischen Rom gekeltert wurde, wird wegen der Lebenskraft, Nässeverträglichkeit, pikanten Säure und Haltbarkeit ihrer Weine gepriesen, Eigenschaften, die auch auf unseren *Riesling* zutreffen könnten; sicherer erscheint jedoch die Abstammung unseres Rieslings von einer Wildrebe, die vom Rheintal aus verbreitet worden ist. – Eine andere Rebsorte im alten Rom, die *apianische (Uva apiana),* könnte Stammform der zahlreichen *Muskateller*-Sorten sein. – Manches an der *nomentanischen* Rebsorte, wie rotes Holz, geringer Ertrag, Feuchtigkeitsbedürfnis und Frosthärte, spricht dafür, daß sie Urform für den *Roten Traminer* ist. Jedoch können alle derartigen Mutmaßungen bis heute nicht bewiesen werden.

Römer fanden in Gallien den von den Griechen eingeführten Rebanbau vor, kultivierten und verbreiteten ihn von S-Frankreich aus und brachten den Völkern der eroberten Gebiete, hier wie überall in Europa, den Rebstock als »Baum des Lebens« (arbor vitae), als Zeichen des Friedens und als Vermittler der Zivilisation. Eine der von ihnen verbreiteten und in Gallien kultivierten Rebsorten, die *allobrogische,* benannt nach dem schon erwähnten keltischen Volksstamm der Allobroger im Rhône-Tal, gilt als Stammform der zahlreichen *Burgunder*-Sorten.

Ihre Siedlungen und Verkehrswege legten die Römer der besseren Transportmöglichkeiten wegen in den Flußtälern an; die schweren Weinbehälter beispielsweise ließen sich nur auf dem Wasserwege leicht befördern. Wälder wurden, da sie dem Feind bei Übergriffen Schutz gewährten, an den Flußufern gerodet; die frei gewordenen Hänge boten sich geradezu zur Rebkultur an. Und nichts übte auf die befriedeten Völkerstämme eine so zivilisierende Wirkung aus wie eigene Weinberge. Durch den Weinbau wurden Jäger, Fischer und Krieger zu Bauern, Nomaden seßhaft; denn der Rebstock, ein lohnendes Gewächs, bedurfte ständiger Pflege. Der Wein wurde so ein mitbestimmendes Element beim Werden und Wachsen einer festgefügten Gesellschaft. Sein Einfluß strahlte weit auf das kulturelle Leben aus.

In Deutschland verbreitete sich der Weinbau während der mehrhundertjährigen römischen Besetzungszeit vom Bodensee-Gebiet aus, das die Römer im 1. Jh. n. Chr. erreichten. Von dort aus verwandelten sie weite besetzte Gebiete SW-Deutschlands in blühendes Weinland. Die großen Weinmengen für die römischen Soldaten – CAESAR (100–44 v. Chr.) berichtet im »De bello gallico« von 1 l Tagesration in der Truppenverpflegung als Antiseuchenarznei, deren Nichtverzehr schwer bestraft wurde – wurden im Lande erzeugt, nur Spitzenweine für die Offiziere, wie der Falerner, kamen über Marseille rhôneaufwärts in die Garnisonsorte.

Als offenbar vorherrschende Rebsorte dieser Jahrhunderte wird verschiedentlich der *Elbling* genannt, der heute noch an der Obermosel angebaut wird. Ungeklärt ist jedoch, ob die Römer diese Rebe aus Italien mitgebracht haben (wofür manches spricht) oder ob sie eine frühe Auslese (Selektion) aus 40 damals heimischen Wildrebsorten ist.

Von der Römerzeit auf deutschem Boden sind noch viele Spuren lebendig, nicht nur in aufgefundenen Bildwerken und Geräten, sondern sogar in Fachbezeichnungen des Weinbaus; so entwickelte sich z. B. Bezeichnung Rahmenbau aus lateinisch ramex, Pfahlbau aus palus, Wein aus vinum, Most aus mustum, Keller aus cellarium, Winzer aus vinitor, Küfer aus cuparius, Kelter aus celcatorium, Kork aus cortex.

Völkerwanderung (4.–6. Jh.) brachte Rebkultur auf deutschem Boden zwar schwere Schäden, jedoch keine Vernichtung; denn Kriegsziel der nachdrängenden Stämme war Erwerb von Wohnsitzen und Anbauflächen.

Unter Merowingern (5.–7. Jh.) wurde Weinbau vielseitig gefördert und unter Karolingern (8.–10. Jh.) stark ausgeweitet; KARL D. GR. ließ u. a. Musterwirtschaften anlegen.

Welche Bedeutung der Wein genoß, ist beispielsweise daraus zu entnehmen, daß der Weinbauer während salischer Herrschaft (1024–1125) besonderen Schutz genoß; wer einen unfreien Weinbauern beleidigte oder tötete, mußte nach der Lex salica hohe Bußgelder (bis 25 Rinder) bezahlen oder Ärgeres erleiden.

Vielerorts übernahm die *Kirche* das römische Erbe, pflegte und vermehrte es, förderte Ackerbau, Wissenschaft und Künste. Die besten Weinberge sowie Kenntnisse von Rebanbau und Weinbereitung befanden sich ein Jahrtausend lang nahezu allein im Besitz von Klöstern und kirchlichen Institutionen. In den Ordensniederlassungen war Wein das Tischgetränk der Mönche, und wo immer man das Abendmahl feierlich beging, brauchte man den Wein. So haben mehr als ein Jahrtausend lang missionierende und gleichzeitig kolonisierende Mönche antikes Kulturgut mit christlichem Geist erfüllt und Klöster zu irdischen Patronen der Rebkultur gemacht.

Im späten Mittelalter reichte deutscher Rebanbau von Oberbayern und Bodensee bis zur Nordsee und bis nach Tilsit, umfaßte damit die 4- bis 5-fache Ausdehnung der heutigen. Dieser gewaltige Umfang der Weinanbaufläche geht ganz überwiegend auf das Wirken von Kirche und Klöstern zurück; allerdings trugen weltliche Herrscher, wie aus zahlreichen Belegen und Urkunden nachweisbar ist, im hohen Maße dazu bei, indem sie geistlichen Institutionen riesige Ländereien übereigneten. Zu den frühesten Schenkungen gehören die KARLS D. GR. an die Reichsabtei Lorsch bei Heppenheim um 772, deren Besitzungen von der Schweiz bis in die Niederlande reichten, und die von Weinbergen an der Werra an das Kloster Hersfeld im Jahre 786.

Ganz besondere Verdienste um den Weinbau haben sich unter den Mönchsorden die *Zisterzienser* erworben, die aus Morimond in Frankreich 1123 nach Deutschland kamen. Sie gründeten beispielsweise das Kloster Eberbach im Rheingau sowie das Kloster Maulbronn in Württemberg, das bis auf den heutigen Tag nahezu vollständig erhalten ist, und legten dort am Eilfinger Berg Weinkulturen mit Wegen und Wasserführungen an, so umsichtig und weitsichtig, daß sie noch heute ohne flurbereinigende Umlegung modern wirken.

Gasthäuser, in denen Wein ausgeschenkt wurde, gab es damals lediglich in den größeren Städten, dagegen wurde auf den Kaiserpfalzen und königlichen Domänen sowie v. a. in den Klosterherbergen Wein auch an Reisende zum Verzehr verkauft. KARL D. GR. gilt als Erfinder der »Straußwirtschaften«, in denen bis auf den heutigen Tag der »Heurige«, der diesjährige Wein, ausgeschenkt wird (→Fußnote in 9.2.5).

Wachsende Ausdehnung des Weinanbaus in Deutschland während des Mittelalters läßt sich noch heute genau nachverfolgen. Schon zur karolingischen Zeit (8.–10. Jh.) war S-Deutschland bis an den Main ein großer Weingarten. In den sächsisch-thüringischen Ländern begannen sich die ersten Weinbaugemeinden um 973 zu bilden. Zu Beginn des 11. Jhs. wurde bereits bei Erfurt und Dresden Wein angebaut (sächsischer Wein galt noch im 18. Jh. dem rheinischen als ebenbürtig). Von Sachsen aus wanderte der Rebstock nach Brandenburg und eroberte schrittweise das Land. Im 12. Jh. besiedelte die Rebe Pommern, und der Deutsche Ritterorden führte sie in West- und Ostpreußen ein. Wein aus den Weinbergen um Thorn wird als bes. hochwertig gepriesen und der beim Besuch des Herzogs RUDOLF von Bayern 1363 auf der Marienburg kredenzte als »ächtes Öl, davon einem die Schnauze anklebt« gelobt. In zahlreichen Klöstern Schlesiens stand der Weinbau in hoher Blüte. Vom umfangreichen Weinbau im O Deutschlands haben sich lediglich 200 ha um Grünberg (heute poln. Zielona Góra) in die Gegenwart hinübergerettet. Von den großen Mitteldeutschen Weinbaugebieten um Elbe oberhalb Dresdens, an Saale um Naumburg und an Unstrut um Freyburg, die einstmals bis 10 000 ha umfaßten, sind in der Deutschen Demokratischen Republik nur 500 ha erhalten geblieben. Berlin war nach einer Chronik von 1565 ein renommierter Weinort mit nahezu 100 Weinbergen.

In den Weinbergen *Europas* lassen sich Spuren der Geschichte allerorts ablesen. Im 16. und 17. Jh. hatte der europäische Weinbau in Deutschland mit schätzungsweise 350 000 ha seine größte Ausdehnung. Von nun an ging er ständig zurück. Die Reformation führte zur Auflösung zahlreicher Klöster; im Bauernkrieg (1524/25) wurden über 12 000 Winzer bei Pfeddersheim erschlagen und im 30-jährigen Krieg (1618–1648) riesige Weingebiete vernichtet und infolge des Aderlasses an Menschenleben (Bevölkerung sank von 20 Mill. auf 5 Mill.) nicht wieder aufgebaut. Durch die französische Revolution (1789) und NAPOLEON (1803–1815) wurde der kirchliche Besitz in Frankreich, Deutschland und anderen Teilen Europas verweltlicht (säkularisiert) und damit eine tausendjährige Tradition abgelöst. Die klösterlichen Weinberge gingen in weltliche Hände, vorwiegend in die von Weinbauern, über. Daneben waren weitere Gründe für den unaufhaltsamen Rückgang des Rebanbaus wirksam: Einfuhr billiger und gefälligerer Auslandsweine aus südlicheren Anbaugebieten; Bekanntwerden und wachsende Konkurrenz neuer Getränke, wie Kaffee, Tee und Kakao; ungezählte, alles verteuernde Zollschranken zwischen den vielen Kleinstaaten in Deutschland und Europa; immer wiederkehrende, unberechenbare Mißernten; aus N-Amerika in 2. Hälfte des vorigen Jahrhunderts eingeschleppte Rebkrankheiten und Rebschädlinge, wie der Echte und der Falsche Mehltau sowie die große Weingebiete verheerende Reblaus (→3.2.4); nicht zuletzt mangelnde Pflege der Rebanlagen während beider Weltkriege.

In Außereuropa gehen die geschichtlichen Zeugnisse der Verbreitung anderer Rebarten als unserer europäischen bis auf den Normannen LEIF ERIKSSON zurück, der um 1000 n. Chr. das neuentdeckte Land zwischen New York und

Boston »Vinland hit goda« (das gute Weinland; von anderer Seite auch als das gute Weideland ausgelegt) nennt, und auf KOLUMBUS, der in seinem Reisebericht von 1491 Pracht der amerikanischen Wildreben auf den Eilanden der Antillen anschaulich schildert. Zur großen heutigen Bedeutung der nordamerikanischen Arten der Rebengattung *Vitis* →10.2.2.2.

1.3 Wein in der Religion

In keiner Schrift der Menschheit wird so häufig – in Hunderten von Hinweisen – vom fruchtbaren Weinstock gesprochen wie in der *Bibel* (eine der bedeutendsten Kulturschriften auf allen Gebieten). Auf Geheiß Jehovas (1. Buch Moses) nimmt Noah vor Beginn der Sintflut einen Weinstock mit in die Arche und legt nach der Landung am Fuße des Berges Ararat – durch Stecklingsvermehrung – den ersten Weinberg an; er wird damit zum »Ahnherrn der Winzer«. In Psalm 104, 15, gewissermaßen einem der ältesten Weinlieder der Weltliteratur, wird gewünscht: »Der Wein erfreue des Menschen Herz (Et vinum laetificet cor hominis)«, tröste und erheitere ihn und schenke ihm ein doppeltes Leben.

Aber erst durch Christus wird der Wein zum heiligen Getränk. Nach dem Neuen Testament ist Christus selber der Weinstock und die Seinen die Reben, er hält mit ihnen das einfache, allen verständliche und eingängige Mahl: Brot und Wein. Von allen Erzeugnissen der Kulturpflanzen haben in der christlichen Religion nur Wein und Brot geistig-symbolische Bedeutung und sakrale Erhöhung als Opferblut und Leib Christi erfahren. Die christliche Kirche stellt den Wein in den Dienst des höchsten Mysteriums.

Auch im *Talmud,* dem nachbiblischen Hauptwerk des Judentums um 500 n. Chr., finden sich, ähnlich wie in der Bibel, genauere Anweisungen für Anbau und Ernte, Kellerbehandlung und Genuß des Weins.

Katholische Kirche kennt liturgisch, d. h. auf den öffentlichen Gottesdienst bezüglich, zwar keine eigene Kategorie von Wein*heiligen,* widmet Weinrebe und Wein jedoch 32 Reb*patrone,* davon ein Dutzend im ehemaligen Deutschen Reich, unter ihnen St. Urban († 230 n. Chr.), Senior und Primus unter den deutschen Rebpatronen (urspr.: der Bischof von Langres, als Märtyrer gestorben 375 n. Chr.; Weinpatronat im 9. Jh. vom Heiligen Stuhl auf Papst Urban übertragen), St. Florian (geb. um 300), St. Martin († 397), St. Kilian († 689), St. Korbinian († 730), St. Rochus († um 1370). Himmlische Nothelfer gegen verschiedenste Fährnisse, die Rebgärten und Wein widerfahren können, und zahlreiche Madonnen in den Weinbergen künden von der uralten Wertschätzung des Weins durch den gläubigen Menschen.

Nicht nur in der jüdisch-christlichen, auch in der *griechisch-römischen Religion* ist der Wein durch einen Gott – Dionysos bei den Griechen, Bacchus bei den Römern – geheiligt; aus dem vielgesichtigen Dienst an ihm entsteht bzw. ist zumindest eng verknüpft mit ihm die höchste Kunstgattung der Antike: die Tragödie.

Andere Religionen und Kulturkreise, wie *Islam* und *Buddhismus,* verschmähen den Wein und lehnen seinen Genuß wegen der berauschenden Wirkung ab.

1.4 Wein in der Kultur

Beziehungen zwischen Weinrebe und Wein einerseits, Landschaft und Kultur des Menschen andererseits sind vielfältige und haben einander mannigfaltig beeinflußt. Bildende Kunst, Dichtung, Brauchtum und Religion haben Rebe und Wein zu allen Zeiten geehrt und gepriesen. Wein verkörpert ein Stück abendländischer Kulturgeschichte, Weinkultur ist zu allen Zeiten Ausdruck der Lebensfreude gewesen.

Vorderasiatische Weinkultur blühte unter Phrygiern im 12./11. Jh. v. Chr. HOMERS »Ilias« (8. Jh. v. Chr.), ältestes europäisches Epos, schildert Wein als das Hausgetränk seiner Helden. Früheste archäologische Funde, kleinasiatische Weingefäße, ägyptische Skulpturen, griechische Tonvasen, altjüdische Münzen künden von Traubenernte, Kelter, Weingenuß und Weinkultur.

Kunstgeschichtliche Motive Rebe und Traube reichen vom biblischen Rebstock und von Eva mit Schlange und Traube über Weinlese und Kelter, Amphore und Faß, Becher und Bouteille bis zu den vielen Weinheiligen und bis zum mystischen Christus in der Kelter, vom Neptun mit Weingefäß und Dreizack, vom flötespielenden Pan im Weinberg über den nach den Trauben schielenden Fuchs zu den bechernden Landsknechten und schließlich bis zur Zweisamkeit bei einer guten Flasche.

Daß Wein selbst in der hohen Politik zum Helfer beim Problemlösen werden kann, bezeugt der große Staatsmann TALLEYRAND (1754–1838), wenn er sagt: »Guter Wein ist der beste Diplomat!«

Wein ist seiner Entwicklung zur derzeitigen Bedeutung nach ein europäisches Getränk, das heute allen gehört und allen zugänglich ist, das wieder zum Volksgetränk zu werden verspricht: als Nahrungs- und Genußmittel, als Kraftspender und Arznei (→6.9 und 6.10).

Weingenuß und Weinkultur erfuhren im Laufe der Menschheitsgeschichte viele *Wandlungen.* Die herben Weine der Antike wie die derben deutschen Weinsorten des Mittelalters bedurften in der Süße wie in der Würze der kräftigen Aufhilfe. Die weinbauenden Völker Europas von den Griechen und Römern bis zu den Deutschen im 18. Jh. tranken Wein vorwiegend als Würzwein, Kräuterwein und Glühwein. Zum Süßen nahm man Honig, zum Würzen dienten zahlreiche Kräuter oder Pflanzenessenzen, wie Safran, Zimt, Muskat, Ingwer, Wermut, Süßholz, Fenchel, Majoran, Rosmarin, Krauseminze, Wacholder, Harz, Salbei. Diese Geschmacksbeigaben wurden erst durch das Deutsche Weingesetz von 1901 verboten. Wermutweine erinnern noch an jene Gebräuche.

Einerseits diese, gegenüber den heutigen so völlig anders gearteten Anforderungen an den Weingenuß, andererseits die »Warmzeiten« im Mittelalter – d. h. Perioden mit höheren Jahresdurchschnittstemperaturen – erklären, daß Weinreben in Deutschland bis ins späte Mittelalter hinein in weinbaulich heute nicht oder kaum nutzbaren Gebieten, wie Oberbayern, Sachsen, Schlesien, Hannover, Brandenburg, Mecklenburg und Schleswig-Holstein, angebaut werden konnten. Es gelang sogar einigen Klöstern im ausgehenden Mittelalter während mehrerer Jahrzehnte mit sehr warmem Klima, in Ostpreußen und jenseits der Weichsel in Tilsit und Memel aus dort angebauten Trauben trinkbare Weine zu bereiten.

Heute wohlbekannte Weinarten, wie gespriteter Sherry, Portwein oder Madeira und Schaumwein, waren lange unbekannt; aber die Entwicklung kam im 18. Jh. in Gang und war nicht mehr aufzuhalten. Jede Landschaft entdeckte irgendwann einmal, wofür die Natur sie ausersehen hatte, für welche Traubensorten sie die besten Lebensbedingungen bot, für welche Herstellungsverfahren sie bes. geeignet, ob Weiß- oder Rotwein in ihr überlegen war.

In Deutschland können die heutigen Weinbaugebiete am Rhein und seinen Nebenflüssen als eine Auslese aus der einstigen sehr großen Weinbaufläche gelten; ihre besondere Eignung beweisen sie durch die gewaltig gestiegene Leistung in Güte und Menge wie durch ihre überzeugende Wirtschaftlichkeit. Die heutige vollkommene Spezialisierung ist das Ergebnis des jahrhundertelangen Suchens und Probierens mit ungezählten Fehlschlägen. Bestimmte Rebsorten und Methoden der Weinbereitung haben sich für die einzelnen Regionen als die besten bei der Herstellung sortentypischer Weine erwiesen, die geschmacklich nivellierten bleiben den einfachen Qualitäten vorbehalten.

2 BOTANIK DER WEINREBE
(Vitis vinifera L.)

2.1 Stellung im Pflanzensystem

Im Laufe der Erdgeschichte haben sich mannigfaltige Pflanzenformen herausgebildet. CARL V. LINNÉ (1707–1778), schwedischer Arzt und Botaniker, hat für sie das »Natürliche System der Pflanzen« geschaffen, eingeteilt nach Abteilungen, Klassen, Ordnungen, Familien, Gattungen, Arten, Rassen, Sorten. Ampelographie (Ampelos = sagenhafter Gefährte des Dionysos, aus dessen Körper nach einem Jagdunfall die Weinrebe entsprossen sein soll) oder Rebsortenkunde befaßt sich mit Beschreibung dieser Mannigfaltigkeit in Bezug auf die Weinrebe; sie ist in Linnésches System wie folgt eingeordnet:

Ordnung	Rhamnales (Kreuzdorngewächse)	mit 2 Familien
Familie	Vitaceae (Rebengewächse)	mit 2 Unterfamilien
Unterfamilie	Vitoideae (eigentliche Rebengewächse)	mit 10 Gattungen
Gattung	Vitis L.[1] (Reben)	mit 2 Untergattungen
Untergattung	Euvitis (echte Reben)	mit 61 Arten
Art	Vitis[2] vinifera[3] L. (Weinrebe[4])	mit 3 Unterarten und etwa 8000 Sorten[5]
Unterart[6]	Vitis vinifera ssp.[7] silvestris[8] G.[9] (Europäische Wildrebe)	
Sorte	z. B. Weißer Riesling	

1 L. = Abkürzung für LINNÉ
2 vitis (lat.) = Rebe
3 vinifera (lat.) = weintragende
4 für botanische Bezeichnung Weinrebe auch volkstümliche Ausdrücke, wie Rebe, Weinstock, Rebstock, Wein, üblich
5 Rebsorten entsprechen Obstsorten, z. B. Apfelsorten: Boskop, Golden Delicious
6 die beiden anderen Unterarten sind: die Kaukasische Wildrebe *Vitis vinifera ssp. caucasica V.* (Abkürzung für russ. Botaniker und Genetiker N. J. VAVILOV, 1887–1942) und die Kultur- oder Edelrebe *Vitis vinifera ssp. sativa d. C.* (Abkürzung für den Schweizer Botaniker A. P. DE CANDOLLE, 1806–1893)
7 ssp. = subspecies (lat.) = Unterart
8 silvestris (lat.) = im Walde; hier: in Auwald und feuchtwarmen Waldniederungen wachsend
9 G. = Abkürzung für den dt. Botaniker JOHANN GEORG GMELIN (1709–1755)

Der sowjetrussische Genetiker und Ampelologe A. M. NEGRUL (1900–1971) unterteilt die botanische Art *Vitis vinifera L.* in *3 pflanzengeographische Formenkreise:*

(1) *V. v. occidentalis:* mittel- und westeuropäischer Formenkreis vom Rhein bis zum Douro-Tal; Rebsorten mit kleinen Trauben, dicht besetzt mit kleineren Beeren, z. B. Burgunder-(Pinot-)Sorten und Riesling (beste Rebsorten [und Weine] des alten Kontinents haben hier ihren genetischen Stamm).

(2) *V. v. orientalis:* vorder- und zentralasiatischer Formenkreis von Transkaukasien bis Persien; Rebsorten, bei uns weder angebaut noch in der Mehrzahl bekannt, besitzen große Trauben mit lockeren, bes. großen, mitunter kernlosen Beeren, z. B. Sultanine, Saperavi.

(3) *V. v. pontica*[1]: südost- und südeuropäischer Formenkreis vom Schwarzen Meer (Georgien) bis S-Spanien; Rebsorten-Eigenschaften zwischen beiden anderen Sorten (1) und (2) stehend, z. B. balkanische Kadarka[2], griechische kernlose Korinthe sowie südfranzösische hochgezüchtete Sorten Cinsault (oder Cinsaut) und Clairette.

2.2 Lebensweise und Bau

Unter den mehreren hunderttausend Arten des Pflanzenreichs beträgt der Anteil der Kulturpflanzen, d. h. Arten, die der Mensch in Obhut und Nutzung genommen hat, nur 1 %. Eine der ältesten von ihnen, heute in zahlreichen Formen gepflegt, ist die Weinrebe. Als eine *Stammform* gilt die schon an Wende zwischen Kreidezeit und Tertiär, d. h. vor mehr als 65 Mill. Jahren, vorkommende, heute noch am Kaukasus-Rand, in Mittelmeer-Auwäldern, im Donautal und vereinzelt am Oberrhein verbreitete *Vitis vinifera ssp. silvestris G. (Europäische Wildrebe)*, eine der wenigen Lianen der mitteleuropäischen Flora, die sich als Schlingpflanze in Auwäldern an Bäumen hochrankt und ihre Triebe über Baumkronen ausstreckt, große Ausmaße erreicht und Stämme von erheblicher Dicke (bis 60 cm) entwickelt.

Noch im 19. Jh. wurden am Oberrhein 36 verschiedene Wildrebenformen ermittelt, mit erbsengroßen, sauren, schwarzblauen Beeren, darunter vereinzelt wohlschmeckende mit angenehmem Bukett; heute alle Bestände nahezu ausgerottet (Ausnahme: kleines Wildreben-Reservat auf der Rheininsel Ketsch bei Schwetzingen), umfangreichere noch auf dem Balkan anzutreffen.

---

[1] ponticus (lat.) = Schwarzmeer

[2] als Beispiel genaue wissenschaftliche Einordnung für *Kadarka: Vitis vinifera L. ssp. sativa, proles* (lat. = Sproß) *pontica, subproles balcanica* A. M. Negrul

Kulturreben sind ausgesuchte und weitergezüchtete Abkömmlinge der Wildreben.

Lebensweise: baumgroßer Kletterstrauch oder stark wuchernde Schlingpflanze (Liane) feuchtwarmer Auwälder, die ihre Blätter ans Sonnenlicht bringt, indem sie an einer Stütze (oft anderen Gewächsen) hochklimmt und mit Sproßranken sich festheftet. Werkzeug hierfür ist *Ranke* oder *Krampling*, sitzt an Fruchtrute (→u.) dem Laubblatt gegenüber, ist zugleich Fühler und Greifer. Mit Ranke klammert sich Lotte (→u.) an Pfahl, Draht oder Rebenzweig; sobald sie an der Stütze Halt gefunden hat, entwickelt sich Gewebe der Ranke zu drahtartiger Festigkeit.

Als *Wildpflanze* klettert die Rebe bis 30 m hoch in Baumwipfel, in *Kultur* wird sie jährlich bis auf kurzen Stamm zurückgeschnitten.

Lebensbereich: aus warmer, gemäßigter Zone der Erde stammend, verlangt Weinrebe viel Sonne und Wärme; bevorzugt daher bei uns sonnendurchwärmte, trocken-warme S-Hänge, wasserdurchlässige und wärmespeichernde Böden.

Bau: künstliches Sproßsystem des Weinstocks gegliedert in *Stamm* (Grundstock) und *Ruten* (Äste, Schenkel, Zweige).

An *Ruten (Langtrieben* oder *Lotten)* bilden sich bis zu 40 Blätter, Blüten, Trauben, Ranken, Knospen, in den Achseln der Blätter *Kurztriebe (Geizen)*, die meist Holzreife nicht erreichen und bis auf 1 *Achselknospe (Auge* oder *Gumme)* absterben. Aus dieser Achselknospe entwickelt sich im nächsten Jahr traubentragender Langtrieb. Nur die 1-jährigen Triebe auf 2-jährigem Fruchtholz tragen Trauben.

Laub: bei den einzelnen Rebsorten sehr unterschiedlich gestaltet: 3-lappig (Traminer), 5-lappig (Riesling) oder 7-lappig (Müller-Thurgau).

Gescheine: unscheinbare, gelbgrüne, reseda-artig duftende, im Juni erscheinende, zwittrige Blüten; stehen in reichverzweigten Rispen zusammen, die fälschlicherweise als *»Trauben«* bezeichnet werden (→Tafel 1).

Früchte: wenig-samige, runde bis längliche, gelbe, grüne, rote bis dunkelblaue, sehr verschieden große *Beeren.*

2.3 Verbreitung

Weinrebe gedeiht in *gemäßigten Klimazonen* in 2 breiten, die Erde umspannenden Gürteln (→Karte 1): 30–50° nördlicher Breite (n. Br.) und 30–40° südlicher Breite (s. Br.). Gürtel nördl. des Äquators enthält Anbaugebiete Europas, N-Afrikas, Asiens und N-Amerikas, Gürtel südl. des Äquators die S-Afrikas, S-Amerikas, Australiens und Neuseelands.

Karte 1: Die Verbreitung der Weinrebe auf der Erde

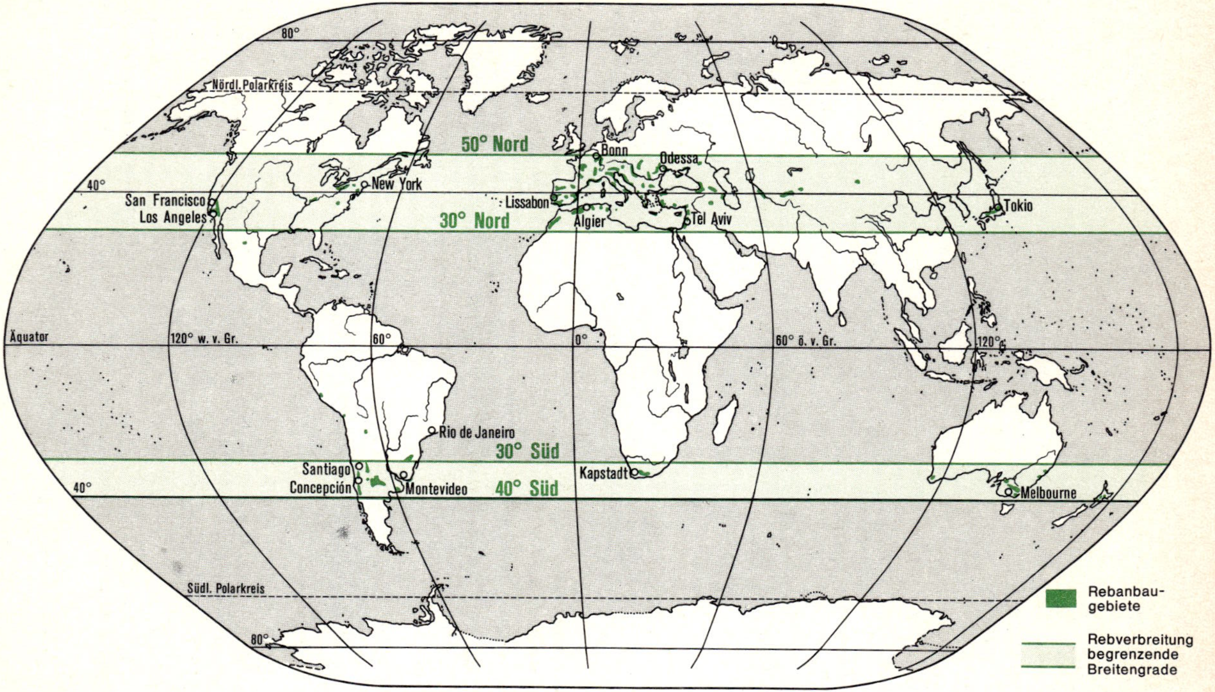

Anpassungsfähigkeit der Weinrebe übertrifft die der meisten Kulturpflanzen. Günstigste Lebensbedingungen auf nördlicher Erdhalbkugel zwischen 35. und 45. Breitengrad. Weißweine jenseits dieses Optimums in Grenzzone bis 51° n. Br. zeichnen sich durch ausgeprägtes Bukett, angenehme Säure, mäßigen Alkoholgehalt (9–12 Vol. %[1]) und gute Bekömmlichkeit aus.

Nach N. J. Vavilov (1887–1942), sowjetrussischem Genetiker, liegt Gen-Zentrum (Gebiet der größten Formenfülle) der *Vitis vinifera L.* in den weiten Gebieten zwischen Kaukasus, Kleinasien und Persien. Der weitere *Mittelmeer-Raum* als eigentliche Heimat der Weinrebe umfaßt älteste und noch heute größte Weinbauländer: Frankreich, Italien, Spanien, Portugal, Griechenland, nordafrikanische und vorderasiatische Mittelmeer-Anrainer.

Auch *in anderen Erdteilen* sind bedeutende Anbaugebiete, meist in den letzten beiden Jahrzehnten, entstanden, die Wein, Tafeltrauben und Rosinen erzeugen: in *N-Amerika* (Kalifornien und Ostküsten-Region), in *S-Amerika* (Argentinien, Chile, Brasilien), in *Australien* und *Neuseeland.*

In den *Tropen* hat Weinbau aus klimatischen Gründen keine Bedeutung erlangt.

2.4 Lebensbedingungen (Standort)

Alte süddeutsche Volksweisheit faßt Lebensansprüche der Weinrebe zusammen in der Feststellung: Wenn Rebe Mutter des Weins, Boden sein Vater, dann Klima sein Schicksal.

Güte des Weins sogar durch *5 Faktoren* bestimmt: (1) Rebsorte, (2) Boden, (3) Klima, (4) Lage, (5) Mensch mit Rebanbau im Weinberg und Weinbereitung im Keller.

Standort als natürliche Grundlage der Pflanze wird bestimmt durch *Boden, Klima* und *Lage.* Sie beeinflussen, neben der Rebsorte, maßgeblich Güte, Menge und charakteristische Eigenschaften des Weins, wie Duft-, Geschmacks- und Wirkstoffe.

Hochgezüchtete, sehr anspruchsvolle, aus wärmeren Gegenden stammende Kulturreben gedeihen – obwohl sie außerordentlich anpassungsfähig sind – nur unter bestimmten klimatischen und bodenmäßigen Bedingungen und bei geeigneten Anbau- und Pflegemethoden.

In Deutschland führt Weinrebe an nördlicher Grenzzone des Anbaus zwischen 47° und 51° n. Br. extrem harten Kampf mit Umwelt, Klima, Boden, Lage sowie gegen Krankheiten und Schädlinge. *Klimatische* und *bodenmäßige Vielfalt*

---

[1] im weiteren Text sind alle Angaben für Alkohol-Prozente bezogen auf Vol. % Alkohol

liefert jedoch gute Voraussetzung für Anbau sehr unterschiedlicher Rebsorten mit reich differenzierten Geschmacksnuancen ihrer Weine.

Temperatur und Strahlung setzen in deutschen Weinbaugebieten als der nördlichsten geschlossenen Anbauzone der Erde dem Wachstum der Weinreben Grenzen; hier niedrigste Durchschnittstemperaturen und geringste Anzahl der Sonnenscheinstunden aller Weinbaugebiete.

Klimatische Grenzstellung jedoch zugleich Ursache für Ausgewogenheit deutscher Weine in belebender Säure, unaufdringlicher Süße, mäßigem Alkoholgehalt und feinem Bukett. Denn 2 Monate länger als in südlichen Ländern können in Deutschland Trauben reifen und dabei Würze, Frucht, Fülle, Geruchs- und Geschmacksstoffe intensiver ausbilden.

Anbau der Weinrebe vorwiegend dort, wo andere Kulturpflanzen versagen: an *steilen* Hängen auf *steinigen* Böden. Hügelwein fast immer besser als Wein der Ebene. Je schwerer es dem Rebstock wird, Nahrung für die Trauben aus dem Boden zu beschaffen, desto besser wird der Wein.

2.4.1 Boden

Boden ist die durch Verwitterung aus Gestein entstandene oberste Erdschicht, die die Pflanzen mit ihren Wurzeln durchziehen. Bodenkrume reicht bis 20 cm Tiefe, Unterboden bis 60 cm, bei tiefgründigen Böden noch tiefer. Boden besteht aus mineralischen Verwitterungsbestandteilen, Humus und ungezählten Kleinlebewesen als Bewohnern.

Gedeihen der Pflanzen hängt weitgehend von physikalischen und chemischen Bodeneigenschaften ab: Struktur, Wassergehalt und -durchlässigkeit, Durchlüftung, Erwärmbarkeit, Nährstoffgehalt, Säuren-Basen-Zustand (pH-Wert[1])).

Rebstock gedeiht grundsätzlich auf fast allen Böden, Beschaffenheit des Bodens jedoch beeinflußt – neben Klima – entscheidend Entwicklung der Reben und über sie Menge, Geschmack und Qualität der Weine. Auf extremen Böden kann Rebe durch keine andere Kulturpflanze ersetzt werden, trägt dadurch wesentlich zur Erhaltung der Landschaft an Rhein und seinen Nebenflüssen bei.

Traube und Wein verleugnen Bodenursprung nie, schmecken nach »gekautem Stein«; berühmt hierfür ist Feuerstein-Geschmack der Fendant-Weine des Chablais (→9.2.4.1).

Beste Weine gedeihen fast immer auf steinigen, leichten, sich schnell und nachhaltig erwärmenden, trockenen, wasserdurchlässigen, d. h. auf *geringen* Böden.

---

1 pH = gr.-lat. von potentia hydrogenii = Wasserstoff-Aktivität; Maßzahl für Wasserstoff-Ionen-Konzentration in der Bodenlösung, kennzeichnet saure, neutrale oder alkalische Reaktion des Bodens, z. B. bis 5 = stark sauer, ab 6 = schwach sauer, 7 = neutral, bis 8 = schwach alkalisch, ab 8 = stark alkalisch

Meiste Rebsorten wachsen am besten auf schwach sauren (ab pH 6) bis schwach alkalischen (ab pH 7) Böden.

Bodenarten[1]. Bodeneignung wird bestimmt durch physikalische Faktoren (Korngröße, Hohlraumvolumen, Wasserkapazität), chemische Eigenschaften (Humus-, Nährstoff-, Kalkgehalt, pH-Wert), biologische Aktivität des Bodens.

Reine Humusböden: dunkelgefärbt, nährstoffreich, gut wasserspeichernd; entfallen für Qualitätsweine; fördern Massenwuchs und -ernte, bringen meist ausdruckslose Weine hervor, daher für Rebanbau, auch auf Talböden, wenig verwendet.

Kalk- und Kreideböden: hitzig, benötigen viel Dünger und Wasser (Kreideböden noch extremer als Kalkböden); tragen in der Champagne Weiße Burgunder- und Blaue Spätburgunder- und in der Schweiz Gutedel-Reben; von Muschelkalkböden an oberer Mosel, in Württemberg, Baden und Franken kräftige Weine. Leichte, kalkhaltige Böden liefern spritzige kohlensäurehaltige Weine, jedoch sind mehr als 30 % Kalkgehalt der Rebe nicht förderlich.

Keuperböden: kalkhaltige Tonböden mit Steingehalt; tragen in Franken, Württemberg und N-Baden volle, fruchtige Silvaner-Weine mit angenehmer Säure.

Lehmböden: Gemenge von Sand und Ton, günstige Nährstoff- und Wasserverhältnisse, feuchter als Sand- und Steinböden; bringen mittlere Weinqualitäten mit oft typischem Geruch und Geschmack, v. a. kräftige Silvaner- und Müller-Thurgau-Weine.

Lößböden: entstanden im trocken-kalten Klima der Eiszeit durch Windanwehungen von nährstoffreichem Flugstaub mit Quarz-, Kalk-, Sand-, Glimmer- und Lehm-Partikeln unter 0,05 mm; ähneln Lehmböden, sind jedoch trockener und fester, tiefgründig, gut wasserspeichernd, mineralstoffreich und daher sehr fruchtbar, erreichen bis 30 m Mächtigkeit; bringen in Baden, Rheinpfalz und Rheinhessen schwere, bukettreiche, aber säurearme Weine aus Ruländer-, Traminer- und Blauen Spätburgunder-Trauben hervor.

Mergelböden: aus Kalk und Ton; tragen Riesling × Silvaner-Kreuzungen und Gutedel-Reben für milde und kräftige Tischweine.

Sandböden: erwärmen sich schnell, sind gut durchlüftet, leicht zu bearbeiten, besitzen geringe Bindigkeit und wasserhaltende Kraft, Wasser und Nährstoffe laufen schnell durch; bringen milde und leichte Weine, wie Portugieser.

Gesteinsverwitterungsböden: wasserdurchlässig, trocken, sehr erwärmungsfähig; dunkle, wärmespeichernde, mineralhaltige Verwitterungsböden aus Tonschiefer, Grauwacke, Sandstein ergeben spritzige, pikante Weine, wie z. B. Rieslinge der Mittelmosel; desgleichen solche aus Porphyr und Basalt; Granit- und Gneis-Verwitterungsböden tragen edelste, vollblumige Weißweine, bes. Rieslinge, am Rhein, in der Ortenau, am Kaiserstuhl und in der Mittelhaardt.

---

[1] vgl. hierzu auch Tab. 18

Tonböden: kolloidreich, in Merkmalen entgegengesetzt dem Sandboden; nährstoffreicher, naß, oft schlecht durchlüftet, von Rebe schwer zu durchwurzeln, daher zur Strukturverbesserung Entwässerung und Tieflockerung erforderlich; langsame Erwärmung verzögert Traubenreife; entwickeln blumige, kräftige, körper- und bukettreiche Weine, wie Ruländer.

Vulkanböden: auf Böden aus hitzigem, wärmespeicherndem Eruptivgestein gewachsene Weine enthalten mehr Mineralstoffe (Salze, Spurenelemente) als Weine von Schwemmlandböden, sind fülliger und feuriger, wie z. B. Ruländer und Blauer Spätburgunder vom Kaiserstuhl.

Im allgemeinen sind steinige, kalireiche, gut mit Feinerde untermischte, leicht erwärmbare und durchlüftungsfähige, verschwemmungsfreie Böden für den Rebanbau vorteilhaft.

Qualitätsernten auf mageren, gut wasser- und luftdurchlässigen, sehr erwärmungsfähigen Böden.

Massenernten auf Schwemmlandböden, Augründen, humusreichen Böden, kolloidreichen Lehm- und Tonböden.

2.4.2 Klima

In nördlicher Grenzzone des Weinanbaus kommt dem Klima mit seinen verschiedenen Faktoren ähnlich große Bedeutung zu wie dem Boden; es vermittelt dem Wein Rasse und Charakter, seine Inhaltsstoffe sorgen für Würze.

Aus Heimatlebensraum (Heimat-Biotop) und Abstammung der Kulturreben aus Wildreben – *Lianen*gewächs in Auwäldern des weiteren Mittelmeer-Gebiets – lassen sich unschwer ihre Lebensbedingungen ableiten: viel *Licht* (Liane), viel *Wärme* (Mittelmeer-Länder), *hohe Luftfeuchtigkeit* (Auwald). Unter südlicher Sonne der Mittelmeer-Länder oder Kaliforniens erreicht der Wein daher Höchstmaß an Schwere und Süße, an Alkohol- und Farbstoffgehalt, muß durch die überschnelle Reife aber ein Mindestmaß an Fruchtsäure, Duft- und Aromastoffen in Kauf nehmen, d. h. er gewinnt durch südliche Klimabedingungen zwar an Fülle, verliert aber an Rasse.

Für *Güte* des Weins also Intensität der Sonne nicht allein entscheidend. Im nördlichen Bereich des Weinbaus gedeihen die rassigsten und elegantesten Weine.

Nördlichster Weinanbau liegt: *in BRD* bei 51° n. Br. im Siebengebirge am Mittelrhein und im Kreis Melsungen (in Böddiger, südl. Kassel); *in DDR* bei Naumburg/Sa. bereits jenseits von 51° n. Br.; in der alten, jetzt *polnischen* Weininsel Grünberg/Schlesien (Zielona Góra) sowie in *S-England* sogar bei 52° n. Br.

In *Frankreich:* im nördlichen Burgund, im Chablis, in der Champagne, im Elsaß; in *Italien:* in den nördlichen Provinzen Piemont, Südtirol, Venetien, Toscana; in *Spanien:* im Rioja-Gebiet an Pyrenäen-Abhängen; in *Jugoslawien:* im nördlichen Slowenien am Alpenrand; in *Ungarn:* im nordöstlichsten Hegyalja-Gebiet um Tokaj an Karpaten-Ausläufern; in *Österreich:* in der Wachau auf Steilterrassen im Donau-Engtal.

Häufiger *Wechsel* der Klimafaktoren, z. B. kühle Nächte neben warmen Tagen, sind für diese Gebiete kennzeichnend. Trauben können langsam reifen, Zucker und Säure, Duft und Geschmack sich wohlabgestimmt entwickeln. Besonderes »Reizklima« und dadurch verlängerte Vegetationsdauer ergeben die typischen, fruchtigen Weine des weinbaulichen Nordens. Sie zeichnen sich durch Bukettstoffe von ätherischer Feinheit und größerem Säurereichtum bei geringem Alkoholgehalt aus.

Optimale Bedingungen für Gedeihen der Weinrebe also erst bei *Zusammenklang* mehrerer Klimafaktoren gegeben:

Licht (Tageslänge, Sonnenscheindauer, Reflexion der Sonnenstrahlen),

Temperatur (mittlere Tagestemperatur, günstige mittlere Jahrestemperatur),

Feuchtigkeit (Niederschlagshöhe, Bodenfeuchtigkeit, jahreszeitliche Niederschlagsverteilung, Luftfeuchtigkeit),

Vegetationsperiode,

Wind,

Kleinklima.

In deutschen Weinbaugebieten Zusammenwirken dieser Faktoren günstig:

Licht: *Strahlung* des Lichtes für Assimilation – Umwandlung anorganischer in organische Stoffe im grünen Blatt – reicht in deutschen Breiten mit 20 000 Lux[1] während Vegetationsperiode (April–Oktober) auch bei leicht bedecktem Himmel voll aus.

Reflexion des Lichts durch große Wasserflächen und breite Flußläufe erhöht Intensität der Strahlung.

Temperatur, d. h. *Wärmemenge,* ist der den Weinbau begrenzende Hauptfaktor des deutschen Klimagebietes. Deshalb wird N-Grenze des Weinbaus, sog. »Polargrenze der Rebe«, v. a. durch die lange Winterkälte und nur bedingt durch die zu geringe Sommerwärme bestimmt. Erst oberhalb von +10°C verlaufen physiologische Vorgänge in der Rebe lebhafter und erreichen Optimum bei 25–28°C, darüber kommt es zur starken Überhitzung der Blätter mit damit verbundener erhöhter Verdunstung (deshalb befinden sich Rebflächen in N-Afrika an schattigen N-Hängen, in Mittel-Europa dagegen an nach S geneigten Berglehnen).

---

[1] Lux = Beleuchtungsstärke einer Fläche, auf die senkrecht je Quadratmeter gleichmäßig der Lichtstrom 1 lm (Lumen) fällt

Höhe des Anbaus über dem Meeresspiegel wird in nördlichen Gegenden durch Wärmeansprüche der Rebe frühe Grenze gesetzt. In Deutschland liegt sie allgemein *unter 300 m ü. NN.* Nur am Bodensee – bedingt durch ausgleichende Wirkung der großen Wasserfläche und südlichere Lage (47,5° n. Br.) – steigt sie auf 450 m und in Württemberg an sonnigen S-Hängen des Albtrauf bei Reutlingen auf 575 m Höhe.

In Südtirol erreicht Anbaugrenze 800 m, im Piemont 1 000 m Höhe. Im bes. geschützten Wallis bei Visperterminen, unweit Brig, liegt höchster Weinberg Europas in 1 150 m Höhe.

Als *Sonnenscheindauer* benötigt Weinrebe während *Vegetationsperiode* zur Traubenreife mindestens 100 gute Sonnentage oder *mindestens 1 350 Stunden* Sonnenschein, davon reichlich während der 3 Reifemonate: Weinbaugebiet an der Mosel hat 1 375 Std. Sonne, an Saale und Elbe 1 600, in Franken 1 660, in der Rheinpfalz 1 870, in Südtirol 2 100 Std. (demgegenüber in S-Frankreich und S-Italien bis 2 700 Std.).

Mittlere Jahrestemperatur liegt für Weinrebe zwischen +9° und +21°C. Beste Weine reifen bei Jahresmittel von +10–12°C bei zeitigem Frühjahr, langem, warmem, nicht zu nassem Sommer, mildem Herbst und mildem Winter ohne tiefe Temperaturen. In deutschen Weinbaugebieten liegt Jahresmittel zwischen +8,8°C in Würzburg, +10,1°C am badischen Kaiserstuhl, +10,2°C in Heidelberg und +10,7°C in rheinpfälzischer Mittelhaardt (demgegenüber in Bordeaux +12,6°C, im südfranzösischen Midi über +14°C, auf Sizilien +17°C).

Nach Untersuchungen in Rheinhessen werden während der Vegetationszeit hier nur 73 % der Grenztemperatur für Einsetzen der physiologischen Vorgänge in der Rebe überschritten, optimale Bedingungen herrschen sogar nur in 20 % dieser Zeit vor.

Mittlere Sommertemperatur liegt in deutschen Rebgebieten um +20°C, *mittlere Wintertemperatur* um 0°C. Weinbau endet auch in günstigen ökologischen Nischen spätestens bei Jahres-Isotherme von +7,5°C, bei Juli-Isotherme von +17,5°C und mittlerer Januar-Temperatur von –2,5°C, für manche Rebsorten darf sie nicht unter –1°C absinken. Winterfröste bis –18°C überstehen meiste Reben ohne Schaden, weit gefährlicher sind Spätfröste.

Feuchtigkeit (Regen, Tau, Nebel): Als ehemalige Auwald-Liane beansprucht Rebe ausreichende Versorgung mit Wasser; zur Aufnahme stehen 2/3 der Wurzelspitzen in 10–40 cm Bodentiefe bereit. Wasserhaushalt kann sich sehr empfindlich qualitätsbestimmend auswirken.

Deutsche Weinbaugebiete liegen vorwiegend in *Trockengebieten* mit jährlichen Niederschlägen von 500–600 mm: in der Mittelhaardt 600, am Main 525, in Geisenheim/Rhg. sogar nur 490 mm. Im badischen Rebland am W-Rand des Schwarzwaldes größte Regenmengen: bis 1 000 mm/Jahr; erhöhen Gefahr der Rebkrankheiten (→3.2.4).

Jahreszeitliche Verteilung der Niederschläge von großer Bedeutung. Rebstock benötigt während Wachstumszeit ausreichend Feuchtigkeit zum Gedeihen und allmählichen Ausreifen der Beeren. Zwar betragen Niederschläge sowohl in Anbaugebieten nördl. wie südl. der Alpen 500–850 mm/J, fallen jedoch in nördlichen Anbaugebieten überwiegend in Sommermonaten, in denen Rebe sie zur Fruchtbildung braucht, im Mittelmeer-Raum dagegen in Wintermonaten. Mäßiger Regen ist auch erwünscht im Herbst vor Beginn der Traubenreife, im Winter und zeitigen Frühjahr. Ausprägung der vielen feinen Geschmacksnuancen in Traube und Wein verdankt Rebstock unserer Breiten also vorwiegend der ausreichenden Feuchtigkeit während der Wachstumszeit.

Im Zeitraum der Ernte von Spätlesen und späten Auslesen (Ende Oktober bis Mitte November) liegen Niederschläge etwa um 75 %, Regentage um 30 % höher als im Zeitraum der Hauptlese (Ende September bis Ende Oktober).

Schädlich ist Regen in der Blütezeit, v. a. bei gleichzeitiger Kälte (Temperatur unter +15°C); junge, wachsende Rebe erhält Kälteschock, Gescheine (→Tafel 1) verrieseln, d. h. werden unzureichend befruchtet, Trauben zeigen ungleichmäßigen Beerenbesatz. Bei Wärme im Hochsommer fördert Regen Peronospora-Befall (→3.2.4). Andauernder Herbstregen verursacht Traubenfäule.

Generell kann gesagt werden:

in *trockenen* Lagen und Jahren *bessere Qualitäten,*
in *feuchten* Lagen und Jahren *größere Quantitäten.*

Große Wasserflächen, z. B. Bodensee, Plattensee (Ungarn) oder seenartig, fast 1 km breiter Rhein vor Rheingau, wirken *temperaturausgleichend.*

Herbstnebel verhindern Auftreten von Frühfrösten in Weingärten in Wassernähe und wirken reifefördernd – von Winzern »Traubendrücker« genannt.

Luftfeuchtigkeit: erforderliches Optimum für Rebe liegt bei 60–80 % relativer Luftfeuchte; ist in BRD gegeben, da Anbau vorwiegend in Flußtälern (Rhein, Main, Neckar, Nahe, Mosel, Ahr) und an Seen (Bodensee), wo Verdunstung der großen Wasserflächen im Sommer und Herbst sowie Nebelbildung im Herbst Wachstum und Reife der Trauben fördern.

Vegetationsperiode, d. h. Zeitdauer vom Austrieb bis zum Abwerfen der Blätter, soll möglichst lang sein; dauert in deutschen Anbaugebieten 175–190, in S-Frankreich 245 Tage. Je länger in unserem Klima die *Wachstumsperiode,* desto besseres Gedeihen von Weinrebe und Wein.

Entscheidende Entwicklungsphasen in der Rebenphänologie[1] sind:

a) Zeitpunkt der *Blattentfaltung* (mittlerer Beginn am 4. Mai), bestimmt Dauer des Vegetationsjahres;

---

1 Phänologie (griech.) = Wissenschaft von den Beziehungen zwischen Witterungsverlauf und Pflanzenentwicklung (hier: Rebe)

b) Beginn der *Rebblüte* (normal 20. Juni, Schwankungen bis zu 31 Tagen), begrenzt Entwicklungsdauer der Trauben.

Wind ist mitentscheidender Faktor für Temperatur und Feuchte des Bestandsklimas. Gegen *N-* und *O-Winde* sucht empfindliche Weinrebe natürlichen Schutz durch bewaldete Bergrücken (Haardt in der Rheinpfalz, Schwarzwald in Baden, Taunus im Rheingau) oder künstlichen Schutz hinter Zäunen, Mauern (»Steinberg« des Klosters Eberbach/Rhg., »Clos«[1]) in Burgund) oder Windschutzhecken. Windgeschützte, nach S und SO offene Hanglagen für Rebanbau am günstigsten. Anbau von Nadelholz (Fichten) oberhalb der Weinberge ist verfehlt; in Weingegenden gehört kein »Schwarzwald«. Reine Nadelwälder können Durchschnittstemperatur eines Standorts bis 1°C absenken.

Je weiträumiger und lockerer der Bestand, desto stärker vermag Wind Wärme und Feuchte auszublasen. In Weitraumlagen liegen daher im Mittel Öchsle-Grade[2]) um etwa 5 niedriger als in Normallagen (→3.2.1). Aus gleichem Grunde sind in N-S-Richtung angelegte Rebzeilen wegen der häufigeren W-Winde günstiger als in O-W-Richtung führende. Die auch im Weinberg überaus wichtige Rationalisierung (→3.2.5) setzt jedoch optimaler Bestandsdichte Grenzen.

Schädliche *Wind-* und *Strahlungs-(Advektions-)Fröste* entstehen durch vom Wind herbeigeführte Kaltluft (unter 0°C). Frühfröste im Herbst bringen Blätter vorzeitig zum Erfrieren, zerstören damit Stätten der Zuckerproduktion, wodurch Trauben nicht mehr voll ausreifen können und zwangsläufig Qualität der Weine leidet. Rebzüchtung versucht, jährliche Qualitätsschwankungen durch Züchtung frühreifender und ertragssicherer Neuzüchtungen auszugleichen (→4).

Kleinklima: Wenn im Mittel der Jahre in nördlichen Anbaugebieten Trauben trotz relativ ungünstiger Temperatur- und Wasserverhältnisse gut ausreifen, ist dies dem besonderen »Bestandsklima« zuzuschreiben, das durch relativ engen Stand der Rebstöcke an warmen S-Hängen und bestimmte Erziehungsform (→3.2.1) erreicht wird. Temperatur und Luftfeuchte liegen in diesem Rebmikroklima einige Prozent höher als im benachbarten offenen Feld, dadurch werden die Assimilationsvorgänge in der Rebe gefördert.

---

1 Clos (frz.) = von einer Mauer oder ähnlichem eingefriedeter Weingarten oder Weinberg

2 Die Mostzuckerwaage, deren Erfindung FERDINAND ÖCHSLE (1774–1852), Goldschmied und Mechaniker in Pforzheim, zugeschrieben wird, die aber sicherlich älter ist, geht vom spezifischen Gewicht des Mostes, der Dichtezahl, aus. Besitzt z. B. Most spezifisches Gewicht von 1,08, zeigt Mostzuckerwaage 80° Ö an. Öchsle-Grade geben an, um wieviel Gramm 1 l Most schwerer ist als 1 l Wasser. Most von 80° Ö besitzt etwa 170 g/l Zucker (Rechnung: mit 2,5 multiplizieren und vom Ergebnis 30 abziehen, also 80° Ö × 2,5 = 200 – 30 = 170 g/l Zucker).

In südlichen Ländern dagegen bestimmen verfügbares Wasser und zu hohe Temperaturen Art der Bestandsdichte und der Erziehungsform, z. B. werden Reben in Karst-Gebieten ganz niedrig und weit gepflanzt, weil nicht genügend Wasser vorhanden ist, den engen Bestand zu versorgen.

Jahreswitterung: Da an nördlicher Weinbaugrenze alle genannten Klimafaktoren aber von Jahr zu Jahr starken Schwankungen ausgesetzt sind, hängt Qualität der Weine insgesamt stark vom Verlauf der Witterung im Jahresgang ab.

Weinrebe beansprucht frühzeitiges, feuchtes Frühjahr ohne Früh- und Spätfröste, Wärme *während der Blüte* im Juni, langen, warmen, ausreichend feuchten Sommer mit mindestens 30 Sommertagen, das sind Tage mit Höchsttemperaturen über +25°C, oder 100 guten Sonnentagen, gute Witterung in beiden Monaten *nach der Blüte,* in denen in den Winterknospen Blütenstände für das nächste Jahr angelegt werden (im August sollen Trauben »kochen«, im September Beeren »braten«), milden, sonnenreichen Herbst, Winter ohne Temperaturen unter –20°C.

2.4.3 Lage

Von der Lage, d. h. Höhe über NN, Himmelsrichtung, Hangrichtung und -neigung des Weinbergs, hängt Weinbaueignung im Zusammenspiel mit den Klimafaktoren, bes. dem Kleinklima, entscheidend ab. Jede Lage besitzt ihr spezielles Kleinklima, das dem Wein mit zum einzigartigen und typischen Geschmack verhilft.

Sonnenreiche Hänge zwischen SW und SO mit 15–30° Neigung, auf die mittags Sonnenstrahlen am wärmewirksamsten auftreffen, sowie Höhe unter 300 m ü. NN bieten für den nördlichen Weinanbau optimale Bedingungen.

Dunkle Böden (Schiefer) in steilen Lagen speichern Wärme am intensivsten, liefern feinste Weine. *Talsohlen,* in denen sich Kaltluftseen bilden, und *Bergkämme,* an denen Reben von Unbilden der Witterung getroffen werden, sind stets ungünstige Lagen.

3 REBANBAU

3.1 Geschichte der Rebkultur

Weinrebe ist eine der ältesten, vielleicht die älteste Kulturpflanze des Menschen. Wann und wo zuerst wilde Reben in Kultur genommen worden sind, läßt sich bis heute nicht eindeutig feststellen. Wildreben sind offenbar an verschiedenen Orten etwa gleichzeitig kultiviert worden. Alle Kulturen Vorder- und Mittelasiens – der Ägypter, Babylonier, Assyrer, Phönizier, Israeliten, Hethiter – zeigen in ihrem künstlerischen Vermächtnis Darstellungen von Rebbau und Weinbereitung. Rebkultur stammt also aus Vorderasien und ist mehr als 5000 Jahre alt. Sicher ist, daß in Ägypten zur Zeit der ersten Dynastien (um 2900–2700 v. Chr.) Anbau mehrerer Rebsorten und Zucht der Rebstöcke an Pergeln, drahtbespannten, laubenförmigen Holzgerüsten, und gebogenen Spalieren bekannt war. Überall verdrängte der Wein den älteren Met-Trank aus Honig.

Bei Ausdehnung der Herrschaftsbereiche nach W wurde der Rebstock zusammen mit anderen Kulturpflanzen und Haustieren mitgenommen. Bes. seefahrende Völker, wie die Phönizier, verbreiteten den Anbau der Weinrebe nach Zypern, Kreta und bis nach Karthago und von dort um 1100 v. Chr. nach Spanien (Cádiz und Málaga).

In Europa hatten schon um 1500 v. Chr. die Griechen begonnen, den Weinstock zu kultivieren. Mit ihnen gelangte der Weinbau intensiv in den gesamten großen griechischen Herrschaftsbereich des Mittelmeer-Raums, v. a. nach S-Italien und S-Frankreich (Massalia, 611 v. Chr.), mit den Römern kam er später nach Gallien und Germanien (→1.2). Nach Deutschland gelangte Rebkultur rhôneaufwärts (nicht über unwegsame Alpen von Italien), später auch donauaufwärts. Römisches Erbe in der Rebkultur übernahmen für ein Jahrtausend Kirche und Klöster. Wissenschaftliche Forschung im Rebbau setzte erst in 2. Hälfte des 19. Jhs. ein.

Weinanbau auf nördlicher Erdhälfte konzentriert sich, Heimat des Rebstocks entsprechend, heute um weiteren Mittelmeer-Raum und erreicht Anbaugrenze um 52° n. Br. Auf nördlicher Erdhalbkugel umfaßt Weinbau auf einem Band von rd. 20 Breitengraden nahezu 3/4 der Rebfläche der Erde, auf südlicher Halbkugel auf einem Band von rd. 10 Graden (→Karte 1) nur reichlich 1/4 der Weltrebfläche.

3.2 Kulturmaßnahmen

Arbeiten des Winzers (von lat. vinitor = Weinbauer) *im Weinberg* umfassen: Erziehung, Rebschnitt und Laubarbeiten, Ernährung der Rebe und Düngung des Bodens, Schädlingsbekämpfung am Rebstock.

Pflege des Weinstocks in unseren Breiten vielfältiger, schwerer und in den steilen und steinigen Hanglagen aufwendiger als in jedem anderen Weinland. Arbeitsaufwand für Hacken, Schneiden, Düngen, Pfählen, Biegen, Binden, Jäten, Spritzen, Lesen, Nachlesen, Entpfählen ist bei *Feld-* und bei *Terrassen-Anbau* äußerst unterschiedlich.

Klassische Weinbergarbeiten, wie Pflanzen, Schneiden, Binden, Spritzen, Düngen, Graben, sind heute weitgehend rationalisiert und mechanisiert, nachdem kostspielige Flurbereinigung (→3.2.5, bei fast Hälfte der Weinberge durchgeführt) Voraussetzung für Maschineneinsatz gegeben hat.

Winzer ist bemüht, durch technische und chemische Hilfsmittel sowie zweckmäßige Erziehungsarten regelmäßige, hochwertige Erträge bei möglichster Schonung von Boden und Rebstock zu sichern. Daneben ist er an Auslese leistungsfähiger Klone (→4.1) und Erprobung von Neuzüchtungen (→4.2) beteiligt.

3.2.1 Erziehungsarten

Viele verschiedenartige Gründe – ständig gestiegene Löhne und Sachkosten, Auftreten von Pilzkrankheiten und Reblaus, Aufkommen künstlicher Düngung und moderner Hilfsmittel (Draht und Kunststoff), weitgehende Mechanisierung der Arbeiten im Rebbau, hohe Ertragssteigerungen – führten seit der Jahrhundertwende immer stärker zur Vereinfachung der Erziehungsarten.

Durch *Erziehung,* eigentlich Hochziehung, mit Befestigung des Rebstocks und seiner Triebe werden Trauben schädlichen Einflüssen der Bodennässe und der Bodenkälte entzogen, wird Reife vorverlegt, gleichmäßiger und damit Qualität des Weins verbessert.

Rebstock würde ohne Erziehung, d. h. im Wildwuchs belassen, und ohne in jedem Frühjahr in diejenige Form gebracht zu werden, in der er am besten Früchte bringt, nur wenige Trauben minderer Güte tragen.

Menge-Güte-Gesetz, nach dem bei steigendem Ertrag oberhalb bestimmter Höhe Qualität sinkt (→3.2.3), wird bei Rebe erst bei sehr hohen Erträgen (über 150 hl/ha) deutlich; darüber hinaus sind körperreiche Weine nicht mehr zu erwarten. Bei reichtragenden Neuzüchtungen, wie Reichensteiner, werden deshalb nicht mehr als 6–8 Augen/m^2 angeschnitten.

Art der Rebkultur sehr unterschiedlich: Erziehung am Pfahl an der Mosel seit ältester Zeit läßt auf griechische Einführung, Erziehung am Rahmen in der Pfalz auf römische Vermittlung schließen.

Von Römerzeit bis um letzte Jahrhundertwende sind *Erziehungsarten* im wesentlichen die gleichen geblieben:

(1) am *Boden* sich hinziehende oder sich buschartig selbsttragende Rebstöcke;

(2) *Einzelpfahl* als Stütze;

(3) zu *Rahmen* verbundene Pfähle;

(4) zu *Kammern* vereinigte Rahmen;

(5) *Bäume* als Stütze, in Reihe oder Plantage angepflanzt.

Pfahlerziehung hat sich im Laufe der Jahrhunderte stark gewandelt und ist vielerorts vom *Drahtrahmen* verdrängt worden, der in erheblichem Maße Handarbeit erspart und Rebe mehr dem Licht aussetzt.

In *Deutschland* und oft in *Frankreich* stehen Rebstöcke in Reih und Glied am Hang, an Pfähle geheftet oder an Drahtrahmen, das *Spalier*, geschnürt; in *Tirol* um Gitterstäbe von niedrigen Weinlauben, *Pergeln*, gebunden; im *Mittelmeer-Gebiet* häufig an Bäumen (Ulmen, Pappeln, Maulbeerbäumen) emporgerankt; in *Griechenland* und *N-Afrika* schlängeln sich Reben, ihrem Lianen-Charakter gemäß, mitunter noch heute, ungebunden über den Erdboden dahin.

Zuchtformen der Rebstöcke auch innerhalb Deutschlands noch recht unterschiedlich. Bevorzugt wird Erziehung am Drahtrahmen. Zu unterscheiden sind:

Normalerziehung: 1,40–2,00 m Reihenabstand, 1,20–1,50 m luftiger Stockabstand; bringt gleichen Ernteertrag wie engerer Anbau.

Hochkultur und Weitraumerziehung, u. a. nach Lenz (Lorenz) Moser (Prof. Dr. h. c., österreichischer Weinbaufachmann, Rohrendorf bei Krems/Wachau): »baumförmige« Erziehung, bietet Rebe größere räumliche Ausdehnung, Ruten werden girlandeartig auseinandergezogen und über waagerecht gespannte Drähte gehängt: bis 3,50 m Reihenabstand, 1,20 m Stockabstand, 1,25 m Kordonhöhe (Spalierstammhöhe); ermöglicht leicht Verwendung von allradgetriebenem Normalschlepper.

Breite Abstände zwischen Rebzeilen im modernen Weinbau führen zur besseren Belichtung der Reben, erleichtern maschinelle Bodenbearbeitung, Rebpflege und Schädlingsbekämpfung, ermöglichen maschinelle Bearbeitung und verringern dadurch teuren Arbeitsaufwand.

Höchste Leistungsfähigkeit des Rebstocks wird erreicht bei Stöckchenerziehung mit 1 oder 2 Bogreben bei 1,60–2,00 m Reihen- und 1,00–1,50 m Stockabstand; Belichtung und Durchlüftung dann sehr günstig, Verrieselung und Botrytis-Befall (→3.2.4) sehr gering.

Entsprechend größeren Standweiten beträgt Zahl der Rebstöcke, die bessere Qualitäten erbringen, bei 1,90 m × 1,30 m heute nur noch etwa 4000 (früher bis 12 000) je ha.

3.2.2 Rebschnitt und Laubarbeiten

Kunst des **Rebschnitts** – im *Spätwinter* vorgenommen – stammt von Griechen. Ohne Schnitt und Laubarbeiten wären Qualitätsweine nicht zu gewinnen; unbeschnittene Rebstöcke tragen nur kleine, kümmerliche und geringwertige

Früchte. Rebschnitt dient der Verjüngung und Erhaltung der Wuchskraft der Weinrebe, zwingt sie zur Kraftentfaltung in großen dickbeerigen Trauben in Nähe der wärmenden Erde, erzielt in Güte und Menge ausgeglichene Früchte.

Jährlicher Schnitt soll Zuwachs am alten Holz möglichst beschränken. Nur die 1-jährigen Triebe auf 2-jährigem Holz sind fruchtbar. Älteres als 2-jähriges Holz hat nur als Speicher von Reservestoffen Bedeutung. Schnitt mit *Krummeß,* jahrtausendealtem, krummem Winzermesser griechischen Ursprungs, *putzt* und *räumt,* d. h. beseitigt unerwünschtes strauchiges Rebengeflecht, läßt vom 1-jährigen Fruchtholz 1 bis höchstens 3 Bieglinge, bei feuchtem Wetter zu »Bögen« gebogen und angeheftet, mit 6–12 Augen je m^2, also etwa 15–20 Augen je Rebstock je nach Fruchtbarkeit stehen: 6–7 Augen/m^2 bei Sorten mit hoher Fruchtbarkeit, wie Faber und Bacchus, 6–8 bei Reichensteiner, 6–9 bei Standardsorten, wie Müller-Thurgau und Silvaner, aber auch bei Kerner und Burgunder-Sorten, 10–12 bei Riesling und Ehrenfelser je nach Standort, 12 bei weniger fruchtbaren Sorten, wie Gewürztraminer, Optima und Kanzler. Beim Rebschnitt belassene Zahl der Augen bedingt Höhe der Nährstoffzufuhr, und gut ernährte Rebstöcke sichern bessere Weinqualität als unzureichend ernährte.

Laubarbeiten während des *Sommers* bestehen aus: *Gipfeln* (Kürzen) der Haupttriebe, Entfernen von unfruchtbaren Kurztrieben, *Ausgeizen* von überflüssigen und nicht gesunden Geiztrieben und *Heften* der Triebe an den Draht.

3.2.3 Rebenernährung und Rebendüngung

Zur **Ernährung** der Pflanze bauen *Laubblätter* mit Hilfe von Sonnenenergie aus Kohlensäure (CO_2) der Luft und aus Wasser des Bodens (H_2O) als *Assimilate* Kohlenhydrate auf: Zucker und Stärke, v. a. für die Früchte.

Im Rebtrieb herrscht *Arbeitsteilung:* unterste Blätter (1–5) versorgen Gescheine (→2.2) mit Assimilaten und verringern Verrieselung (→u.) beim Blühvorgang; Blätter 6–9 ermöglichen nach der Befruchtung Entwicklung der Trauben; Blätter 10–13 und die der Geiztriebe treten mit Reife-Beginn zur Versorgung der Trauben mit Assimilaten hinzu und sind für Traubenqualität mitentscheidend. Durch diese ersten 13 Blätter am traubentragenden Trieb wird Traube optimal ernährt; weitere Blätter steigern Qualität nicht mehr wesentlich.

Kümmer- und Kurztriebe decken ihren Bedarf an Assimilaten nicht selbst. Zur Qualitätsförderung werden sie und die Triebspitzen ab etwa 14. Blatt *gegipfelt* (gekürzt). Nach *Ausbrechen* der Triebspitze senden die Blätter bis zum 13. Blatt Assimilate zu den darunter befindlichen Trauben. Gipfeln und Beseitigen unerwünschter Triebe ist außerdem wichtig, weil Blätter und Trauben, die mehr Licht, Luft, Wärme und Sonne erhalten, besser reifen und höheres Mostgewicht als im Schatten hängende besitzen. Andererseits beeinflussen gesunde Geiztriebe Mostgewicht und Holzreife günstig.

Traubenernte entzieht dem Kulturboden alljährlich beträchtliche Mengen von Nährstoffen aller Art. Durch Aufbereitung ungelöster Bodenbestandteile können sie nur langsam ersetzt werden. Boden verarmt dadurch an Nährstoffen, »erschöpft«; fehlende müssen künstlich zugeführt werden.

Düngung ist wirkungsvollste Maßnahme; sie muß jedoch gezielt angewendet werden, um durch optimale Versorgung mit Nährstoffen Erfolg im Qualitätsweinbau zu erzielen und Schäden durch Überdüngung zu vermeiden. Rebe benötigt *Kern- und Spuren-Nährstoffe mit 17 Elementen* zum Gedeihen; sie nimmt sie – mit Ausnahme der Kohlenstoff-Assimilation aus der Luft – bis kurz vor der Lese durch die Wurzeln auf: aus dem Boden in Wasser gelöste schwefelsaure, phosphorsaure und kohlensaure Salze, aus der Luft gasförmig Kohlensäure und Sauerstoff; sie kommen den reifenden Trauben zugute.

Durch *Vorratsdüngung* – Versorgung der tieferen Bodenschichten im Wurzelbereich mit schwer beweglichen Nährstoffen, v. a. Phosphaten und Kalisalzen – erhält die Rebe Phosphor, Kalium und Magnesium, durch *Erhaltungsdüngung* v. a. Stickstoff. Übrige unentbehrliche Nährstoffe, wie Calcium, Eisen, Mangan, Schwefel, Zink und Bor, sind entsprechend Bodenanalysen zu ergänzen (→u.).

Bei *Ernährungsstörungen* treten unangenehme Erkrankungen auf, z. B. *Durchrieseln* der Blüten (durch Befruchtungsstörungen werden Trauben locker oder Blüten überhaupt nicht befruchtet) oder *Stiellähmung* (Früchte fallen unreif ab, vorzeitige Lese wird erforderlich). Ausgeglichen gedüngte Reben sind gegen Krankheiten weit widerstandsfähiger als einseitig ernährte.

Hochleistungsfähige Reben können im Weinberg auf die Dauer von 15–25 Jahren nur hohe Erträge bringen, wenn gesunde Böden mit mineralischen (anorganischen) *und* humusreichen (organischen) Nährstoffen in ausreichender Menge und im ausgewogenen Verhältnis der verschiedenen Nährstoffe zueinander versorgt werden. Ausgeglichenes Düngungsverhältnis allein bietet Gewähr für Höchstleistung des Rebstocks.

Düngemaßnahmen müssen regelmäßig alle 3–4 Jahre durch *Bodenuntersuchungen* überprüft werden; Überschuß an Nährstoffen kann ebenso zu Schaden führen wie Mangel. Gezieltes Düngen setzt Kenntnis der pflanzenverfügbaren Nährstoffe im Boden voraus.

Wirkungsgesetz der Wachstumsfaktoren von EILHARD A. MITSCHERLICH (1874–1956) besagt: Ernteertrag läßt sich bei optimaler Düngung und Bodenpflege und bei gegebenen Boden- und Klimaverhältnissen nur bis zu bestimmtem Höchstertrag steigern; bei weiterer Düngung sinkt Ertragszuwachs schnell; Überversorgung führt zu Nährstoffstörungen, sog. Plus-Krankheit. Guter Weinbergboden soll im Hauptwurzelbereich der Rebe je kg Feinerde enthalten: 0,2–0,4 g Phosphorsäure (P_2O_5), 0,3–0,6 g Kaliumoxid (K_2O), 0,15–0,2 g Magnesiumoxid (MgO) und von Spurenstoffen unter anderem 1–2 mg Bor.

Mit Ertragsleistung der Rebe steigt Nährstoffentzug; während Vegetationsperiode entzieht Rebe je nach Sorte dem Boden die für die eigene Entwicklung und Frucht notwendigen Nährsalze (nach neuesten Angaben in Höhe von durchschnittlich pro ha 50–180 kg N, 90–150 kg K_2O, etwa 15 kg MgO, 40–60 kg Calciumoxid [CaO], 20–30 kg P_2O_5) und Spurenelemente (durchschnittlich etwa je 100–150 g/ha Bor, Kupfer, Mangan, Zink).

3.2.3.1 Mineralische Dünger (Kunstdünger)

Seitdem Naturdünger (Rinderstallmist) als klassischer Humusdünger Mangelware geworden ist, wird er weitgehend durch Kunstdünger ersetzt. Diese Mineraldünger werden im Weinbau aber erst seit Beginn des Pfropfrebenanbaus (→3.3) bzw. nach der Flurbereinigung, also frühestens seit den ersten Jahrzehnten dieses Jahrhunderts, verwendet.

Notwendige Nährstoffe werden in Form von Mineralsalzen (Kunstdünger), wie Thomasmehl, Superphosphat oder Kaliammonsalpeter, aufgenommen, jedoch nur in humusreichen, lockeren und garen Böden voll wirksam, d. h. von der Rebe verschieden hoch ausgenutzt: N bis 80 %, P_2O_5 sehr unterschiedlich, durchschnittlich zu 40 %, K_2O zu 65 %.

Auch bei reichlicher Vorratsdüngung muß im Boden das ersetzt werden, was infolge Entzugs durch Rebe und durch Auswaschung verloren gegangen ist; unerläßlich ist z. B. jährliche Stickstoffgabe.

Wirkweise der einzelnen Nährstoffe:

Stickstoff (N): meist in Form von Nitraten gegeben, von hervorragender Bedeutung für Aufbau von Zelleiweiß und Blattgrün (Chlorophyll); fördert Wurzelbildung, mitbestimmend für Wachstum und Traubenertrag, hohe Saftausbeute, viel Extrakt und Körper des Weins. Bei N-*Überdüngung* dagegen: Durchrieseln und Stiellähmung, Botrytis-Anfälligkeit, unreifes Holz und verschlechterte Weinqualität, weil Zuckereinbau in Beere verzögert wird.

Phosphor (P): als Phosphorsäure (P_2O_5) verabfolgt; wichtiger Bestandteil beim Aufbau des Zellkerns, fördert außerdem Geschein- und Fruchtansatz; Katalysator im Energiestoffwechsel.

Kalium (K): in Form von Kalisalzen gestreut; fördert Assimilation und Holzreife (Frosthärte) sowie durch Zuckerbildung Qualität des Weins beträchtlich, spielt wichtige physiologische Rolle im Wasserhaushalt der Rebe.

Zwischen Kalium und Magnesium (→u.) soll ausgeglichenes Verhältnis von 1 : 3 bestehen.

Calcium (Ca): in Form von Kalk gegeben; erhöht Bodenfruchtbarkeit, ist wichtiger Baustein in der Pflanze, z. B. in Zellwänden, und wirkt im Enzym-System mit.

Magnesium (Mg): wichtiger Bestandteil im Blattgrün; reguliert K- und P-Haushalt, beeinflußt Assimilation und Ertragsleistung.

Spurennährstoffe: Bor, Zink, Mangan, Kupfer und Molybdän; wirken mit bei Aktivierung von Enzymen und Regulierung von Wachstumsvorgängen und Blütefestigkeit, sind mitverantwortlich für Gesundheit und Leistungsfähigkeit des Rebstocks. Bor-Mangel beispielsweise kann zu Befruchtungsstörungen führen.

Etwa jedes 3. Jahr durchzuführende *Bodenanalysen* bestimmen Höhe der Düngergaben. Phosphor- und Kali-Düngung wird zunehmend – anstelle früherer Vorratsdüngung im Herbst – erst im Frühjahr vor Vegetationsbeginn vorgenommen, um Auswaschungen zu vermeiden. Stickstoff wird aus gleichem Grund in mindestens 2 Gaben während der Vegetationsperiode verabreicht: 1. im zeitigen Frühjahr, 2. am Ende der Rebblüte; je nach Bodenart insgesamt zwischen 80 und 180 kg/ha, auf steinigen Böden, wie an der Mosel, auch darüber.

Blattvolldüngung hat sich in Trockenzeiten, in denen Reben nicht nur dursten, sondern auch hungern, hervorragend bewährt. Gemeinsam mit Pflanzenschutzspritzungen verabfolgte Nährstofflösungen gelangen unmittelbar in die Blätter, den Ort des Gebrauchs. Geeignete Blattvolldünger enthalten alle notwendigen Haupt- und Spurennährstoffe in vollpflanzenaufnehmbarer Form. Durch mehrmalige Gaben innerhalb des Spritzplans werden Ertragseinbußen bei mangelhafter Nährstoffversorgung durch die Wurzeln verhindert. Gezielte Blattvolldüngung hat in niederschlagsarmen Sommern, wie 1971 und 1973, optimale Erträge mit Steigerung von 5–26 % gegenüber nicht blattvollgedüngten Reben erbracht.

3.2.3.2 Organische Dünger (Humus-Versorgung)

Gesunder Boden besitzt mindestens 2,5 % *Humus,* d. h. abgestorbene organische Substanz. Leicht zersetzliche Bestandteile des *Nährhumus* dienen Boden-Flora und -Fauna als Nährstoffquelle; schwer zersetzbare organische Masse des *Dauerhumus* verbessert Luft-, Wasser- und Wärmehaushalt des Bodens.

Humus-Gehalt ist zur Ausnutzung der mineralischen Nährstoffe und für Bodenstruktur von entscheidender Bedeutung:

– verringert Erosionsschäden und Auswaschung von Nährstoffen;
– vermindert Düngerbedarf;
– fördert Gesundheit und Wachstum der Rebe.

Humus-Bedarf des Bodens schwankt je nach Bodenart – von schweren Lehmböden bis zu leichten Gesteinsverwitterungsböden – und Bodenbearbeitung sowie Lage und Klima zwischen 35 und 100 dt/ha[1)] Humus-Trockenmasse.

---

[1] dt = Dezitonne (1/10 t) [oder Doppelzentner (dz)] = 100 kg

Humusarme Böden bieten der Rebe keinen ausreichenden Lebensraum; Boden verschlämmt und verdichtet sich, Nährstoffe werden ausgewaschen, Bodenbakterien sterben ab, Bodenfruchtbarkeit geht schnell verloren; liefern niedrigere Mostgewichte, geringere Extraktgehalte und Weine von nur mäßiger Qualität.

Humus-Verzehr liegt in deutschen Weinbaugebieten mit mittleren Feinböden bei 50–60 dt/ha und damit höher als in anderen landwirtschaftlichen Kulturen; erfordert ständige reichliche Zufuhr organischer Stoffe.

Für Versorgung mit Humus anstelle des klassischen Rinderstallmists eignen sich: Müllkompost, Torf, Stroh, Gipfellaub, Rebholz, Gründüngung und Dauerbegrünung.

Einfache und billige, naturbetonte Bewirtschaftungsform im Weinberg besteht u. a. darin, Rebholz – es liefert allein bis 25 % des jährlichen Humus- und Nährstoffbedarfs – und gegipfelte Laubmasse am Ort zu belassen (Mulchen) und daneben *Gründüngung* nach zeitlich begrenzter Naturbegrünung oder Pflanzenaussaat (Klee, Wicken, Seradella) vorzunehmen. *Dauerbegrünung* setzt jedoch 600–700 mm/J Niederschläge voraus, sonst nur flaches Offenhalten des Bodens.

Aufbringen von gut verrottetem und abgelagertem *Kompost,* Klärschlamm, Müll, Stroh oder Torf sowie *Strohabdeckung* vermindert in ähnlicher Weise schädliche Auswirkungen der unnatürlichen Monokultur »Weinrebe«: steigert Humus-Gehalt, verhindert Erosion (bis zu 60 %), erhält dem Weinberg das Niederschlagswasser, erhöht Lebensdauer der Rebkultur und Weinqualität; ist zudem in Wirkung nachhaltiger und vielseitiger, in Anwendung leichter und arbeitssparender als Naturdung.

Wert der Humus-Versorgung beweisen Versuche mit Kompostgaben von 125 m^3/ha; sie erbrachten gegenüber entsprechender Düngung mit nur 25 m^3/ha ein Mehr an 10° Ö, feinen Bukettstoffen und Extraktstoffen im Wein.

Humus-Versorgung bewirkt, daß Nährstoffe nicht in oberster, schlecht durchwurzelter Bodenschicht liegen bleiben, wo sie von Rebwurzeln nur unzulänglich erreicht werden, daß Bodenfruchtbarkeit sichergestellt, Auswaschung und Abschwemmung verhindert und dadurch Mineraldüngerbedarf verringert wird.

Nur wenn im Boden regelmäßig der festgestellte Mangel an mineralischen Nährstoffen und an Humusstoffen ausgeglichen wird, bleibt Bodenfruchtbarkeit erhalten und lassen sich bei guter Gesundheit von Boden und Rebe die in letzten Jahrzehnten verdoppelten Traubenerträge erhalten. Aufwendungen für gezielte Düngung und naturgemäße Bodenpflege zahlen sich im hohen Nutzeffekt über den Boden, im Traubenertrag, aus.

Weinberg wird heute nach 15–25 Jahren umgebrochen. Im Jahr der Neubestockung wird Boden vor dem Rigolen (Umgraben) mit allen fehlenden Nährstoffen, v. a. P, K und Mg als Vorratsdüngung, angereichert. Neu bestockter Weinberg trägt in der Regel in ersten 2 Jahren keine Frucht; dann folgen etwa 20 Tragjahre bis zum nächsten Umtrieb. Wenn auch keineswegs Qualität, so würde doch Ertragsmenge nach dieser Zeit wesentlich nachlassen.

Jährliche Aufwendungen (gegenwärtig DM 1600,–/ha) für mineralische Dünger (DM 600,–) und organische Dünger (DM 1000,–) können erheblich sein. Hinzu kommen bei Grüneinsaaten Kosten je nach Saatgut (z. Zt. zwischen DM 50,– und 200,–/ha).

3.2.4 Rebkrankheiten und Rebschädlinge

Weinrebe als hochgezüchtete Kulturpflanze wird von zahlreichen Krankheiten und Schädlingen befallen. 3 aus N-Amerika mit Rebstöcken eingeschleppte Schädlinge – Echter Mehltau, Falscher Mehltau und Reblaus – drohten in 2. Hälfte des 19. Jhs. die europäischen Edelreben zu vernichten. Von den Weinernten wurden 20 % durch Pilzkrankheiten, weitere 20 % durch tierische Schädlinge zerstört.

Während Stellung der Schädlingsarten innerhalb des Tierreichs und ihre Lebensweise bereits im 19. Jh. wissenschaftlich erforscht wurden, konnte Großbekämpfung der Weinbergsparasiten erst 1925 nach Entwicklung hochwirksamer chemischer Spezialpräparate beginnen, und mit ihnen konnte man des Schädlingsunwesens im Weinberg Herr werden.

In letzten 5 Jahrzehnten entwickelte Insektizide (chemische Mittel zur Bekämpfung von Schadinsekten), Fungizide (chemische Mittel zur Bekämpfung von pilz-parasitären Pflanzenkrankheiten) und Herbizide (chemische Mittel zur Bekämpfung von Unkräutern) gewährleisten bei rechtzeitiger Anwendung so sicheren Schutz, daß größere Ausfälle durch Krankheiten und Schädlinge vermeidbar, allerdings jährlich bis August 4–6 Bekämpfungsmaßnahmen gegen pflanzliche *(Oidium, Plasmopara* und *Botrytis)* und 2 gegen tierische Schädlinge wie *Traubenwickler (Heu-* und *Sauerwurm)* u. a. erforderlich sind. Gemeinschaftsbehandlung mehrerer Rebflächen vom Flugzeug (Hubschrauber) aus. Rückstände der chemischen Mittel sind im Wein bisher nicht nachgewiesen worden.

Bis 8 % der Kosten für Kultur der Weinrebe werden jährlich für Schädlingsbekämpfung ausgegeben. Nasse Jahre sind Krankheitsjahre, heiße gelten als Schädlingsjahre. Wie bei allen Monokulturen ist auch Rebanbau in Europa ohne Pflanzenschutzmaßnahmen und ohne moderne Schädlingsbekämpfung, die jedoch niemals negative Einwirkungen auf Weinqualität haben dürfen, nicht lebensfähig.

Zu unterscheiden: pflanzliche und tierische Schädlinge.

Pflanzliche Schädlinge der Rebe: *Plasmopara viticola, Peronospora, Oidium tukkeri, Botrytis cinerea;* rufen gefährliche *Pilzkrankheiten* hervor.

Falscher Mehltau: Blattfallkrankheit der Weinrebe, gefährlichste Pilzkrankheit, verursacht durch Erreger der parasitischen Fadenpilz-Gattungen *Plasmopara (viticola)* oder *Peronospora;* aus N-Amerika mit Amerikaner-Reben um 1860 nach S-Frankreich eingeschleppt; tritt epidemisch bei feuchtem Wetter auf den Rebblättern auf, bringt sie zum Abfallen, zerstört Gescheine und verwandelt Beeren in trockenfaule Lederbeeren.

Bekämpfung: früher vorbeugend durch Bespritzen der Blätter mit Kupfervitriol-Kalkbrühe, heute durch Besprühen mit organischen, evtl. kupferhaltigen Fungiziden, die für Reben verträglicher sind und relativ schnell abgebaut werden.

Echter Mehltau: verursacht durch den Schlauchpilz *Oidium tuckeri,* der Blätter und Beeren befällt; sehr schädlich, zerstört Beerenhaut; 1863 aus N-Amerika nach England eingeschleppt.

Bekämpfung: erfolgversprechend bei mehrmaligem Bestäuben der Pflanzen mit gepulvertem Schwefel oder organischen schwefelhaltigen Fungiziden.

Stiel-, Grün-, Beeren-, Sauerfäule: parasitisch lebender Schlauchpilz *Botrytis cinerea*[1)] überzieht die befallenen Pflanzenteile (Gescheine, unreife Beeren oder Traubenstiele) mit mausgrauem Belag (Grauschimmel oder Graufäule), nadelförmige Schlauchspitzen dringen bes. in die zarte Beerenhaut weichhülsiger Rebsorten, wie Müller-Thurgau und Portugieser, aber auch in die hartschaligere von Ruländer und Riesling ein. Geschieht dies *im Sommer,* sind die unreifen Beeren ab 25° Ö Zuckergehalt anfällig, bei einem Öchsle-Gewicht bis etwa 60° führt Befall zur *Sauerfäule.*

Bekämpfung ist schwieriger geworden, nachdem resistente Pilzstämme entstanden sind; guter Schutz ist rasches Abtrocknen der Trauben durch höhere Erziehung und größeren Stockabstand sowie optimale Versorgung der Reben mit Nährstoffen. Pflanzenschutzämter beraten Winzer hinsichtlich neuester Bekämpfungsmittel.

Tritt *Botrytis cinerea* dagegen erst *im Herbst* auf, ist der Parasit auf *hellen Beeren* mit über 60° Ö sehr erwünscht; denn er verleiht ihnen die *Edelfäule.* Sie tritt also nur bei fortgeschrittener Reife auf und nur dann, wenn warme Tage durch Regenfälle oder anhaltende Nebelfeuchtigkeit unterbrochen werden; erneut trockenes Wetter im weiteren Reifeverlauf fördert den Vorgang. Pilz entzieht zum eigenen Aufbau und zu seiner Ernährung die notwendigen Nährstoffe, wie Eiweiß und Fruchtsäuren, dem Beerensaft und gibt Stoffwechselprodukte, wie Gluconsäure, Schleimsäure und Glyzerin, in die Beere ab; Wasser kann durch die porös gewordene Beerenhaut stark verdunsten. Der Zuckergehalt in den rosinenartig einschrumpfenden Beeren kann bis zu 40 % steigen und dadurch zu sehr hohen Mostgewichten[2)] führen. Pilz vermittelt mit

---

1 cinereus (lat.) = aschgrau

2 327° Ö, höchster in Deutschland erreichter Konzentrationsgrad (1971)

den Stoffwechselprodukten an den Beerensaft das sehr geschätzte, eigenartige Edelfäule-Bukett, den *Botrytis-Ton*, das Prädikatweinen und ganzen Jahrgängen erst das begehrte typische Aroma verleiht.

Bei *blauen Trauben* ist der Pilz auch im Herbst unerwünscht, da er rote und blaue Farbstoffe in der Beerenhaut zerstört (→5.2.3, Weißherbst).

Virosen: Während Pilzkrankheiten im Weinberg heute mit chemischen Mitteln erfolgreich bekämpft werden, trifft dieses für die heimtückischen Virusinfektionen (Virosen) noch nicht zu. Winzig kleine Erreger befallen als sich völlig unbemerkt einschleichende Krankheiten alle Pflanzenorgane, Edelreis wie Unterlage, beeinträchtigen Wuchskraft, erhöhen Blühempfindlichkeit und Verrieselungsgefahr und enden in Ertragslosigkeit und Siechtum des Rebstocks. *Krankheitserscheinungen* zeigen sich in Buntblättrigkeit (Panaschüre), virösem Blattrollen, goldener Blattvergilbung, Holz- oder Reisig-Deformationen.

Bekämpfung: Vorerst bleibt einziges Mittel, erkannte Krankheitsträger umgehend zu entfernen, bevor Infektion sich ausbreitet, Boden verseucht und Sanierung sehr aufwendig macht.

Tierische Schädlinge der Rebe: v. a. Reblaus, ferner Heu- und Sauerwurm (Raupen von Traubenwicklern), Kräusel-, Blattgall-, Spinn- und Pockenmilben, Rebstichler, Rebfallkäfer, Vögel und Wild.

Reblaus *(Phylloxera vastatrix):* gefährlichster tierischer Schädling für die Rebe. Unterirdisch lebende Form der Reblaus sticht Wurzeln der europäischen Kulturreben an, saugt Nährstoffe heraus und vernichtet Rebstock innerhalb weniger Jahre; Boden bleibt danach noch für Jahre verseucht. Schädling wurde, ebenso wie Plasmopara und Oidium, um 1860 aus N-Amerika nach Europa mit bewurzelten Amerikaner-Reben (→3.3) eingeschleppt; richtete v. a. in S-Frankreich katastrophale Verheerungen an; vernichtete dort zwischen 1870 und 1875 3/5 = rd. 700 000 ha der Weinberge – etwa 8-faches des gesamten heutigen Rebanbaus in BRD – und verursachte Schäden, die Kriegs- und Reparations-Kosten von 1870/71 weit übertrafen. Innerhalb weniger Jahrzehnte breitete sich Reblaus dann über alle Weingebiete in Europa und in Übersee (Brasilien 1879, Türkei 1883, Algerien 1885, Neuseeland 1890) aus und brachte Weinbau nahezu zum Erliegen. Ihr Verheerungszug läßt sich genau verfolgen. Deutschland erreichte sie 1874 unweit Bonn.

Durch strenges Reblaus-Gesetz und radikale Vernichtung der befallenen Rebkulturen wurde in Deutschland ähnliche Reblaus-Katastrophe wie in Frankreich verhindert. Bis zum 1. Weltkrieg mußten aber fast 1000 ha reblausverseuchte Weinberge ausgehauen werden. Verseuchung der deutschen Weinbaugebiete schritt trotzdem während letzten Weltkrieges rapide fort und erschien um 1950 hoffnungslos.

Bekämpfung: alle direkten Mittel erweisen sich als unzureichend, von Reblaus befallene Weinberge *müssen* vernichtet werden.

Umstellung auf Pfropfrebenbau mit reblausresistenten amerikanischen Unterlagen (→3.3) als indirekte Bekämpfung blieb einzige, zunächst teure, aber segensreiche Rettung. Mehr als 3/4 aller Rebanlagen in BRD bestehen heute aus solchen Pfropfreben. Trotzdem ist Reblaus-Bekämpfung immer noch aktuell. 1974 wurden über 2 Mill. von Reblaus befallene Rebstöcke amtlich registriert.

Reblaus-Katastrophe hat ungewöhnliche Anstöße zu Forschung und Züchtung der Rebe gegeben, Revolutionierung in Geschichte des Weinbaus und größten Fortschritt im Rebanbau ausgelöst. Moderner leistungsfähiger Pfropfrebenbau ist letztlich der Reblaus zu verdanken; furchtbarer Schädling wurde zum segensreichen Nützling. Dem kleinen unscheinbaren Insekt wurde deshalb verdientermaßen ein Denkmal in Gestalt einer überdimensionalen Reblaus in Schweigen/Pfalz gesetzt.

3.2.5 Arbeits- und Kostenaufwand im Rebbau

Flurbereinigung[1] und *Wiederaufbau* der Weinberge mit sorten- und standortgerechten Pfropfreben (→3.3) sind im deutschen Weinbau existenznotwendige Maßnahmen, um Arbeitsaufwand und Kosten zu senken, Weinbergarbeiten zu erleichtern, Weinqualität zu steigern, Ertragssicherheit zu erhöhen und Weine mit ausgeprägtem Gebiets- und Sortencharakter zu erzeugen.

Rebbau ist *arbeitsintensive Kultur;* dafür erforderliche Rationalisierung und Mechanisierung setzen genügend große Anbauflächen und Wegenetze voraus, die sich nur durch Flurbereinigung schaffen lassen. Ausgelöst durch Reblaus-Befall wurde sie um 1925 am Rhein eingeleitet, Anfang 1975 waren 43 % der fast 90 000 ha im Ertrag stehenden Rebflächen in der BRD flurbereinigt.

Ausführungskosten hängen weitgehend vom Gelände ab und liegen heute in der Regel je ha zwischen DM 30 000,– und 100 000,–, in Sonderfällen, wie zwischen Aßmannshausen und Lorch/Rhg., auch weit darüber, die Sachkosten des Rebneuaufbaus 1975 durchschnittlich bei DM 20 000,– bis 30 000,– je ha. Winzer leisten Eigenanteil und Arbeitshilfe, zahlen Beitrag in Wiederaufbaukasse; Bund und Länder gewähren Zuschüsse und Darlehen für Flurbereinigung und Rebneuaufbau; Arbeits- und Flächenproduktivität sind dadurch etwa verdoppelt worden.

Maschineneinsatz bestimmt heute Breite der Rebgassen und Pflege der Reben. Schlepper hat menschliche Arbeitskraft weitgehend abgelöst; lediglich bei der *Ernte,* auf die etwa 30 % des Arbeitsaufwands entfallen, ist maschineller Erfolg erst im Werden.

---

[1] Bei Flurbereinigung soll natürliches Relief der Landschaft möglichst erhalten, alte Reblandschaft in Randbezirken, wie Steppenheide zwischen Weinbau und Wald, geschont und Restflächen als Erholungs- und Vogelschutzstätten bepflanzt werden

Arbeitsaufwand ließ sich insgesamt in den letzten 20 Jahren von 2000–2500 Arbeitsstunden/ha/J auf etwa die Hälfte verringern. Je nach Lage und Erziehung sind etwa zu veranschlagen:

in Direktzuglagen	700– 900 AKh[1],
in Seilzuglagen	1000–1400 AKh,
in Pfahlanlagen (Mosel)	2000 und mehr AKh.

Weitere 840 Std./ha beanspruchen eigenes Keltern, Füllen, Lagern und Verkaufen. Vom Hektar kann der Winzer bis 10 000 Flaschen erzeugen. Erzeugungskosten liegen bei DM 12 000,– bis 13 000,–.

In Steillagen Arbeitsaufwand dreimal so hoch wie in Flachlagen; Zeitaufwand läßt sich zudem nur um 1/4 vermindern.

Bes. wirtschaftlich erscheint für diese arbeitsintensivste Sonderkultur der Familienbetrieb mit 2 Arbeitskräften für einen Rebbau von 12–15 ha.

3.3 Rebenveredlung (Pfropfreben)

Kreuzung europäischer Edelreben mit amerikanischen Wildreben und sorgfältige, mühselige Auswahl von als Unterlagen geeigneten Kreuzungsnachkommen leitete Ende vorigen Jahrhunderts Züchtung von *Unterlagsreben* ein. Doch vergingen Jahrzehnte, bis für die verschiedenen Bodenarten geeignete Unterlagen gezüchtet, beste Techniken für die Rebenveredlung entwickelt worden waren und der Anbau von Pfropfreben (= veredelten Rebstöcken) praktisch eingeführt werden konnte.

Amerikanische Reben sind an der Wurzel reblausresistent (widerstandsfähig); sie wurden daher ursprünglich bis zum reblausimmunen Wurzelstock heruntergeschnitten, auf diese Unterlage das Holz (Reis) von Edelreben gepfropft und damit Reben gewonnen, die gegen Reblaus immun waren und Qualitätsweine lieferten. Heute pfropft man Edelreis auf ein Stück Unterlagenholz und bewurzelt anschließend die Pfropfrebe; sie wächst stärker als die wurzelechte Rebe.

Veredlung und Anzucht der Pfropfreben erfordern langwierige und schwierige Arbeiten, technische Kenntnisse und großes manuelles Geschick: richtige Wahl von Edelreis und Unterlage, Anzucht des Veredlungsmaterials, Vortreiben der Veredlungen zur Bildung von Wundgewebe an den Kopulationsstellen, Aufschulen junger Pfropfreben in Rebschulen. Geübter Veredler veredelt etwa 4000 Reben je Tag, maschinelle Leistung höher. Anwachsrate liegt bei über 50 %.

---

1 AKh = Arbeitskraft-Stunden

Beste **Unterlagen** gewinnt man durch Kreuzung von *3 amerikanischen* Reb-*Arten* (untereinander oder mit europäischen Rebsorten):

Ufer-Rebe (Vitis riparia) von Schwemmlandböden an waldigen Flußufern im gemäßigten Klima der USA;

Felsen- oder *Sand-Rebe (Vitis rupestris)* von Sand- und Schotterböden im trokkenen S der USA;

Berlandieris-(Kalk- oder *Winter-)Rebe (Vitis Berlandieri)* von kalkhaltigen Böden im heißen Texas.

Diese Rebarten sind auf ihren heimatlichen Standorten (→10.2.2) in jahrmillionenlangem Kampf gegen die Reblaus widerstandsfähig geworden; werden von ihr entweder überhaupt nicht befallen oder leben mit ihr zusammen ohne nachhaltige Schäden.

Da die amerikanischen Unterlagsreben an der Wurzel reblausresistent sind (jedoch am Blattwerk von Reblaus befallen werden und Blattgallen[1] bilden können), europäische Kulturreben demgegenüber von Reblaus an Wurzel, nicht aber am Blatt geschädigt werden, stellen Pfropfreben mit amerikanischem Unterlagen-Wurzelteil und Edelreis der europäischen Rebe *ideale Kombination* einer reblausfesten Pflanze dar. Bei richtiger Wahl der Unterlage sind Erträge der Pfropfrebe außerdem höher und sicherer als die wurzelechter Reben. Wuchskraft der Pfropfrebe läßt sich zudem über Wahl der Unterlage steuern und Bodenart anpassen.

Unterlagen müssen sich gut veredeln lassen, d. h. mit Edelreis gut verwachsen und sich für die verschiedenen Böden und Klimate eignen. Aus Knospe des Edelreises mit Erbmasse der europäischen Edelrebe entwickelt sich Rebstock mit wohlschmeckenden Trauben; der von amerikanischer Wildrebe oder Hybride (→u.) stammende Teil unter der Veredlungsstelle bildet die Wurzeln, die die Edelrebe mit Wasser und Nährstoffen versorgen. Neue Pflanze *vereinigt die Vorteile beider Elternteile: Reblaus-Festigkeit und wertvolle Frucht.* Pfropfreben an nördlicher Anbaugrenze hängen in ihrer Leistung mehr als in südlicheren Weinbaugebieten von der Vitalität der Unterlagen ab.

Ursprüngliches *Sortiment* von 350 Unterlagen-Sorten, meist französischer Herkunft (→u.), wurde in 3 Jahrzehnten ebenso intensiver wie mühseliger züchterischer Arbeit auf *4 freie* (Berlandieri × Riparia Kober 5 BB, Berlandieri × Riparia Kober 125 AA, Riparia × Rupestris 3309 Couderc, Teleki 8 B) und *5 geschützte* (Dr. Deckerrebe, 5 C Geisenheim, Geisenheim 26, Selektion Oppenheim 4, Sori) Unterlags-Rebsorten beschränkt. Anpflanzung amerikanischer Wildreben wie Hybriden zur Erzeugung des für Veredlung benötigten Wurzelholzes nur mit behörhlicher Genehmigung erlaubt.

---

[1] Durch Kreuzung von Vitis riparia × Vitis rupestris-Sorten mit der in den heißen Zonen N-Amerikas beheimateten Wildrebe *Vitis cinerea* (cinerea [lat.] = aschgrau) gelingt es, Unterlagsreben zu züchten, an der keine Reblaus-Rasse Gallen zu erzeugen vermag, da die Rebe sich bei den hierzu notwendigen Zellteilungen passiv verhält

In BRD werden hauptsächlich *Berlandieris-Riparia*-Unterlags-Rebsorten verwendet (Ergebnis von 80 Jahren Zuchtarbeit), weil sie reblausfest, kalkresistent, wüchsig und gesund sind. *Vermehrung* des Unterlagenholzes geschieht wegen besseren Wachstums im günstigeren Klima v. a. in Italien und Frankreich. Nur so läßt sich bundesdeutscher Bedarf von jährlich 60–70 Mill. Stück Unterlagen aus anerkanntem und virusgetestetem Pflanzengut decken.

Amerikaner-Reben, prachtvoll aussehend und reichtragend, sind sowohl als Kelter- wie als Tafeltrauben minderwertig und bei uns vom derartigen Anbau ausgeschlossen. *Hybriden-Reben,* durch Kreuzung (→4.2) von Amerikaner-Reben mit europäischen Edelreben hervorgegangen, tragen gleichfalls minderwertige Früchte, auch ihr Anbau ist für Verzehrzwecke und Weinbereitung in BRD untersagt. Neueste Kreuzungen mit *interspezifischen Sorten*[1] (Hybriden) scheinen erfolgreich zu sein; neue Sorten werden derzeit auf Vorteile und Eignung geprüft.

4 REBENZÜCHTUNG

Rebenzüchtung befaßt sich mit *Auslese (Selektion),* Auffinden von *Erbsprüngen (Mutationen*[2]*)* und *Kreuzung* von Rebsorten mit dem Ziel, Sorten mit besseren Leistungen als die der konventionellen Standard-Sorten (→7) zu schaffen, d. h. mit größeren Erträgen, höheren Mostgewichten, ansprechenderen Buketten und früherer Reife sowie regelmäßigen Qualitätsernten auch von geringeren Böden und Lagen.

Mit Forschungs- und Züchtungsarbeit befassen sich in der BRD die Bundesforschungsanstalt für Rebenzüchtung in Geilweilerhof bei Siebeldingen/Rhpf. und 6 regionale Weinbauinstitute: in Geisenheim/Rhg., Alzey/Rhh., Bad Kreuznach/Nahe, Freiburg/Brsg., Weinsberg/Württemberg und Würzburg-Veitshöchheim/Bayern; sie betreiben auf etwa 70 ha Anbauversuche mit den noch nicht in die Sortenliste (→4.3) eingetragenen Neuzüchtungen. Zahl privater Rebzüchter kann wegen Umfang und Länge der Züchtungsarbeiten nur gering sein.

Rebenzüchtung hat maßgebenden Anteil an Steigerung der Hektarerträge von durchschnittlich 57 hl (1951–1960) auf 104 hl (1970–1975) in BRD.

---

1 Neue amtliche EWG(Europäische Wirtschafts-Gemeinschaft)-Bezeichnung für Kreuzungen zwischen Europäer- und Amerikaner-Reben anstelle früherer, an Mischling erinnernde, »diskriminierende« Bezeichnung »Hybride« und zum Unterschied zu Neuzüchtungen auf *Vinifera*-Basis (Kreuzung europäischer Rebsorten untereinander)

2 Mutation (lat.) = sprunghafte Veränderung innerhalb der Erbanlagen (Gene)

4.1 Auslesezüchtung

Auslesezüchtung (auch als Selektionszüchtung, Klonenzüchtung, Erhaltungszüchtung bezeichnet) strebt an, vorhandene Kultursorten nach Qualität und Quantität zu verbessern, neue, durch Mutation entstandene *Sorten* zu finden. Bedient sich der *ungeschlechtlichen (vegetativen) Vermehrung* durch Stecklinge oder Pfropfreben.

Reben-Auslese und Auslesezüchtung sind in ihren Grundzügen nahezu so alt wie der Weinbau selbst, heutige Standard-Rebsorten (→7) durch jahrtausendlange Auslese aus Wildreben entstanden. Reichtragende und gutschmeckende Trauben hat der Mensch schnell herausgefunden und auffallende wertvolle Spielarten vegetativ zu eigenen Sorten entwickelt. Auslese nutzt Möglichkeiten natürlicher Mutationen, meist geringfügiger erblicher Änderungen im Aussehen und in den Leistungseigenschaften, zur Verbesserung von Ertrag und Güte der Rebstöcke.

Ist ein Rebstock mit gewünschten Merkmalen aufgefunden (ausgelesen), geht seine *Nachkommenschaft,* der *Klon* (griech. = einzelner Zweig), ausschließlich auf diesen einzigen Mutterstock zurück; die Nachkommen sind also erblich untereinander vollständig gleich.

Klonen-Auslese (-Selektion) prüft unter verschiedenen Gesichtspunkten Ertrag, Ertragssicherheit, Qualität, Wüchsigkeit, Gesundheit von Rebe und Traube, Resistenz gegen Krankheiten und Schädlinge, Frost, Kälte, Dürre und Nässe.

Auslesezüchtung, bes. Klonenzüchtung, kann sich nur im Rahmen vorhandener Eigenschaften der Sorte auswirken, sortenbedingte maximale Leistung nicht überschritten werden.

Wichtigste Verfahren der Auslesezüchtung sind:

a) negative und positive Massen-Auslese,

b) Individual-(Einzelstock-)Auslese zur Auffindung der wertvollsten Klone.

Für Zuchtarbeiten, die sich auf Ermittlung bester Wüchsigkeit, Gesundheit und Blütefestigkeit sowie hohen Traubenertrag, hohes Mostgewicht und hohe Mostsäure erstrecken, benötigt man gegenwärtig etwa 18 Jahre (→auch 4.2).

Gutes Klonen-Material weist Mehrertrag bis zu 30 % auf gegenüber Standard-Rebmaterial, das oft starkes Nachlassen im Traubenertrag zeigt; auch gegenwärtig werden noch durch Klonen-Selektion Leistungen aller Sorten erhöht.

Klonen-Selektion bleibt daher wichtigste Grundlage für Erfolg der deutschen Produktion. Die 20 freien Rebsorten (→4.3) werden ausschließlich aus züchterisch bearbeiteten Klonen (derzeit vom Riesling und Silvaner z. B. je über 56 Klone zur Auswahl) veredelt und angebaut. Daß Hektarerträge in der BRD die aller übrigen europäischen Länder übertreffen, ist mit auf die erblich fixierte Ertragssicherheit der Edelreiser und Wüchsigkeit der Unterlagenklone zurückzuführen.

Erhaltungszucht hat Erhaltung der betreffenden *Sorte*, nicht die eines Klons zur Aufgabe; sie erfolgt:

a) durch Auswahl und Selektion des Ausgangsmaterials,
b) durch Anbau und Prüfung des Zuchtmaterials.

Erfolge der Auslesezüchtung: Ernteergebnisse sind in letzten 30 Jahren auf das 4-fache gestiegen, ohne daß Qualität, d. h. Mostgewichte, verringert wurde. Dieses Ergebnis ist um so beachtlicher, als in der Regel mit steigendem Ertrag bald Qualität abnimmt. Lebensdauer der Weinrebe wird jedoch auf 15–25 Jahre verkürzt.

Ziel der Auslesezüchtung (hohe Erträge ohne Einbuße von Mostgewicht und Weinqualität) und oberste Leistungsgrenze der Standard-Sorten durch Klonenzüchtung sind nahezu erreicht, weitere größere Steigerungen in Menge und Güte nur durch *Kreuzungszüchtung* möglich.

4.2 Kreuzungszüchtung

Kreuzungszüchtung (auch: Kombinationszüchtung) betreibt Züchtung von Rebsorten mit *neuen Eigenschaftskombinationen;* benutzt *geschlechtliche (generative) Vermehrung*, d. h. Mischung des Erbguts zweier Sorten durch Befruchtung oder Kreuzung (z. B. Silvaner × Riesling = Scheurebe) und arbeitet mit Anzucht aus Samen; ist seit rd. einem Jahrhundert Weinbauforschungsgebiet in Züchtungsinstituten.

Kreuzungszüchtung bietet größere Möglichkeiten als Auslesezüchtung: aus Kreuzung zweier Individuen gleicher oder verschiedener Rebsorten und -arten hervorgegangener Sämling zeigt Eigenschaften der Eltern in neuer Kombination, anderer Verbindung unf Prägung; z. B. können in einer Pflanze Eigenschaften vereint (kombiniert) werden, die bislang nur in verschiedenen Pflanzen auftraten, und dadurch neue Sorten mit höheren Leistungen oder größerer Resistenz gegen Krankheiten und Schädlinge entstehen.

Weine derartiger neuer Sorten besitzen häufig Fülle und Körper, wie sie bisherige Kulturreben nur unter günstigsten Bedingungen zeigen.

Weg von Einzelstockauslese bis zum anerkannten Klon (→4.1) ist bereits mühsam und langwierig, der von durchgeführter Kreuzung bis zur anerkannten neuen Sorte noch mühevoller. Um neue, anbauwürdige Rebsorte zu gewinnen, wurden bisher rd. 30 Jahre benötigt; mittels moderner Arbeitsmethoden läßt sich dieser Zeitraum neuerdings auf 18 Jahre verkürzen.

Erfolge der Kreuzungszüchtung in den letzten Jahrzehnten übertreffen die der Auslesezüchtung. Alle in der BRD angebauten Rebsorten der Kulturrebe *Vitis vinifera ssp. sativa* stellen Abkömmlinge der europäischen Wildrebe, der botanischen Unterart *Vitis vinifera ssp. silvestris,* dar, die einst dschungelartig in feuchtwarmen Auwäldern S-Europas und südlichen Mittel-Europas lebte und dann nach N bis ins Oberrheintal vordrang. Diese »weintragende Rebe« ist zwar die *einzige* Rebart in Europa, ihr Gen-Potential aber außerordentlich umfangreich.

Dagegen zählt die *Gattung Vitis* in N-Amerika etwa 40 und in Asien weitere 20 Arten. Sie lassen sich weitgehend miteinander und mit der Europäer-Rebe kreuzen und bringen unübersehbare Fülle neuer genetischer Eigenschaften für Kreuzungen mit. Bes. gefragte Eigenschaften sind: von Europäer-Rebe frühe Reife und Weine hoher geschmacklicher Qualität, von Amerikaner-Reben große Krankheits- und Schädlings-Widerstandsfähigkeit, von Asien-Reben vorerst nur die hohe Frostresistenz (bis –40°C) der sibirischen Amur-Rebe *(Vitis amurensis).*

Bacchusrebe – (Silvaner × Riesling) × Müller-Thurgau –, gezüchtet in Geilweilerhof, bringt Massenerträge + Qualitätsweine, jedoch fehlt ihr Schädlingsresistenz und Frostfestigkeit. Möglichkeiten durch Kreuzung mit der asiatischen Amur-Rebe scheinen gegeben.

Französische Züchter hatten als erste Ende vorigen Jahrhunderts Kulturrebsorten mit amerikanischen Wildreben gekreuzt; die Nachkommen waren zwar reblausresistent, jedoch vom amerikanischen Elternteil belastet mit unbefriedigenden Weinqualitäten, wie berüchtigtem Fox-Geschmack (so benannt wegen Ähnlichkeit mit Fuchs-Duft um den Fuchsbau).

Vollständige Resistenz gegen *alle* Schäden, Krankheiten und Schädlinge, die Verzicht auf mehrmaliges Spritzen im Rebberg und damit verbundene Umweltverschmutzung ermöglichen würde, ist nur durch Einkreuzung amerikanischen Reberbgutes von Hybriden oder Wildreben zu erreichen. Landes-Weinbauinstitut Freiburg/Brsg. und Bundesforschungsanstalt Geilweilerhof haben in jahrzehntelangen Züchtungsarbeiten nachgewiesen, daß Geruchs- und Geschmacksfehler in Weinen der interspezifischen Kreuzungen (Direktträgerhybriden) (→3.3) mit Methoden der modernen Züchtungsgenetik herausgekreuzt werden können. Diese Rebsorten mit körperreichen Weinen besitzen zum Teil außerdem Widerstandsfähigkeit gegen Oidium, Stiel- und Beerenfäulnis, Pokkenmilbe und Kräuselmilbe. Die Ergebnisse mit interessanten Zuchtstämmen werden derzeit erprobt und künftigen Weinanbau mitprägen (→Tab. 15).

Kreuzungszüchtung in BRD wird daher in Zukunft folgerichtig den Weg der Kreuzung europäischer mit interspezifischen Rebsorten und asiatischer frostresistenter Amur-Rebe weitergehen müssen; gegenwärtig engen noch gesetzliche Bestimmungen diese Fortschrittsmöglichkeiten ein.

Um lange Zuchtwege bis zu 20 Jahren abzukürzen, versucht Bundesforschungsanstalt für Rebenzüchtung in Geilweilerhof, aus Analyse des sich aus über 400 Geruchs- und Geschmacksstoffen in kleinsten Mengen zusammensetzenden Wein-Aromas herauszufinden, welche Traubenbestandteile gute und welche schlechte Wein-Aromen liefern, um schon aus 1. Ernte einer Kreuzung geschmacklichen Wert des Weins voraussagen zu können. Ferner versucht man, optimale Anlagen neuer Sorten aus den genetischen Eltern-Anlagen gezielter als bisher zu finden.

Kreuzungsforschung steht also trotz aller stolzen Errungenschaften – sie brachte den Durchbruch aus dem genetischen Engpaß der konventionellen Rebsorten und führte bis heute schon zur Zulassung von 23 neuen Rebsorten (→4.3) – erst am Anfang eines noch unübersehbaren, erfolgversprechenden Weges.

Ziel der Kreuzungszüchtung, v. a. im Hinblick auf nördliche geographische Lage der BRD, bleibt Züchtung neuer selbständiger Rebsorten, die beste Eigenschaften von Edelreis und Unterlage in sich vereinigen: Krankheits- + Schädlingsresistenz + frühe Reife + höhere Erträge + hohe Qualität. Die vollkommene Rebsorte gibt es noch nicht, aber mit Hilfe der Kreuzungszüchtung wird man sich ihr weiter nähern.

4.3 Sortenschutz und Sortenliste

Herstellung von Edelreisern, Unterlagenholz und Pfropfreben sowie deren Verwendung als Kelter- und Tafeltrauben oder als Unterlagsreben ist durch Gesetze und Verordnungen geregelt. Amtliche Rebenanerkennungs-Kommission wird beispielsweise 6mal tätig, bevor Winzer Pfropfrebe erhält.

Sortenschutz-*Gesetz* von 1968 sichert dem Züchter einer neuen Sorte mit Eintragung in die *Sortenschutzrolle* patentrechtlichen Schutz zu. Pflanzgut dieser Sorte darf nach *Saatgutverkehrs-Gesetz* von 1968 erst nach Eintragung in die Sortenliste (→u.) in Verkehr gebracht werden. Sortenschutzrolle und Sortenliste werden vom *Bundessortenamt,* oberer Bundesbehörde in Bemerode/Han., geführt.

Voraussetzungen für Eintragung als Sortenschutz-Rebsorte: neue Rebsorte muß klar unterscheidbar, hinreichend homogen und beständig sein. Erst nach mehrjähriger Prüfung und mit erfolgter Aufnahme in Sortenliste gilt sie als selbständige Rebsorte, erhält anstelle bisheriger Zuchtnummer Eigennamen und darf angebaut werden.

In **Sortenliste** aufgenommene Rebsorten werden nach *EWG-Marktordnung* von 1970 klassifiziert in:

a) *nichtgeschützte (freie) Rebsorten:* z. Z. 20 konventionelle Rebsorten (→7.1 und 7.3), die teilweise bis auf Frühzeit des Weinbaus zurückgehen.

b) *geschützte Rebsorten* (→7.2 und 7.4): gegenwärtig 23, davon 21 klassifiziert, ihre Anzahl steigt weiter; Anbau ist genehmigungspflichtig, um unbefriedigend bleibende Verwendung auszuschalten.

Deutscher Winzer hat also Anbauauswahl unter 43 Rebsorten.

Darüber hinaus sind gegenwärtig zur Aufnahme in die Sortenliste 27 Rebsorten angemeldet und für weitere 11 ist Sortenschutz beantragt.

c) *vorübergehend zugelassene Rebsorten:* Anbau nur ausnahmsweise und bis zur Tafelweinbereitung erlaubt. Nach EWG-Verordnung sind auch interspezifische Kreuzungen (→3.3) zugelassen, vorerst gilt auch hier Tafelweingrenze.

d) *sonstige Rebsorten,* deren Herkunft meist unbekannt ist, die nur von örtlicher Bedeutung sind und züchterisch nicht bearbeitet werden; Anzahl beträgt 11.

Gegenwärtig stehen in der BRD insgesamt rd. 15 % der Rebflächen mit neuen Rebsorten – ohne Müller-Thurgau – im Anbau; ihr Anteil nimmt zwar ständig zu, Charakter deutscher Weine wird aber nach wie vor ganz überwiegend von konventionellen Traubensorten bestimmt.

5 WEINBEREITUNG

5.1 Traubenreife und Weinlese

Reifezeit der Trauben in unserem Klima dauert relativ lange. Im Laufe des Sommers, beim häufigen Wechsel von Sonne, Regen, Nebel und Wind, kann Rebe den Reichtum an Mineralstoffen, die sich später im Wein als charakteristische Geschmacksstoffe und feine Bukette wiederfinden, allmählich dem Boden entnehmen, können sich alle Feinheiten geruhsam entwickeln: erquickende Frische, fruchtige Säure, üppige Fülle, elegante Rasse. Spät- und Beerenauslesen nördlicher Anbaugebiete entwickeln bes. zartblumige Bukette, wenn Trauben in guten Lagen im sonnenwarmen Herbst Früchte zur Überreife entwickeln können. In südlichen Ländern reifen Trauben schneller, werden größer und massiger. Letzte Wochen im September und Oktober, mitunter bis Mitte November, entscheiden über Erntequalität. Gegenüber südlichen Gebieten um mehrere Wochen verlängerte Reifezeit macht deutsche Weine zur *Spezialität* unter allen anderen.

Trauben sind vollreif, wenn Stiele verholzen, da Nährstoffe aus dem Boden und der in Blättern gebildete Zucker (→5.3) dann nicht mehr in die Beeren gelangen können.

Lese (Ernte). Wenige Wochen vor Reife und Beginn der Traubenlese herrscht in Wingerten (Weinbergen) der *Herbstbann:* Weinberge sind geschlossen; Feldhüter sorgen für verstärkte Rebhut vor Dieben aller Art, Vögeln, Wild und Menschen.

Vom *richtigen Zeitpunkt* der Traubenlese hängt weitgehend Güte des Weins, insbesondere Fülle und Alkoholgehalt ab; Reife am Stock ist wesentlicher Qualitätsmaßstab. Lese beginnt zwischen Ende September und Mitte November, je nach Rebensorte, möglichst bei trockenem Wetter. Bürgermeister und Leseausschuß entscheiden gemäß »Herbstordnung« über Beginn und Ende der *Hauptlese* (Normallese) ihres Ortes. Für alle Prädikatsweine ist Leseanzeige, ab Spätlese sogar Erntemeldung erforderlich.

Ernteertrag ist Ergebnis des Zusammenwirkens von Boden, Klima, Rebsorte und Kulturmaßnahmen; er schwankt in der BRD zwischen 0,8 und 8 kg je Rebstock.

Grundlagen für Güte des zu bereitenden *Weines* sind:

(1) richtig angesetzter *Lesetermin*,

(2) einwandfreie *Mostverarbeitung*,

(3) sachgemäß durchgeführte *Gärung*.

5.2 Kellertechnik

Zweimal muß der Wein *reifen:* in der Traube und im Faß.

Traubenreife unterliegt fast ausschließlich dem Wirken der Natur. Gedeihen und Reifen auf dem Rebstock kann der Mensch nur indirekt beeinflussen.

Faßreife, das Weinwerden, ist dagegen weitgehend Aufgabe und Ergebnis der Kellerkunst. Kunst des Kellermeisters und der Kellerbehandlung besteht in Wissen, Können, Erfahrung, Sorgfalt und Gewissenhaftigkeit.

Kellermeister betreut und lenkt so schonend wie möglich die verschiedenen Phasen der Gärung; formt und führt, manipuliert jedoch nicht. Ziel der »Gärführung« im Weinkeller ist der harmonische Wein: ausgewogen in Süße und Säure, Duft und Frucht. »Dienende Süße« (→5.2.4) macht ihn gefällig, lieblich und ansprechend, Fruchtsäuren verleihen ihm Kraft und Nerv. Spitzenweine sollen edlen Beerenton überreifer Trauben verspüren lassen.

Moderne Weinbereitung ähnelt in nichts mehr der Kellerromantik von einst. Weite Großtankkeller, in denen sich mit Glas, Emaille oder Kunststoffen ausgekleidete Stahltanks und stählerne Armaturen befinden, und riesige Hallen gleichen denen großer Industrieunternehmen. Fortschrittliche Technik und peinliche Hygiene sind Voraussetzungen für Weinqualität; moderne Weinbehandlung ist biologisch natürlicher als früher, chemischer Einfluß weitgehend durch physikalische Methoden, wie Erhitzen oder Kühlen, Filtrieren oder Separieren, ersetzt.

Jeder Wein *muß* auf dem langen, technisch komplizierten Wege vom Most bis zum fertigen Getränk eine kellerwirtschaftliche Bearbeitung und Behandlung erfahren, kann also gar nicht »naturbelassen« sein. Frühere Bezeichnungen, wie »natur« oder »naturrein«, hat Gesetzgeber im neuen Weingesetz (→6.2) daher folgerichtig verboten.

Als *Weinbereitung* gilt *nach EWG-Recht:* die Verarbeitung von frischen Weintrauben (auch eingemaischten, →5.2.1), Traubenmost, konzentriertem Traubenmost, teilweise gegorenem Traubenmost, Traubensaft, konzentriertem Traubensaft oder Jungwein zu Wein durch vollständige oder teilweise alkoholische Gärung.

Große Weine behalten durch selbständige Gärbeendigung harmonische Restsüße, die sie zu den schönsten, wertvollsten und damit teuersten Erzeugnissen werden läßt. Alle anderen Weine können durch geschaffene Restsüße, sog. »dienende Süße« (→5.2.4), runder und voller werden, länger frisch und haltbar bleiben.

5.2.1 Weißwein-Kelterung

Angelieferte Trauben werden zuerst auf Öchsle-Grad untersucht (→Anmerkung S. 36); dann wird Traubengut maschinell entrappt, d. h. Beeren werden vom Stiel gelöst, und schonend in der *Kelter* (Traubenpresse, z. B. hydraulische Horizontalpressen verschiedenster Art oder kolbenlose pneumatische Willmes-Presse), ohne die stark gerbstoffhaltigen Traubenkerne zu verletzen, gequetscht und ausgepreßt.

Die entstandene *Maische* (Brei aus Traubensaft, Traubenkernen und Beerenhäuten) bleibt mehrere Stunden stehen; während dieser Zeit bauen fruchteigene Fermente makromolekulare Stoffe der Trauben ab. Danach läßt sich der unvergorene Traubensaft leichter von den festen Bestandteilen trennen. 30–50 % des Saftes laufen als »Vorlauf« selbsttätig ab, der übrige Teil wird als trübe, klebrige, dunkelgrüne Brühe abgepreßt.

Im *Trester*, den Rückständen, bleiben die *Rappen* (Kämme: Stiele und Stengel der Weintrauben), Beerenhäute und Kerne zurück; bitter und grasig schmeckende Stoffe werden damit dem Wein ferngehalten (vgl. aber Rotwein-Kelterung, 5.2.3).

Most (lat. mustus = jung, frisch, neu), der gewonnene Traubensaft, muß vom Luftsauerstoff ferngehalten und möglichst schnell weiterverarbeitet werden, da er sonst durch Bakterientätigkeit und Oxidation gefährdet ist. Er wird in große Tanks geleitet, im Großbetrieb heute häufig pasteurisiert, in der Norm *geschwefelt*, d. h. mit 30–50 mg/l Schwefliger Säure (SO_2) versetzt.

Schwefeln ist bei Bereitung und Pflege des Weins unerläßlich. Schweflige Säure wirkt keimhemmend, enzymhemmend, reduzierend und stoffbindend, hat also Wirkungsbreite, die von keinem anderen Stoff bisher wahrgenommen werden kann. Sie dient dabei, z. B. in Form von Kaliumpyrosulfit,

– als Schutz vor Oxidation, verhindert Braun-(Rahn-)werden des Weins, Farbeinbußen und nachhaltige geruchliche und geschmackliche Veränderungen;

– als Schutz gegen schädliche Mikroorganismen und Faulstoffe; tötet schädliche Stoffe ab, die kein Filter erfaßt;

– als Schutz vor sog. »Essigstich«, d. h. zur Bindung von Acetaldehyd (Zwischenprodukt bei der Gärung und Oxidationsstufe des Alkohols durch Hefeenzyme oder bei längerem Luftzutritt), um Bildung von Essigsäure zu vermeiden;

– der Ausbildung von Bukettstoffen.

Nach neuem Deutschen Weingesetz (→6.2) darf Gesamtzusatz von Schwefliger Säure in Weißweinen mit mehr als 5 g/l Restzucker (→5.2.2) bis zu Auslesen bis 300 mg/l, für Beeren- und Trockenbeerenauslesen bis 400 mg/l und für Rotweine bis 250 mg/l betragen; Gehalt an *freier* Schwefliger Säure ist wichtige Voraussetzung für Haltbarkeit des Weins: in Qualitätsweinen bis zu Spätlesen bis 50 mg/l, in Auslesen und Eisweinen 60 mg/l, in Beeren- und Trockenbeerenauslesen bis 75 mg/l. Ab 1. 9. 1976 dürfen bis zur Prädikatsstufe »Spätlese« in Weißweinen 50 mg/l freies SO_2 und 250 mg/l gesamtes SO_2 bzw. in Rotweinen 200 mg/l gesamtes SO_2 nicht überschritten werden. Möglichkeiten weiterer Herabsetzung werden geprüft, um gesundheitlichen Wert des Weins weiter zu erhöhen.

Gesundheitsschädigende Grenze des Anteils an freier Schwefliger Säure für den Menschen hängt von vielen Faktoren ab, ist daher sehr unterschiedlich anzusetzen; schwankt zwischen 30 mg und 2 g je Tag und Person. Weltgesundheitsorganisation möchte daher tägliche Schwefeldioxidgrenze auf 30 mg/Kopf begrenzen.

5.2.2 Gärung und Entwicklung bis zum Jungwein

Nach dem Keltern wird der frische Traubensaft, der Most, im Separator – einer Zentrifuge zum Reinigen und Trennen des Mostes oder Weins von verunreinigenden Stoffen – oder einem Kieselgurfilter geklärt (ist bedeutungsvoll für jugendliche Frische und ausgewogene Süße des Weins) oder durch Absitzenlassen und *Mostabstich,* d. h. Abziehen vom Bodensatz in anderes Gefäß, entschleimt; denn nur hygienisches Verarbeiten und rechtzeitiges Abschleudern der Schmutz- und Fremdstoffe sichern reintönigen Wein, beugen Fehlgärungen vor und entlasten weitere Arbeitsgänge von überflüssigen Trub-(Trüb-)Mengen, wie Staub, Erde, Fruchtfleisch und Rückständen von Pflanzenschutzmitteln. Plattenerhitzer (Kurzhocherhitzung [KHE]: 0,5 Min. auf 87°C) befreit Weinmost von allen restlichen Bakterien.

Hefepilze *(Saccharomyces cerevisiae var. ellipsoideus* und *S. Pastorianus)* aus der Luft verwandeln Most durch Auslösung *alkoholischer Gärung,* eines komplizierten biochemischen Umwandlungsprozesses, in Wein; dieser also auch Stoffwechsel-Produkt der Hefepilze (→Bukettstoffe, 5.3). In der Praxis werden zunehmend *Reinzuchthefen* verwandt, die rasche, saubere, reintönige Gärung mit größtmöglicher Alkoholausbeute, angenehmen Gärbuketten sowie weniger unerwünschten flüchtigen Säuren gewährleisten, jedoch den Weingeschmack normalisieren. Je nach Art des Gärgutes werden *1–3 % Hefeansatz,* d. h. Most, in dem die von Zuchtstationen bezogene Reinhefe vermehrt worden ist, benötigt.

Gärung: Durch Tätigkeit der Hefepilze entstehen aus dem Zucker des Mostes Äthylalkohol[1] und Kohlensäure (CO_2) als die wesentlichen Endprodukte einer längeren Reaktionskette, daneben in kleinen Mengen zahlreiche Gärungsnebenprodukte, wie höhere Alkohole, Glyzerin, Essigsäure, Bernsteinsäure, Aldehyde und Ester (→5.3), die für Wohlgeschmack und Bekömmlichkeit des Weins bedeutungsvoll sind. Wachsende Alkoholmenge schränkt Lebenstätigkeit der Hefepilze immer mehr ein, vollständiges Vergären von Mosten mit sehr hohem Zuckergehalt daher nicht möglich, es verbleibt Restzucker. Bei in der Regel 12 %, in Ausnahmefällen höchstens bis 15 % Alkoholgehalt kommt Gärung zum Stillstand, weil Hefen hierin nicht mehr leben können. Weine mit mehr als 15 % Alkohol sind *gespritet,* d. h. zusätzlich künstlich mit Alkohol versetzt.

Hauptgärung: 6–8 Tage bei 22–25°C; in langsamer und ruhiger verlaufender *Nachgärung* (nicht zu verwechseln mit Milchsäuregärung oder mit 2. Gärung von Stillwein zum Schaumwein, →5.2.7) werden die Zuckerreste vergoren. Most wird gezügelt, d. h. vergärt langsam (bis 21 Tage) und kühl (+ 12–14°C bei Weißwein, + 17–25°C bei Rotwein). Bei stürmischer Gärung und stärkerer Erwärmung verflüchtigen sich wertvolle Inhalts-, Duft- und Aromastoffe des Jungweins. Während Gärung wird etwa das 40-fache des Volumens des Gärbehälters an Kohlensäure (CO_2) ausgeschieden.

Bei *Gärung im Hochdrucktank* kann Kohlensäure nicht frei entweichen. Kellermeister reguliert Druck, Stärke und Dauer der Gärung sowie Gehalt an unvergorenem Zucker im Jungwein.

Weinwerdung: Aus dem *»Süßen«*, dem Most, entsteht zunächst der *»Bitzler«*, der sich durch Prickeln, Bitzeln am Gaumen, bemerkbar macht. Wenige Tage später wird er zum *»Federweißen«*, *»Sauser«*, *»Rauscher«* oder *»Süßkrätzer«*, milchtrübem, kohlensäure-, alkohol- und hefe-vitaminreichem Saft, aus diesem bald unruhiger, spritziger *Jungwein;* amtlich: Wein vor 1. Abstich.

Abstich: Für jugendliche Frische und ausgewogene Süße ist die *Klärung* bedeutungsvoll. Nachdem Hefen und Trubstoffe zu Boden gesunken sind, wird Jungwein, um ihn vor Oxidation beim weiteren Ausbau im Faß zu schützen,

---

1 Annäherungsrechnung: aus 1 g/l Zucker entstehen 0,5 g/l Alkohol. 1 g/l Alkohol entspricht etwa 1/8 % Alkohol; also entstehen aus Most mit 170 g/l Zucker 85 g/l Alkohol = ca. 10,8 % Alkohol

nach nochmaligem Schwefeln mit 50 mg/l SO_2 im November/Dezember *abgestochen*, d. h. von Hefen und Rückständen (Depot), die scharfen Geschmack ergäben, abgezogen und umgefüllt, um ihn klar zu erhalten. Auf der Kunst des Kellermeisters beruht es, für *1. Abstich* richtigen Termin zu wählen. Bei Weißwein spart man gern *2. Abstich* im Frühjahr (vgl. aber Rotwein-Bereitung, 5.2.3); dem Wein bleiben dadurch mehr Bukettstoffe, Kohlensäure und Frische erhalten. Falls sich absetzende Fremdstoffe weiteren Abstich erfordern, erfolgt er desto später, je säurereicher der Wein ist.

Während Weinausbaus wird Anteil der Schwefligen Säure überprüft. Über die gebundene SO_2 hinaus soll die freie nicht unter 20 mg/l sinken; hierzu sind Gaben von 80–140 mg/l notwendig, bei überreifem und edelfaulem Lesegut noch höhere.

Nach der alkoholischen Gärung beginnt *biologischer Säureabbau:* oft durch Milchsäurebakterien ausgelöste chemische Aufspaltung und damit *Abbau von Apfelsäure* in mildere *Milchsäure* und in Kohlensäure, die sich lebhaft wie in einer Nachgärung entwickeln und entweichen kann. In säurereichen Weinen beginnt Apfelsäureabbau später als in säurearmen, mitunter erst in der Flasche. In Jungweinen minderer Qualität, die mehr Apfelsäure als bessere Weinsäure enthalten, kann der Säureabbau bis zur Hälfte der Gesamtsäure betragen. Milchsäure, im Most meist nur geringfügig vorhanden, kann im Wein 1,5–4 g/l ausmachen.

Nach unterschiedlich langer Klärung und evtl. erneutem Abstich (→o.) wird Jungwein, auf Flaschen abgezogen, zum reintönigen, frischen, haltbaren *jungen Wein*, wegen des geringen Gehalts an Kohlensäure auch *Stillwein* genannt, im Unterschied zum Schaumwein (→5.2.7).

Als *Restzucker* oder *Restsüße* (*nicht:* Süßreserve, →5.2.4) wird im jungen Wein noch vorhandener unvergorener Zucker bezeichnet. Ausgewogene Restsüße rundet Wein ab, verfeinert und verleiht ihm größere Fülle und Eleganz, harmonisiert die Inhaltsstoffe und entfaltet den Sortencharakter des Weins. Verhältnis von Zucker zu Alkohol im Wein soll sich gewichtsmäßig etwa wie 3 : 1 verhalten; davon ausgenommen sind Prädikatsweine, deren Zuckergehalt bis zur Trockenbeerenauslese ansteigt.

In vollständig durchgegorenen Weinen wird die angestrebte Restsüße über die Süßreserve (→5.2.4) erreicht.

5.2.3 Rotwein-Bereitung

Rote oder blaue Farbstoffe der Beerenhülsen werden durch Gärungsalkohol oder Erhitzen der Maische gelöst.

Farbstarke Rotweine lassen sich bereiten:

a) aus voll ausgereiften und gesunden Trauben aus klimatisch begünstigten Gebieten;

b) durch Verschnitt mit farbintensiven ausländischen Deckrotweinen (→9.3.3.3); aus Drittländern, d. h. Nicht-Mitgliedsländern der EWG, seit 1. 7. 1976 verboten, aus EWG-Ländern nur noch bis 30. 6. 1979 zugelassen;

c) durch weitgehende Gewinnung bzw. Verlustminderung der in der Beerenhaut befindlichen Farbstoffe;

d) durch Zusatz von Farbstoffen (Oenocyanin).

Rotweinbereitern in der BRD bietet sich allein Möglichkeit c). Die verschiedenen Inhaltsstoffe des Rotweins – dazu gehören die für Weinqualität sehr bedeutungsvollen Farbstoffe und Gerbstoffe – bilden harmonisches Ganzes und lassen sich einzeln geschmacklich nicht trennen. Die feinherb, samtig schmekkenden Farbstoffe (Anthocyane) müssen daher bei Bereitung für den Rotwein gewonnen, ihr Verlust so weit wie möglich eingeschränkt werden.

Maßnahmen zum Schutz vor Oxidationen, wie Schwefelung, Wärme und Befreiung von Trubstoffen, dienen dem in erster Linie. Traubeneigene phenoloxidierende Enzyme (Polyphenoloxidasen), die mit freiem Sauerstoff die Farbstoffe oxidieren, müssen ausgeschaltet (inaktiviert) werden; andere aus dem parasitären Befall der Trauben durch *Botrytis cinerea* (→3.2.4) stammende, oxidierende und unmittelbar farbstoffabbauende Fermente lassen sich durch frühzeitige und genügend starke SO_2-Gaben wirkungsvoll hemmen.

Wirksamstes Verfahren, Farbstoffe aus der Beerenschale freizusetzen, besteht in **Wärmebehandlung** und frühzeitiger Schwefelung der abgebeerten Maische.

3 Behandlungsarten der Rotwein-Maische sind gebräuchlich:

(1) Traditionelle *Maische-Gärung:* Rappen, die sehr große Mengen Tannin und andere Gerbstoffe enthalten können, werden von Beeren getrennt, um rauhen und zu herben Geschmack des Weins zu vermeiden. Im Unterschied zur Weißwein-Bereitung wird nach einiger Standzeit die Maische vergoren, nicht der abgepreßte Saft, der Most. Dem Wein bleibt hierbei großer Teil der Farbstoffe, Gerbstoffe und anderer eigentümlicher Inhaltsstoffe erhalten.

(2) *Maische-Erwärmung:* nach reichlicher Schwefelung (4–6 g/hl SO_2), Schönung und Klärung (5–15 g/hl Gelatine, evtl. auch Kieselsol oder Eiweiß), ferner Enzymgabe vor Erhitzen der Maische und nach Abpressen des Mostes ist wesentlich: möglichst schnelles Erhitzen auf etwa 60°C und Standzeit von 6–10 Std.; traubeneigene oxidierende Enzyme, die starke Verluste an Farbstoffen und anderen Inhaltsstoffen verursachen, werden dabei inaktiviert. Vergärung des Mostes anschließend wie bei hellen Trauben (→5.2.2). Dieses Verfahren v. a. für Mittelbetriebe geeignet.

(3) *Kurzhocherhitzung* (KHE) auf 80–85°C, bis zu 2 Minuten je nach Traubensorte. Maischen sind bei dieser Temperatur steril und Gärung reintönig. Verfahren, bes. im Großbetrieb angewendet, liefert auch in klimatisch weniger begünstigten Rotwein-Gebieten oder in schlechteren Jahren gut gefärbte, ausdrucksvolle und inhaltsreiche Weine.

KHE-Verfahren erbringt mehr als doppelt so hohe Farbstoffausbeute wie aus (1). Weine aus KHE-Maischen sind frischer, nerviger, duftiger als entsprechende aus Maische-Gärung.

Verfahren zur Erhaltung der Rotwein-Farbstoffe erhalten besondere Bedeutung auch dadurch, daß Verwendung farbintensiver roter ausländischer Deckweine aus Drittländern bereits ausgelaufen ist, aus EG-Ländern Mitte 1979 ausläuft (→o.) und Neuzüchtung hiesiger roter Farbstoffträger (→7.4.3 und 7.4.4) noch nicht voll befriedigt.

Roter Most liefert, steril eingelagert oder stark erhitzt, *Farbsüßreserve*, d. h. farbintensive Süßreserve (→5.2.4), die, jungem Wein zugesetzt, Farbe vertieft.

Weißherbst: in Deutschland sehr beliebter, beinahe Modewein, aus blauen Trauben gekeltert, deren Maische einige Stunden stehen bleibt und deren Most nach Weißwein-Art weiter verarbeitet wird. Badische Spezialität (stellenweise bis zu 60 % des Lesegutes), ausschließlich aus Blauen Spätburgunder-Trauben bereitet.

Weißherbst-Weine sind frisch, mild, hell, goldenschimmernd, pfirsichfarben bis hellrötlich, ähneln geschmacklich mehr Weiß- als Rotweinen, werden deshalb auch bei Weißwein-Temperatur getrunken.

Während nach EWG-Weinrecht als Rosee bezeichnete und aus blauen Trauben bereitete Weine meist Tafelweine sind, gehört Weißherbst mindestens zu Qualitätsweinen b. A. oder sogar zu Prädikatsweinen (→6.2.1 und Tab. 6).

Entsprechendes gilt für seltene **Rot-Weiß-Weine** des Rheingaus.

5.2.4 Ausbauen, Filtrieren und Schönen

Ausbauen bedeutet: *Herausarbeiten* eines bestimmten Weincharakters, *Klären* und *Haltbarmachen* des Weins. Völlig naturbelassener Wein ist, wie Obstsaft, nicht haltbar. Jeder Traubenmost und Jungwein *muß* sachkundig stabilisiert werden. Hohe Kunst des Kellermeisters beim Ausbau besteht darin, Qualität und Eigenart des Weins möglichst auszuformen, zu heben und zu verfeinern; denn erst beim Ausbau des Weins entwickelt sich das für die jeweilige Rebsorte typische Bukett.

Ausbau vollzieht sich als Reifung des Weins *im Faß* mit einer Reihe von chemischen und physikalischen Veränderungen im Wein und umfaßt Vorgänge, die nach Hauptabstich unreifen Jungwein zu einem in Süße und Säure, Alkohol und Extrakt ausgewogenen Wein entwickeln. Dazu erforderliche Behandlungen, wie Filtrieren und Schönen (→u.), sind vielartig und richten sich nach Beschaffenheit des jeweiligen Jungweins. Bei evtl. Nachgärung im Frühjahr muß Wein ggfs. erneut abgestochen und von feinsten Trubstoffteilchen in Klärfiltern des Separators befreit werden. Nochmalige Schwefelung (SO_2-Stabilisierung) sorgt für Haltbarkeit.

Ausbauzeit und Reifung der Weine sehr unterschiedlich: *Faßlagerung* bei Tafelweinen 3–6 Monate, bei Qualitätsweinen 6 Monate und mehr. Je schwerer und hochwertiger der Wein, desto später kommt er zur Ruhe und erreicht damit Höhepunkt der Entwicklung. Bei schweren Burgundern und Bordeaux-Weinen sowie edlen Rheingauern kann Ausbauzeit bis zu 8 Jahren dauern.

Filtrieren: physikalischer Vorgang, durch den Wein geklärt, jedoch chemisch nicht verändert wird; Bukett, Frische, Körper und Kohlensäuregehalt werden nicht beeinträchtigt. Reicht auch mehrmalige Klärung nicht aus, werden dem Wein letzte Trub- und Fremdstoffe durch »Schönung« entzogen.

Schönen, sog. Schönmachen oder Stabilisieren: Klärung des Weins durch Entzug unerwünschter Stoffe, die später Eintrübungen ergeben können. Zur Beseitigung etwaiger Schäden läßt Weingesetz – außer Schwefelung (→5.2.1) – 20 *Schönungsmittel* zu, u. a.

gegen Eiweißtrübungen: Schweflige Säure (SO_2) oder Natrium-Calcium-Bentonite (sehr quellfähige reine Tone mit wirksamer Oberfläche von 50 000 cm^2/g, Aluminiumsilikat);

gegen Metalltrübungen von Eisen-, Kupfer- oder Zink-Ionen: geringe Mengen (etwa 10 g/hl) Gelbes Blutlaugensalz (Ferrocyankalium; bildet unlöslichen blauen Niederschlag, sog. Blau-Schönung); Wein wird durch Herausnahme der Niederschlagsstoffe runder, reifer, harmonischer und altert langsamer;

gegen Geruchs- und Geschmacksfehler: aktive Kohle; adsorbiert alle unangenehmen Geruchs- und Geschmacksstoffe;

gegen Gerb- und Farbstoffe sowie *Eiweißtrübungen:* Gelatine, früher Hausenblase (Fischblase), flockt mit den Schadstoffen aus; Wein gewinnt dadurch an Feinheit, Zartheit und Glanz;

gegen Säureüberschuß: kohlensaurer Kalk, wobei Weinsäure als schwerlöslicher weinsaurer Kalk (Calciumtartrat) ausfällt (67 g/hl $CaCO_3$ vermindern Gesamtsäure um 1 ‰). Moste bis 10 ‰ Gesamtsäure normalisieren sich meist selbständig durch Ausfall von Weinstein[1)] und durch biologischen Säureabbau infolge Bakterientätigkeit mit Abbau von Apfelsäure zu milderer Milchsäure und Kohlensäure (→auch 5.2.2);

gegen Böckser (Beeinträchtigung von Geruch und Geschmack durch Schwefelwasserstoff [H_2S]): Silberchlorid, bildet mit ihm unlöslichen schwarzen Niederschlag (AgS);

gegen Hefe- und Bakterien-Trübungen: Schichtenfilter oder Kurzhocherhitzung (→5.2.3); Filterhilfsstoffe – Asbest, Kieselgur und Zellulose – dienen zur mechanischen Beseitigung aller Trubstoffe;

---

1 saures Kaliumsalz der Weinsäure (Kaliumbitartrat) in Form von Weinsteinkristallen, die weder Glanz und Geruch noch Geschmack des Weins schaden

gegen Hefe- und Schimmelpilze, die Nachgärung bei restsüßen Weinen verursachen können: Sorbinsäure[1)] (bekannter Konservierungsstoff für Lebensmittel); für Wein in BRD bis 200 mg/l zugelassen (in den USA 1000 mg/l, in Schweden 2000 mg/l);

gegen Oxidation: Ascorbinsäure (Vitamin C), kurz vor Flaschenfüllung hinzugegeben; kann gleichzeitig kleinen Teil des Schwefels ersetzen;

gegen zu viel oder braunwerdende *Gerbstoffe:* PVPP (Polyvinylpolypyrrolidon; unlöslicher Kunststoff der Getränkeindustrie); bildet Niederschlag.

Für Schönungsmittel sind Höchstgrenzen gesetzt, die deutlich unterschritten werden könnten und weiter vermindert werden sollen; sie werden – im Gegensatz zum *immer* erforderlichen Schwefeln – nur gezielt im Bedarfsfall eingesetzt.

Rückstände der Schönungsmittel werden durch 2. und 3. Abstich vom Wein getrennt und ggfs. über Schichtenfilter abgezogen.

Süßreserve (sog. *dienende Süße* oder *Süßdruck*), genau ausprobierter kleiner Teil (4–10 %) steril gemachten, unvergorenen oder leicht angegorenen, bei Rotwein hoch farbintensiven Traubenmostes gleicher Qualitätsstufe wie der Most wird dem fertigen Wein kurz vor dem Abfüllen hinzugesetzt, um ihm gewünschte geschmackliche Abrundung (niemals aber im eigentlichen Sinne »Süße«) und bei Rotwein auch Farbtiefe (→5.2.3) zu geben.

Bei Süßreserve-Bereitung *für Weißwein* wird abgebeerte und gequetschte Maische mit 4–6 g/hl SO_2 geschwefelt, mit etwa 10 g/hl Gelatine versetzt – dadurch weniger Trub, leichteres Abpressen, Filtrieren und besserer Geschmack – und ggfs. mit 30–70 g/hl Kohle geschönt. Nach 6–8 Std. im Vorentsaftungstank wird abgepreßt, ggfs. entsäuert, entschleimt und scharf geklärt, dann kalt- oder warmsteril eingelagert.

Für *rote* Süßreserve wird nur vollreifes, zuckerreiches, farbstoffkräftiges und säurearmes Lesegut verwendet. Um kräftige Farbstoffausbeute zu erhalten, wird Maische auf etwa 70°C während 6–8 Std. erhitzt und nach Abpressen auf 15–20°C zurückgekühlt. Die gewonnene *Farbsüßreserve* dient gleichzeitig als Deckwein.

Süßreserve als Zugabe zum Jungwein stellt einen Verschnitt dar, der ihm die gewünschte optimierende Restsüße verleiht. Der Verschnitt mit Süßreserve beträgt bei Weißweinen bis 10 %, bei Rotwein etwa 4 % der Mostmenge.

---

[1] Bakterien können hierbei Sorbinsäure reduktiv in geringen Mengen zu Sorbinol abbauen, dessen strenger, abstoßender Geruch und Geschmack, intensiv nach zerriebenen Geranien-(Pelargonien-)Blättern, sog. Geranien-Ton, sehr stört. Sorbinol kann durch Kaliumpermanganat ($KMnO_4$), das es schnell oxidiert, zwar leicht beseitigt werden, seine Verwendung ist jedoch wegen Störung des dynamischen Gleichgewichts der Weininhaltsstoffe nicht erlaubt

Beide Teile, fertiger Wein und Süßreserve, sollten aus bestem Lesegut möglichst gleicher Rebsorte, gleicher Lage und mindestens gleicher Qualitätsstufe stammen. Süßreserve soll reben- und gebietstypischen Charakter des Weins nicht verändern, sondern zum ausgewogenen Verhältnis von Zucker und Säure verhelfen. Über die Süßreserve in den Wein gelangender Zucker ist der gleiche, welcher bei Weinen höherer Prädikatsstufe, bei denen nicht der gesamte Zucker der Trauben zu Alkohol vergären kann, unvergoren im Wein enthalten ist.

5.2.5 Anreichern (Verbessern)

Im nördlichen Klima vermag ein Teil der Trauben – v. a. in sonnenarmen und kühlen Sommern – nicht genügend Zucker zu entwickeln; Zuckergehalt bleibt unter 60° Ö, dagegen ist sehr reichlich Säure vorhanden. Bei der Vergärung kann sich daher der für die Haltbarkeit des Weins erforderliche Alkohol nicht bilden. Um Ernten schlechter Jahre für die Weinbereitung verwerten zu können, wird fehlender Naturzucker dem Most in vielen Weinbauländern hinzugesetzt.

Dieser Vorgang, die Anreicherung im weinrechtlichen Sinne oder Verbesserung, ist durch Weingesetz (→6.2) geregelt. Nach EWG-Recht soll die Erhöhung des natürlichen Alkoholgehalts durch Zusatz von Zucker *vor* der Gärung im vorgeschriebenen Umfang die natürlichen Mängel ausgleichen und den Wein durch den erforderlichen Alkoholgehalt haltbar machen. Es liegt also kein Süßen *des Weins* vor, sondern ein Umwandlungsprozeß von Zucker in Alkohol mittels Gärung, der den Wein, der von Natur ein herbes Getränk ist, außerdem fülliger und harmonischer werden läßt. Zusatz von Zucker vor der Gärung ist also eine tatsächliche »Verbesserung« kleiner Weine, d. h. Qualitätssteigerung.

Angereicherter Wein darf nicht weniger Säure und nicht mehr Alkohol besitzen als im guten Jahr mit genügendem Alkoholgehalt bereiteter gleicher Art und Herkunft. Mangel an Aroma und Bukett läßt sich durch Anreicherung nicht beheben, kleiner Wein bleibt klein; auch höheres Mostgewicht ist nur *ein* Kriterium für Güte des Weins. Eigenart deutscher Weine muß erhalten bleiben bzw. betont werden.

Nach Weingesetz darf zugesetzte Zuckermenge – zur Anreicherung von 1 l Weinmost um 1° Ö sind 2,4 g Zucker erforderlich – beim Weißwein höchstens 30 g/l und höchstens 95 g/l Gesamtalkohol[1)], beim Rotwein bis 35 g/l und 99 g/l Gesamtalkohol betragen. Anreicherung meldepflichtig; muß bis 31. März durchgeführt sein. Qualitätsweine mit Prädikat (→6.2.1) dürfen nach deutschem Recht nicht angereichert werden im Gegensatz zu Frankreich, wo in

---

[1] Gesamtalkohol = tatsächlicher Alkohol + Alkohol, der unvergorenem Zucker des Weins entspricht

manchen Weingebieten, wie Burgund, gerade die teuersten Weine (A. C.) angereichert werden.

Bei *Trocken-Verbesserung* wird dem Most vor der Vergärung Rohr- oder Rübenzucker (Disaccharose) zugesetzt. Dieser fremde Zucker zerfällt bei Gärung, genau wie Zucker der Traube, in Glucose (Traubenzucker) und Fructose (Fruchtzucker); beide vergären gemeinsam zu Alkohol und Kohlensäure (2 Mol. Zucker = 1 Mol. Alkohol + 1 Mol. Kohlensäure + Wärme).

Bei *Naß-Verbesserung* wird dem Most Zuckerlösung bis zu 1/5 der Gesamtmenge des Weins zugesetzt. Hierdurch wird nicht nur der Zuckergehalt des Mostes aus nicht ausgereiften Trauben erhöht, sondern auch zu hohe Gesamtsäure verringert. Naßgezuckerte Weine bilden sehr wenig Glyzerin (→5.3) und sind in der Säure stark gedämpft. In meisten Weinländern, z. B. in Frankreich, ist Naßzuckern verboten, nach Deutschem Weingesetz von 1971 in BRD bis längstens 1979 erlaubt, wenn Volumen bei Tischweinen nicht mehr als um 15 %, bei Qualitätsweinen b. A. (→6.2.1) nicht mehr als um 10 % vermehrt wird.

5.2.6 Verschneiden (Verschnitt)

Weltruf französischer *Bordeaux-Weine* und *Cognacs* beruht auf Vollkommenheit der Kunst des Verschneidens, d. h. der Herstellung von Wein aus Erzeugnissen verschiedener Herkunft oder verschiedener Jahre. Typische Eigenart großer *Portweine* entsteht durch Zusammenwirken von 10–15 verschiedenen Traubensorten, *Chianti* aus Mischung bestimmter roter und weißer Weine, *Sherry* sogar aus Mischung von Wein, eingedicktem Most, Sherry-Branntwein und Sherry verschiedener Jahrgänge.

Verschnitt eines Weins soll also nur der Qualität dienen und erfolgt, um fehlende Bestandteile durch Zugabe eines anderen Weins zu erhalten. In der BRD dürfen Weine verschiedener Herkunft und verschiedener Jahrgänge verschnitten, jedoch nicht deutscher Wein mit ausländischem gemischt werden; Ausnahme bei Tafelweinen: EWG-Verschnitt, d. h. Verschnitt deutscher Weine mit Weinen aus EWG-Ländern. Zulässige Verschnitte werden durch neues Deutsches Weingesetz (→6.2) genau geregelt.

Verschnittener Wein darf Rebsortenbezeichnung nur dann auf dem Etikett (→6.4) tragen, wenn diejenige Rebsorte, die die Art bestimmt, mindestens 3/4 der Gesamtmenge beträgt und der Wein unverbessert ist (→5.2.5).

Da Qualität der Traubenernte in den einzelnen Jahren sehr unterschiedlich ist, Mehrzahl der Käufer aber harmonisch abgestimmten Wein von stets gleichbleibender Eigenart und Qualität verlangt, ist Weinverschnitt im gesetzlichen Rahmen von großer Bedeutung.

Markenweine (sog. Typenweine) – kein weinrechtlicher, sondern wettbewerbsrechtlicher Begriff – sind durch Verschnitt großer Mengen hergestellte, geschmacklich stets gleichbleibende Weine aller 3 Güteklassen (→6.2.1). Hierzu gehören auch die meisten Champagner und Sekte. Marktanteil der Markenweine in BRD beträgt nur noch etwa 2 %.

Verschnitt wird zweckmäßig beim Abstich vom Faß vorgenommen. Nach 2–3 Monaten ist der Wein flaschenreif.

5.2.7 Schaumwein-Herstellung

Schaumwein ist im Unterschied zum Stillwein (→5.2.2) moussierender Wein, der infolge großen Kohlendioxidgehalts schäumt.

Herstellung ist im Prinzip immer gleich geblieben.

In Frankreich, im Limousin, sind schon im 14. Jh. durch natürliche Weitergärung noch vorhandener Hefe schäumende Flaschenweine bekannt. DOM PÉRIGNON (1638–1715), Benediktinermönch und Kellermeister des Klosters Hautvillers bei Épernay, ist zwar nicht Erfinder des Champagners, aber sein großer Förderer gewesen. Er führte die Cuvée, das Verschneiden (→5.2.6) oder »Vermählen« verschiedener Weine zur Herstellung des geschmacklich besten Grundweins, die dickwandigen Flaschen wegen des hohen Kohlensäuredrucks und den Korken anstelle des bisherigen Wergpfropfens ein.

Cuvée (frz. cuve = Faß) beim französischen Champagner besteht meistens aus etwa 2/3 blauen *Pinot noir-* und *Pinot meunier-* sowie etwa 1/3 hellen *Pinot Chardonnay*-Trauben, die gemeinsam zum weißen Grundwein gekeltert und vergoren werden. Nur mit *Blanc de Blancs* (weiß aus Weißen) bezeichnete Champagner werden ausschließlich aus weißen Trauben hergestellt.

Wie heute noch, hat bereits DOM PÉRIGNON bei der Sekt-Bereitung im Erzeugnis der 1. Weingärung, dem Stillwein *(Vin nature de la Champagne),* die *2., schaumbildende Gärung* durch Zusatz von Zucker (20–25 g/l) und etwas Reinhefe im komplizierten und langwierigen Gärungsverfahren *(Méthode champenoise)* ausgelöst. Dieser Vorgang erfolgt in geschlossener Flasche und dauert mehrere Monate.

Alkohol und Kohlensäure, die während dieser Zeit entstehen, lösen sich bei dem sich entwickelnden Überdruck (bis 6 atü) im Rohschaumwein. Sich am Flaschenboden sammelnder Niederschlag von Stoffwechselprodukten der Hefe wird durch tägliches leichtes Schütteln der Flasche vom Rüttler *(rémueur)* mit der Hand im Laufe von Monaten zum Flaschenhals hin verlagert und abschließend nach Öffnen zusammen mit dem Korken entfernt.

Dosage (frz. = Abmessen, Dosieren), kleine Mengen in gleicher Cuvée oder in aromatischem, älterem Wein gelösten Rohrzuckers, oft unter Zusatz von etwas Weinbrand oder Likör, daher auch Dosagelikör genannt, wird dem Schaumwein zur Abrundung des Geschmacks vor dem Neuverkorken beigegeben. Art und Menge der Dosage bestimmen wesentlich Trockenheit oder Süße des fertigen Getränks:

brut (naturherb, extra trocken) bis 0,4 % Dosage,

extra sec oder *extra dry* (sehr trocken) 2 %,

sec oder *dry* (trocken) 3–5%,

demisec (halbtrocken) 5–10 %,

doux (süß; für deutschen Geschmack sehr süß) 10 % und mehr.

In Deutschland haben sich seit 150 Jahren Sektkellereien in den Weingebieten um Rhein, Neckar und Mosel angesiedelt. Heute bereiten mehr als 80 Hersteller nach wohlgehüteten Firmenrezepten ihre Sekte.

Verfahren der Herstellung sind laufend vervollkommnet und modernisiert worden. 2., schaumbildende Gärung wird heute weitgehend als *Großraumgärverfahren* und Arbeitsgänge, wie Hefeabtrennung, werden mit Hilfe von Separatoren maschinell ausgeführt. Qualitätseinbußen treten dadurch nicht ein, aber Preis für gleichbleibendes Marken- und Industrie-Erzeugnis konnte dadurch gesenkt werden.

Reifung von Qualitätsschaumweinen erreicht Optimum nach 6–12 Monaten; infolge hohen Kohlensäuregehalts altern sie langsam, entwickeln sich kaum noch, werden am besten in ersten Jahren kühl (6–8°C) getrunken.

Güteklassifizierung *deutscher Schaumweine* nach Deutschem Weingesetz von 1971 (→6.2.1) entsprechend Stillweinen in *3 Güteklassen:*

1. (Untere) Klasse: Schaumwein; aus Wein hergestellt, mit mindestens 3 atü Kohlensäure Druck.

2. (Mittlere) Klasse: Sekt[1)] oder *Qualitätsschaumwein;* im Inland hergestellt und mindestens 9 Monate gelagert; erhält nach behördlicher Qualitätsprüfung Amtliche Prüfungsnummer (→6.2.2).

3. (Obere) Klasse: Prädikatssekt; zu mindestens 60 % aus deutschen Weinen bereitet. Etiketthinweise auf Rebsorte, Jahrgang, Herkunft können jeweils beim Mindestgehalt von 75 % einer Rebsorte und auf Flaschengärung *(Méthode champenoise)* bei mindestens 6-monatiger Lagerung auf der Hefe gegeben werden.

Seit 1. 9. 1975 ist anstelle der Bezeichnung Prädikatssekt der Begriff *Qualitätsschaumwein bestimmten Anbaugebietes* (b. A.) getreten. Er muß zu 100 % aus Qualitätsweinen eines bestimmten Anbaugebietes bestehen und darf nur innerhalb dieses Gebiets hergestellt werden. Name des b. A. muß auf Etikett ausgeschrieben und auf dem Pfropfen angegeben werden.

Bezeichnung Sekt für seit 1919 in Deutschland hergestellten Schaumwein ist seit 1971 auf Qualitätsschaumweine beschränkt und nicht mehr als deutsch geschützt, sondern EWG-eigen.

---

[1] Name wird berühmtem Berliner Falstaff-Darsteller LUDWIG DEVRIENT zugeschrieben (1825)

Spezialitäten

Jahrgangs-Sekte: Deutsche Prädikatssekte werden in sehr guten Weinjahren aus Trauben einer einzigen Jahresernte hergestellt. Französische Champagner mit Jahrgangsangabe auf Flaschenetikett heißen *Champagne millésimé* oder führen englische Bezeichnung *Vintage* (Ernte; entsprechend Jahrgangs-Portwein).

Lagen-Sekte: Deutsche Prädikatssekte aus Weinen einer einzigen Lage, wie »Ayler Kupp«, »Kiedricher Sandgrube« oder »Eilfinger Berg«, sind französischen Champagnern ebenbürtig.

Markenname: Da Schaumweine meist Verschnitte verschiedener Weine sind, gilt Markenname, d. h. Name des Herstellers (z. B. Keßler, älteste deutsche Sektkellerei, gegründet 1826, Matheus Müller, oder französische Champagner-Marken, wie Veuve Cliquot, Moët & Chandon) für wichtiger als Wein-Ort oder -Gut.

Von dem einstigen Luxusgetränk wurden 1974 in der BRD 195 Mill. Flaschen Schaumwein vermarktet; dabei verhielt sich Sekt zu Prädikatssekt mengenmäßig wie etwa 4 : 1.

Während beim Wein bundesdeutscher Anteil in der EWG nur etwa 5 % beträgt und auf Frankreich und Italien 95 % entfallen, hat BRD beim Schaumwein Anteil von 40 %, Frankreich von 46 % und Italien von 14 %.

Ausländische Schaumweine

Champagner: berühmtester Schaumwein, aus nördlichstem Weinbaugebiet Frankreichs um Reims, Épernay und Ay. Name Champagner durch Versailler Vertrag (1919) und Madrider Abkommen (1961) in zahlreichen Ländern geschützt.

Vin mousseux: Schaumwein, weiß, rot oder rosé, nach gleichem Verfahren *(Méthode champenoise)* hergestellt, jedoch aus einer beliebigen anderen französischen Landschaft. Wenn mit Tankgärung (produit en cuve dose) oder mit Zusatz von Kohlensäure (gazéifié) hergestellt, Angabe auf Etikett vorgeschrieben.

Spumante: in Italien bereiteter Schaumwein.

American Champaign oder *California Champaign:* USA-Schaumwein.

Perlwein

Perlwein ist Wein, jedoch kein Schaumwein im Sinne des Weingesetzes. Deutsches Weinrecht und EWG-Weinverordnung erklären ihn als *Tafelwein,* der nach 1. oder 2. Gärung – natürlich oder zugesetzt – Kohlendioxid enthält und in geschlossenen Behältnissen bei +20°C einen Überdruck von 1–2,5 atm aufweist; d. h. Kohlensäuregehalt liegt höher als bei Stillweinen, aber niedriger als bei Schaumweinen. Wein perlt erkennbar.

Bei der Herstellung werden meist fertig ausgebaute, stille Weine mit Kohlendioxid imprägniert oder in Drucktanks zubereitet oder umgegoren. Restzuckergehalt (als unvergorener Zucker und Süßreserve) darf 40 g/l nicht übersteigen.

Perlwein muß als solcher auf dem *Etikett* deutlich kenntlich gemacht werden, z. B. als »Deutscher Tafelwein – Perlwein« oder als »Tafelwein aus Ländern der EWG – Perlwein«. Benutzung von Schaumwein-Flaschen oder -Ausstattung ist verboten. Perlweine werden meist in Kleinflaschen abgefüllt und mit Kronkorken oder Abreißverschlüssen versehen; gelten, kühl getrunken, als gute Durstlöscher.

In Frankreich heißen ähnliche, leicht moussierende, kleine Weine *pétillant,* in Italien *frizzante.*

5.2.8 Flaschenfüllung und Lagerung

Leichtere Weine, wie Gutedel und Müller-Thurgau, haben sich im Faß bis zum Frühjahr zur Flaschenreife ausgebaut, edlere oder alkoholreichere werden erst im Spätsommer flaschenreif. Spätburgunder soll möglichst 2 Jahre im Faß lagern.

Der im Faß ausgereifte Wein wird zur Beseitigung eventueller allerletzter Trübungen durch mehrschichtiges Filter geschickt, unmittelbar darauf keimfrei[1)] in Flaschen bis an den Korken gefüllt. Wein wird so gegen Sauerstoffeinfluß der Luft geschützt.

Bis zum Verkauf verbleiben Flaschen im Keller bei Temperatur von +8–10°C für Weißweine und +12–15°C für Rotweine.

5.3 Inhaltsstoffe deutscher Moste und Weine

6 Bestandteile hatte der französische Minister und Chemiker Jean Antoine Chaptal[2)] (1756–1832) 1802 ermittelt, 1952 waren 200 analytisch feststellbare Inhaltsstoffe des Weins bekannt. Konservative Analyse-Methoden wurden von immer genaueren und spezifischeren Verfahren abgelöst: Papier-Chromatographie, Gas-Chromatographie, Photometrie und enzymatische Methoden; mit ihrer Hilfe wurden bis heute rd. 400 Stoffe im Wein entdeckt, wichtigste nennt Tab. 1.

---

1 auf verschiedene Weise: Prädikatsweine kalt steril, Tafel- und Qualitätsweine b. A. warm bei Pasteurisationstemperatur (von etwa 60°C)

2 ließ im Jardin de Luxembourg in Paris 1400 Rebsorten anpflanzen; 1 Rebsortiment für Australien stammte von hier (→10.2.5)

Wein, sehr komplexe, wässerige Lösung, enthält außer Wasser, Alkohol (Weingeist), Glyzerin, Zucker und Säuren viele Substanzen in geringen Mengen, z. B. Fette und Wachse, Fermente (Invertase, Oxydase und Pektase) und Vitamine. Chemische Zusammensetzung des Weins ist wesentlich andere als die des Traubenmostes (→Tab. 1), einige Substanzen, im Most noch kaum oder gar nicht enthalten, entstehen erst während Gärung, z. B. Glyzerin, Bernsteinsäure, andere während des Ausbaus im Faß und weiter in der Flasche, z. B. Milchsäure, Aldehyde, Ester.

1 l Wein enthält 650–800 Kalorien; Tafel- und Qualitätsweine b. A. (→6.2.1) enthalten 8,5–11%, Prädikatsweine bis 14 % Alkohol (zum Vergleich: Bier etwa 4 %). Zu hoher Alkoholgehalt kann Bildung zarter Bukettstoffe verhindern.

Wasser und Alkohol machen zusammen meist etwa 90 % des Weins aus. Höhe des Alkoholgehalts fällt von Auslesen bis Trockenbeerenauslesen ab, während die des Zuckers und der übrigen Extraktstoffe zunimmt.

Tab. 1: Inhaltsstoffe deutscher Moste und Weine

Bestandteil	**Most** durchschnittliche Menge in g/l	**Wein**	**Bemerkungen**
Wasser	780–850	780–850	
Zucker	120–300	1,2–70[1)]	Trauben- und Fruchtzucker zu etwa gleichen Teilen; zu Diabetiker-Weinen →6.3
Alkohol	–	80–120	macht Wein haltbar, kräftig und feurig
Glyzerin	0,2–3[2)]	4–12	macht Wein voll und körperreich
Säuren(→ auch Tab. 2)	5–20	4–12	machen Wein haltbar und frisch; Kohlensäure erhält ihn jung und spritzig
Extraktstoffe	20–30	18–25	bis 100 g in Trockenbeerenauslesen
Gerbstoffe und	bis 0,2	0,1–0,2	bei Weißweinen
Farbstoffe	bis 3	1–2,5	bei Rotweinen
Mineralstoffe	1,5–4	2–3,5	Salze: Carbonate, Phosphate, Sulfate und Chloride der Metalle Kalium, Calcium, Magnesium und Natrium
Duft- und Geschmacksstoffe (Bukette und Aromen)	bis 1	bis 2	rd. 400 Geruchs- und Geschmacksstoffe in kleinsten Mengen bekannt

1 in Trockenbeerenauslesen können je nach Ausgangsmostgewicht und Zuckerwerten über 125 g/l, bei ausländischen Spitzenweinen, wie Tokajer Essenz, bis 225 g/l erreicht werden

2 bei Edelfäule

Alkohol trägt die *Duft-*, *Bukett-* und *Wirkstoffe*. Gehalt der etwa 400 heute bekannten Aromastoffe erreicht etwa 1/100 des Alkoholgehalts im Wein; ihr z. T. winziger Mengenanteil bedingt Sortentyp, Duft, Eleganz oder Mängel des Weins. Charakteristische *Farbe* stammt von phenolischen Verbindungen, die im weiteren Sinne zu Aromastoffen zählen.

Zucker: Wasser und Kohlensäure, die Baustoffe für den Zucker, befinden sich in der Rebe. Wasser als das eigentliche Lebenselement wird durch die Wurzeln aus dem Boden entnommen, Kohlensäure mit der Luft – darin zu 0,03 % enthalten – durch die Blätter aufgenommen. Die für Synthese von Wasser und Kohlensäure zu Zucker notwendige Energie liefert die Sonne. Blattgrün bewerkstelligt den chemischen Prozeß der Zuckerbildung.

Große Schwankungen unseres Klimas von Jahr zu Jahr bedingen große Unterschiede in Traubenreife, Most- und Weinqualität, Zucker- und Säuregehalt. Ein Zuviel an unvergorenem Zucker im Wein verdeckt Sorten-, Lagen- und Jahrgangscharakter. Weinqualität wird nicht nur durch Mostgewicht, sondern v. a. auch durch die gebietliche Eigenart der Feinheiten an Duft, Bukett und fruchtiger Säure bestimmt.

Glyzerin, farblose, ölige, süß schmeckende Alkoholart: trägt wesentlich zum vollmundigen Geschmack des Weins bei. Sein Anteil in deutschen Weinen erreicht etwa 1/10 des Weingeistes (Äthylalkohols).

Säuregehalt deutscher *Traubenmoste* (→Tab. 2) liegt je nach Sorte, Lage und Jahrgang zwischen 5 und 20 g/l. Während Traubenwachstums im Juli und Au-

Tab. 2: Die wichtigsten Säuren des Weins und ihre Herkunft
(nach DITTRICH 1975)

Säure	g/l (°/oo)	**Herkunft** aus
Weinsäure **Apfelsäure** **Aminosäuren** **Zitronensäure**	0,5–5 0 –8 0,5–4 0 –0,5	Traube
Bernsteinsäure **Brenztraubensäure** **2-Ketoglutarsäure**	0,5–2 0,1–0,5 0,1–0,5	Hefe
Milchsäure	0 –5	Milchsäure-Bakterien
Essigsäure	0 –1	Essigsäure-Bakterien
Gluconsäure **Schleimsäure**	0 –6 0 –2	Edelfäule *(Botrytis cinerea)*

gust ist Zuckergehalt noch sehr gering (6–35 g/l), Säuregehalt sehr hoch (bis 30 ‰). Gleichzeitig mit Zunahme an Zucker nimmt Säure in der Traube durch Veratmung ab (→Tab. 3). Säuregehalt bestimmt neben Mostgewicht Wert und Haltbarkeit des Weins, gibt an, wieviel ‰ oder g/l Gesamtsäure im Wein enthalten sind. Mindestgehalt an Gesamtsäure im Wein soll wegen Haltbarkeit 4 g/l (= 4 ‰) betragen, kann bei sehr kernigen Weinen bis 12 ‰ steigen. Als »Goldener Schnitt«, d. h. harmonische Ausgeglichenheit von fruchtiger Süße und herber Säure, gilt optimal: 100° Ö (210 g/l Zucker im Most) und 10 ‰ (10 g/l) Gesamtsäure.

Säuregehalt liegt bei deutschen *Weinen* wesentlich höher (4–12 g/l, das sind 4–12 ‰) als bei Weinen südlicher Klimate. Edle Weinsäure trägt entscheidend zur Eigenart der deutschen Weine in nördlicher Grenzzone des Anbaus bei, verleiht ihnen elegante, fruchtige, frische, jugendliche, mitunter stahlige Art, unterscheidet sie von besser ausgereiften, wuchtigeren und schweren Weinen südlicher Weinländer mit wärmerem Klima, die oft säurearm, damit weich und durch hohen Zuckergehalt sehr körperreich sind. Zu säurearme Weine wirken unausgeglichen und plump, zu alkoholreich und süß, verlieren frühzeitig an Duft und Aroma und altern schnell. Ohne ausreichende Säure läßt Wein Rasse und Eleganz vermissen. Säure muß zu Körper, Blume und Frucht im *harmonischen Verhältnis* stehen. Most deutscher Weine besitzt relativ niedrigen pH-Wert von 2,9–3,6 (→2.4.1).

Most und Wein aus gesunden Trauben enthalten 2 Säuren: *Weinsäure* und *Apfelsäure*.

Weinsäure in unreifen Beeren sehr hoch. Während Reife neutralisieren aus dem Boden aufgenommene Basen (Kalium-, Calcium- und Magnesium-Verbindungen) Weinsäure weitgehend durch Bildung von Weinstein (saures Kaliumsalz der Weinsäure). Während Gärung (→5.2.2) fällt Weinstein großenteils als Kristalle aus; sie fördern Selbstklärung des Weins nach der Gärung, Absetzen der Hefe und bilden Weinsteinkruste im Faß. Auf Flaschenboden oder am Kork sich u. U. absetzende Weinstein-Kristalle sind völlig geschmack- und geruchlos, beeinträchtigen Qualität des Weins in keiner Weise, zeichnen im Gegenteil gerade die wertvollsten Weine aus, gelten als »Edelsteine der Edelweine«.

Apfelsäure bei Beginn der Reife in großer Menge (bis zu 20 ‰) in Trauben vorhanden: Abbau erfolgt durch Veratmung, wird dabei zu Kohlensäure und Wasser oxidiert; kann weiterhin durch biologischen Säureabbau von Bakterien im Wein in milder schmeckende *Milchsäure* und Kohlensäure zerlegt werden. Hierauf beruht v. a. natürlicher Säurerückgang im Wein.

Anteil von Weinsäure zu Apfelsäure im fertigen Wein schwankt außerordentlich. Gesamtsäure des Mostes aus vollreifen Jahrgängen kann fast ausschließlich aus Weinsäure bestehen, in schlechten Jahrgängen kann Apfelsäure weit überwiegen; in solchen Jahren besitzt der Wein viel Säure, wenig Alkohol und kleines Bukett.

Aminosäuren aus dem Traubensaft benötigt die Hefe zum Aufbau ihres Zelleiweißes; dabei entstehen als Nebenprodukte der alkoholischen Gärung und des Stoffwechsels der Hefe höhere Alkohole (bis 0,3 g/l), in schweren und in Dessertweinen reichlicher als in leichten Weinen; sie sind an Bildung der Bukettstoffe beteiligt und verursachen im wesentlichen die toxischen Wirkungen des Rausches.

Bernsteinsäure, während der Gärung aus der Hefe entstanden, ist hauptsächlich für den weinigen Geschmack des Weins verantwortlich; durchschnittlich 1 g/l in deutschen Weinen enthalten.

Kohlensäure, eine sehr schwache Säure, macht den Wein »spritzig«, läßt ihn jung und frisch bleiben.

Tab. 3: Entwicklung von Inhaltsstoffen in Silvaner-Trauben während der Reife (nach C. NEUBAUER)

	am:	17. 7.	30. 7.	13. 8.	27. 8.	10. 9.	21. 9.	1. 10.
Gewicht der Traube in g		89	122	124	172	189	154	120
Zucker g/l		6	7	34	97	146	181	167
Säure g/l		24	26	26	12	9	8	7
Wasser g/l		920	914	887	841	797	766	771

Extraktgehalt, d. h. Anteil an Kohlehydraten, Stickstoff-Verbindungen, Mineralsalzen, Gerb- und Farbstoffen, beträgt in deutschen Weinen 18–25 g/l. Körperreiche, wuchtige, vollmundige Weine sind extraktreicher als leichte, spritzige Weine; Rotweine gehaltvoller an Extraktstoffen als Weißweine.

Gerbstoffe weisen von allen Inhaltsstoffen größte Unterschiede im Gehalt auf (0,2–2,5 g/l); v. a. in Rappen, Beerenhäuten und Traubenkernen enthalten, die deshalb bei Weißweinen vor Gärung entfernt werden. Gerbstoffe unterstützen Haltbarkeit des Weins, gerbstoffreiche Weine bauen langsam aus, z. B. Bordeaux-Weine. Farbstoffe in Rotweinen wesentlich höher als in Weißweinen; spielen gewichtsmäßig untergeordnete Rolle.

Mineralstoff-Gehalt der Moste schwankt stark (1,5–4 g/l), hängt wesentlich von Bodenart ab; liegt bei Weinen z. B. aus Vulkangesteinböden beträchtlich höher als aus Schwemmlandböden, jedoch auch Rebsorte von Einfluß (durchschnittlich 2–3,5 g/l).

Bukett- und Aroma-Stoffe, d. h. Duft- und Geschmacksstoffe, sind bei einzelnen Rebsorten und Jahrgängen sehr verschieden vorhanden. Etwa 400 festgestellte (davon die Hälfte chemisch analysiert) gehören u. a. zu den Gruppen der Alkohole, Ester, Aldehyde, Ketone, Terpene, Phenole, machen bis 2 g/l des Weins aus; 2 Stoffe ergeben $^{8}/_{10}$–$^{9}/_{10}$ des Aroma-Volumens: Amylalkohol und Beta-Phenyl-Äthylalkohol (Rosenduft), in restliche 0,3–0,4 g/l teilen sich die übrigen Aromastoffe, sie überdecken einander und summieren sich zur Fülle des Wein-Aromas.

Bukette entstehen oft durch Verbindungen der Weinsäuren mit Alkohol zu angenehm riechenden, flüchtigen Estern und vermitteln den Weinen die unterschiedlichen Duft- und Geschmacksstoffe.

Traubenbukette, die sich in der Traube während der Reife bilden – etwa 80 bekannt –, sind z. T. sehr flüchtig, verschwinden meist im Laufe des Weinausbaus.

Gär- und Jungweinbukette werden während Gärung und Ausbau des Weins durch Hefe entwickelt; bilden in ihrem Stoffwechsel aus im Most gelösten Aminosäuren (Eiweiß-Bausteinen) verschiedenartige Aromen.

Lagerbukette entstehen bei inneren Entwicklungsprozessen während des Lagerns, d. h. des Ausbaus in Faß oder Flasche.

Altersbukette entstehen beim Firnwerden des Weins.

Unterschiede in den Weinsorten werden ausschließlich durch *quantitative,* nicht durch qualitative *Veränderungen von Aroma-Bukett-Stoffen* bewirkt, d. h. Aroma- und Bukett-Stoffe sind qualitativ alle gleich, *mengenmäßige* Zusammensetzung aber äußerst mannigfaltig. Sortenspezifische Geschmacksstoffe sind bislang unbekannt, nur Mengenverhältnis der zahlreichen Geschmacksstoffe untereinander bestimmen jeweiligen Geruch und Geschmack.

Vitamine in geringen Mengen im Wein enthalten, dagegen in sehr großen im *Sauser* oder *Federweißen* (→5.2.2), stammen hier aus Weinhefen.

5.4 Jahrgang und Weinalter

Wein ist etwas Lebendiges, ist das einzig Lebende unter unseren Getränken. Auch auf Flasche gezogen lebt er weiter und entwickelt sich über Jugend, Reife, Alter zum Vergehen. In der Jugend gärt er stürmisch, baut im Jünglingsalter Säure ab, erlebt Reife mit Klärung und Entwicklung des Buketts, der Farbe, des Wohlgeschmacks, gelangt im Mannesalter auf die Flasche und entwikkelt seine besten Gaben, mit vollendeter Reife erst das volle Bukett. Nach Höhepunkt der Entwicklung altert er langsam und verliert an Körper, im Greisenalter wird er mißfarben, leer und ausdruckslos, sein Bukett firnt, er stirbt ab.

Ausbau und Entwicklung des Weins sind also mit Abfüllung keineswegs beendet. Gehaltvolle Weine, wie Riesling, Traminer, Ruländer, entwickeln volle Reife, Art und Bukett erst nach etwa 3-jährigem Lagern in der Flasche, manche Prädikatsweine benötigen noch längere Lagerzeiten, die die Bekömmlichkeit steigern. Leichte Weinc altern schneller, alkoholreiche erreichen höheres Lebensalter, Weine mit höheren Säuregraden bleiben länger frisch. Große Burgunder- und Bordeaux-Weine bauen langsam auf Faß und Flasche aus, brauchen in der Regel 4–8 Jahre zur Entwicklung.

Junge, frische Weine, oft noch mit Gärbuketten (→5.3) versehen, stehen ohne längeren Ausbau schon im Jahr nach der Lese trinkbereit. Für mittlere deutsche Weine ist Höhepunkt der Entwicklung bei 5–7 Jahren erreicht oder oft schon überschritten, jedoch ist Lebenserwartung sehr abhängig von Weinland, Jahrgang, Rebsorte, Leseart und Kellerbehandlung. Für Lebensdauer der Rheingauer beispielsweise gilt: Normallesen bis 10 Jahre, Spätlesen 20 Jahre, Auslesen und Spitzengewächse 40 und mehr Jahre.

Gesundheit und lange Lebensdauer sind unbestechliches Merkmal der Güte bevorzugt reifer Sonnenjahrgänge.

Geschmacksrichtung änderte sich im Laufe der Zeit: früher galten abgelagerte, alte, leicht firne Weine als bes. bekömmlich; danach schätzte man mehr alkoholreiche Weine mit »dienender Süße«; seit einigen Jahren geht geschmacklicher Stimmungswandel mehr zu jungen, leichten, spritzigen, frischen, blumigen und würzigen Weißweinen mit nicht aufdringlichem Bukett und möglichst mit etwas Kohlensäure, die ausgeglichen sind im Verhältnis von Alkohol, Säure und Restsüße – v. a. Weine des Riesling-Typs –, sowie zu milden, samtigen, fruchtigen, feinherben Rotweinen. Reintönigkeit tritt anstelle von Jahrgangston, Sortentypischkeit anstelle von Lagereigenschaft oder Bodengebundenheit.

Trockene, herb-kräftige *Weine* (→6.3) werden von erfahrenen Weintrinkern bevorzugt, weil bes. bekömmlich. Mengenmäßig gehören nur 2 % der amtlich geprüften Weine (1975 fast 7 Mill. hl) zur Gruppe der trockenen; weit über Bundesdurchschnitt liegen Anteile in Franken mit 7 %, Baden, Württemberg und Ahr-Gebiet mit je 4 % der Gesamtmenge. Trockene Weine fast ausschließlich Qualitätsweine b. A. und Prädikatsweine »Kabinett«; ihr gütegesiegelter Anteil liegt mit 30 % dreimal so hoch wie beim amtlich geprüften Gesamtangebot; qualitätsmäßig sind sie daher meistens ausgesprochen fein.

Angebot trockener Weine steigt, beträgt z. B. bei badischen Weinen 10 %; dagegen liegt *Absatz* nur bei knapp 4 %. Tests mit demselben Wein, aber steigender Restsüße von 10, 20 und 30 g/l ergaben übereinstimmend, daß Käufer für je 10 g/l etwa 30 % höhere Preise zu zahlen bereit sind, nicht-trockene Weine also infolge ihrer geschmacklichen Abrundung und Harmonie von Durchschnittskonsumenten überwiegend bevorzugt werden. Beabsichtigte Festlegung der Begriffe »halbtrockener«, »lieblicher« und »süßer« Wein wird dem Weintrinker Orientierung wesentlich erleichtern. Ob ältere oder jüngere Weine vorzuziehen sind, bleibt letztlich Entscheidung des persönlichen Geschmacks. Jedoch erscheint mit wachsender Kennerschaft reifer Wein, der »Untugenden seiner Jugend« abgelegt hat, als angenehmster und gesündester.

5.4.1 Große deutsche Weinjahrgänge

Der Jahrgang bestimmt je nach Witterungsverlauf Güte und Geschmack der deutschen Weine. Große Weinjahrgänge sind nach wie vor willkürliches Geschenk der Natur und oft Katastrophenjahre für die übrige Landwirtschaft.

Einer »Erziehung« durch den Menschen, wie sie die Rebe im Weinberg erfährt, hat sich die Natur bis heute entzogen.

Große Weinjahre sind rar, sind aber bis in die Anfänge des Weinbaus nachzuweisen; bereits römische Agrarschriftsteller, wie PLINIUS (→1.2), erzählen von Jahrgängen, die noch nach 80–150 Jahren am Kaiserhof getrunken wurden.

In Deutschland berichten zwischen 300 und 1500 n. Chr. Chroniken von etwa 100 großen Jahrgängen; unter ihnen gilt 1473 als vortrefflicher, 1484 stammte der Wein von »honigsüßen« Trauben. Großes Weinjahr 1540 brachte schon im Februar große Hitze, im Juli waren Rhein und Main nur Rinnsale und im August begann die Weinlese. Auch die Dürrejahre 1718 und 1753, in denen das Vieh auf den Weiden verhungerte, waren für den Wein hervorragend.

Als qualitativ größtes Weinjahr *aller* Zeiten wird **1783** gerühmt; wochenlang anhaltende Sommerhitze verursachte verbreitete Hitzenebel, in denen der Wein »kochte«. Berühmtester »Kometenwein«[1] und »Jahrtausendwein« ist der 1811er, dem der große Weinfreund GOETHE als dem »Eilfer« begeistert mehrfach literarische Denkmäler, z. B. im »West-östlichen Divan«, gesetzt hat.

In den letzten 120 Jahren zählt man 14 große Weinjahrgänge: 1859, 1865 und 1893, letzterer mit Südwein-Charakter ist noch heute geschätzte Rarität; als noch finessenreicher wird 1900er gerühmt; Dürrejahr 1911 ließ körperreiche Spitzenweine reifen; 1921 ist vielgerühmter Jahrhundertwein; 1934 brachte als Sonnenjahr hervorragende körper- und bukettreiche Weine. Reihe der »Großen« wird nun dichter: ausgewogener und blumiger 1937er und feiner 1945er, schon folgt artenreicher 1949er, noch übertroffen von 1953er; hochedler 1959er mit feinsten Spitzengewächsen erreicht 1921er nur wegen zu zarter Säure nicht, 1964 schenkt wieder einen Jahrhundertwein, und großer 1971er erinnert im Grundcharakter an 1937er und 1953er; 1976 verspricht, 1971er noch zu überbieten.

Gewächse dieser Jahrgänge besitzen Seltenheits- und Liebhaberwert.

5.4.2 Die deutschen Weine der Jahrgänge 1959 bis 1976

Trotz aller technischen Fortschritte läßt sich die Natur nicht berechnen, ein erfolgreiches Weinjahr nicht erzwingen. Für den Winzer bringt jedes Jahr neben der Arbeit erneut Ungewißheit.

So lassen sich die Weine der letzten 17 Jahre aus deutschen Weinbaugebieten an Rhein, Neckar, Main, Nahe, Mosel und Ahr charakterisieren:

---

1 nicht ausrottbarer Aberglaube macht Kometen nicht nur für Unheil, sondern auch für gute Weinjahre (1301, 1680, 1811, 1911) verantwortlich, wobei leicht nachweisbar ist, daß Zahl der Kometenjahre mit schlechten Weinjahrgängen (1770, 1843, 1882) etwa ebenso groß ist

1959 Jahrhundertwein; sehr gehaltvoll, edelsüß, wegen geringer Säure früh vollreif, vollfruchtig und körperreich, daher »Witwenwein« genannt; größter Jahrgang seit 1921
1960 gesunde, kleine und mittlere Weine in großer Menge
1961 brauchbare Weine ohne besondere Auszeichnung; sehr haltbar, da säurereich
1962 im ganzen gut, gebietsmäßig sehr unterschiedlich; frische, leichte, harmonische Weine
1963 anregende, mittlere Weine, wenig Spitzen, unerwartet gute Spätentwicklung auf Flasche
1964 bester, haltbarster und ausgezeichnetster 60er Jahrgang nach Güte und Menge; elegante und körperreiche Rheinweine, frische, harmonische Mosel, große Spitzengewächse, viel reife Weine mit mittlerer Säure
1965 unterdurchschnittlich; leichte, mundige, fruchtige Weine, die sich auf Flasche überraschend entwickelten
1966 großer Jahrgang länger haltbarer Weine mit Spitzengewächsen; typischer Jahrgangston mit selten schönen Aromen
1967 sehr unterschiedliche Qualitäten; kräftige Tischweine und exzellente Kreszenzen mit typischem Botrytis-Ton (→3.2.4)
1968 ansprechende gute Tischweine, wenig Qualitätsweine
1969 exquisiter Jahrgang ausgezeichneter, eleganter, feinfruchtiger Qualitätsweine von großer Haltbarkeit
1970 nach Menge und Güte reicher Jahrgang
1971 »Sonnenkönig« benannter Jahrhundertwein mit ungewöhnlich hohen Öchsle-Graden, Prädikatsweinjahrgang (70 %); mengenmäßig aber unter Durchschnitt (6 Mill. hl)
1972 fruchtige, reintönige, vorwiegend Qualitätsweine (Q. b. A.)
1973 Rekordjahr mit größter, jemals eingebrachter Ernte (10,8 Mill. hl mit extremen Hektarerträgen bis über 300 hl – normal um 100 hl/ha) und überdurchschnittlicher Qualität typischer, kräftiger, würziger bis eleganter Weine (1/3 Prädikatsweine und 2/3 Q. b. A.); »Eisweinjahr« mit Mostgewichten bis fast 300° Ö
1974 herzhafte, rassige Weine; nach Menge und Güte unterdurchschnittlich
1975 gute Normalernte (9,2 Mill. hl), überdurchschnittlich hohe Mostgewichte (Durchschnitt 75° Ö), viel (54 %) Prädikatsweine (1959 entsprechend), ausgewogener, harmonischer Kabinetts-Jahrgang, mitunter mit Botrytis-Ton (wie 1967)
1976 verspricht neuen Jahrhundertwein

Jeder Jahrgang zeigt also eigenes Gepräge, eigenen Charakter. 60er und 70er Jahre stellen überdurchschnittliche Weinjahrzehnte dar; denn im langjährigen Mittel entfallen auf ein Jahrzehnt 2 Jahrgänge mit sehr guten, 2–3 mit guten, 2 mit mittleren, 3 mit geringen bis sehr geringen Qualitäten.

6 WEINKULTUR UND WEINGENUSS

6.1 Weingesetze

Führende Weinbauländer haben zu allen Zeiten Weingesetze erlassen; denn Weinverfälschungen und Fabrikation künstlicher Weine sind so alt wie Weinbereitung selbst. MOSES erließ eines der ersten Weingesetze, und Keilinschriften auf Tontafeln assyrischer Könige künden von hohen Strafen für Weindelikte.

Alle Weingesetze ahnden mit scharfen Strafbestimmungen Verwässerung, Verwendung unzulässiger Ersatzstoffe oder falsche Benennungen sowie Verstöße gegen Vorschriften für Zuckerung. In Weinfachbetrieben ist seit langem Buchführung durch sog. Kellerbuch vorgeschrieben; amtliche Weinsachverständige, sog. Weinkontrolleure, prüfen und beraten die Betriebe.

In Deutschland gab erst Gründung des Deutschen Reiches 1871 – nach jahrhundertelanger staatlicher Zerrissenheit und dadurch bedingter Rechtszersplitterung – die Grundlage für eine Rechtseinheit; 1. Deutsches Weingesetz wurde daher erst 1892 verkündet. Aber im Laufe von 8 Jahrzehnten wurden bei dem lebhaften Strukturwandel im Weinanbau und bei der raschen Entwicklung der Kellerwirtschaft nicht weniger als 5 neue Weingesetze erforderlich: 2. Weingesetz folgte 1901, 3. bereits 1909, 4. im Jahre 1930, 5. nach 20jähriger Vorbereitung 1969, dieses mußte aber wegen der gemeinsamen Weinmarkt-Organisation im EWG-Recht von 1970, das die Rechtsetzungsbefugnisse den nationalen Gesetzgebern weitgehend entzog, durch ein Anpassungsgesetz stark verändert werden. Das nunmehr gültige *6. Deutsche Weingesetz* ist am 19. 7. 1971 in Kraft getreten und gilt als das *modernste in Europa* und verbraucherdienlichste der Welt.

6.2 Neues (6.) Deutsches Weingesetz von 1971

Nach neuer EWG-Begriffsbestimmung ist »Wein das ausschließlich durch vollständige oder teilweise Gärung der frischen, auch gemaischten Weintrauben oder des Traubenmostes gewonnene Erzeugnis«.

Nach neuem Deutschen Weingesetz stammt deutscher Wein (→Tab. 4) aus in der BRD geernteten Trauben, aus Rebanlagen, die innerhalb der Reblandbegrenzung liegen, von Rebsorten (→Tab. 11), die durch Rebsortenlisten (→4.3) für den jeweiligen Standort zugelassen sind.

Tab. 4: Die gesetzlichen Güteklassen in der BRD[1)]

Güteklasse	Gesetzliche Mindestanforderungen	Einstufung	Herkunftsbegrenzung (→auch Tab. 5)	Mindestpunktzahl für Amtliche Prüfungsnummer	Mindestpunktzahl für Deutsches Weinsiegel (→6.3)	Mindestpunktzahl für Badisches Gütezeichen (→6.3)
1. (Untere) *Klasse:* **Deutscher Tafelwein**	aus geeigneten Rebsorten von genehmigten Weinbergen; Wein mit mindestens 8,5 % Alkohol	leichte, bekömmliche Weine	Wein aus den deutschen Tafelweinbaugebieten	keine Prüfung	kein Siegel	kein Gütezeichen
2. (Mittlere) *Klasse:* **Qualitätswein bestimmter Anbaugebiete** *(Q. b. A.)*	amtliche Prüfung mit Prüfungsnummer, typischer Geschmack, frei von Fehlern, mit gebietsweise festgesetztem natürlichem Mindest-Alkoholgehalt	gehaltvollere, für das Gebiet typische Weine mit geprüfter Qualität	Wein aus *einem* »Bestimmten Anbaugebiet« für Qualitätswein	11	14	16
3. (Obere) *Klasse:* **Qualitätswein mit Prädikat** *(Prädikatswein)*	behördliche Lesekontrolle, amtliche Prüfung von Analyse und Geschmack, ohne Anreicherung des Mostes mit Zucker, gesetzlich abgestufte Mindest-Mostgewichte	elegante, gehobene, ausgereifte Weine	Wein aus *einem* »Bereich« innerhalb eines »Bestimmten Anbaugebietes«	erreichbare Höchstzahl: 20 Punkte		
Kabinett	aus voll ausgereiften Trauben	leichte, vornehme, sortentypische Weine; deutsche Spezialität	↓	13	15	17

Spätlese	späte Lese der Weintrauben in vollreifem Zustand	reiche Geschmacksfülle		14	16	17
Auslese	Auswahl und getrennte Kelterung nur vollreifer Trauben	edle Gewächse für besondere Gelegenheiten		15	17	18
Beerenauslese	Auswahl nur edelfauler oder überreifer Beeren			16	18	19
Trockenbeerenauslese	Auswahl nur eingeschrumpfter, edelfauler Beeren von höchster Geschmackskonzentration			17	19	19
Eiswein (Zusatzprädikat)	Weintrauben bei Lese und Kelterung zu Eis gefroren	Rarität in allen Prädikatsstufen				
Bezeichnungen für Schaumwein und Sekt						
Schaumwein	muß aus Wein hergestellt sein und mindestens 3 atü Kohlensäure Druck haben					
Sekt = *Qualitätsschaumwein*	muß im Inland hergestellt sein, mindestens 9 Monate gelagert haben, Amtliche Prüfungsnummer tragen					
Prädikatssekt	Sekt (Qualitätsschaumwein), der zu mindestens 60 % aus deutschen Weinen besteht					

1 mit freundlicher Genehmigung nach: Deutsche Weininformation – Gemeinschafts-Dienst weinwirtschaftlicher Institutionen – Mainz. – Vgl. zur Tabelle auch Kap. 6.3 und 6.4.

Neues Weingesetz

- überträgt den weinbautreibenden Bundesländern zahlreiche Ermächtigungen. Durch Erlaß von regionalen Rechtsverordnungen können die jeweiligen besonderen Verhältnisse, wie Klima, Böden und Rebsorten, berücksichtigt werden, z. B. bei den Mindest-Mostgewichten, die abgestuft nach Rebsorte und Anbaugebiet beim Tafelwein mit etwa 44° Ö beginnen.
- stellt Information des Verbrauchers stärker als bisher in den Vordergrund, indem es vermehrter Wahrheit und Klarheit sowie der Einkaufshilfe dienen und den Konsumenten vor Irreführung und Täuschung schützen soll.
- soll Winzer und Weinbereiter zur Leistungssteigerung anregen, typische Art des deutschen Weins zu erhalten und seine Qualität zu steigern, Wettbewerbsfähigkeit zu stärken und Absatz zu fördern.

6.2.1 Güteklassifizierung deutscher Weine

Kernstück dieses Weingesetzes ist die qualitätsbezogene Einteilung der Weine in *3 Gruppen:*

1. (Untere) Klasse: **Deutscher Tafelwein,**

2. (Mittlere) Klasse: **Qualitätswein bestimmter Anbaugebiete** (Q. b. A.),

3. (Obere) Klasse: **Qualitätswein mit Prädikat** (Prädikatswein).

Voraussetzungen für Einreihung eines Weins in eine der 3 Weinklassen werden von Gruppe zu Gruppe strenger, z. B. bezüglich des Verschnitts: aus Verschnitt-Anteilen *verschiedener* deutscher Anbaugebiete dürfen nur »Tafelweine« zusammengesetzt sein, beim »Qualitätswein b. A.« müssen bereits die Verschnittweine aus einem *einzigen* Anbaugebiet, beim »Prädikatswein« sogar aus einem *engen* Bereich stammen, letzterer darf außerdem nicht mit Zucker angereichert werden.

6.2.2 Amtliche Prüfungsnummer

Weine der beiden oberen (3. und 2.) Güteklassen dürfen erst abgefüllt werden, wenn sie nach Analysenzeugnis eines staatlich anerkannten Laboratoriums (»Weinpaß«) und staatlichem Geschmacksprüfverfahren Amtliche Prüfungsnummer (A. P. Nr.) erhalten haben, die die Erfüllung der gesetzlichen Qualitätsanforderungen garantiert, und dürfen nicht vor dem 1. Januar nach der Trauben-Ernte in Verkehr gebracht werden. Amtliche Prüfungsnummer muß auf dem Flaschen-Etikett vermerkt sein.

Im Unterschied zum französischen Weingesetz für Bordeaux-Weine (→9.2.1.3.2), in dem Klassifizierung des Rebbodens anstelle der des Weins vorgenommen wird, erhält in der BRD erst *der fertige Wein* die Amtliche Prüfungsnummer.

6.2.3 Gebietseinteilung

Bedeutsame Regelung ist die Einteilung des bundesdeutschen Reblandes in:

- 4 »*Tafelweinbaugebiete*« nebst »Untergebieten« *für Tafelweine,*
- *11 »Bestimmte Anbaugebiete* «(mit *31 »Bereichen«) für Qualitätsweine* (→Tab. 4), die mit den traditionellen Weinbaugebieten übereinstimmen (→Tab. 5).

Tab. 5: Gebietseinteilung der Rebbau-Regionen der BRD

11 »Bestimmte Anbaugebiete« (Weinlandschaften)	**31 »Bereiche«**[1] (Landschaftsteile)	**4 »Tafelweinbaugebiete«** (Flußtäler[2]) für *Tafelweine*
für *Qualitätsweine* und *Qualitätsweine mit Prädikat*		
Baden	Bodensee Markgräflerland Kaiserstuhl-Tuniberg Breisgau Ortenau Badische Bergstraße-Kraichgau Badisches Frankenland	*Oberrhein*
Württemberg	Remstal-Stuttgart Württembergisch Unterland Kocher-Jagst-Tauber	*Neckar*
Franken	Steigerwald Maindreieck Mainviereck	*Main*

Fortsetzung der Tabelle s. nächste Seite

---

[1] »Bereich ist eine Zusammenfassung mehrerer Lagen, aus deren Erträgen Weine gleichartiger Geschmacksprägung hergestellt werden und die in nahe beieinanderliegenden Gemeinden desselben bestimmten Anbaugebietes gelegen sind; . . . Bereichsnamen werden in der Weise gebildet, daß einem Namen, der die zugehörigen Rebflächen umschreibt, das Wort ›Bereich‹ vorangestellt wird . . .« Die Namen der »Bereiche« können sowohl für Tafelwein als auch für Qualitätswein b. A. verwendet werden, desgleichen für »Gemeinden« die Namen der Weinbau-Städte und -Dörfer; dagegen sind für »Lagen« die Namen der einzelnen Weinbergsfluren unter Hinzufügung des Gemeindenamens für Tafelweine nicht zulässig.

[2] Flußtäler: Oberrhein = Baden, Neckar = Württemberg, Main = Bayern, Rhein und Mosel = Rheinland-Pfalz und Hessen

Fortsetzung der Tabelle von Seite 85

11 »Bestimmte Anbaugebiete« (Weinlandschaften)	**31 »Bereiche«**[1] (Landschaftsteile)	**4 »Tafelweinbaugebiete«** (Flußtäler[2]) für *Tafelweine*
für *Qualitätsweine* und *Qualitätsweine mit Prädikat*		
Rheinpfalz	Südliche Weinstraße Mittelhaardt- Deutsche Weinstraße	
Rheinhessen	Bingen Nierstein Wonnegau	
Nahe	Kreuznach Schloß Böckelheim	
Hessische Bergstraße	Starkenburg Umstadt	*Rhein* und *Mosel*
Rheingau	Johannisberg	
Mosel-Saar-Ruwer	Zell/Mosel Bernkastel Obermosel Saar-Ruwer	
Ahr	Walporzheim/Ahr	
Mittelrhein	Bacharach Rheinburgengau Siebengebirge	

Fußnoten s. Seite 85

Tab. 6: Weinarten in der BRD

Weinart	Beschreibung
Weißwein	aus Weißwein-Trauben
Rotwein	aus rotgekelterten Rotwein-Trauben
Roseewein	aus hellgekelterten Rotwein-Trauben, meist Tafelwein
Weißherbst	Qualitäts- und Prädikats-Rosee aus einer einzigen Rotwein-Traubensorte
Rotling	gemeinsame Kelterung von Rot- und Weißwein-Trauben
Schillerwein	Qualitäts- und Prädikats-Rotling aus Württemberg

6.2.4 Weitere Informationen

Bisherige Bezeichnungen, wie »Originalabfüllung«, »Naturgewächs«, »Wachstum«, »naturrein«, sind nicht mehr zulässig; damit entfällt mögliche Diskriminierung der Weine, die im Rahmen der gesetzlich zulässigen Grenzen angereichert werden.

Neu im Weingesetz ist die sog. *Weinbergrolle,* in die in der Regel nur Lagen von mindestens 5 ha aufgenommen werden. Dadurch ist verwirrende Anzahl von bisher mehr als 25 000 Lagebezeichnungen auf etwa 1/10 der ehemaligen Kataster-Bezeichnungen beschränkt worden.

Informationen über pflichtmäßige Aussagen auf dem Flaschen-Etikett vermitteln Kap. 6.4 und Tab. 8.

6.3 Gütezeichen und Weinprämierungen

Deutsches Weingesetz von 1971 hat Anzahl der Gütezeichen wesentlich eingeschränkt.

Voraussetzung für jede weitergehendere Auszeichnung ist staatliche analytische und sensorische Prüfung und Zuteilung der *Amtlichen Prüfungsnummer* (A. P. Nr., →6.2.2), die auf Flaschen-Etikett deutlich erkennbar sein muß und erst Berechtigung zur Bezeichnung »Qualitätswein« (Q. b. A.) oder »Qualitätswein mit Prädikat« (Prädikatswein) gibt (→6.2.1). 1975 wurden fast 7 Mill. hl Wein zur Bewertung zugelassen.

Grundlage für diese Pflichtprüfung, wie für alle weiteren freiwilligen Prüfungen, ist das *20-Punkte-Bewertungssystem der DLG*[1] (→Tab. 7). Diese Bewertung gewährleistet strenge Prüfung; sie erstreckt sich auf Herkunft und Kennzeichnung des Weins, Einhaltung der Vorschriften des Weingesetzes, auf Farbe, Klarheit, Geruch und Geschmack sowie charakteristische Eigenschaften seines Heimatgebietes. Die Anforderungen steigern sich für Qualitätsweine mit Prädikat und für Prämierungen bis zur Höchstzahl von 20 Punkten.

Zugelassen als weitergehende, höhere Auszeichnungen für herausragende Weine hat der Gesetzgeber nur:

(1) **»Das Deutsche Weinsiegel«**

a) in *Rot* für Qualitäts- und Prädikatsweine, seit 1950;

b) in *Gelb*

- für *Diabetiker*-Weine, seit 1970,
- für Weine mit der Bezeichnung *»Trocken«,* seit 1974 (2 % der deutschen Weine der Menge, 4 % der Weinsorte nach).

---

1 DLG = Deutsche Landwirtschaftsgesellschaft, eingetragener gemeinnütziger Verein, gegründet 1885 von MAX EYTH

(2) Das **»Gütezeichen für badischen Qualitätswein«**, beschränkt auf das »Bestimmte Anbaugebiet« Baden; 1949 vom Badischen Weinbauverband eingeführt, seit 1971 durch Rechtsverordnung der Landesregierung anerkannt.

(3) **Landes-, Gebiets-, Kammer-** und **DLG-Bundes-Weinprämierung.**

Alle 3 Auszeichnungsgruppen werden nach dem gleichen Bewertungs-Punktsystem der DLG, aber steigenden Punkt-Anforderungen beurteilt.

Tab. 7: Weinbewertungen nach Punkten der Deutschen Landwirtschaftsgesellschaft für Qualitätswein und Qualitätswein mit Prädikat

Nr.	Bezeichnung	Punktzahl		Mindestpunktzahl		
		einzeln	gesamt	für Amtliche Prüfungsnummer	für Deutsches Weinsiegel	für Badisches Gütezeichen
1.	**Farbe** *Weißwein Rotwein*					
a)	blaß hellrot hochfarbig braunrot	0				
b)	hell rot	1	2	2	2	2
c)	typisch typisch	2				
2.	**Klarheit**					
a)	blind	0				
b)	blank	1	2	1	2	2
c)	blitzblank	2				
3.	**Geruch**					
a)	fehlerhaft	0				
b)	ausdruckslos	1				
c)	reintönig	2	4	2	2	3
d)	feiner Geruch	3				
e)	Duft und Blume	4				
4.	**Geschmack**					
a)	fehlerhaft	0				
b)	fehlerfrei	1–3				
c)	klein-dünn, aber sauber	4–5	12	6	8	9
d)	gut-harmonisch	6–9				
e)	reif und edel	10–12				
	insgesamt		20	11	14	16

Deutsches Weinsiegel auf der Flasche garantiert einen neutral geprüften deutschen Wein. Zuerkennung setzt für *Qualitätswein* b. A. mindestens 14 Punkte voraus, *Spätlesen* verlangen 16, *Auslesen* sogar 17 Punkte (→Tab. 4). Seit 1949 erhielten im Laufe von 25 Jahren fast 1 Mrd. 1/1- oder kleinere Flaschen (das sind 10 % aller deutschen Weine) diese Auszeichnung. 1975 hat DLG 65 Mill. rote und 4,6 Mill. gelbe Weinsiegel verliehen (davon 2/3 auf 1-l-Flaschen; beim roten Siegel Verhältnis umgekehrt). 20 % aller zum Siegel zugelassenen Betriebe führen gelbgesiegelte, d. h. trockene Weine im Angebot. – Auch ordnungsgemäß angereicherte Weine (→5.2.5) können Deutsches Weinsiegel erhalten.

Gegenüber Amtlicher Prüfungsnummer liegen Anforderungen für Deutsches Weinsiegel für Geruch und Geschmack mindestens 2 Punkte (→Tab. 7), für Auszeichnung als Q. b. A., der mengenmäßig stärksten mittleren Güteklasse, sogar 3 Punkte zusätzlich höher (→Tab. 4).

Für Zuckerkranke von der DLG 1970 geschaffenes *gelbes* Diabetiker-Weinsiegel, 1974 erweitert in Weinsiegel für »Trocken« (amtliche Bezeichnung nach Weingesetz), wird an durchgegorene, herbkräftige Weine verliehen. Weine dürfen ab 1. 9. 1976 als »Trocken« bezeichnet werden, wenn sie bis zu 9 g/l vergärbaren Restzucker enthalten; Bezeichnung ist aber gebunden an Säuregehalt und errechnet sich nach der *Formel*

$$\text{Säure} + 2 = \text{Restzucker};$$

hat z. B. ein Wein 6 ‰ Säuregehalt, darf er maximal 8 g/l Restzucker haben, um Bezeichnung »Trocken« führen zu dürfen.

Zur Information für Zuckerkranke oder Kalorien-Interessierte darf das seit 1970 verwendete Rückenetikett der Weinflasche »Für Diabetiker geeignet – Nur nach Befragen des Arztes« mit Analysenbefund (Restzucker bis 4 g/l, Alkohol bis 90 g/l [12 %], SO_2-Gehalt bis 200 mg/l und 30 mg/l freie SO_2 und Brennwertangabe bis 714 cal[1)]) weiterhin verwendet werden.

Für Weinbeurteilung bietet sich im Weinsiegel damit dem Verbraucher eine wertvolle, ergänzende Qualitäts-Information an.

Gebiets-Weinprämierungen finden in den 11 deutschen »Bestimmten Anbaugebieten« statt. Sieger erringen Bronzene, Silberne oder Goldene Preismünzen.

DLG-Bundes-Weinprämierung ist höchster nationaler Weinwettbewerb der BRD. *Voraussetzung* für Beteiligung ist erfolgreiche Teilnahme an amtlicher Qualitätsprüfung (A. P. Nr.) und regionaler Prämierung eines Weinbaugebiets. Sie wird seit 1951 jährlich durchgeführt, gilt als strengste deutsche Qualitätsprüfung. Qualitätsweine aus allen 11 »Bestimmten Anbaugebieten« werden

---

1 Gesamtbrennwert ergibt sich aus Kalorien des Äthylalkohols (1 g = 7,0 cal), Gehalt an unvergorenem Zucker (1 g Glucose = 4,1 cal) und des Glyzerins (1 g = 4,3 cal); höchster Kaloriengehalt demnach 714 cal/l.

von Weinsachverständigen »verdeckt« (d. h. den Preisrichtern sind außer dem Gebiet nur Jahrgang, Rebsorte und Güteklasse bekannt) auf Farbe, Klarheit, Geruch und Geschmack geprüft. Zugelassene Weine müssen den letzten 3 Jahrgängen angehören und mindestens 16 Punkte bei Auszeichnung mit Deutschem Weinsiegel und gebietlicher Prämierung erhalten haben. Punktanforderungen sind hoch: für Bronzene Preismünze der DLG 17,6–18,5 Punkte, für Silberne 18,6–19,5, für Großen Preis 19,6–20 Punkte.

Nur 1 unter 1000 Flaschen aller deutschen Weine bzw. reichlich 1 von 100 Flaschen amtlich geprüften Weins ist *bundes*weinprämiert.

Besondere Auszeichnung für hervorragende betriebliche *Gesamtleistungen* besteht im *Ehrenpreis*, den der Bundesminister für Ernährung, Landwirtschaft und Forsten auf Vorschlag der DLG vergibt.

Zahl der zur DLG-Bundes-Weinprämierung angemeldeten Weine schwankt je nach Jahrgang, betrug z. B. 1975 über 4100.

6.4 Flaschen-Etikett

Nach Deutschem Weingesetz von 1971 soll Flaschen-Etikett unbestechliche Visitenkarte des Weins sein, muß obligatorische Bezeichnungsbestandteile, wie Jahrgang, Anbaugebiet, Weinort (Gemarkung), Lage (Weinberg), Rebsorte, Leseart, Erzeuger, Amtliche Prüfungsnummer, und kann ergänzend Hinweise

Tab. 8: Etikett-Aussage
auf Flaschen deutscher Qualitätsweine (Beispiel)

Pflichtangaben:			
Jahrgang	1974	Rebsorte[2]	Trollinger
Anbaugebiet	Württemberg	Leseart	Qualitätswein mit Prädikat, Kabinett
Weinort, Gemarkung	Heilbronn	Erzeuger[3]	Weingut Lampe
Weinberg, Lage[1]	Stiftsberg	A. P. Nr.	24500475
Kann-Angaben: Gütezeichen und Auszeichnungen, z. B. Goldene Preismünze; Württembergische Weinprämierung 1975			

1 in Baden: Gewann; in Österreich: Ried; im Bordelais: Crû; in Burgund: Climat. Lagenamen: oft Flurnamen, z. B. Braunfels, Marienholz; oder Besitzhinweis, z. B. Jesuitengarten, Kirchenstück; oder Hinweis auf Weineigenschaften, z. B. Zuckerle, Goldtröpfchen; oder Verballhornungen, z. B. Nacktarsch (aus Nektar)

2 als Rebsorte ist diejenige anzugeben, die Wein zu mindestens 75 % enthält und seine Art bestimmt

3 auch: »Aus dem Lesegut«, »Aus eigenem Lesegut« oder »Erzeugerabfüllung«

auf Weinsiegel, Gütezeichen und Weinprämierungen enthalten (genaue Informationen dieser Art auf ausländischen Weinflaschen wesentlich seltener zu finden).

Prüfungsnummer auf Grund amtlicher Kontrolle – Analyse und Geschmacksprüfung – garantiert dem Trinkenden, daß Aussagen auf Etikett mit Inhalt der Flasche übereinstimmen.

Bei **Tafelweinen** entfallen Prüfungsnummer und Lagenamen; engste geographische Bezeichnung ist die Gemarkung (Ortsname).

Qualitätsweine stellen in normalen Jahren etwa 60–70 % der deutschen Weinernten, sind anregende, leicht bekömmliche Weine für den täglichen Genuß.

Prädikatsweine sind nach neuem Deutschen Weingesetz folgende *Lesearten* (→auch Tab. 4):

Kabinett: ursprünglich Wein aus bestem Faß, der in besonderer Abteilung des Kellers lagerte und für Probe im fürstlichen Cabinet bestimmt war; heute eleganter, ausgereifter Wein aus Normallese.

Spätlese[1]: Weine aus Trauben, die *nach* dem offiziellen Lesetermin im vollreifen Zustand geerntet worden sind; zeichnen sich durch besondere Eleganz und Reife aus.

Auslese: Wein, ausschließlich aus sorgfältig ausgelesenen, vollreifen, unbeschädigten und getrennt gekelterten Trauben, an offiziellen Lesetermin nicht gebunden; bestechen durch Fülle des Buketts mit typischem Botrytis-Ton.

Beerenauslese: Wein aus ausgelesenen und für sich gekelterten, vollreifen, edelfaulen oder wenigstens überreifen Beeren; besitzt wegen hohen natürlichen Gehaltes an Zucker, der nicht vergoren werden kann, weniger Alkohol, dagegen hohe Restsüße und meist unverkennbares Botrytis-Aroma.

Trockenbeerenauslese: Wein aus rosinenartig eingeschrumpften, edelfaulen, einzeln ausgelesenen Beeren; ist edelstes Erzeugnis und stellt Kostbarkeit dar.

Natürlicher *Mindest-Alkoholgehalt* für Kabinettwein bis Trockenbeerenauslese bewegt sich zwischen 70 und 150° Ö, Extremwerte liegen bei über 300° Ö.

Eiswein: Besonderheit, die zu den jeweiligen Prädikatsweinen hinzutreten kann; Wein stammt aus Trauben, die bei Lese und Kelterung gefroren (mindestens –8°C) sind. Da nur das Wasser im Beerensaft gefriert, ist Most konzentriert und gehaltvoll. Eiswein gilt manchem Kenner als »gespaltener« Wein,

---

[1] Der große Wert der »Spätlese« ist vor 200 Jahren – im Spätherbst des Jahres 1775 – von Mönchen des zum Kloster Fulda gehörenden Klosters Johannisberg im Rheingau durch einen Zufall entdeckt worden. Der alljährlich mit Trauben vom Johannisberg nach Fulda entsandte Herbstkurier war infolge mancher Widrigkeiten – die Chronik bemüht sogar Wegelagerer – nach 3-wöchiger Verspätung mit der Leseerlaubnis des Fürstabtes zurückgekehrt und hatte damit die erste Spätlese überreifer, geschrumpfter und von der Edelfäule befallener Trauben verursacht

d. h. auf Zunge ist zuerst Süße, danach Säure wahrnehmbar. Eisweine benötigen zum Ausbau lange Lagerzeit. Bereitung lohnt nur von Mosten über 80° Ö.

6.5 Weineinkauf

Weineinkauf ist Vertrauenssache. Kauf heute jedoch nicht schwer, da Weine durch beste Fachleute geprüft sowie durch Güte- und Prämierungszeichen empfohlen sind (→6.2.2 und 6.3). Trotzdem sollte man vor dem größeren Einkauf 1–2 Flaschen zum Proben erwerben. Wein schmeckt immer da am besten, wo er gewachsen ist, und sollte deshalb möglichst dort verkostet, zumindest aber da probiert werden, wo er später getrunken wird, denn Klima und Umgebung beeinflussen maßgeblich seinen Geschmack; viele gute Landweine vertragen überhaupt keinen Transport.

Erzeuger, Winzer, Weingüter wird der Weinliebhaber mit der Zeit kennenlernen. Allgemein darf er davon ausgehen, daß Staatsdomänen und bedeutende Weingüter, Winzer- und Weingärtnergenossenschaften, seriöse Weinhändler sowie gute Fachabteilungen des Einzelhandels Garantie für guten Weineinkauf bieten.

Lebensdauer der Weine (Haltbarkeit) ist sehr unterschiedlich und von verschiedenen Faktoren abhängig (→5.4). Für den Weinkeller sollte man vorwiegend junge, frische, entwicklungsfähige Prädikatsweine erwerben, die man einige Jahre lagern und deren Höhepunkt man miterleben kann. Reife (Ausbau) der Weine verläuft langsamer, wenn sie – wie bei höheren Prädikatsstufen – hohen Säure-, Zucker- und Extraktgehalt besitzen. Niemand kann aber mit Gewißheit voraussagen, wie junge Weine sich entwickeln, wie sie mit Reife und im Alter werden.

Im übrigen gilt die alte Weinweisheit: Wein ist zum Trinken da, nicht zum Sammeln und langen Lagern oder zur oft enttäuschungsreichen Geldanlage. Dabei wird monetär nicht effektiv werdender Wertzuwachs, weil Gewinn sich im Genuß verliert, echten Weinkenner keinesfalls verdrießen.

6.6 Weinkeller und Weinpflege

Wein ist ein empfindsames Wesen und will entsprechend behandelt werden.

Flaschen für verschiedene Weinarten unterscheiden sich: lange, elegante, nach oben schlanker werdende Schlegelflasche, ursprünglich einheitlich rotbraun für Rheinwein, grün für Moselwein; bauchige, hirtentaschenähnliche Bocksbeutelflasche für Frankenwein; bauchige Flasche mit abfallenden Schultern für Burgunder; schmalere, zylindrische für Bordeaux-Weine; runde bauchige, strohumwickelte Literflasche für italienische Weine. Für Konsumweine bürgern sich immer mehr 1-Liter- und 2-Literflasche ein.

Lagerung sollte erfolgen im dämmerigen, gut gelüfteten, sauberen, von Erschütterungen freien, kühlen, gleichmäßig temperierten *Keller* – sei er noch so klein oder sei er übersichtlich und groß als Vinothek eingerichtet. Weder Speisekammer noch Hängeboden, weder Fach im Bücherschrank noch Lager unter ihm bieten Ersatz; Kühlschrank aber ist der schlechteste Aufbewahrungsort.

Wein atmet durch den *Korken*[1]; damit dieser feucht bleibt, nicht schrumpft, oxidierende Außenluft nicht eindringen kann, eignen sich für Lagerung deutlich *beschriftete* Ton-Röhren (Dränage-Röhren), Kunststoff-Boxen, Drahtgitter oder Holzstellagen.

Temperatur im Weinkeller soll + 8–12°C betragen und im Laufe des Jahres um nicht mehr als 5°C schwanken. Wärmegrade über + 12°C für *Sekt* und *Weißwein,* über + 15°C für *Rotwein* schaden zwar nicht, lassen Weine aber schneller altern. Bei Temperaturerhöhung um 10°C, d. h. bei Lagerung bei etwa 22°C, altert Wein durchschnittlich in Hälfte der Zeit. Im gleichmäßig kühlen Keller bleibt Wein gesund und lange haltbar.

Wegen abgestufter Raumtemperatur wird *Sekt* in Fußbodennähe, *Weißwein* in mittlerer Höhe, *Rotwein* möglichst hoch gelagert.

Luftfeuchtigkeit im Weinkeller soll möglichst 70–80 % betragen; trockene Luft beschleunigt Altern und Schwund, auch in der Flasche.

Stark riechende Fremdstoffe, wie Petroleum, Heringe, Zwiebeln, Kartoffeln, Kunstdünger, dürfen im Weinkeller nicht aufbewahrt werden.

Entwicklung und *Veränderung* des Weins sollten durch gelegentliche *Kostproben* beobachtet werden. *Allgemein gilt:* besser, Wein zu früh als zu spät trinken!

Kellerbuch, das Datum und Menge von Zu- und Abgängen, Jahrgang, Herkunft und Urteil über Geschmacksveränderungen des Weins festhält, gibt Überblick über Weinbestand.

Zum *Inventar* des Weinkellers sollten möglichst gehören: ein kleiner fester Tisch, 2 Hocker, Probiergläser, Korkenzieher, Kerze, Thermometer, Hygrometer (Feuchtigkeitsmesser), Kellerbuch.

6.7 Weinfachsprache

Das Typische eines Weines zu beschreiben, anderen mitzuteilen oder von anderen zu erfahren, ist nicht leicht. Die Umgangssprache verfügt für die zahlreichen Töne und Nuancen des Zusammenspiels im Wein von natürlicher Süße und fruchtiger Säure, von zahllosen Aromen und Buketten und für die

---

[1] beim paraffinierten Korken weitgehend eingeschränkt, beim Kronenkorkenverschluß ganz aufgehoben, dadurch bei diesem liegende Aufbewahrung nicht mehr erforderlich

vinologischen Sinneseindrücke nicht über genügend differenzierte und prägnante Ausdrucksmöglichkeiten. Die Sinneswahrnehmungen jedes Menschen von *seiner* Umwelt, gleich ob für Geruch, Geschmack oder Farbe, sind zudem recht verschieden von denen seiner Mitmenschen.

Zur Hilfe aus diesen Verständigungsschwierigkeiten haben alle Kultursprachen für die Weinansprache eine Art von Weinfachsprache entwickelt, deren deutsches Vokabular etwa 200 Fachausdrücke umfaßt. Ihre wichtigsten sind in den Tabellen 9 und 10 zusammengestellt.

Tab. 9: Die wichtigsten Wein-Fachausdrücke

abgehen, Abgang (→ auch Schwanz)	Nachgeschmack beim Weinverkosten im hinteren Gaumen
ansprechend	zum Trinken anregend
Aroma	Gesamtheit der Geschmacksstoffe
aromatisch	reich an Geschmacksstoffen
artig	gefällig und typisch für eine Weinsorte
ausgebaut	in Faß und Flasche voll entwickelt, vollendet
Blume	Summe der Duftstoffe
blumig	reich an Duftstoffen, meist solchen der Traubensorte
brandig	hervorstechender Alkoholgeschmack
Bukett	Gesamtheit der Duftstoffe
bukettreich	reich an Duftstoffen
dick	überreich an Körper und Geschmacksstoffen
dünn	extrakt- und alkoholarm; auch: zu alt, firngeworden
duftig	zartes, feines, angenehm hervortretendes Bukett
edel, hochedel	von großer Art und feiner Reife; meist bei großen, vornehmen Prädikatsweinen
edelfaul	überreife, vom Botrytis-Pilz befallene Beeren (→Tafel 4); geben Wein feines eigenes Aroma
ehrlich	alle Eigenschaften aufdeckend
elegant	fein abgestimmt in Säure, Alkohol, Bukett, also reif, frisch, harmonisch
feurig	alkohol- und körperreich, harmonisch, bes. bei Rotweinen
firn	alt; stark entwickeltes Bukett, hochfarbig
frisch, lebendig	jung, mit angenehmer, aber verhältnismäßig viel Säure
fruchtig	mit kräftigem Sorten- oder Obst-Aroma
füllig	extrakt- und alkoholreich (oft bei harmonischen Rotweinen)
gefällig	ansprechender Wein bis zur Kabinetts-Stufe
gehaltvoll	reich an Zucker, Glyzerin, Gerbstoffen, Farbstoffen, Mineralsalzen
glutvoll	schwer, reich an Extraktstoffen, meist vom vulkanischen Untergrund

groß	alle edlen Eigenschaften harmonisch vereinend
Harmonie	Ausgeglichenheit
harmonisch	abgestimmtes Verhältnis der einzelnen Inhaltsstoffe
hart	mit hervorstechender Säure (auch Gerbsäure)
harzig	Beigeschmack nach Harz bei überalterten Dessertweinen
herb	gerbstoffreich (bei Rotweinen)
herzhaft	kräftig, markant, ohne viel Säure
hochedel →edel	
hochfarben	goldgelb bis braun; Höhepunkt ist überschritten, altersfirn
jung	noch in der Entwicklung begriffen
kernig	kräftig, mit sortentypischer Säure (z. B. bei Riesling-Weinen), alkohol-, glyzerin- und extraktreich, eindrucksvoll im Abgang
klein	extraktarm, anspruchslos
körperarm	wenig Substanz, Stoff, Fülle; dünnflüssig
körperreich	voll, kräftig, reich an Alkohol und Extraktstoffen
kräftig	alkohol- und angenehm säurereich
kurz	ohne nachhaltigen Duft und Geschmack
lebendig →frisch	
leicht	klein, alkoholarm
lieblich	leicht, mild, Säure zurücktretend, Restsüße artbestimmend
mager →körperarm	
mild	säurearm, dezent
mollig	rund, harmonisch; bei Rotweinen →samtig
nervig	kräftig, rassig, pikant bis stahlig
nussig	charakteristisches Bukett nach bestimmten Nuß-Arten (bei Rotweinen)
ölig	dickflüssig, glyzerinreich
pappig	plump; Wein mit zu wenig oder zu stark abgebauter Säure
parfümiert	aufdringlich, artfremd duftend
pikant	mit feiner Säure und Frucht
prickelnd	angenehm kohlensäurehaltig
rassig	mit ausgeglichener, erfrischender, aber ausgeprägter Säure (z. B. deutlicher Riesling-Typ)
reif	voll entwickelt
rund	voll, harmonisch, extraktreich, ausgeglichen
saftig	von angenehmer Säure und deutlichem Bukett der Traubensorte
samtig	weich, voll, mild (meist bei Rotweinen durch Zusammenspiel von Alkohol und Extrakt)
sauber	fehlerfrei
Schwanz (→ auch Abgang)	anhaltender Geschmack noch nach dem Hinunterschlucken
schwer	alkohol- und extraktreich, voll auf der Zunge liegend
Sortenbukett	für Traubensorte charakteristische Duftstoffe

Spiel	nuancenreiches Miteinander von feiner Würze und Säure
spritzig	leicht, frisch, angenehm kohlensäurehaltig (z. B. bei Saarweinen)
stahlig	trocken mit erdig-metallischem Geschmack, herzhaft, mit kräftiger Fruchtsäure
süffig	Vulgärausdruck für Trinkqualität ausgewogener Kneipweine
süß (→auch vollsüß)	natursüß: von Natur süß edelsüß: angenehm ausgeglichen süß unharmonisch süß: Süße bei zu stark angereicherten Weinen
tintig	dickfarbig, blauschwarz
tot	zu alt, abgestorben
trocken	Zucker vollständig vergoren, Wein völlig durchgegoren, geringer Restzucker; urspr. für bestimmten Sekttyp verwandt
typisch	kennzeichnend für Lage, Klima, Anbaugebiet, Rebsorte oder Jahrgang
umgeschlagen	trübe, infolge bakterieller Erkrankung oder Ausscheidung chemischer Stoffe
unharmonisch	unausgeglichen in Zucker, Säure, Alkohol, Kohlensäure
unreif	mit viel Säure, wenig Körper; zu jung
voll, vollmundig	ausgebaut, reich an Extrakt- und Bukettstoffen, anhaltender Abgang, den ganzen Mund füllend
vollsüß (→auch süß)	von natürlicher Süße aus vollreifen Trauben
vornehm	hochwertig, groß, sehr gut
warm	angenehm, alkoholreich bei Rotweinen
weich	mild, säurearm
weinig	charakteristische Weineigenschaften in Extrakt und Aroma betonend
wuchtig	schwer und gewichtig in Körper und Alkohol
würzig	mit sortenbedingtem Bukett (typisch für Traminer, Muskateller, Scheurebe, Bacchus, Riesling)
zart	leicht, unaufdringlich; elegant in Säure und Duft

6.8 Weinprobe und Weinansprache

Weinprobe: Wein ist Getränk der Muße; Durst ein hemmungsloser Gleichmacher. Zum Weinprobieren gehören Ruhe und Beschaulichkeit. Weine müssen verglichen, Erinnerungsvermögen für kostbare Weine muß geübt werden. Rauchen, Essen von Süßigkeiten und pikanten Speisen läßt Feinheit des Gaumens rasch erlahmen, sollte also beim Verkosten unterbleiben. Ausgebackenes, säurearmes Brot, ungezuckerte Kekse und leicht gesalzene Oblaten neutralisieren die Geschmacksnerven. Gewissenhafte Kostprobe sollte sogar bei brennenden Kerzen erfolgen, die Luft reinigen und Wein im Glas besser durchleuchten lassen. Raum muß gut gelüftet sein; eingeatmete Luft beeinflußt Weingeschmack wesentlich.

Weinglas hat starken Einfluß auf Weingenuß: im dünnen und geschliffenen Glas wirkt der gleiche Wein feiner und eleganter, im derben Becherglas breiter und voller, im oben sich tulpen- oder apfelförmig verjüngenden Glas erfaßt Nase mehr der gesammelten Duftstoffe als im geraden oder sich nach oben erweiternden. Weinkenner legt daher auf das richtige Glas Wert, weil Geruch, die »Nase«, untrüglicheres Kennzeichen für die Weinqualität ist als Geschmack. Glas vom Typ »Römer« steigert stets Weingenuß ganz beträchtlich.

Weinprobe und -beurteilung sind anstrengend, da alle Sinne allein auf den Wein konzentriert sind; gelten als Fest für Liebhaber und als ernste Arbeit für Fachleute. Das »Zeremoniell« jedoch mutet für beide genüßlich bis ehrfürchtig an. Häufigere Übung führt zur Kennerschaft; sie ermöglicht es, Weinbaugebiet, Traubensorte, Standort und Jahrgang anzusprechen und mitunter zu erkennen, wenn auch moderne Kellertechnik zuverlässige Weinbeurteilung immer mehr erschwert.

Sichere **Prüfmethode** zur selbständigen Beurteilung des Weins ist *Zungen- und Sinnenprobe,* die sog. organoleptische.

Nach HORAZ sind die 3 Sinnesmerkmale zum Erleben des Weins:

c. o. s. – erst prüfe die *Farbe* (*c*olor),
dann den *Duft* (*o*dor),
darauf den *Geschmack* (*s*apor)!

Vollständigen Genuß vermittelt erst das Zusammenwirken aller 3 Sinne nach gewissenhaftem Prüfen.

Wein will mit den *Augen* besehen,
mit der *Nase* berochen,
mit der *Zunge* geschlürft,
mit dem *Gaumen* geschmeckt,
mit *allen Sinnen* aufgenommen werden.

Auge prüft Farbe, Klarheit und Helle des Weins. Dabei wird das Probierglas gegen das Licht gehalten und Durchsichtigkeit des Weißweins oder Farbe des Rotweins begutachtet.

Jede *Weinsorte* besitzt *charakteristische Farbe* der Rebsorte:

Riesling	hell gelblichgrün
Silvaner	lichtgrün bis goldgelb
Müller-Thurgau	lichtgelb bis gold
Gutedel	hellgelb
Traminer	goldgelb mit rötlichem Schimmer
Ruländer	satt goldgelb, bisweilen mit Kupferschimmer

Weißer Burgunder	grüngelb	*Trollinger*	hell ziegel- bis feuerrot
Blauer Spätburgunder	rubinrot, purpur	*Limberger*	tief- bis bläulichrot
Portugieser	bläulich hellrot bis farbstoffreich	*Bordeaux*	leuchtend- bis bräunlichrot

Typische *Weinfarben* einiger *Weinlandschaften:*

Rheingauer lichtgold
Pfälzer bernsteinfarbig
Mosel lichtgrün
Ahr-Spätburgunder rubinrot

Nase nimmt Duftstoffe auf. Dazu wird das zu einem Drittel gefüllte Glas leicht geschwenkt, damit Geruchsstoffe des Weins von größerer Oberfläche verduften können.

Zunge, Gaumen und *Rachen* nehmen mit ihren Geschmacksknospen (Papillen) die eigentliche Geschmacksprobe vor, d. h. vereinen Wahrnehmung von Farbe und Duft mit dem Geschmack harmonisch zu einem Ganzen. Geschmacksknospen auf der Spitze der Zunge lassen das Süße, die auf der Mitte das Saure, die der Zungenwurzel das Herbe und Bittere empfinden.

Wein wird kurz *geschnüffelt,* dabei das Glas unter der Nase hin- und hergezogen, und dann mit spitzem Mund *geschlürft,* um ihn mit Sauerstoff anzureichern und seinen Geschmack deutlicher zu machen, dann *gekaut* und, unter Ein- und Ausatmen der Luft durch die Nase, wobei Geschmacksnerven von Zunge und Gaumen umspült werden, gegurgelt und langsam *hinuntergeschluckt.* Bier kann man hinuntergießen, beim Wein soll man verweilen. Auf diese Weise wird das *Bukett,* d. h. die Summe der Duftstoffe, voll wahrgenommen.

Weinbeurteilung erstreckt sich auf: Rebsorte – Boden – Klima – Lage – Kellerpflege; maßgebende Bestandteile für Beurteilung sind: Zucker – Säure – Alkohol – Extrakt- – Duft- und Geschmacksstoffe. Nicht Fülle oder Schwere oder Süße machen das Typische des Weins aus, sondern das *Zusammenspiel aller Werte.* Geschmack des Weins wird zunächst aus Gegeneinander von Zucker und Säure deutlich. Als harmonisches Gleichgewicht gilt: Öchsle-Grade zu Säure-Promille wie 10 : 1, z. B. Wein von 90° Ö soll 9 ‰ Säure besitzen. Güte des Weins wird bestimmt durch den Grad des wohlausgewogenen Gleichgewichts aller Geschmacksstoffe.

Zungenprobe stellt Geschmacksstoffe in einzelnen Komponenten fest:

Körper ergibt sich aus Gehalt an Alkohol, Extrakt, Glyzerin und Gerbstoff; macht Wein zart, saftig, stoffig oder wuchtig.

Fruchtgeschmack macht Wesen des Weins aus und steigert sich vom »zarten, feinen Wohlgeschmack« über »schöne Art« zur »delikaten Würze«.

Alkohol gibt dem Wein das Feuer, stuft ihn ab in leicht, kräftig, schwer, feurig.

Säure belebt den Wein, verleiht ihm feinen, rassigen, pikanten, reifen oder delikaten Fruchtcharakter.

Kohlensäure lockert den Wein in frisch, spritzig, feinprickelnd oder ausgebaut, abgeklärt, edelfirn auf.

Diese Inhaltsstoffe beeinflussen sich gegenseitig in ihrer geschmacklichen Wirkung; z. B. kann Zucker (Süße) Säure überdecken, vermag Säure Süße und Fehler, wie Bittertöne, zu kompensieren.

Ferner beeindruckt *Temperatur* die Geschmacks- und Geruchssinne des Trinkenden: tiefere Temperatur betont Säure und Rasse, höhere Körper (Alkohol, Extrakt- und Gerbstoffe) und Aroma des Weins.

Bewertung (→Tab. 10) erfolgt nach:

Farbe und Klarheit – Süße und Säure – Alkoholgehalt und Körper – Blume und Bukett, Abgang – Alter, Art und Rasse.

Grad der Kennerschaft hängt weniger von theoretischen Kenntnissen als vom Reichtum an Vergleichsmöglichkeiten ab. Nur häufiges und kritisches Probieren schafft Vergleiche und Erinnerungen. Beim Verkosten[1)] des Weins entscheidet allein eigener, nicht fremder Geschmack. Höchster Weingenuß liegt im Entdecken der Unterschiede, die sich aus der verschiedenen Herkunft der Weine ergeben.

Verlauf einer Weinprobe

Jede Weinprobe soll *einem* bestimmten Zweck dienen und *ein* fest umrissenes Ziel verfolgen. Solch ein *Probeziel* kann sein:

- bestimmte *Rebsorten* in ihren sortentypischen Weineigenschaften deutlich zu machen;
- verschiedene *Lesearten,* wie Normallese, Kabinett, Spätlese, Auslese, Beerenauslese, Trockenbeerenauslese, als Qualitätsstufen bewußt werden zu lassen;
- *Anbaugebiete,* wie Baden, Pfalz, Franken oder Mosel, in ihrem Gebietscharakter kennenzulernen;
- *Alter* des Weins als Reifegrad zu erfahren;
- *Weinjahrgänge* miteinander zu vergleichen und charakteristische Jahrgangsmerkmale festzustellen;
- *Inhaltsstoffe* in ihrem Zusammenspiel und in ihrer Abhängigkeit voneinander darzustellen.

Objektives Urteil abzugeben, wird dem Probierenden erleichtert, wenn er rote und weiße, herbe und restsüße, junge und alte Weine in Gruppen gesondert prüft.

---

[1] vortreffliche Gelegenheit bieten hierzu die verschiedenenorts für Weinfreunde eingerichteten Weinseminare

Tab. 10: Anwendung des Weinvokabulars bei Weinbeurteilung
(Beispiel)

Prüfgegenstand	← **Eigenschaften** *zustimmend*				→ *abwertend*
	Intensitätssteigerung 1	2	3	4	
Klarheit	hell	blank	glanzhell	blitzblank	trübe, blind
Farbe Weißwein	gelbgrün, grün	hellgelb	gelb	bernsteinfarben, goldgelb	blaß, farblos, mißfarbig
Rotwein	blaßrot	rot	rubinrot, granatrot	dunkelrot	hochfarbig
Geruch	zart, dezent, feinduftig	duftig, blumig	ausgeprägt, bukettreich	intensiv, sortentypisch	ausdruckslos, unsauber, fremd, parfümiert
Geschmack (Restsüße)	trocken, durchgegoren, herb	dezent, zartsüß	lieblich, süffig	natursüß, edelsüß	hart, pappsüß, unharmonisch, Bonbonton
Säure	mild, zart, verhalten	frisch, feinrassig, spritzig	nervig, herzhaft, pikant	kernig, stahlig, elegant	unreif, fad, spitz, hart, grasig, bissig
Körper (Gehalt an) Alkohol	leicht	mundig	vollmundig	gehaltvoll, samtig, feurig	dünn, klein, brandig, schnapsig
Extrakt				ölig, stoffig, extraktreich, schwer	dünn, leer, plump
Aroma (Geschmacksstoffe) und **Bukett** (Duftstoffe)	neutral	zart, blumig	fruchtig, würzig, herzhaft, erdhaft, saftig	feinwürzig, bukettreich, edel	kurz, ohne Frucht, dick, aufdringlich parfümiert
Alter	jung, frisch	erfrischend, spritzig	reif, ausgebaut	vollreif, firn, edelfirn	leer, tot, matt, schal, abgebaut, passé
Gesamtbeurteilung	jung, zart, fein	sauber, typisch, herzhaft	rund, gehaltvoll, reif	edel, körperreich	klein, dünn, mager, körperarm, unharmonisch

Als überzeugende, relativ schnell zu objektiven Ergebnissen führende Art der Weinprobe gilt die *»Dreier-Probe«* mit *Rückvergleich*. Ihr dienen 3 auf weißem Papier im Dreieck aufgestellte apfelförmige Probiergläser. Glas 1 wird während der gesamten Probe mit einem jungen, möglichst geschmacklich neutralen *Grundwein*, z. B. Silvaner, gefüllt und später nachgeschenkt; Glas 2 und Glas 3 enthalten, höchstens zu einem Drittel gefüllt, die beiden ersten *Vergleichsweine*. Zunächst neutralisiert man die Geschmacksnerven mit einem Schluck Grundwein, trinkt sich »weingrün«, »tapeziert« den Mundraum aus und charakterisiert gemeinsam den Grundwein als »Meßlatte« für die Vergleichsweine. Dann probiert man vergleichend Glas 2 mit Glas 1, 3 mit 1 und stimmt abschließend 2 mit 3 ab. Durch Rückvergleiche zum Grundwein lassen sich feine Nuancen herausprobieren. Dieses Spiel läßt sich mit weiteren Vergleichsweinen fortsetzen. Das Probieren von mehr als 15 Weinen sollte der Weinliebhaber dem Berufsprüfer überlassen; Höhepunkt beim Vergleichen – denn Probieren ist nur Vergleichen mit Bekanntem – liegt schon viel früher, für viele bei etwa 6 Weinen. Wie sehr sich die Sinne täuschen lassen, wie verändert der Wein erscheint, wenn man dieselbe Sorte aus verschiedenartigen Gläsern oder verschieden temperiert probiert, kann man durch Experimente unschwer feststellen!

Die Weinprobe für Weinliebhaber sollte in der Regel »offen« erfolgen, d. h. jeder darf das Etikett lesen, das ihm Auskunft über Jahrgang, Qualitätsstufe, Rebsorte, Anbaugebiet, ggfs. Bereich und Lage gibt. Diese Angaben liefern ihm das Soll an Anforderungen, die er an den Wein stellen kann. Aufgabe der Probe besteht dann im Ermitteln der Ist-Werte. Je besser der Wein, desto näher werden Ist und Soll beieinander liegen.

Die »verdeckte« Weinprobe, bei der das Etikett zugedeckt ist, stellt eine reine Sinnenprobe dar, bei der möglichst viele Angaben, wie Sorte, Herkunft, Art, Alter und Charakter des Probeweins, ermittelt werden sollen. Sie ist fraglos ein interessanter »Weinquiz«, ein erregendes Spiel in weinkundiger Runde, ist jedoch hindernisvoll und setzt gewisse Kennerschaft voraus.

Weinansprache: Für den Weinfreund reicht zur Weinansprache und Weinbewertung, die das Typische eines Weins beschreiben sollen, ein Muster wie das in Tab. 10, in dem weinfachliche Ausdrücke (→Tab. 9) den entsprechenden Eigenschaften und Inhaltsstoffen des Weins zugeordnet sind.

6.9 Wein und Speise

Griechen tranken keinen Wein zur Mahlzeit, Römer nur zwischen einzelnen Gängen oder bei besonderen Gelagen. Trinkgepflogenheiten haben sich mit Eßgewohnheiten geändert und sind von Land zu Land verschieden.

»Wein ist der befeuernde Geist aller Feste und der König aller Getränke« (THEODOR HEUSS in seiner Dissertation über den Weinbau seiner schwäbischen Heimat). Wein verschönt jedes Essen, macht (nach dem berühmten französischen Klassiker der Tafelfreuden JEAN ANTHELME BRILLAT-SAVARIN, 1755–1826) Mahlzeit erst zum leiblich-seelischen Genuß und erhöht die Bekömmlichkeit.

Weißweine, v. a. Rieslinge, sind als anregende Gesellschafter unübertroffen;

Rotweine stimmen dagegen besinnlich.

Allgemein gültige Weinwahl-Regeln für ein Mahl:

(1) *Vor dem Mahl:* als Aperitif[1)] ein Glas trockenen Wermuts, Sherrys, Weißweins oder Sekts.

(2) *Zu Vorspeisen:* trockenen, herben Weißwein.

(3) *Zu Zwischengerichten:* leichten, milden Weißwein.

(4) *Zum Mahl:* weiß vor rot, leicht vor kräftig, trocken vor süß, herb vor lieblich, mild vor würzig, zartblumig vor bukettreich, jung vor alt.

– *Zum weißen Fleisch* (Kalb oder Geflügel): trockenen, weißen Wein oder leichten Roten; *zum weißen Fisch:* spritzigen (Mosel-)Weißwein.

– *Zum dunklen Fleisch* (Rind oder Wild): vollen kräftigen Rotwein oder fülligen Weißen.

(5) *Zum Käse:* jeden Wein; zum *pikanten* Käse: wuchtigen Weiß- oder Rotwein. Je schärfer der Käse, desto mehr verliert der Wein.

(6) Zu jeder *leichten Mahlzeit:* kühlen Rosé als Allzweckwein.

(7) *Bei mehreren Wein-Sorten* während einer Mahlzeit Gläser höchstens zur Hälfte füllen, damit Aroma des Weins voll wirken kann. Wein-Sorte spätestens *nach 3. Glas wechseln,* da Unterscheidungsvermögen dann schnell erlahmt.

(8) Wein soll *mit dem Glas harmonieren,* weingemäßes Glas ist für Weingenuß mitentscheidend (→6.8). Glas höchstens zu zwei Dritteln, bei Rotwein nur zur Hälfte füllen, damit Bukett sich voll entfalten kann.

– *Rotwein* trinkt man aus niedrigeren Gläsern,
– *Dessert-* und *Süßweine* aus kleineren Gläsern,
– *Sekt* aus schlankem Kelch, der Bukettstoffe und Kohlensäure langsam freigibt.

(9) Für *Wein-Temperatur* gilt grundsätzlich: je kleiner, jünger, frischer, bukettreicher, trockener oder süßer der Wein, desto kühler trinken; je feiner, fruchtiger, körper-, alkohol- und gerbsäurereicher, desto wärmer.

– *Weißwein* und *Weißherbst* oder *Rosé* sollen frisch wie Quellwasser und bei Kellertemperatur oder Temperatur fließenden Wassers von + 10–12°C getrunken werden.

– *Rotwein* soll 1–2 Tage vor dem Genuß im Zimmer angewärmt (chambriert), jedoch niemals künstlich erwärmt, und einige Stunden vor dem Trinken entkorkt, »gelüftet« werden, damit Bukett sich voll entfalten kann. Temperatur bei Rotweinen und Dessertweinen 16–20°C, nur wenige, wie Beaujolais, kühler.

---

[1] Aperitif von aperitivum (lat.) = mageneröffnendes, den Appetit anregendes Arzneimittel

– *Schaumwein* bei 4–8° trinken,

– *Cognac* und *Weinbrand* handwarm geschwenkt trinken.

(10) Wein *niemals schocken,* weder heiß noch kalt, da er keinen plötzlichen Temperaturwechsel verträgt. In Wärme verströmen Bukettstoffe rasch, Weinkörper zerfällt; Kälte verdeckt zwar Schwächen kleiner oder verfälschter Weine, Feinheiten großer Weine können sich jedoch nicht entwickeln; Kälte schockt auch Geschmacksnerven.

(11) *Weingenuß* wird erhöht, wenn Blume, Körper und Alter, Süße und Säure, Art und Harmonie der Bestandteile (→5.3) beachtet und begutachtet werden.

(12) *Speisen* erhalten durch Wein pikante Würze, Wein vollendet Kunst des Kochens als verfeinernde Zutat, z. B. Aal oder Steinbutt in Weißweinsauce, gepökelte Rinderzunge in Madeira, Schinken in Burgunder, Apfel im Schlafrock mit Weinschaumsauce, Weincreme mit Eiern.

6.10 Wein und Gesundheit

Das Alte Testament, eines der ältesten kulturgeschichtlichen Dokumente der Menschheit, berichtet oft von Beziehungen zwischen Wein und Gesundheit: er erfreue des Menschen Herz, tröste und erheitere ihn und schenke ihm doppeltes Leben, indem er Müdigkeit und Sorgen banne, Gemüt hebe, Alltag zurücktreten lasse (→1.3). Buch Sirach verheißt: »Wein in Maßen genossen, bedeutet ein zweites Leben!« Apostel Paulus, um die therapeutische Wirkung des Weins wissend, schrieb im Brief an seinen Lieblingsschüler Timotheus (5, 23): »Trink jetzt kein Wasser, sondern nimm Wein, freilich mäßig, Deines Magens und Deiner häufigen Erkrankungen wegen.«

Caesar (100–44 v. Chr.) verpflichtete seine Soldaten, tägliche Weinration zu trinken, um Gesundheit und Widerstandskraft gegen Seuchen zu erhalten.

Zur Wertschätzung des Weins sagte der Grieche Plutarch (46–120 n. Chr.): »Der Wein ist unter den Getränken das nützlichste, unter den Arzeneien die schmackhafteste, unter den Nahrungsmitteln das angenehmste.«

Augustinus (354–430) verdammte gleich Paulus den Rausch, schätzte jedoch maßvoll genossenen Wein; er erfrische die matten Kräfte, verscheuche Traurigkeit und bringe Freude, sei Wunden heilsam, verjage Müdigkeit der Seele und entfache das Gespräch.

Der Hl. Benedikt (um 480– um 550), Begründer des abendländischen Mönchtums, widmete in den bis heute gültigen Regeln, die er den Mönchen des von ihm gegründeten Klosters Monte Cassino und dem Benediktiner-Orden gab, das 40. Kapitel, »Über das Maß des Trinkens«, dem Weingenuß; für Kranke hält er etwa 0,4 l täglich (1 Hemina) für ausreichend.

Bernhard von Clairvaux, geistiges Haupt der Zisterzienser im 12. Jh., geißelt die Unmäßigkeit vieler Mönche bei schweren burgundischen Weinen.

Antike und mittelalterliche Ärzte von Hippokrates (466–377 v. Chr.) bis zu Paracelsus (1493–1541) schätzten die therapeutische Wirkung des Weins.

Arnaldus von Villanova (1235–1311), einer der bedeutendsten Ärzte und großen Mystiker des Mittelalters, schärfte seinen Mitmenschen eindringlich ein, Wein mit Maßen zu genießen; dann schenke er traurigen und furchterfüllten Menschen Freude, mache lebendig, rege die natürliche Wärme an und hebe den Blutdruck, sorge für die Verdauung, wirke entschlackend, kräftige das Gehirn, schärfe die Sinne und das vernünftige Denken und gebe schöne Gesichtsfarbe. Er rühmt: »Gar gesund ist alter Wein, er ist eine wahre Arzeney« und »Wein ist die edelst ertzney so man yn neust als man soll«. In seinen Schriften finden sich zahlreiche Rezepte für die im Mittelalter beliebten Würzweine, spezialisiert in der Anwendung auf die verschiedensten Beschwerden.

Shakespeare (1564–1616) rühmt, der Wein mache das Gehirn sinnig, schnell und erfinderisch, voll von belebenden, feurigen und ergötzlichen Bildern.

»Großes Oekonomisches Physikalisches Lexikon« von 1757 sagt zur geltenden Auffassung jener Zeit vom Wein: »Wein ist nach dem Wasser das natürlichste und älteste Getränk. Er hat den Vorteil, daß das Wasser zwar feuchtet und den Durst stillet, aber nicht nähret und noch weniger stärket, der Wein alles dieses zugleich verrichtet.«

Goethe (1749–1832) bekannte: »Der Wein, er erhöht uns, er macht uns zum Herrn«, an anderer Stelle: »Es liegen im Wein produktivmachende Kräfte sehr bedeutender Art« und »Der Trinkende, wer es auch immer sei, blickt Gott frischer ins Angesicht«, entlehnt dem alten Bekenntnis der Zisterzienser: »Qui bon vin boit, Dieu voit« (»Wer guten Wein baut [trinkt], Gott schaut«).

Königin Victoria von England (1819–1901) betrachtete den von ihr hochgeschätzten Rheingauer aus Hochheim als Gesundheitswein: »Good Hoc keeps off the Doc« (Guter Hochheimer macht den Arzt überflüssig).

Louis Pasteur (1822–1895), großer französischer Chemiker und Mikrobiologe, charakterisierte den Wein als das »gesündeste und hygienischste Getränk«.

Seit Mitte des 19. Jhs. verdrängte Siegeszug chemischer Arzneimittel den Wein als Heilmittel. Erhalten geblieben bzw. wiederentdeckt und wissenschaftlich bewiesen aber ist die Bedeutung, Vorbeuge- und Heilwirkung des Weins in der Gesundheitspflege.

Mäßiger Weingenuß kann nach Untersuchungen moderner Forscher, wie Hochrein, Kliewe, Prokop u. a., gesunderhaltend wirken und sogar therapeutisch eingesetzt werden. Alkohol im Wein wird schnell, bereits durch die Magenschleimhaut, resorbiert und dem Blut zugeführt. Durch Lunge, Niere, Haut werden nur geringe Mengen ausgeschieden, überwiegender Teil wird bis zu den Endprodukten, Kohlendioxid und Wasser, umgesetzt. Dem Organismus werden bei Genuß von 1 l Weißwein etwa 650–800 Kalorien als Energie geliefert. Langsames Trinken in kleinen Schlucken steigert die Bekömmlichkeit.

Wein wirkt lockernd und entspannend auf die *Psyche* und belebt geistige Regsamkeit, ist Gehirnnahrung, stellt lebensbejahenden Gleichmut wieder her.

Für *ältere* Menschen kann er gesundheitserhaltend und -fördernd sein; Wirkung wird durch Art und Menge der im Wein enthaltenen Mineralien, Spurenelemente und Vitamine (→5.3) mitbestimmt. 2 bis 3 Glas eines ausgebauten Rheinweins enthalten nach ESCHNAUER Zahl und Menge der Bioelemente von 2 Multivitamin-Tabletten für Rekonvaleszenten.

Hervorragender *natürlicher Vitaminspender* ist gärender Wein: Sauser oder Federweißer (→5.2.2). In ihm lebende Hefezellen sind reich an Vitaminen, besonders der B_6-Gruppe; sie wirken darm- und blutreinigend. Federweißen-Kur im Herbst kann daher von großem gesundheitlichem Wert sein.

Im Krankheitszustand sollte in jedem Falle vor Weingenuß der Arzt befragt werden. Bei fieberhaften Erkrankungen kann Wein Abwehrkräfte stärken, bakterienhemmend und -tötend, *antibiotisch* und *entgiftend* wirken. In zahlreichen Fällen (→u.) und bes. *bei gleichzeitiger Einnahme von Medikamenten* ist Weingenuß aber als *schädlich* anzusehen.

Dagegen kann Wein durchaus als *unterstützendes Mittel in der Rekonvaleszenz* dienen, weil schon *geringe* Mengen Herz, Kreislauf und Stoffwechsel anregen, ohne auf das Gehirn schädigend einzuwirken. Als beruhigender *Krankenwein* kommen leichte Qualitätsweine, weiße von Mosel oder aus Franken, v. a. aber leichtere, gut ausgebaute Rotweine von der Ahr, aus Württemberg oder dem Bordelais in Frage. Ausgebaute Weine, je nach Rebsorte, Herkunft und Jahrgang 1–6 Jahre alt, sind am bekömmlichsten; in Gärung unterbrochene werden von Herzkranken und Kreislauflabilen schlecht vertragen.

Gegenanzeige (Kontraindikation) für Wein gilt für Menschen mit Reizmagen (Gastritis), Nerven-, Hirn-, Leber- und Nierenschäden. Dazu die französische Volksweisheit: »Eine Leber und zwei Nieren sind drei Gründe, um Maß zu halten«; Zuckerkranken wird nur zuckerarmer (trockener) Wein (→6.3) gestattet.

Für *Verkehrsteilnehmer* ist Weingenuß generell *gefährlich:* Muskelfunktion wird nach anfänglicher Anregung bald verschlechtert, Reizaufnahme und -beantwortung verlangsamt.

Suchtgefahr darf nicht unterschätzt werden. *Regelmäßiger* Konsum *größerer* Alkoholmengen kann – oft unbemerkt – zur Abhängigkeit und damit unweigerlich zu toxischen Wirkungen mit schweren gesundheitlichen Schädigungen, v. a. von Hirn, Leber, Magen und Herz, führen. Insbesondere *Jugendliche* sind gefährdet.

Schädigungen des menschlichen Organismus durch Alkohol neben Menge – tödliche Dosis zwischen 4 und 6 ‰ Alkohol im Blut – stark von Art des alkoholischen Getränkes abhängig; im sauberen und bekömmlichen Wein enthaltener Alkohol ist der am wenigsten schädliche.

Nach EMIL VON BEHRING (1854–1917), berühmtem Bakteriologen und Nobelpreisträger (1901) liegt Grenze für Leberschädigung bei 80 g Alkohol täglich, für hohe Leberschädigung bei 160 g täglich. Nach modernen Forschungsergebnissen (PROKOP u. a.) stellt täglicher Genuß von 1 Flasche Qualitäts- oder Kabinettwein mit 70–75 g Alkohol bei normaler Ernährung und Gesundheit noch keine Gefährdung dar.

Die *Bilanz* langjähriger umfassender Untersuchungen von HOCHREIN und anderen Forschern lautet deshalb: Wein wird seine wertvollen biologischen und psychischen Wirkungen auf den Menschen ausüben können, wenn Qualität und Quantität des Weins, individuell vorteilhafte Dosis und richtige Weinart beachtet werden. Leichter, alkoholarmer Kabinettwein, reintönig ausgebauter Wein, mäßig getrunken, kann günstigen Einfluß in vielfältiger Form auf den menschlichen Organismus ausüben, kann gesundem, erwachsenem Körper wertvolle Ergänzungsstoffe zuführen, physiologische Funktionen fast aller Organe, Appetit und Verdauung fördern, Kreislauf und Atmung beleben, Hautblutgefäße erweitern. Jedoch ist, wie bei allen Stoffen, Dosierung maßgebend (»Allein die Dosis macht, daß ein Ding kein Gift ist« [PARACELSUS]), und individuelle Konstitution ist zu beachten.

7 REBSORTEN UND WEINE DER WEINBAUGEBIETE IN DER BUNDESREPUBLIK DEUTSCHLAND

Von der Weinrebe gelten heute mehr als 800 Sorten als anbauwürdig. In Deutschland davon 43 Rebsorten (33 weiße, 10 rote) zum Anbau zugelassen. Die bekanntesten mit ihren wichtigsten phänotypischen[1)] und genotypischen[2)] Merkmalen und Eigenschaften →Kap. 7.1 ff. und Tab. 12.

Deutsche Weine zählen zu den besten der Welt. Geeignetes Weinklima, rebengünstige Böden, hochgezüchtete Rebsorten, pfleglicher Anbau, gewissenhafte Kellerbehandlung und strenges neues Deutsches Weingesetz (→6.2 bis 6.4) sorgen für Entwicklung und Erhaltung hervorragender Eigenschaften. Wein jeder deutschen Rebsorte stellt eine eigene Spezialität dar. WALTHER KIAULEHN hat dafür die Form eines treffenden Vergleichs gewählt: »Der *Moselwein* ist ein

---

1 phänotypisch (griech.) = zum Erscheinungsbild gehörig
2 genotypisch (griech.) = erblich, in der Erbmasse begründet

junges Mädchen, der *Pfälzer* eine derbe, südliche Schönheit, der *Rheingauer* die elegante Dame von dreißig. Nur der *Frankenwein* ist keine Frau, sondern ein Mann. Er ist der Minnesänger unter den deutschen Weinen.«

Namen der Rebsorten abgeleitet von:

Beeren- oder Weinfarbe (z. B. weiß, rot),
Geschmackstönungen (z. B. Muskateller),
Herkunft (z. B. Trollinger-Tirolinger),
Personen (z. B. Ruländer),
Buchstaben und Zahlen in moderner Pflanzenzüchtung.

In verschiedenen Gebieten manchmal *synonyme* Bezeichnungen, d. h. unterschiedliche Namen, für ein und dieselbe Rebsorte, z. B.: Weißer Gutedel = Chasselas = Fendant; Weißer Riesling = Klingelberger; Blauer Limberger = Lemberger = Blaufränkisch. Mit Aufnahme in amtliche Sortenliste (→4.3) gilt nur noch der dort eingetragene Name als offizielle Bezeichnung.

Zu unterscheiden sind:

(1) Rebsorten mit *Keltertrauben,*

(2) Rebsorten mit *Tafeltrauben,*

(3) Unterlagsrebsorten für *Pfropfreben* (→3.3).

Nur wenige Sorten, wie Gutedel oder Trollinger, sind gleichermaßen gut als Kelter- wie als Tafeltraube geeignet.

Keltertrauben-Bewertung erfolgt allein unter dem Gesichtspunkt, ob Traube guten Wein liefert.

Tafeltrauben sollen saftig, süß, aromatisch, groß- und lockerbeerig, mit feinem Duft überzogen, haltbar sein und feste Haut besitzen. Für Weinkunde interessieren Tafeltrauben (z. B. Madeleine angevine oder Königin der Weingärten) nur am Rande für Kreuzungszüchtungen (→4.2, 7.2 und Tab. 15).

Angaben über Reife der Trauben, z. B. früh, mittelfrüh, spät, sehr spät, sind relative, da Erntezeitpunkt in einzelnen Jahren und Weinbaugebieten der BRD sehr unterschiedlich liegt.

Hauptlese in der Regel zwischen Ende September und Ende Oktober; besondere Lesearten (→Tab. 4 und 6.4) dagegen bis Dezember, in Ausnahmefällen, wie Eiswein-Lese, sogar erst im Januar.

Hauptrebsorten

Bild jeder Weinlandschaft wird von den Rebsorten geprägt, die in ihr gedeihen.

Mit 78 % heller Rebsorten ist BRD *das* Weißweinland Europas; Weltdurchschnitt zählt demgegenüber 15 % weiße und 85 % rote Weine.

Knapp 2/3 der bundesdeutschen Rebbaufläche (64 %) entfallen allein auf 3 Rebsorten: *Müller-Thurgau, Riesling* und *Silvaner;* letzterer – um Jahrhundertwende mit 60 % und vor 2 Jahrzehnten noch mit 35 % meist angebaute Sorte – ist im Anbau kontinuierlich gesunken auf heute 16 % zugunsten von Müller-Thurgau, führend mit 27 % (→Tab. 11), und Neuzüchtungen; diese nehmen rd. 15 % der Rebfläche ein (1975).

Tab. 11: Die Hauptrebsorten in der BRD
(in % der Anbaufläche 1975[1])

Anbaugebiet	Riesling, Weißer	Silvaner, Grüner	Müller-Thurgau	Ruländer	Burgunder, Weißer	Gutedel, Weißer	Elbling, Weißer	Morio-Muskat	Scheurebe	Blauer Spätburgunder	Blauer Portugieser	Blauer Trollinger	Müllerrebe	Übrige Sorten[2]	Helle Rebsorten	Blaue Rebsorten
BRD insgesamt	21	16	27	4	1	1	1	3	3	4	5	2	1	11	88	12
Baden	7	5	34	14	3	10	1			19	1		1	5	78	22
Württemberg	22	8	14	2						4	6	21	9	14	51	49
Franken	3	33	46	1					2	1	1			13	98	2
Rheinpfalz	14	22	24	3	1			7	4		11			14	88	12
Rheinhessen	5	24	35	2				5	6	1	4			18	95	5
Nahe	23	28	31		1			1	5		1			10	99	1
Hessische Bergstraße	53	10	20	9							1			7	99	1
Rheingau	76	5	10	1						2				6	98	2
Mosel-Saar-Ruwer	63		21				10							6	100	–
Ahr	22		19							28	25			6	46	54
Mittelrhein	77	4	12							1	1			5	98	2

[1] nach Weinbaukataster
[2] z. B. Traminer, Roter Traminer sowie zahlreiche andere Neuzüchtungen, von denen Kerner schon fast 2 %, Bacchus und Faber je 1,3 % der Rebfläche der BRD einnehmen

Neue Rebzüchtungen früher reifender und bukettbetonter Sorten für Weine mit besonderem Geschmackswert (→4.2) gewinnen von Jahr zu Jahr an Bedeutung, Sortenspiegel ändert sich ungemein rasch. Während 1964 lediglich 11 Weißwein-Sorten mit mehr als 100 ha auftreten, sind es ein Jahrzehnt später bereits 21. Mehrzahl der Neuzüchtungen wird im Anbau erst mehr oder weniger erprobt (→Tab. 15); ihr Bedarf ist weitgehend abhängig von Marktnachfrage und Gebietscharakter.

Grundlagen für Charakteristik und Beurteilung sind: Ansprüche der Rebsorte an Boden, Klima und Lage sowie Reife, Ertrag, Güte und Menge des Weins.

Wichtige *Sortenmerkmale* am besten feststellbar durch *Beobachtung während der Vegetationsperiode:*

(1) Form der geschlossenen *Achselknospen* am winterlichen einjährigen Holz;
(2) *Austrieb* des jungen Rebholzes;
(3) Form, Färbung und Behaarung der *Triebspitze;*
(4) Form, Färbung und Behaarung der *jungen Blätter;*
(5) Färbung, Behaarung und Querschnitt des *krautigen Triebes;*
(6) Bau der (bei *Vitis vinifera L.*) zwittrigen *Blüte;*
(7) Folge und Gabelung der *Ranken;*
(8) Form, Fläche, Lappung, Buchten, Rand, Maße, Behaarung, Färbung des ausgewachsenen *Blattes;*
(9) Form, Größe und Dichte der *Traube;*
(10) Form, Größe, Färbung und Geschmack der *Beere;*
(11) Bau und Größe des *Kerns* (Samens);
(12) Farbe, Streifung und Behaarung des einjährigen *Rebholzes.*

Charakteristika der bekanntesten Rebsorten in vorstehenden Merkmalen (3)–(5) und (8)–(10) →Tab. 12.

7.1 Helle Rebsorten und ihre Weißweine

Aus ausgewählten Individuen heimischer Wildreben mit großen, süßen Beeren sind mit großer Sicherheit 2 der wertvollsten hellen Rebsorten hervorgegangen: Weißer Riesling und Roter Traminer.

7.1.1 Weißer Riesling

Abstammung: von rheinischer Wildrebe *Vitis vinifera ssp. silvestris* (→2.1); Gen-Zentrum am mittleren Oberrhein, daher uraltes Heimrecht im Rheintal.

Name: entweder von Rußling (Rus = dunkles Holz), urkundlich 1402 in Worms erwähnt, oder von Rißling, urkundlich als Anbau 1435 in Rüsselsheim, 1511 bei Pfeddersheim/Rhh. (frühere freie Reichsstadt) bei Worms aufgeführt, oder von »reißen« = Hinweis auf rassige Säure der Riesling-Weine, kaum von Durchrieseln der Blüte herzuleiten.

Synonyme sehr zahlreich: *Rheinriesling* (nicht zu verwechseln mit *Schwarzriesling* oder *Müllerrebe* und *Welschriesling* oder *Italienischem Riesling), Rajnski Rizling* oder *Graševina* (Jugoslawien), *Petit Riesling* (Westschweiz, Frankreich), *White Riesling* oder *Johannisberg Riesling* (USA und Australien), *Klingelberger* (Baden).

Tab. 12: Die wichtigsten Merkmale für die Bestimmung der Rebsorten[1)]

Rebsorte	Triebspitze und Blattgröße	Blattoberseite			Blattunterseite				Stielbucht	Traube	Beeren		Herbstfärbung	Besondere Merkmale
		Form	Fläche	Nerven	Basis	Fläche	Nerven	Rand			Form	Farbe		
Traminer	stark wollig, klein, breit	3-lappig, unregelmäßig	flockig, wollig	leicht wollig, rot	Wollhaarbüschel	wollhaarig übersponnen	wollig bis borstig	gezähnt, nach unten gebogen	V-förmig bis geschlossen	dichtbeerig	länglich	goldgelb bis rotbraun, auch bläulich	gelb	unregelmäßige Lappung, nach unten gebogener Blattrand, rote Nerven
Burgunder-Sorten	dichtfilzig, breit, mittelgroß bis groß	meist 3-lappig	leicht wollig, blasig	leicht wollig, grün bis blaugrün	Haarbüschel, Borsten	leicht wollhaarig	schwach wollig, einzelne Borsten	gesägt	V-förmig, offen	dichtbeerig, klein bis mittel	rund bis länglich, klein bis mittel	tiefviolett, schwarzblau, graurot, gelbgrün	rot oder gelb	grüne Nerven
Riesling	filzig, mittelgroß	5-lappig, rund	spinnwebig, wollig	meist kahl	Wollhaare, Borsten	spinnwebig, wollig	wollig, borstig	ungleich stumpf gezähnt	geschlossen	dichtbeerig, mittelgroß	rund, klein	goldgelb, schwarz punktiert	gelb	5-lappig, Blattumriß rund, Borstenhaufen an Blattbasis
Trollinger	sehr groß, unregelmäßig geformt	3- bis 5-lappig	einzelne Wollhaare	borstig, leicht wollig	Haarbüschel, borstig	einzelne Wollhaare	borstig, leicht wollig	schwach gesägt	V-förmig bis geschlossen	leicht lockerbeerig, sehr groß	oval bis rund, sehr groß	rot bis tiefblau	gelb mit kleinen roten Flecken	junge Blätter rotbraun getönt, Blatt breiter als lang
Müller-Thurgau	schwach wollig, mittelgroß	7-lappig	kahl	meist kahl	Borstenbüschel	leicht spinnwebig, wollig	leicht borstig	gesägt	geschlossen	lockerbeerig, groß	oval, groß	gelblichgrün	gelb	7-lappig als einzige der behandelten Rebsorten

Silvaner	schwach wollig, mittelgroß, rund	meist 3-lappig	grün glänzend, glatt	kahl	Borsten, Wollhaare	kahl	beborstet	gezähnt	V-förmig	dichtbeerig, mittelgroß	rund	grün	gelb	3-lappig
Morio-Muskat	schwach wollig, mittelgroß	5-lappig	glatt, grün	schwach behaart	kahl	kahl	beborstet	gezähnt	geschlossen	kompakt, mittelgroß	länglich bis rund	grün bis gelblich	gelb-braun	Triebspitze und junge Blätter braun bronziert
Limberger	kahl, groß	schwach 3-lappig	wolkig, mittelgrün	kurzborstig	Borstenhaufen	kahl	borstig, behaart	unregelmäßig gezähnt	eng, V-förmig	lockerbeerig, groß	rund bis gestreckt, klein	rot bis schwarzblau bereift	rötlich	keine
Portugieser	kahl, ungleich groß	3- bis 5-lappig	glatt, glänzend	kahl, tiefgrün, rotwolkig	Borsten, Wollhaare	kahl	meist kahl	gezähnt bis gesägt	fast geschlossen	ziemlich dichtbeerig, groß	rund bis leicht oval, groß	schwarzblau	rot	Blatt glänzend (Gegensatz zu Trollinger)
Rieslaner	kahl, mittelgroß	schwach 3- bis 5-lappig	kahl	wenig borstig	Wollhaare, Borsten	kahl	kahl	gezähnt	eng V-förmig	dichtbeerig, klein	rund, klein	grüngelb	gelb	Triebspitze rotbraun, Blatt kaum gelappt
Scheurebe	schwach wollig, rotbraun, mittelgroß	meist 5-lappig	kahl	borstig	Wollhaare	kahl	leicht beborstet	gezähnt	geschlossen	dichtbeerig, mittelgroß	rund	gelbgrün	gelb	Blatt riesling-artig, jedoch nicht wollig
Gutedel	kahl, mittelgroß	3- bis 5-lappig	kahl, lebhaft grün	leicht borstig	Borstenbüschel	kahl	wenig beborstet	stumpf gezähnt	V-förmig, offen	dicht- bis lockerbeerig	rund	gelbgrün bzw. zart braun	gelb mit roten Flecken	junge Blätter rotbraun, Ranken lang und gelb

[1] weitere Merkmale bei Behandlung der Rebsorten, → Kap. 7.1–7.5

Merkmale (vgl. Tafel 2)

Blätter: mittelgroß, ungleich stumpf gezähnt, rund, 5-lappig, meist kahle Oberseite, wollige bis rauhe Unterseite.

Beeren: klein, rund, oft unansehnlich; goldgelb, schwarz punktiert, grüngeädert und rosabräunlich schimmernd; Fruchtfleisch hocharomatisch, würzig süß.

Trauben: mittelgroß, dichtbeerig; Ertrag gut und stetig.

Holz: hellbraun, leicht gerieft, dunkel punktiert. Rebe treibt spät aus und ist von kräftigem Wuchs.

Böden und Lagen: stellt hohe Ansprüche an Lage, Klima und Schädlingsbekämpfung. Bevorzugt warme, vorwiegend trockene S- und Steillagen, leicht erwärmbare, durchlässige und trockene Tonschiefer- (Mosel) und Urgestein-Verwitterungsböden (Rhein); vermag wie keine andere Rebsorte verschiedensten Böden mannigfaltige Bukettstoffe zu entnehmen.

Krankheiten: Befall durch Heu- und Sauerwurm. Fäulnis der Trauben bei großer Herbstnässe.

Reife: spät, Mitte Oktober bis November; verlangt zur vollen Reife viel Sonne bis in späten Herbst und auch noch milde Novembertage; berühmt sind spät geerntete Auslesen und Beerenauslesen mit gesteigerter Reife, gestiegener Süße und Würze, gesunkener Säure.

Von Blüte bis zum Herbst geringe Empfindlichkeit gegen Regen; große Frosthärte und Ertragstreue.

Anbau: auf 18 351 ha (1975), bevorzugt an Rhein und Mosel, mit 21 % an 2. Stelle im Rebspiegel der BRD. – Jahrhundertelang Anbau nur im Mischsatz (Mischanbau), erst seit 300 Jahren reiner Riesling-Anbau kultiviert und Reben selektioniert.

Ertrag: schwankt zwischen 80 und 100 hl/ha. *Mostgewicht*[1]: 60–80° Ö, *Säuregehalt*[2]: 10–15 ‰, in geringen Jahren bis 20 ‰. Alkohol und Säure können aromatische Fruchtester bilden; Säure konserviert und macht Wein lange haltbar.

Weine (→auch Tab. 14): feinste, eleganteste, edelste, rassigste, ausgewogenste, fein fruchtige Spitzenklassen mit mäßigem bis hohem Alkoholgehalt, anregender, äußerst wandlungsfähiger, kräftiger, harmonischer Säure, unaufdringlicher Süße und großem, anhaltendem Bukett. Reinstes, vornehmstes Riesling-Bukett in Moselweinen; Riesling-Weine von schweren Böden, wie in Pfalz, körperreicher, breiter.

---

1 angegebene Zahlen beziehen sich stets auf *durchschnittliches* Mostgewicht

2 Säuregehalt des Mostes nicht gleichbedeutend mit dem des Weins, letzterer in der Regel geringer

Von Riesling-Rebe Vielzahl *geographischer Rassen,* deren Weine geschmacklich ausgeprägtes »Spiel«, d. h. kaum zu überbietenden Nuancenreichtum an Geschmacksstoffen, und typischen Gebietscharakter besitzen. Riesling gilt daher als transparenteste unter den edlen Rebsorten. Unbestritten *beste Weißweine der Erde* in nördlicher Grenzzone des Weinbaus: Rieslinge von Schieferhängen und steinigen Böden des Rheingaus, an mittlerer Mosel, Saar und Ruwer, in badischer Ortenau, pfälzischer Mittelhaardt und am unteren Neckar. Infolge guter Holzreife verträgt Riesling Frost und ist für weltberühmte Auslesen, Beerenauslesen, Trockenbeerenauslesen und Eisweine geeignet (→6.4), die in sehr guten Weinjahren aus edelfaulen, teilweise eingetrockneten bzw. gefrorenen Riesling-Beeren bereitet werden.

Riesling-Weine bes. *lagerfähig;* eignen sich vorzüglich zur Sekt-Bereitung.

Im Ausland Rheinriesling Inbegriff für besondere Art deutscher Weißweine. In südliche Länder verpflanzter Riesling enttäuscht, kränkelt, trägt Früchte, die Wein ohne alle im N gerühmten Eigenschaften ergeben.

7.1.2 Grüner Silvaner

Abstammung: vermutlich von Kaukasischer Wildrebe *(Vitis vinifera ssp. caucasica V.),* Unterart der Weinrebe *(Vitis vinifera L.)* wie Europäische Wildrebe *(Vitis vinifera ssp. silvestris G.)* (→2.1).

Herkunft und Name: Name deutet auf Herkunft aus Transilvania (Siebenbürgen) oder ist abgeleitet von Silvanus (lat. silva = Wald), römischem Gott der Wälder und Fluren. Wanderung der Rebe donauaufwärts nach Niederösterreich (Krems), dort seit 800 Jahren bekannt, und weiter nach NW im Laufe der Jahrhunderte genau nachweisbar: 1665 vom Abt der Zisterzienser-Abtei Ebrach, ALBERICH DEGEN, am Steigerwald in Franken angepflanzt, 1700 in Heilbronn, von dort schnell an Tauber, Jagst und Kocher ausgebreitet, 100 Jahre später in Rheinpfalz und Rheinhessen sehr verbreitet. In südlichen Ländern kaum bekannt.

Synonyme: Österreicher; in Österreich *Zierfandler,* in der Schweiz *Gros Rhin* und *Johannisberg,* in Tschechoslowakei *Moranka* oder *Silvánské,* in Frankreich *Silvain vert,* in Jugoslawien *Žilavka,* in Ungarn *Zöld szivani.*

Merkmale (vgl. Tafel 3)

Blätter: mittelgroß, rund, meist 3-lappig, grün glänzend, bräunlich gefleckt, glatt.

Beeren: mittelgroß, dickhäutig, rund, grün-bronzefarben schimmernd, fleischig.

Trauben: mittelgroß, gedrungen, dichtbeerig und etwas breit, nicht spitz wie andere Traubensorten.

Holz: hellbraun, dunkel gestreift, dicht punktiert, mittelstark, schlecht reifend.

Böden und Lagen: ziemlich anspruchslos, bevorzugt tiefgründige, möglichst wasserspeichernde Muschelkalk- oder Sandstein-Verwitterungsböden, liebt wärmeres Klima, gute Düngung; empfindlich gegen Frost und Winterkälte.

Krankheiten: anfällig für Traubenfäule.

Reife: mittelspät, zwischen Müller-Thurgau und Riesling.

Anbau: um 1900 noch auf 60 % der deutschen Rebflächen, seitdem ständig rückläufig, weitgehend abgelöst von Müller-Thurgau, heute noch auf 16 % oder 14 111 ha (1975).

Außerhalb BRD v. a. in der Westschweiz.

Ertrag: hoch, um 120 hl/ha (Spitzenerträge bis 150 hl/ha), und ertragstreu. *Mostgewicht:* 60 bis über 80° Ö, *Säuregehalt:* 6–9 ‰.

Weine (→auch Tab. 14): beliebte Schoppenweine mit mittlerem Alkoholgehalt; in guten Jahren milde, liebliche, feinfruchtige bis vollmundige, lichtgrüne bis goldgelbe, geschmeidige und weitgehend geschmacksneutrale Weine mit leichter bis mittlerer Säure und zartem Bukett, auf kernigen Böden mitunter zu ausdruckslos; in großen Jahren Spitzenweine mit viel Körper, reicher Süße und feinem Bukett. Wenn Erträge zu hoch, schmecken Weine leicht unreif und grasig. – Weine aus Riesling mit Silvaner verschnitten sind rassig, mild, vollmundig.

Haltbarkeit der Weine begrenzter als Riesling.

Viele natürliche *Mutationen* vom Silvaner haben zu zahlreichen Lokalrassen geführt. Durch hohe Wandlungsfähigkeit bevorzugt für Kreuzungen mit vielen anderen Rebsorten geeignet.

7.1.3 Müller-Thurgau

Abstammung: Züchtung des Schweizer Professors HERMANN MÜLLER (1850–1927) aus Tägerwilen am Bodensee im Schweizer Kanton Thurgau mit dem Ziel, durch Kreuzung Qualität des Rieslings mit Ertragshöhe und -sicherheit des Silvaners zu kombinieren; galt lange Zeit als älteste (1882) Riesling × Silvaner-Kreuzung; MÜLLER nahm 150 beste Sämlinge aus Geisenheim mit in die Weinbauschule in Wädenswil, wo v. a. Sämling 58 von SCHELLENBERG bearbeitet wurde; 1913 holte MÜLLERs Schüler DERN einige der Sämlinge nach Franken und benannte die Sorte nach MÜLLER/Thurgau; ab 1921 beschäftigte sich ZIEGLER in Veitshöchheim wissenschaftlich weiter mit Sämling 58; für die inzwischen angezweifelte Elternschaft wies EICHELSBACHER 1957 Fehlen von Silvaner-Erbgut nach. Heute nimmt man Selbstung[1)] von *Riesling × Riesling* an, d. h. in diesem Falle: eigenständige Rebsorte *Müller-Thurgau* ist durch

[1] Selbstung, Selbstkreuzung = Nachkommenschaft einer mit eigenem Pollen befruchteten Pflanze

Selbstbefruchtung mütterlicher *Riesling*-Eizelle miteigenem Pollen oder mit dem eines anderen Riesling-Stammes hervorgegangen, besitzt nur rieslingeigene Erbanlagen in erbreinen (homozygoten) Kombinationen.

Müller-Thurgau ist klassisches Beispiel dafür, daß seit 1200 Jahren immer nur vegetativ vermehrte Standardsorte Riesling so viele Mutationen angehäuft hat und so spalterbig geworden ist, daß sie bei Selbstbefruchtung sich nicht selbst erstellt, sondern in einigen Exemplaren neue, eigenständige, gesunde, kräftige Sorten hervorbringt, die mit Stammform weinbaulich nicht identisch sind.

Name: nach dem Schweizer Züchter MÜLLER aus dem Thurgau (→o.).

Synonyme: im EWG-Raum *Rivaner,* im Elsaß und in der Schweiz *Riesling × Sylvaner* (in der Schweiz außerdem auch *Rivaner).*

Merkmale (vgl. Tafel 4)

Blätter: mittelgroß, tiefgebuchtet, 7-lappig, meist kahle Ober- und wollige Unterseite.

Beeren: groß, oval, dünnschalig, gelblichgrün; Fruchtfleisch mit deutlichem leichtem Muskat-Aroma.

Trauben: mittelgroß, fast dichtbeerig.

Holz: graubraun gestreift, kräftiger Wuchs.

Böden und Lagen: bevorzugt Böden mit genügender Wasserhaltekraft: tiefgründige Lehm- und Löß-, aber auch schwere Kalk- und Mergelböden; stellt wenig Ansprüche ans Klima, ist jedoch empfindlich gegen starke Winterfröste.

Krankheiten: Trauben fäulnis- und krankheitsanfällig; nasse Reifezeit bringt schlechte Qualität.

Reife: sehr früh, eröffnet zusammen mit Portugieser-Trauben die Weinernte.

Anbau: benötigte 1/2 Jahrhundert, um sich durchzusetzen; während er noch 1950 erst 6 % der bundesdeutschen Rebflächen einnahm, besetzt er heute mit 24 116 ha 27 %, das sind mehr als ganze Anbaufläche des Anbaugebiets Rheinpfalz; damit meist angebaute und wirtschaftlich interessanteste Züchtung, erzeugte Weinmenge mehr als 50 % aller bundesdeutschen Weine; bereits zu freien Rebsorten (→4.3) mit hohem Anbauwert rechnend; höchster Anteil in Franken mit 46 % sowie in Rheinhessen mit 35 % und Baden mit 34 %.

Ertrag: hoch, im Mittel 100–150 hl/ha, Spitzen bei 200–350 hl/ha; beste Qualitäten bei 100–130 hl/ha; *Mostgewicht:* 65–80° Ö, *Säuregehalt:* knapp mittelhoch: 7,5–8,5 ‰, rel. hoher pH-Wert (3,5–3,8). Im langjährigen Jahresdurchschnitt liegt Ertrag 13 % über dem des Silvaners, 17 % über dem von Riesling.

Weine (→auch Tab. 14): abgerundet, mild, frisch, jugendlich duftig; fast neutral; mittlerer Alkoholgehalt, vielseitig ansprechend, weich; zeichnen sich im kräftigen Bukett durch charakteristischen Muskat- und Walnuß-Ton aus. Im allg. angenehme Qualitätsweine, in guten Jahren sehr gute Weine, in trockenen Jahren beste Qualitäten, elegant, lieblich mit harmonischer Säure. Auch vorzüglicher Verschnitt-Partner mit Riesling- oder Silvaner-Weinen. Leichter Kohlensäuregehalt kommt Weintyp sehr entgegen.

Haltbarkeit jedoch (wie die frühreifer Sorten) sehr begrenzt. Weine sollten jung getrunken werden, zumal mit fortschreitender Reife typisches Müller-Thurgau-Bukett abnimmt.

7.1.4 Findling

Abstammung: Natur-*Mutation* aus *Müller-Thurgau*-Rebe.

Name »Findling«, da gefunden in Müller-Thurgau-Parzelle. *Züchter:* Franz Kimmig, Tiergarten/Baden; *Sortenschutz:* seit 1971.

Reife: sehr früh.

Anbau: auf 15 ha (1975) in Baden.

Ertrag 30 % niedriger, *Mostgewicht* rd. 15° Ö höher (85° Ö), *Säuregehalt* etwas höher (9°/oo) als Müller-Thurgau.

Weine: angenehm, dezent, etwas füllig, in geringen Jahren etwas dünn wirkend; besitzen gleichen Körper, aber weniger Bukett als Müller-Thurgau.

7.1.5 Weißer Burgunder

Abstammung: alle Burgunder-*(Pinot-)*Rebsorten stammen mit größter Wahrscheinlichkeit vom *Blauen Spätburgunder (Pinot noir)* ab: *Ruländer (Pinot gris)* als Farbenabart (Verlustmutation), d. h. entfärbter und selektionierter (→4.1) Pinot noir; als weitere Mutationen und Selektionen, d. h. als entfärbte Pinots gris, gelten die hellen Burgunder-Rebsorten: *Weißer Burgunder (Pinot blanc), Pinot Chardonnay* und *Auxerrois.* Im Anbau älteste helle Burgunder-Traube, seit 14. Jh., Pinot Chardonnay (benannt nach Flecken unweit Mâcon [Burgund]), liefert seit 6 Jahrhunderten die berühmten Weißweine Burgunds, die delikaten Chablis, und erstklassige Weißweine der Champagne sowie gleichzeitig einen der Stillweine für die Champagner-Bereitung (→5.2.7).

Name: nach Heimat Burgund.

Synonym: in Frankreich *Pinot blanc.*

Merkmale (vgl. Tafel 5)

Blätter: breit, groß, meist 3-lappig, lichtgrün, matt glänzend.

Beeren: klein bis mittelgroß, gelblichgrün, feinpunktiert; weiches Fruchtfleisch mit zartem aromatischem, sehr süßem, säurearmem Saft.

Trauben: klein, dichtbeerig.

Holz: hellbraun, gestreift, schwarz punktiert; starkwüchsig.

Böden und Lagen: sehr anspruchsvoll, verlangt tiefgründige, nährstoffreiche Böden mit ausreichend wasserhaltender Kraft, gute und warme Lagen; unempfindlich gegen kalte Winter, jedoch empfindlich gegen Fröste.

Krankheiten: widerstandsfähig.

Reife: mittelspät.

Anbau: auf 802 ha (1975), in letzten Jahrzehnten mit wachsendem Erfolg in Baden (fast die Hälfte), Rheinpfalz und an Nahe.

Außerhalb BRD v. a. im Elsaß, in Burgund und der Champagne verbreitet.

Ertrag: mittel, durchschnittlich 80–85 hl/ha. Gute Qualitätsleistung. *Mostgewicht:* 80–90° Ö, *Säuregehalt:* 10–12 °/oo.

Weine (→auch Tab. 14): vollmundig, fein aromatisch, extrakt- und alkoholreich, aber weniger voll als Ruländer, säurearm, daher zu Fisch und weißem Fleisch bevorzugt. In guten Weinjahren ab 85° Ö sehr vornehme Weine von höchster Güte, jedoch nicht so blumig und anregend wie Riesling; stimmen besinnlich wie alle Burgunder.

Spitze der Weißen Burgunder sind große, trockene Gewächse aus nördlichem Burgund: *Meursault, Montrachet, Chablis.*

7.1.6 Auxerrois

Abstammung: Weißem Burgunder sehr nahestehend, aber wahrscheinlich durch Mutation selbständige Sorte.

Name: von ehemaliger Grafschaft Auxerre (nordwestl. Chablis zwischen Burgund und Champagne), vermutlicher Heimat der Rebe.

Merkmale, Krankheiten und Reife: Weißem Burgunder (→7.1.5) entsprechend.

Böden und Lagen: beansprucht windgeschützte Lagen im warmen Klima und tiefgründige, kalkhaltige, fruchtbare Böden; in BRD: Oberrhein-S-Hänge.

Anbau: in BRD nur auf 109 ha (1975), zu 3/4 in Baden, sowie in Rheinpfalz und vereinzelt in Rheinhessen.

Überwiegend *außerhalb BRD* in Frankreich (Chablis, Burgund, Champagne und Elsaß).

Ertrag: gering und schwankend, 60 hl/ha selten überschreitend; Anbauwert daher beschränkt und weitere Verbreitung unwahrscheinlich. *Mostgewicht:* gut (75–90° Ö), *Säuregehalt:* niedrig, meist unter 7–8 °/oo.

Weine: körperreich, erreichen jedoch nicht saftige Fülle des Weißen Burgunders oder gar Ruländers, übertreffen diese aber an lebhaftem, duftigem und vornehmem Bukett.

7.1.7 Ruländer

Abstammung: Verlustmutation des *Blauen Spätburgunders (Pinot noir);* von ihm während Wachstums kaum zu unterscheiden.

Name: nach dem Kaufmann JOHANN SEGER RULAND, der 1711 in Speyer in einem verwilderten Garten einige durch ihre Beerenfarbe auffällige Rebstöcke fand, aus den Trauben Wein von bestechender Eigenart kelterte und durch Vermehrung der Stecklinge sehr gutes Geschäft machte. Später wurde festgestellt, daß diese Rebe mit dem in Burgund und der Champagne schon lange bekannten Grauen Burgunder (Pinot gris) identisch ist.

Synonyme: Grauer Burgunder, Grauclevner; in Frankreich *Pinot gris,* im Wallis *Malvoisie* (aber ohne Verwandtschaft mit dem Malvasia S-Europas), im Elsaß *Tokay d'Alsace* und in der Schweiz *Elsässer Tokayer* (ohne Verwandtschaft mit der Furmint-Traube des echten Tokajers Ungarns), in Ungarn *Skürkebarát, Grauer Mönch, Auvergnas gris,* in Rumänien *Rulanda,* in Jugoslawien *Rulandac sivi.*

Merkmale (vgl. Tafel 6)

Blätter: 3- bis 5-lappig, blaugrün.

Beeren: klein, dünnhäutig, grüngelb, graurot, rot und blau, mitunter mehrere Farben an einem Stock oder sogar in einer Traube nebeneinander vertreten.

Trauben: mittelgroß, dichtbeerig.

Holz: dünn, braunrot, kräftigwüchsig.

Böden und Lagen: anspruchsvoll; braucht tiefgründige, kräftige Böden in warmer Lage; bevorzugt Lößböden oder vulkanisches Gestein; empfindlich gegen Frost.

Krankheiten: sehr empfindlich während Blüte, anfällig für Pilzkrankheiten.

Reife: mittelspät.

Anbau: in BRD auf 3221 ha (1975), v. a. in Baden (fast 60 %) und an Hessischer Bergstraße.

Außerhalb BRD in Frankreich (Burgund und Champagne), Österreich, Jugoslawien, Ungarn, Rumänien.

Ertrag: heute durch leistungsfähige Klone gut und sicher (80–120 hl/ha). *Mostgewicht:* 70–90° Ö, d. h. um 10° Ö über Riesling, *Säuregehalt:* 8–9 ‰, also etwa 5 ‰ darunter, in Baden gern mit 5–6 ‰ auf Flasche gebracht.

Weine (→auch Tab. 14): gehören zu den edlen Sorten; tiefgold, gehaltvoll, körper- und alkoholreich, wenig säurebetont, daher Normallesen nicht lange lagerfähig, elegant, vollmundig, feurig in der Jugend, delikates Sortenbukett, mit Honig-Ton, Zeichen hohen Mostgewichtes; auf günstigen Standorten hochedlen Rieslingen und Traminern ebenbürtig. Hochwertige, wuchtige und körperreiche Prädikatsweine gedeihen auf heißen Lagen des Kaiserstuhls und der Mittelhaardt, elegante auf fränkischem Muschelkalk, mit feinstem Bukett aus badischer Ortenau. Sinnspruch aus Baden: »Ruländer trinken, wenn das Herz leuchten soll.«

7.1.8 Roter Traminer

Abstammung: *Traminer* vermutlich von nomentanischer Rebe (→1.2), die PLINIUS als edle, für Italien charakteristische beschreibt; also sehr alte Rebsorte. In Deutschland wahrscheinlich schon zur Römerzeit im oberen Rheintal angebaut und seit 1500 Jahren im Mischanbau nachweisbar. Weiteste Verbreitung bei Umstellung von Massenträgern auf Edelsorten im 18. Jh.

Gewürztraminer: reine Bukett-Mutation des Roten Traminers, jedoch als selbständige Sorte anzusprechen.

Name: Ableitung nicht eindeutig, möglicherweise auf Tiroler Tramin bei Bozen zurückzuführen. Zusatz »Roter« auf Grund der rötlich angehauchten Beerenhaut, die auch Wein leichten rötlichen Schimmer verleihen kann.

Synonym: *Clevner* in badischer Ortenau (nicht überzeugend auf oberitalienisches Chiavenna [Cleven] zurückzuführen); *Savagnin* in der Schweiz.

Merkmale (vgl. Tafel 7)

Blätter: klein, breit, 3-lappig, stumpf gezähnt, wollig, dunkelgrün.

Beeren: länglich, goldgelb bis rotbraun, mitunter bläulich, graublau beduftet, dickschalig; Fruchtfleisch fest, wenig saftig, sehr süß und würzig.

Trauben: mittelgroß, kompakt, dichtbeerig.

Holz: dunkelbraun mit graubrauner Rinde; schwachwüchsig, dünn.

Böden und Lagen: sehr anspruchsvoll, bevorzugt tiefgründige, nicht zu schwere, aber feuchte Böden, gedeiht gut auf vulkanischen Tuffen.

Krankheiten: sehr widerstandsfähig gegen Fäulnis, sonst recht anfällig; stark witterungsbedingte Empfindlichkeit der Blüte.

Reife: mittelfrüh bis spät.

Anbau: auf 881 ha, davon 480 ha Gewürztraminer (1975), in Rheinpfalz und Baden-Württemberg, v. a. in Ortenau, Kaiserstuhl-Gebiet und Mittelhaardt.

Ertrag: mengenmäßig nicht immer befriedigend, durchschnittlich 50 hl/ha. Hohe *Mostgewichte* (80–100° Ö), *Säuregehalt* oft unter 8 ‰.

Badischer Klon (46 107) bringt bessere Erträge; aus Elsaß stammender, auch in Baden gezüchteter Klon 46 106 des Gewürztraminers bringt zwar um 20 % niedrigeren Ertrag als ersterer, aber höheres Mostgewicht bei geringerer Säure.

Weine (→auch Tab. 14): Traminer und der sehr stark würzige Gewürztraminer zeichnen sich bei höheren Mostgewichten durch hohen Alkoholgehalt, langanhaltendes Bukett mit Wildrosen-Duft, viel Körper und milde Süße aus. Vollkommene Dessertweine; als Spitzengewächse große duftige Weine.

Außerhalb BRD sehr beachtliche Traminer in kleineren Mengen in Elsaß und Burgund, Österreich, Ungarn und Jugoslawien.

7.1.9 Muskateller-(Muscat-)Sorten

Abstammung: von einer der ältesten Rebsorten (wurde wegen Schönheit von Rebstock und Trauben sogar auf biblische Rebe Noahs zurückgeführt), nachweislich von Römern aus Ägypten und Kleinasien mitgebracht, von PLINIUS als *Uva apiana* und von COLUMELLA als Muscadelle arabischen Ursprungs beschrieben (→1.2).

Name: von typischem Muskat-Aroma und -Geschmack.

Synonyme: →u.

Verbreitung: *in allen südlichen Weinbauländern* der Erde in zahlreichen Sorten, Mutationen, Klonen und Kreuzungen als Tafel- wie als Keltertrauben; nördliche Verbreitungsgrenze: Elsaß und Württemberg.

In Deutschland seit 12. Jh. nachgewiesen und bis Ende 19. Jhs. häufig als Verschnittwein zur Bukettverbesserung oder Beseitigung von Geschmacksfehlern anderer Weine verwendet. Heute in BRD aus klimatischen Gründen nur vereinzelt vorkommend: Pfalz, Baden und Württemberg.

Rebsorten und Weine *außerhalb der BRD:*

Italien: hier große Vielfalt; *Moscatello*-Sorten liefern selbständige, helle, süße, körperreiche, säurearme, aromatische *Moscato*-Weine, wie *Moscato d'Asti* und legendären *Est-Est-Est* aus Montefiascone, v. a. Grundweine für Herstellung von *Wermut*-Weinen und für Destillation von *Weinbrand* sowie Verschnittweine für süße Dessertweine, wie *Marsala* Siziliens, und schließlich Stillweine für Bereitung von Schaumweinen, wie *Asti spumante.*

Frankreich: im Elsaß *Muscat d'Alsace (Elsässer Gelber Muskateller),* die zarte, delikate, mittelherbe Weine liefert; im S zählen *Muscat de Frontignan (Muscat blanc,* den sich schon KARL D. GR. nach Aachen bringen ließ) und *Muscat de Lunel* zu wertvollen Spezialitäten. *Muscadelle* -Trauben sind Bestandteil des weißen Sauternes im Bordeaux.

Von Frankreich bis zum Balkan *(Rumänien)* und in *N-Afrika* ist sehr feine, dunkelblaue *Muscat de Hambourg* (Blauer Hamburger Muskat) als Tafel- wie als Keltertraube verbreitet. *Muscat d'Alexandrie* ist bis *Armenien* und *S-Afrika* angebaute alte Muscat-Sorte.

Elba: hier liefert *Muscat Aleatico* roten Dessertwein.

Spanien: erstklassige Muskateller kommen aus Rioja-Gebiet. Spanien und *Chile* stellen aus *Muskateller*-Sorten zusammen mit *Sauvignon*- und *Semillon*-Trauben sauternes-ähnliche Weine her.

Portugal: ausgezeichneter sehr süßer und starker (17–20 % Alk.-Gehalt) Muskatwein ist *Moscatel de Sétubal.*

Jugoslawien: von hoher Qualität sind Muskateller aus nordslowenischem Ljutomer.

Von *griechischen Inseln* kommt *Samos-Moscados* (= Moschus, wohl des starken Duftes wegen).

Bulgarien: Balkan-Abhänge bringen *Misket*-Muskat.

Aus der *UdSSR* (Krim, Schwarzmeer-Küste, Georgien) und nicht zuletzt aus *Algerien* kommen zahlreiche weitere Muskateller-Weine.

Im ungarischen *Tokajer,* im spanischen *Sherry* und im portugiesischen *Portwein* sind Muskateller-Sorten unentbehrliche Bukett-Träger.

Eigenschaften: Muskateller gehören zu Spitzenweinen; allen Sorten gemeinsam ist typischer Muskat-Duft und -Geschmack in Beere und Wein; Beerenfarbe wechselt je nach Sorte von blaßgelb bis dunkelblau.

Zu beachten: Muskat-Ton jedoch häufig auch bei anderen Rebsorten vorhanden *ohne* nähere Verwandtschaft zum Muskateller, z. B. bei Müller-Thurgau, Morio-Muskat oder Sauvignon blanc (Muskat-Sylvaner).

Merkmale

Blätter: mittelgroß, länger als breit, 5-lappig; hellgrün.

Beeren: rundlich bis länglich; je nach Sorte (→u.) gelbgrün bis braunrot und braungepunktet bzw. rot bis graurot mit starkem Muskat-Bukett.

Trauben: lang, mittelgroß, dichtbeerig.

Holz: gelb bis hell-rotbraun; feingefurcht.

Böden und Lagen: beansprucht mittlere Böden und warme gute Lagen.

Krankheiten: allseitig empfindlich.

Reife: spät.

Anbau: in BRD nur auf 24 ha (1975) am Kaiserstuhl und mittleren Neckar, davon 19 ha *Gelber,* 5 ha *Roter Muskateller.*

Ertrag: nur in warmen Lagen befriedigend: 60–65 hl/ha. *Mostgewicht:* 70–80° Ö, *Säuregehalt:* bis 10 °/oo.

Weine: elegant, rassig, mitunter spritzig, mit harmonischer Säure und edlem Muskat-Aroma; als selbständige Weine geschätzt; gern als Bukett-Bereicherung zum Verschnitt verwendet.

7.1.10 Muskat Ottonel

Abstammung und *Name:* sehr wahrscheinlich natürliche Muskateller-Mutation, Sämling seit Mitte 19. Jhs. an mittlerer Loire bekannt; dagegen Eltern wie Namenträger unbekannt; wegen Ähnlichkeit mit Gutedel mancherseits diesem Formenkreis zugeordnet.

Herkunft: im Loire-Gebiet als Tafeltraube seit 1851 gezogen.

Krankheiten: empfindlich.

Reife: früh.

Anbau: in BRD nur 25 ha (1975) in kleinen Parzellen, da ertragsunsicher und gute Klone fehlen.

Außerhalb BRD weit verbreitet in Österreich, z. B. Wachau, sowie etwas im Elsaß.

Ertrag: höchstens mittel in Menge, Mostgewicht und Säuregehalt.

Weine: mild, fast lieblich, vollmundig, mit geringer Säure, Trauben-Bukett unverändert im Wein erhalten mit sehr feinem, kräftigem, würzigem Muskat-Aroma, eleganter als bei Muskatweinen südlicher Länder; als Qualitätsspezialität geschätzt und sehr begehrt zum Verschnitt bukettarmer Weine.

7.1.11 Weißer Gutedel

Abstammung: uralte Rebsorte, beheimatet in Kleinasien und später in Ägypten, dort seit 2800 Jahren angebaut, in Oase El Fayum (70 km südwestl. Kairo) in mehreren Formen noch heute erhalten; von Römern nach Europa gebracht, von PLINIUS als ammineische Rebe (→1.2) beschrieben. Im 16. Jh. aus Türkei nach Burgund gekommen, 1780 durch Markgraf KARL FRIEDRICH von Baden aus Vevey am Genfer See ins Markgräflerland Badens geholt.

Verbreitung: nahezu überall, wo Weinrebe kultiviert werden kann; breites Gutedel-Rebband erstreckt sich von Lyon rhôneaufwärts bis zum Wallis; N-Grenze des Anbaus in S-Baden, daher in BRD nur mit 1 % vertreten. Als Farbvariante *Blauer Gutedel (Chasselas noir* oder *Médoc noir)* v. a. auf dem Balkan verbreitet. In vielen Spielarten gezüchtet in Europa, Algerien, S-Afrika, Kalifornien, Argentinien, Chile, Australien.

Name: weist auf frühe Wertschätzung als Qualitätsrebe hin.

Synonyme: Markgräfler, Schönedel, Königsgutedel, Junker; in Frankreich und Italien als *Chasselas,* am Genfersee als *Viviser,* im Wallis als *Fendant,* in Österreich als *Moster* bekannt.

Merkmale (vgl. Tafel 8)

Blätter: kahl, mittelgroß, 3- bis 5-lappig, stumpf gezähnt, rotgeadert, glatt, lebhaft grün.

Beeren: rund, verschieden groß, hell- bis gelbgrün und zartbraun, dünn-, aber festschalig, fleischig, süß-saftig. *Besonderheit:* seltener Fall, daß Weinrebe sowohl gute Keltertraube als auch beste und beliebteste, sehr gut schmeckende, zarte, helle Tafeltraube liefert.

Trauben: groß, dicht- bis lockerbeerig.

Holz: gestreift, dunkel gefleckt, rotbraun; kräftigwüchsig.

Böden und Lagen: bevorzugt tiefgründige Kalk-, Mergel- und Lößböden in warmen und windgeschützten Lagen.

Krankheiten: während sich lange hinziehender Blüte zum Verrieseln (→2.4.2) neigend, sehr anfällig für Sauerwurm; widerstandsfähig gegen Traubenfäulnis.

Reife: mittelfrüh.

Anbau: auf 1221 ha (1975) ausschließlich in S-Baden, Zentrum im Markgräflerland mit bis zu 90 % Gutedel-Reben (deshalb dort auch *Markgräfler* genannt).

Ertrag: mit 100–150 hl/ha hoch, aber sehr schwankend (1 : 9). *Mostgewicht:* 60–75° Ö, *Säuregehalt:* nur 5–6 ‰.

Weine (→auch Tab. 14): leicht, gediegen, erdig, bekömmlich, geringe und unaufdringliche Säure, zartes Bukett und mäßiger Alkoholgehalt; bekömmlicher Tisch- und Kneipwein. Geeignet als Rekonvaleszenten-Wein.

Beste Gutedel-Weine vom Dézaley am Genfer See; gute auch aus Balkan-Ländern, UdSSR und N-Afrika (Algier).

7.1.12 Weißer Elbling

Abstammung: sehr alte, schon von Römern an der Mosel angebaute und wahrscheinlich über Gallien mitgebrachte oder dort bereits vorgefundene Rebsorte. Bis ins späte Mittelalter wegen großer Fruchtbarkeit meist angebaute Rebsorte für Zehntwein; ab 18. Jh. von edleren Rebsorten ständig zurückgedrängt. Heute nur noch zur Sekt-Bereitung und zum Verschnitt säurearmer Weine sowie als Hauswein an der Obermosel verwendet.

Name: Synonym Alben läßt Ableitung von albus (lat. = weiß) möglich erscheinen.

Synonyme: Alben oder *Kleinberger;* in Luxemburg *Räuschling.*

Merkmale

Blätter: groß, 3-lappig.

Beeren: länglich, dünnhäutig; ohne Sortenbukett.

Trauben: groß.

Holz: reift mittelmäßig.

Böden und Lagen: geringe Ansprüche, robust und widerstandsfähig; etwas empfindlich gegen Winterfröste.

Krankheiten: anfällig für Oidium, Botrytis und Beerenfäule.

Reife: sehr spät, oft noch später als Riesling.

Anbau: auf 1196 ha (1975) überwiegend (90 %) an oberer Mosel, mit leicht sinkender Tendenz noch auf 10 % der Rebfläche des Anbaugebietes Mosel–Saar–Ruwer; außerdem im benachbarten Luxemburg.

Ertrag: sehr ausgiebig (100–200 hl/ha), da sehr robust. *Mostgewicht:* nur 50–60° Ö, *Säuregehalt:* sehr hoch, bis 15 ‰, in geringen Jahren bis 20 ‰.

Weine (→auch Tab. 14): zucker-, körper-, alkohol- und bukettarm, säurereich.

Versuche, bessere Weine vom Elbling-Typ durch Kreuzung der Rebsorte mit anderen Rebsorten zu erhalten, scheinen neuerdings erfolgversprechend.

7.2 Kreuzungen (Neuzüchtungen) aus hellen Rebsorten und ihre Weißweine

Langsam und spät reifende, »klassische« Rebsorten, wie Weißer Riesling, Burgunder-Sorten, Grüner Silvaner, weichen zunehmend frühreifenden und reichlicher tragenden Neuzüchtungen.

Tab. 13: Einteilung der wichtigeren Kreuzungen aus hellen Rebsorten nach Hauptgeschmacksrichtung und ihre Verbreitung in der BRD
(in ha, 1975)

Gruppe I: **Riesling-Art** rassig, säurebetont, feinfruchtig		Gruppe II: **Silvaner-Art** geschmacksneutral bis dezent-fruchtig, saftig	
	ha		ha
Scheurebe	2529	*Reichensteiner*[1]	172
Kerner	2116	*Freisamer*	85
Optima	216	*Nobling*	105
Ehrenfelser	171	*Kanzler*	45
Rieslaner	59	*Mariensteiner*	34
Gruppe III: **Müller-Thurgau-Art** mild, blumig, mit leichtem Muskat-Ton		Gruppe IV: **Traminer-Art** fein-duftiges bis reich-würziges Bukett	
	ha		ha
Faber	1157	*Morio-Muskat*	2772
Huxelrebe	746	*Siegerrebe*	195
Bacchus	1157	*Ortega*	350
Perle	276	*Schönburger*	28
Regner	30	*Septimer*	19
		Würzer	25

[1] zur Eintragung in Sortenliste (→4.3) angemeldet

Für Versuch, große und ständig wachsende Zahl von Neuzüchtungen übersichtlich einzuordnen, bieten sich verschiedene Möglichkeiten an: Einteilung nach Züchtungs-Instituten, Züchtern oder Züchtungsjahren, nach Reife, Geschmacksrichtung oder Buketten.

Weinliebhaber interessiert bes. – wie bei Weinprobe – Vergleich mit bekanntem Geschmack. Deshalb nachstehend Typ und Bukett, d. h. *Weinart, als bestimmender Maßstab* für die Eingruppierung gewählt. Schwierigkeit bereitet dabei, daß das Bukett sich mit Reife und Alter ändert, in der Regel an Feinheit, Blumigkeit und Fruchtigkeit gewinnt.

Die hier versuchte *Einordnung* der Neuzüchtungen *in 4 bekannte Geschmacksgruppen:* Riesling-Art, Silvaner-Art, Müller-Thurgau-Art und Traminer-Art (→Tab. 13), muß – wie bei allem Geschmacklichen – subjektiv, in Grenzfällen bis willkürlich bleiben, kann nur Anhaltspunkte für Orientierung bieten.

Gruppe I: Riesling-Art

Typ: rassige, säurebetonte, feinfruchtige Weine.

Zunahme neuer Sorten vom *Riesling*-Typ bes. erwünscht und in letzten Jahren erfolgt; dabei sind die angestrebten weinbautechnischen Eigenschaften: Gesundheit, Winter- und Spätfrostresistenz, sicherer Ertrag, Rieselfestigkeit und v. a. rassige, riesling-artige Weine. In geeigneten Riesling-Lagen wird man nach wie vor gute Riesling-Klone pflanzen, in weniger geeigneten die Neuzüchtungen Scheurebe (Zunahme im letzten Halbjahrzehnt 150 %), Kerner (63 %), Ehrenfelser (105 %) und Optima (72 %) bevorzugen.

Nur von regionaler Bedeutung sind die neuen Sorten Rieslaner und Mariensteiner geblieben.

7.2.1 Scheurebe = *Silvaner × Riesling*[1)]

Name: benannt nach Georg Scheu, verdientem Züchter und 1. Leiter der Landesanstalt Alzey.

Züchtung: Landesanstalt für Rebenzüchtung Alzey/Rhh.; *Züchter:* Georg Scheu; *Zuchtnummer:* Az S 88; *Zuchtjahr:* 1916; *Sortenschutz:* 1956.

Merkmale (vgl. Tafel 9)

Blätter: mittelgroß, kahl, meist 5-lappig.

---

1 Kreuzungsangaben jeweils: Mutter × Vater. – Daß Scheurebe, Rieslaner, Ehrenfelser u. a. (jeweils Kreuzung aus Silvaner × Riesling) oder Optima und Bacchus (beides Kreuzung aus (Silvaner × Riesling) [was weder Scheurebe noch Rieslaner zu sein braucht] × Müller-Thurgau) recht unterschiedliche Weine liefern, ist darin begründet, daß das Erbgut der Individuen einer Rebsorte ebensowenig gleichartig ist wie das der Angehörigen einer Tier- oder Menschenrasse.

Beeren: mittel, rund.

Trauben: mittel, dichtbeerig, gelbgrün.

Holz: reift gut, dadurch Frostschäden gering.

Eigenschaften: verlangt gute, kalkhaltige Lagen, Schutz vor Wind und Frösten; anspruchslos gegenüber Boden und verträglich, ersetzt hierin Riesling vollwertig. Leicht anfällig für Krankheiten; frostempfindliche Winteraugen; spätreif, da Laub lange funktionsfähig; Spätlesen leicht möglich, bei Vollreife Neigung zur Edelfäule.

Anbau: auf 2529 ha (1975) in Rheinhessen, Nahegebiet, Rheinpfalz, Franken; nimmt – da von hohem Anbauwert – ständig zu, im letzten Jahrzehnt um 600 %.

Ertrag: 80–140 hl/ha. *Mostgewicht:* 80° Ö und mehr, *Säuregehalt:* hoch, durchschnittlich 10 ‰, aber noch 2–3 ‰ niedriger als beim Riesling.

Weine (→ auch Tab. 14): kräftig, fruchtig, rassig, mittlerer Alkoholgehalt, kräftige Säure; körperreicher als Riesling, vielfältiges, köstliches Sortenbukett, ähnlich dem der Schwarzen Johannisbeere, v. a. bei Weinen vom Lößboden; übertrifft Riesling in kleinen und mittleren Lagen, dort mit reifem Riesling vergleichbar. Bei ungenügender Reife wirkt Säure spitz und Bukett abstoßend. Hochfeines, riesling-ähnliches Bukett von Prädikatsweinen mit Edelfäule erinnert im Alter an Pfirsich-Aroma und Rosenduft.

Lagerfähigkeit sehr groß.

Bei der bewährten Neuzüchtung Scheurebe wird die Schwierigkeit der Eingliederung in *eine* bestimmte Gruppe bereits offensichtlich. Stellt man das oft sehr deutliche Bukett in den Vordergrund, wäre Einordnung in die Gruppe IV: »Traminer-Art, fein-duftig bis reich-würziges Bukett« ebenso zu vertreten.

7.2.2 Kerner = *Blauer Trollinger × Riesling*[1)]

Name: nach Justinus Kerner (1786–1862), schwäbischem Arzt und Dichter, der seit 1819 in Weinsberg, Ort der Züchtung, wirkte.

Züchtung: Staatliche Lehr- und Versuchsanstalt Weinsberg; *Züchter:* August Herold; *Zuchtnummer:* We S 25–30; *Sortenschutz:* 1969.

Merkmale (vgl. Tafel 10)

Blätter: mittelgroß, 5-lappig.

Beeren: rund, dickschalig, grün.

---

[1] Spätere Kreuzung gleicher Partner im Institut Geisenheim ergab, im Gegensatz zur Weißweinsorte Kerner, der Mutter (Blauer Trollinger) entsprechend Sämling mit roten Trauben, daher *Rotberger* benannt (→Tab. 15); 1971 in Bundessortenliste aufgenommen

Trauben: lockerbeerig.

Holz: reift sehr gut.

Eigenschaften: gedeiht auf fast jedem Boden; bevorzugt nebelfreie Hochlagen; wenig anfällig für Krankheiten mit Ausnahme von Oidium; frühreifend; sehr winterhart und robust; starke Geiztriebbildung. Zukunftsreiche neue Rebsorte.

Anbau: von 1706 ha 1974 auf 2116 ha 1975, d. h. um 24 %, gestiegen; v. a. in Württemberg; eine der wertvollsten Neuzüchtungen mit hohem Anbauwert, heute schon als Standardsorte anzusehen, steht an 3. Stelle im Anbau der Kreuzungen, weitere Verbreitung zu erwarten.

Ertrag: sehr gut (80–100 hl/ha) und treu; *Mostgewicht:* 75–90° Ö, also bis 10 % höher als bei Riesling, *Säuregehalt* hoch: 8–11 ‰.

Weine: neutral bis riesling-ähnlich, frisch, rassig, kräftig-fruchtig, gehaltvoll, zartes Sortenbukett.

7.2.3 Optima = *(Silvaner × Riesling) × Müller-Thurgau*

Name: von lat. = die Beste.

Züchtung: Bundesforschungsanstalt für Rebenzüchtung Geilweilerhof bei Siebeldingen/Rhpf.; *Züchter:* Professor Dr. B. Husfeld; *Zuchtnummer:* Gf 33-13-113; *Sortenschutz:* 1970.

Merkmale

Blätter: mittelgroß, 3- bis 5-lappig, blasig.

Beeren: rund, dickschalig, gelbgrün.

Trauben: klein.

Holz: reift gut.

Eigenschaften: geringe Ansprüche an Lage und Boden; sehr anfällig für Botrytis; frühreifend, wird edelfaul; gute Winterhärte.

Anbau: auf 216 ha (1975) in Rheinhessen und Rheinpfalz; hat sich innerhalb letzter 2 Jahre verdoppelt.

Ertrag: mittel (60–70 hl/ha). *Mostgewicht* hoch: 10–25° Ö über Riesling, *Säuregehalt:* um 8 ‰ (4–5 ‰ weniger als bei Riesling).

Weine: rassig, elegant, feinduftig, harmonische Säure, riesling-ähnlich, zart bukettiert. Hohes Mostgewicht ergibt Prädikatsweine mit Botrytis-Ton und bei später Lese mit feinem Auslese-Charakter.

7.2.4 Ehrenfelser = *Riesling × Silvaner*

Name: nach Ruine Ehrenfels bei Rüdesheim/Rhg.

Züchtung: Lehr- und Forschungsanstalt Geisenheim/Rhg.; *Züchter:* Professor Dr. Birk; *Zuchtnummer:* Gm 9–93; *Zuchtjahr:* 1929; *Sortenschutz:* 1969.

Merkmale

Blätter: 5-lappig, blasig.

Beeren: rund, gelbgrün.

Trauben: kegelförmig.

Eigenschaften: beansprucht mittlere Lagen und hitzige Böden; kurz vor Riesling reifend.

Anbau: auf 171 ha (1975) in Rheinhessen, Mosel, Franken.

Ertrag und *Mostgewicht* (90° Ö) etwas höher als bei Riesling, im *Säuregehalt* um etwa 3 ‰ niedriger.

Weine: frisch, fruchtig mit feiner, pikanter Säure, riesling-artig; reifen und altern früher als Riesling.

Zu den folgenden 16 Farbtafeln:

Tafel 1: Blütenstände der Weinrebe, Gescheine

Tafel 2: Weißer Riesling

Tafel 3: Grüner Silvaner

Tafel 4: Müller-Thurgau

Tafel 5: Weißer Burgunder

Tafel 6: Ruländer *(Grauer Burgunder)*

Tafel 7: Roter Traminer

Tafel 8: Weißer Gutedel

Tafel 9: Scheurebe *(Silvaner × Riesling)*

Tafel 10: Kerner *(Trollinger × Riesling)*

Tafel 11: Morio-Muskat *(Silvaner × Weißer Burgunder)*

Tafel 12: Blauer Spätburgunder

Tafel 13: Blauer Portugieser

Tafel 14: Blauer Trollinger

Tafel 15: Blauer Limberger

Tafel 16: Cabernet Sauvignon

1

2

3

4

6

7

8

9

11

12

13

14

15

16

7.2.5 **Rieslaner** = *Silvaner × Riesling*

Name: aus ersten Buchstaben von *Riesl*ing und letzten von Silv*aner* gebildet.

Synonym: Mainriesling.

Züchtung: Bayerische Landesanstalt Würzburg-Veitshöchheim; *Züchter:* Dr. August Ziegler; *Zuchtnummer:* Wz N I 11–17; *Zuchtjahr:* 1921; *Sortenschutz:* 1957.

Merkmale

Blätter: mittelgroß, schwach 3-lappig.

Beeren: klein, rund, gelbgrün.

Trauben: klein, dichtbeerig.

Eigenschaften: mäßige Ansprüche an Boden, hohe an Lage; anfällig für Oidium und Stielfäule, verrieselt leicht; reift spät.

Anbau: auf 59 ha (1975), ausschließlich in Franken, dort auf 3 % der Rebfläche, v. a. in Lagen, in denen Riesling im Ertrag sehr schwankend ist oder nicht ausreift.

Ertrag: niedrig und unsicher, da oft verrieselt. *Mostgewicht:* hoch, bei Vollreife über 90° Ö, *Säuregehalt* ebenfalls hoch: über 9 ‰.

Weine: unter 90° Ö dünn und spitz in der Säure, bukettlos; über 90° Ö geschätzte Weinqualitäten, fruchtig, gehaltvoll, rassig bis kernig; der Säure fehlt mitunter Eleganz des Rieslings; in guten Jahren große, charaktervolle Weine mit edlem Fruchtbukett und gehaltvoller, reifer Säure, Auslesen ähneln manchmal südlichen Weißweinen. Weine lange lagerfähig, am schönsten im 4.–8. Jahr.

Gruppe II: Silvaner-Art

Typ: geschmacksneutrale bis dezent-fruchtige, saftige Weine.

7.2.6 **Reichensteiner** = *Müller-Thurgau × (Madeleine angevine × Calabreser Frölich)*[1]

Name: nach Burg Reichenstein bei Trechtingshausen/Rh.

Züchtung: Lehr- und Forschungsanstalt Geisenheim/Rhg.; *Zuchtnummer:* Gm CD 18-92; *Sortenschutz:* 1969 angemeldet.

---

[1] Kreuzung zweier Tafeltrauben; angevine (frz.) = im Anjou beheimatet

Merkmale

Blätter: glänzend, 3- bis 5-lappig.

Beeren: rund, gelbgrün bis bräunlich, Geschmack neutral.

Trauben: groß, länglich, lockerbeerig.

Holz: reift nicht immer zufriedenstellend.

Eigenschaften: beansprucht windgeschützte, frostfreie Lagen und tiefgründige, nicht trockene Böden; empfindlich gegen starke Winterfröste; reift mittelfrüh.

Anbau: auf 172 ha (1975), v. a. in nördlichen Anbaugebieten.

Ertrag: hoch, wie Müller-Thurgau. *Mostgewicht* 10° Ö über, *Säuregehalt* bis 2 °/oo über Müller-Thurgau.

Weine: neutraler als Müller-Thurgau, geeignet für Verschnitt und Süßreserve (→5.2.4).

7.2.7 Freisamer = *Silvaner × Ruländer*

Name: gebildet aus *Frei*burg/Drei*sam*.

Züchtung: Staatliches Weinbauinstitut Freiburg/Brsg.; *Züchter:* Professor Dr. K. Müller; *Zuchtnummer:* Fr. 25–1; *Zuchtjahr:* 1916; *Sortenschutz:* 1962.

Merkmale

Blätter: mittelgroß, burgunder-artig.

Beeren: mittelgroß, länglich, gelbgrün.

Trauben: mittel, dichtbeerig.

Holz: reift gut.

Eigenschaften: bevorzugt mittlere Lagen, keine besonderen Böden; ohne große Anfälligkeit; in geringen Jahren reifen nicht alle Trauben voll aus.

Anbau: auf 85 ha (1975) in Baden und Pfalz, aber rückläufig.

Ertrag: sicher und gut, zwischen Ruländer und Silvaner liegend. *Mostgewicht:* auch bei hohem Ertrag über 70° Ö und damit manchmal über Silvaner, auf Höhe des Ruländers, *Säuregehalt:* bis 9,2 °/oo, also etwas mehr als Ruländer.

Weine (→auch Tab. 14): frisch, kräftig, harmonisch, ansprechend, vollmundig, extrakt- und alkoholreich; arteigenes, dezentes neutrales Bukett mit »Mokka-Ton«; vereinigt Vorzüge der Elternsorten: hohe Qualität des Ruländers mit Ertragshöhe und Sicherheit des Silvaners, übertrifft diesen an Fülle und Kraft. In geringen Jahren bei nicht voll ausgereiften Trauben leichter Holz-Ton im Wein.

7.2.8 Nobling = *Silvaner × Gutedel*

Name: soll Steigerung zu »Edel« andeuten.

Züchtung: Staatliches Weinbauinstitut Freiburg/Brsg.; *Züchter:* Dr. J. ZIMMERMANN; *Zuchtnummer:* Fr. 128–40; *Zuchtjahr:* 1939; *Sortenschutz:* 1971.

Merkmale

Blätter: mittelgroß, gelappt.

Beeren: mittelgroß, flach, grün, fein bukettiert.

Trauben: mittelgroß, dichtbeerig.

Holz: reift gut.

Eigenschaften: beansprucht gute Lagen und tiefgründige Böden; anfällig für Botrytis; winterfest; reift mittelfrüh.

Anbau: auf 105 ha (1975) in Baden und Pfalz.

Ertrag: sicher, etwa so hoch (120–150 hl/ha) wie Silvaner. *Mostgewicht:* hoch, bis 15° Ö über Silvaner, *Säuregehalt:* reichlich 1 ‰ über Silvaner.

Weine: nobel, fruchtig, mit feinem, sortentypischem Bukett; elegante Spät- und Auslesen; Weine im allg. denen beider Elternteile überlegen.

7.2.9 Kanzler = *Müller-Thurgau × Silvaner*

Name: weist auf qualitätsbetonte Rebsorte mit vorwiegend Prädikatsweinen hin.

Züchtung: Landesanstalt für Rebenzüchtung Alzey/Rhh.; *Züchter:* GEORG SCHEU; *Zuchtnummer:* Az 3983; *Zuchtjahr:* 1927; *Sortenschutz:* 1967.

Merkmale

Blätter: mittelgroß, rundlich, 3- bis 5-lappig.

Beeren: mittelgroß, länglich, oval, dickschalig, grün, schwach bukettiert.

Trauben: mittelgroß, dichtbeerig.

Holz: reift schlecht aus.

Eigenschaften: beansprucht gute Lagen und mittlere Böden; für Krankheiten etwas anfällig, sehr empfindlich gegen Fröste; reift mittelfrüh.

Anbau: auf 45 ha (1975), beschränkt auf Rheinhessen, Rheinpfalz und Nahe.

Ertrag: niedrig, aber ausgeglichen. *Mostgewicht:* hoch, 20° Ö über Müller-Thurgau und 25° Ö über Silvaner, *Säuregehalt:* zwischen 7 und 10 ‰.

Weine: von hoher Qualität, körperreich, mit ausgeprägtem Sortenbukett; ähneln guten, sehr reifen Silvanern und Weißen Burgundern; meist feine und rassige Spät- und Auslesen.

7.2.10 Mariensteiner = *Silvaner × Rieslaner*

Rückkreuzung des Rieslaners (→7.2.5) mit Elternteil Silvaner, besitzt 75 % Erbgut des Silvaners und 25 % vom Riesling, liegt zwischen Riesling- und Silvaner-Gruppe.

Name: auf verdienten Förderer im Bayerischen Landwirtschaftsministerium zurückgehend.

Züchtung: Bayerische Landesanstalt Würzburg-Veitshöchheim; *Zuchtnummer:* WÜB 51–7–3; *Sortenschutz:* 1971.

Merkmale

Blätter: sehr groß, 5-lappig.

Beeren: groß, länglich, grün.

Trauben: groß, mitteldicht.

Eigenschaften: beansprucht gute Lagen und Böden; wenig anfällig für Krankheiten; mittlere Winterfestigkeit und Frostempfindlichkeit; spätreifend.

Anbau: auf 34 ha (1975) im Versuchsanbau.

Ertrag: hoch und sicher. *Mostgewicht:* bis 15° Ö über Silvaner, *Säuregehalt:* 8–10 ‰.

Weine: rassig, säurebetont, körperreich, schwerer und eleganter als Silvaner, mit schwachem zartfruchtigem Pfirsich-Bukett, nachhaltig im Abgang; bauen langsam aus und sind lange lagerfähig.

Gruppe III: Müller-Thurgau-Art

Typ: milde, blumige Weine mit leichtem Muskat-Ton.

7.2.11 Faber = *Weißer Burgunder × Müller-Thurgau*

Name: nach erfolgreichem Rebenzüchter SCHMITT (III.) (lat. faber = Schmied) aus Wollmesheim/Landau/Pfalz.

Züchtung: Landesanstalt für Rebenzüchtung Alzey/Rhh.; *Züchter:* GEORG SCHEU; *Zuchtnummer:* Az 10375; *Zuchtjahr:* 1929; *Sortenschutz:* 1967.

Merkmale

Blätter: mittelgroß, 3- bis 5-lappig.

Beeren: länglich, grün.

Trauben: mittelgroß, mitteldichtbeerig.

Holz: reift sehr gut.

Eigenschaften: mittlere Ansprüche an Lage und Boden; wenig empfindlich, aber nach Blüte bereits Botrytis-anfällig; reift mittelfrüh. Kellerwirtschaftlich problemloseste Rebsorte.

Anbau: von 907 ha 1974 auf 1157 ha 1975, d. h. um 27,6 %, gestiegen; in Rheinhessen, Rheinpfalz und an Nahe.

Ertrag: mittel in Quantität und hoch in Qualität. *Mostgewicht:* gut (85° Ö), *Säuregehalt:* gut, 2–3 ‰ mehr als Müller-Thurgau.

Weine: frisch, fruchtig, rassig, darin riesling-ähnlich, jedoch mit leichtem Muskat-Ton und ausgeprägtem schwerem Sortenbukett; häufig interessante Spätlesen mit feiner Säure, betont bukettierte Auslesen.

7.2.12 Huxelrebe = *Weißer Gutedel × Courtillier musqué (Muscat de Courtillier*[1])

Name: nach Winzer FRITZ HUXEL aus Westhofen bei Worms, besonderem Förderer der Neuzüchtung.

Züchtung: Landesanstalt für Rebenzüchtung Alzey/Rhh.; *Züchter:* GEORG SCHEU; *Zuchtnummer:* Az 3962; *Zuchtjahr:* 1927; *Sortenschutz:* 1968.

Merkmale

Blätter: groß, schwach 3-lappig.

Beeren: groß, abgeflacht, dünnhäutig.

Trauben: sehr groß, lockerbeerig.

Holz: reift schlecht, starkwüchsig.

Eigenschaften: bevorzugt gute Lagen und lockere Böden; anfällig für Krankheiten, empfindlich gegen Fröste; leicht verrieselnd; frühreif; kalkempfindlich; in der Kultur schwierig, jedoch regulierfähig; als Ergänzung zu Gutedel vorgesehen.

Anbau: von 635 ha 1974 auf 746 ha 1975, d. h. um 17,5 %, gestiegen; vorwiegend in Rheinhessen, Rheinpfalz und an Nahe.

Ertrag: hoch, aber sehr schwankend, oft Massenträger bei beachtlicher Qualität. *Mostgewicht:* bis 90° Ö, *Säuregehalt:* zwischen 8 und 12 ‰.

Weine: leicht, reif, mit rassiger Säure, dezent-blumig mit Muskat-Bukett; edelfaule Prädikatsweine bis zu saftig-würzigen Auslesen.

---

1 französische Muskat-Tafeltraube

7.2.13 Bacchus = *(Silvaner × Riesling) × Müller-Thurgau*

Name: nach dem Weingott der Römer.

Züchtung: Bundesforschungsanstalt für Rebenzüchtung Geilweilerhof bei Siebeldingen/Rhpf.; *Züchter:* Professor Dr. B. Husfeld; *Zuchtnummer:* Gf 33-29-133; *Sortenschutz:* 1972.

Merkmale

Blätter: groß, rundlich.

Beeren: nahezu rund, gelbgrün, leicht bukettiert.

Trauben: mittelgroß, dichtbeerig.

Holz: reift gut.

Eigenschaften: anpassungsfähig an Boden und Klima; gedeiht gut in mittleren Lagen und auf nährstoffreichen Böden; benötigt reichlich Feuchtigkeit; für Krankheiten, bes. Stielfäule, und Maifröste anfällig; reift mit Silvaner, späte Ernte liefert gute Qualität.

Anbau: von 760 ha 1974 auf 1157 ha 1975, d. h. um 52,2 %, gestiegen; v. a. in der Pfalz.

Ertrag: sehr hoch (150–200 hl/ha) und gleichmäßig. Im *Mostgewicht* (73–80° Ö) und im *Säuregehalt* (8–9 °/oo) etwas höher als Müller-Thurgau.

Weine: ausgeglichen, fruchtig, extraktreich, mit ausgeprägtem Muskat-Ton und eigenem, neuartigem Bukett, das etwas an Scheurebe und bei reifen Weinen an Riesling erinnert, in geringen Jahren oder bei übermäßig hohen Erträgen (über 140 hl/ha) aufdringlich wirkend; übertrifft in kleinen Riesling-Lagen Weinqualität von Müller-Thurgau.

7.2.14 Perle = *Gewürztraminer × Müller-Thurgau*

Name: ursprünglich »Perle von Alzey«, nach Züchtung in Landesanstalt für Rebenzüchtung in Alzey/Rhh.

Züchtung: heutige Rebsorte ist selektionierter Klon mit geringerer Stielfäule als »Perle von Alzey«, in Bayerischer Landesanstalt Würzburg-Veitshöchheim weiterentwickelt; *Züchter:* Georg Scheu; *Zuchtnummer:* S 39-51; *Sortenschutz:* 1956.

Merkmale

Blätter: mittelgroß, 3- bis 5-lappig, blasig-rauh.

Beeren: mittelgroß, leicht länglich, rötlich, leichter Muskat-Ton.

Trauben: klein, gedrängt dichtbeerig.

Holz: reift gut.

Eigenschaften: Ansprüche an Lage und Untergrund gering, auch auf leichten bis schlechten Böden gedeihend; sehr frostsicher, daher auch für gefährdete Stellen noch geeignet; empfindlich gegen Oidium und Botrytis, daher für tiefgründige feuchte Böden weniger geeignet; reift mittelfrüh.

Anbau: auf 276 ha (1975), v. a. in Franken.

Ertrag: gut, im Mittel 100 hl/ha, aber recht schwankend. *Mostgewicht:* mittel (60–80° Ö), desgleichen *Säuregehalt* (6–7 °/oo).

Weine: mild, blumig, unaufdringlich und aromatisch, würzig; alle Qualitätsstufen.

7.2.15 Regner = *Luglienca bianca* × *Gamay früh*[1)]

Name: nach der langjährigen Mitarbeiterin der Landesanstalt Alzey, Frau Regner.

Züchtung: Landesanstalt für Rebenzüchtung Alzey/Rhh.; *Züchter:* Georg Scheu; *Zuchtnummer:* Az 10378; *Zuchtjahr:* 1929; *Sortenschutz:* 1969 angemeldet.

Merkmale

Blätter: mittelgroß, 3- bis 5-lappig, blasig.

Beeren: mittelgroß, oval, grün, Geschmack mit sehr zartem Muskat-Ton.

Trauben: groß, leicht pyramidenförmig.

Holz: reift mittelgut.

Eigenschaften: bevorzugt gut durchlüftete, mittlere Böden; mittelanfällig für Krankheiten, empfindlich gegen Spätfrost; reift gut.

Anbau: auf 30 ha (1975) im Versuchsanbau in Rheinhessen.

Ertrag: im Mittel 90 hl/ha. *Mostgewicht:* mit 80–85° Ö um rd. 10° Ö höher, *Säuregehalt* mit 8–11 °/oo um rd. 2 °/oo höher als Müller-Thurgau.

Weine: frisch, rassig, intensives Muskat-Bukett, hoher Verschnittwert; feine Spätlesen.

---

[1] Mutter ist weiße Tafeltraube, bekannter unter dem Namen Gelbe Seiden-Traube, Vater französische Rotwein-Traube, die v. a. im Beaujolais angebaut wird

Gruppe IV: Traminer-Art

Typ: Weine mit fein-duftigem bis reich-würzigem Bukett.

7.2.16 Morio-Muskat = *Silvaner × Weißer Burgunder*

Name: nach dem Züchter MORIO und wegen des typischen Muskat-Buketts; 2. Teil des Namens insofern irreführend, als keine Verwandtschaft mit Muskateller-Rebsorten besteht.

Züchtung: Bundesforschungsanstalt für Rebenzüchtung Geilweilerhof bei Siebeldingen/Rhpf.; *Züchter:* PETER MORIO; *Zuchtnummer:* Gf I 28-30; *Sortenschutz:* 1956.

Merkmale (vgl. Tafel 11)

Blätter: mittelgroß, rundlich.

Beeren: groß, länglich bis rundlich, dünnhäutig, leuchtend grün bis gelblich schimmernd; mit intensivem Muskat-Geschmack.

Trauben: mittelgroß, walzenförmig, dichtbeerig.

Holz: reift mittelmäßig.

Eigenschaften: Ansprüche an Lage wie Silvaner und Scheurebe, liebt mittelschwere, tiefgründige, feinerdereiche, wasserhaltige Lößböden; empfindlich gegen Fröste; anfällig für Oidium, Botrytis und sehr anfällig für Fäulnis; reift mittelfrüh.

Anbau: auf 2777 ha (1975), hauptsächlich in Rheinpfalz und Rheinhessen; nach Müller-Thurgau verbreitetste Rebsorte unter den Neuzüchtungen.

Ertrag: sehr hoch (150, in Spitzen bis 200 hl/ha) und ertragssicher. *Mostgewicht:* in Mittellagen über 70° Ö (5–10° Ö niedriger als Silvaner), *Säuregehalt:* mittelhoch, zwischen Silvaner und Scheurebe.

Weine (→auch Tab. 14): sehr bukettreich mit intensivem Muskat-Ton, der keinem der Elternteile eigentümlich ist, kurz im Abgang, aber nur aus sehr reifen, hochgradigen Trauben (über 80° Ö) ansprechend und wuchtig; niedergradigen Weinen fehlt mitunter Ausgeglichenheit der Inhaltsstoffe. Weine werden gern zum Verschnitt, v. a. mit Silvaner, verwandt. Beim Verbraucher beliebte und bekannte Neuzüchtung für Qualitätsweine.

7.2.17 Siegerrebe = *Madeleine angevine × Gewürztraminer*

Name: geht auf spontanen Ausruf von Teilnehmern an Weinprobe aus Sämlingstrauben unmittelbar nach 2. Weltkrieg zurück: »Das ist der Sieger!«

Züchtung: Landesanstalt für Rebenzüchtung Alzey/Rhh.; *Züchter:* GEORG SCHEU; *Zuchtnummer:* Az 7957; *Zuchtjahr:* 1929; *Sortenschutz:* 1958.

Merkmale

Blätter: mittelgroß, 3- bis 5-lappig, blasig.

Beeren: groß, rund, rosa-rötlich wie Traminer.

Trauben: mittelgroß, lockerbeerig.

Holz: reift mittelgut.

Eigenschaften: geringe Ansprüche an Lage; bevorzugt durchlässige, kalkfreie Böden; wenig anfällig für Krankheiten; empfindlich gegen Maifröste und während Blütezeit; in BRD am frühesten reifende Rebsorte, daher starker Ernteausfall durch Wespen und Bienen.

Anbau: auf 195 ha (1975), vorwiegend in Rheinpfalz und Rheinhessen.

Ertrag: niedrig, durchschnittlich nur 40 hl/ha. *Mostgewicht:* hoch (85–100° Ö), über Müller-Thurgau und Silvaner liegend, *Säuregehalt:* gering (6 °/oo).

Weine: traminer-ähnliches, sehr intensives, feines bis aufdringliches Sortenbukett, alkohol- und extraktreich, schöne Ausleseweine; im allg. zum Verschnitt (bis 5 %) bukettarmer Weine verwandt.

7.2.18 Ortega = *Müller-Thurgau × Siegerrebe*

Name: nach dem spanischen Kulturphilosophen José Ortega y Gasset (1883–1955).

Züchtung: Bayerische Landesanstalt Würzburg-Veitshöchheim; *Züchter:* Dr. E. Zimmermann; *Zuchtnummer:* WÜB 48-21-4; *Sortenschutz:* 1971.

Merkmale

Blätter: mittelgroß, 3-lappig.

Beeren: gelb, festhäutig, kräftiger Muskat-Ton.

Trauben: pyramidenförmig, mitteldichtbeerig.

Holz: reift gut.

Eigenschaften: geringe Ansprüche an Lage (wegen Blütenempfindlichkeit aber windgeschützt anzubauen) und Boden; sehr früh reif, dadurch anfällig für Wespenfraß.

Anbau: auf 350 ha (1975), v. a. in Franken; in letzten 2 Jahren mehr als verdoppelt.

Ertrag: schwankend, in zusagenden Lagen 80–100 hl/ha. *Mostgewicht:* hoch (80–100° Ö), bis 20° Ö über Müller-Thurgau, *Säuregehalt:* mittel (6–9 °/oo).

Weine: in kleinen Lagen, Böden und Jahren am ansprechendsten; feinfruchtiges Muskat-Pfirsich-Bukett, duftig, voll, ausgeglichen, langanhaltender Abgang; schöne Ausleseweine; lange lagerfähig.

7.2.19 Schönburger

= *Spätburgunder × (Chasselas rosa*[1] × *Muscat de Hambourg)*

Name: nach dem Urbild markanter rheinischer Wehrburgen, der Schönburg in Oberwesel/Rh.

Züchtung: Hessische Lehr- und Forschungsanstalt Geisenheim/Rhg.; *Zuchtnummer:* Gm 15-114; *Sortenschutz:* angemeldet.

Merkmale

Blätter: mittelgroß, 3- bis 5-lappig.

Beeren: klein, rund, dickschalig, traminer-ähnlich rosa.

Trauben: mittelgroß, mitteldichtbeerig.

Holz: reift zufriedenstellend.

Eigenschaften: bevorzugt gute, warme Lagen und warme, nährstoffreiche Böden; wenig empfindlich gegen Fröste und Krankheiten; reift spät.

Anbau: auf 28 ha (1975) im Versuchsanbau im Rheingau; Beurteilung noch unterschiedlich.

Ertrag: mittel, zwischen Riesling und Traminer. *Mostgewicht:* 15° Ö über Riesling, *Säuregehalt:* oft zu gering, bis 6 ‰ unter Riesling.

Weine: feines, würziges Bukett nach Traminer-Art, fruchtig, mitunter leichter Fremdton. Meist zum Verschnitt verwandt, aber auch interessante höhere Prädikatsweine.

7.2.20 Septimer = *Gewürztraminer × Müller-Thurgau*

Name: entlehnt von lat. = Siebenter, da 7. Neuzüchtung der Landesanstalt für Rebenzüchtung in Alzey (nach Scheurebe, Siegerrebe, Perle, Huxelrebe, Kanzler und Faber).

Züchtung: Landesanstalt für Rebenzüchtung Alzey/Rhh.; *Züchter:* Georg Scheu; *Zuchtnummer:* Az 3952; *Zuchtjahr:* 1927; *Sortenschutz:* 1971.

Merkmale

Blätter: mittelgroß, 3- bis 5-lappig, intensiv grün.

Beeren: klein, rund, dickschalig, rosarot, muskatbetont.

Trauben: klein, leicht pyramidenförmig, lockerbeerig.

Holz: reift gering.

---
[1] italienischer Gutedel

Eigenschaften: bevorzugt warme Lagen und lehmige Böden; anfällig für Krankheiten, empfindlich gegen Fröste; frühreifend.

Anbau: auf 19 ha (1975) im Versuchsanbau in Rheinhessen.

Ertrag: 60–70 hl/ha, jedoch recht schwankend; Mostausbeute gering. *Mostgewicht:* optimal bei 90° Ö, 10–15° Ö höher als Müller-Thurgau, *Säuregehalt:* gering (4–6 ‰), etwa 3 ‰ niedriger als Müller-Thurgau.

Weine: mild, weich, kräftig, Bukett traminer-artig, mitunter leichter Scheurebe-Ton; meist Prädikatsweine, aber auch zum Verschnitt verwandt.

7.2.21 Würzer = *Gewürztraminer × Müller-Thurgau*

Name: weist auf würzige Weinart hin.

Züchtung: Landesanstalt für Rebenzüchtung Alzey/Rhh.; *Züchter:* GEORG SCHEU; *Zuchtnummer:* Az 10487; *Zuchtjahr:* 1932; *Sortenschutz:* 1969 angemeldet.

Merkmale

Blätter: mittelgroß, 3- bis 5-lappig.

Beeren: rund, dünnschalig, grüngelb.

Trauben: groß, länglich, lockerbeerig.

Holz: reift mittelgut.

Eigenschaften: mittlere Ansprüche an Lage, bevorzugt Lößlehmböden; mittlere Empfindlichkeit gegen Maifröste und Anfälligkeit für Krankheiten; reift mittelfrüh.

Anbau: auf 25 ha (1975) im Versuchsanbau in Rheinhessen.

Ertrag: gut (80–100 hl/ha). *Mostgewicht:* mit 80–85° Ö 5–10° Ö über Müller-Thurgau, *Säuregehalt:* mit 8–11 ‰ etwa 2 ‰ höher als Müller-Thurgau.

Weine: frisch, rassig, feines, intensives Muskat-Bukett; Prädikatsweine, aber auch häufig zum Verschnitt verwandt.

7.3 Blaue Rebsorten und ihre Rotweine

Blaue und rote Rebsorten beanspruchen wärmeres Klima als helle. *Anteil der Farbtrauben* in der BRD macht daher nur 12 % des Gesamtanbaus aus (dagegen ihr Anteil in den klimatisch günstiger liegenden Weinländern Frankreich 69 % und Italien 52 %). Ahrtal, einziges geschlossenes deutsches Rotwein-Gebiet, führt mit 54 %, gefolgt von Württemberg mit 49 %, Baden mit 22 % und der Rheinpfalz mit 12 % ihrer jeweiligen Anbaufläche.

Edelste der in der BRD angebauten blauen Trauben ist der *Blaue Spätburgunder* mit 4 % der gesamten bundesdeutschen Anbaufläche (berühmtester deutscher Rotwein noch immer *»Aßmannshäuser Spätburgunder«*), Anteil des *Blauen Portugiesers* 5 %, des *Blauen Trollingers* 2 %, des *Blauen Limbergers* und der *Müllerrebe* je 1 %.

Bekannte Rotweine aus *Baden* (Meersburg, Oberrotweil, Ihringen, Durbach, Waldulm, Kappelrodeck, Sasbachwalden), *Württemberg* (Mundelsheim, Lauffen, Haberschlacht, Weinsberg, Heilbronn), *Pfalz* (Bad Dürkheim, Ungstein), *Rheinhessen* (Ingelheim, Bingen), *Rheingau* (Aßmannshausen, mit 39 ha größtes Rotwein-Gut in der BRD), *Ahr-Gebiet* (Neuenahr, Walporzheim, Mayschoß, Marienthal).

Deutsche Rotweine stellen mit zartem, samtigem, edelfruchtigem, feinherbem Geruch und Geschmack nach Brombeeren und Bittermandeln eine *Besonderheit* unter den zahlreichen Rotwein-Sorten der Welt dar.

Unterschied gegenüber Weißweinen v. a. durch höheren Gerbstoff-(Tannin-) Gehalt (→5.2.3) sowie rote und blaue Farbstoffe; diese gehören zur weitverbreiteten Gruppe der Anthocyane und sind in Zellen der Beerenhaut lokalisiert. *Ausnahmen:* Färber-Traube (Teinturier) und ihre Kreuzungen Deckrot und Kolor, bei ihnen auch im Zellsaft enthalten. Als wesentliches Qualitätsmerkmal der Rotweine müssen Farbstoffe bei Lese, Kelterung und Vergärung auf Maische (→5.2.3) möglichst unverändert und verlustfrei für den Wein erhalten bleiben.

Rote Farbstoffe: feurig-, granat-, rubin- und dunkelrot, besitzen Blauer Spätburgunder, Portugieser, Trollinger und Müllerrebe (Schwarzriesling);

blaue Farbstoffe: Limberger (Blaufränkisch), Gamay, Cabernet-Sorten und Merlot.

7.3.1 Blauer Spätburgunder

Abstammung: vermutlich von *allobrogischer Rebe* (→1.2) aus Landschaft um Vienne (Rhône-Tal), schon 881 von Nachfolger KARLS D. GR. nach Bodman am Bodensee in die karolingische Pfalz gebracht, 1318 urkundlich im Kloster Salem und 1330 in Affental (von Ave-Tal) in badischer Ortenau belegt.

Blauer Spätburgunder gehört zu wertvollsten Burgunder-Rebsorten, ist sicherlich Stammform von mehr als 20 bekannten Pinot-Sorten, u. a. *Ruländer (Pinot gris), Weißer Burgunder (Pinot blanc), Pinot Chardonnay, Auxerrois, Müllerrebe (Schwarzriesling* oder *Pinot meunier), Samtrot, Saint Laurent* und *Blauer Frühburgunder.*

Name: von Herkunft aus Burgund, wo schon im 4. Jh. Anbau nachweisbar, und relativ später Reife gegenüber Frühburgunder.

Synonyme: Klebrot; in der Schweiz *Clävner* und *Klevner;* in Frankreich *Pinot noir.*

Merkmale (vgl. Tafel 12)

Blätter: mittelgroß, rund, auf Oberseite leicht wollig und blasig, 3- bis 5-lappig, rauh, blaugrün; *Herbstfärbung:* typisch rot.

Beeren: klein, rund, dunkelblau bis tiefviolett, reichlich beduftet, dünnhäutig; Fleisch weich, sehr saftig und charakteristisch süß.

Trauben: klein, gedrungen, dichtbeerig.

Holz: graubraun, dunkelgestreift, gefleckt, kräftig.

Böden und Lagen: liebt warme, tiefgründige, nahrhafte, kalkhaltige Böden mit ausreichender Feuchtigkeit, geringe Niederschläge; bevorzugt flache Lagen; empfindlich gegen Maifröste.

Krankheiten: wenig empfindlich; anfällig für Fäulnis im nassen Herbst.

Reife: mittelspät.

Anbau: in BRD auf 3086 ha (1975); entwickelt beste Eigenschaften, wie Weißer Riesling (→7.1.1), in nördlicher Anbauzone: fast 90 % in Baden und Württemberg, daneben v. a. an der Ahr.

Außerhalb BRD: kostbare Spätburgunder in der Champagne und nördlichem Burgund (Côte d'Or); auch sonst weit verbreitet: Balkan, UdSSR, Italien, N- und S-Afrika, N- und S-Amerika, Australien.

Ertrag: mittel bis gut; von alten, nicht selektionierten Beständen durch starke Degeneration nur 40–50 hl/ha, durch moderne Klonen-Zucht von STUBER und RITTER Ertrag bis auf etwa 100 hl/ha gesteigert. *Mostgewicht:* 80–100° Ö, *Säuregehalt:* 6–8 ‰.

Weine (→auch Tab. 14): **rubinfarbene Spätburgunder sind edelste Rotweine der Welt. Bauen sich langsam aus: in der Jugend rauh und herb; mit wachsen**der Faßreife (2-3jährige Lagerung) allmählich weicher; mit 4 Jahren trinkfertig; auf dem Höhepunkt (bei Normallesen etwa nach 6–8jähriger Lagerzeit) von leuchtender Klarheit und Reinheit, von köstlichem, feinem, fruchtig-erdigem Aroma und weichem, vollem, charmantem Bukett nach Brombeeren und Bittermandeln; auf der Zunge sanft, warm und gehaltvoll; hinterlassen angenehmen Abgang mit feiner Herbe. An Kraft und Fülle von keinem anderen Rotwein erreicht. Deutsche Spätburgunder ärmer an Gerbstoff, daher oft milder und samtiger als französische.

In Flasche *lange haltbar.*

Spätburgunder Weißherbst: aus Blauer Spätburgunder-Traube gekeltert, jedoch nicht, wie bei Rotwein-Kelterung (→5.2.3), mit farbträchtigen, gerbstoffhaltigen Beerenschalen vergoren, sondern Maische bald abgepreßt. Wird oft hergestellt, wenn Botrytis-Befall roten Farbstoff in Beerenhaut geschädigt hat.

Der helle Wein schimmert pfirsichfarben bis altgold und hellrötlich, ist herzhaft frisch, gerbstoffarm, elegant, kräftig; v. a. badische Spezialität und immer mindestens Qualitätswein (Q.b.A.).

Rot-Weiß: Nach altem Verfahren, nach dem in der Champagne aus Blauen Burgunder-Trauben die großen weißen Weine gewonnen werden, wird vereinzelt im Rheingau als Spezialität dieser rassige, bukettreiche, goldfarbene Weißwein mit wuchtiger Säure gekeltert.

7.3.2 Blauer Frühburgunder

Abstammung: *Mutation* des *Blauen Spätburgunders.*

Name: nimmt Bezug auf die gegenüber Spätburgunder frühere Reife.

Synonym: Clevner.

Anbau: auf 50 ha (1975).

Ertrag: geringer und unsicherer als bei Spätburgunder.

Weine: hellrot, leicht und süffig, Qualität des Spätburgunders nicht erreichend.

7.3.3 Müllerrebe

Abstammung: *Mutation* aus *Blauem Spätburgunder,* schon vor 4 Jahrhunderten in Burgund nachgewiesen.

Name: Müller, wegen der wie mit Mehl bestäubten, auffällig dichtfilzigen, weißwolligen Triebspitzen.

Synonyme: Schwarzriesling; in Frankreich *Pinot meunier* (frz. = Müller). Bezeichnung Schwarz*riesling* entstand aus Ähnlichkeit mit Riesling in Traubenform und Reifeverlauf, ist aber irreführend, da keine Verwandtschaft vorliegt; echtes Mitglied der Burgunder-Familie.

Merkmale

Blätter: mittelgroß, 5-lappig, rauh, unterseits weißwollig.

Beeren: länglich, schwarzblau.

Trauben: mittelgroß, dichtbeerig.

Holz: reift gut, daher recht winterfest.

Böden und Lagen: hat geringere Ansprüche als Blauer Spätburgunder; sehr winterfrostfest; insgesamt unkomplizierte Rebsorte.

Krankheiten: Anfälligkeit im ganzen gering, aber leicht zu Traubenfäule neigend.

Reife: mittelspät.

Anbau: auf 903 ha (1975) in Württemberg und N-Baden; größere Ausdehnung in BRD unwahrscheinlich, voraussichtlich Ablösung von leistungsfähigeren Kreuzungen aus blauen Rebsorten (→7.5).

Außerhalb BRD Anbau in Heimat der Rebe Frankreich (Champagne, Loire, Elsaß) sowie in Österreich (Steiermark) und Jugoslawien.

Ertrag: mittelhoch (60–80 hl/ha). *Mostgewicht:* 80° Ö, *Säuregehalt:* 6–8 ‰, also etwa Blauem Spätburgunder entsprechend.

Weine: farbkräftig, körperreich, von mittlerer bis guter Qualität; erreichen Blauen Spätburgunder meist nicht, liegen in Säure etwas niedriger; gern zum Verschnitt mit Trollinger verwendet.

7.3.4 Samtrot

Abstammung: *Mutation* der *Müllerrebe;* entdeckt vom Klonenzüchter SCHNEIDER, Heilbronn, und selektiert von AUGUST HEROLD, Weinsberg.

Name: von dunkler Farbe und samtiger Art.

Anbau: auf 41 ha (1975), beschränkt auf Württemberg.

Ertrag: größer (80–100 hl/ha) als Müllerrebe. *Mostgewicht:* um etwa 10° Ö höher als Müllerrebe, etwa Blauem Spätburgunder entsprechend, *Säuregehalt:* 6–8 ‰.

Weine: rubin- bis dunkelrot, fein, zart, samtig; von schöner Burgunder-Art, aber ohne feurige Fülle des Spätburgunders; im Abgang etwas kernig-frisch; im mittleren Neckar- und Bottwar-Tal elegante Spätlesen und Ausleseweine.

7.3.5 Blauer Portugieser

Herkunft: vermutlich aus Ungarn/Niederösterreich, wo er seit Jahrhunderten im Anbau steht; von dort 1860 in die Pfalz (Bad Dürkheim) gekommen.

Name: Ursprung nicht bekannt; Rebsorte in Portugal unbekannt.

Synonym: in Österreich *Vöslauer.*

Merkmale (vgl. Tafel 13)

Blätter: ungleich groß, kahl, 3- bis 5-lappig, glattglänzend, tiefgrün, rotwolkig; *Herbstfärbung:* rot.

Beeren: groß, rund bis leicht oval, schwarzblau, pflaumen-beduftet, zartfleischig, angenehm süß; reichtragend.

Trauben: groß, dichtbeerig.

Holz: fein gestreift, dunkel punktierte Rinde, kräftig; massenwüchsig.

Böden und Lagen: anspruchslos; bevorzugt tiefgründige, lockere, trockene Böden und obere Lagen; empfindlich gegen Frost.

Krankheiten: anfällig gegenüber meisten Schädlingen.

Reife: sehr früh, eröffnet Lese.

Anbau: in BRD auf 4 062 ha (1975), v. a. an der Ahr (25 %), ferner in Rheinpfalz (11 %), Württemberg (6 %) und Rheinhessen (4 %).

Außerhalb BRD sehr schöne Portugieser-Weine (Vöslauer) aus Anbaugebiet Niederösterreich um Bad Vöslau und Baden

Ertrag: sicher und hoch (130–160 hl/ha). *Mostgewicht:* 60–80° Ö, *Säuregehalt:* mittel (6–8 ‰).

Weine (→auch Tab. 14): hellrot, mild, fast neutral, bukettarm; früh reif und schnell alternd; beliebter Verschnittwein für farblichte Rotweine, angenehmer Schoppenwein, billigster Rotwein; in guten Jahren farbtiefe Weine mit leichtem Burgunder-Ton.

7.3.6 Blauer Trollinger

Herkunft: Römer fanden ihn in Tirol vor, brachten ihn über die Alpen an den Rhein; seit Anfang 18. Jhs. in Württemberg angebaut, in BRD heute im wesentlichen auf dieses Gebiet beschränkt.

Name: verrät Herkunft aus Tirol.

Synonyme: Tirolinger; in Italien (Südtirol) *Groß-Vernatsch.*

Merkmale (vgl. Tafel 14)

Blätter: sehr groß, unregelmäßig geformt, 3- bis 5-lappig.

Beeren: sehr groß, stark beduftet, dickhäutig, rot- bis tiefblau, Fleisch prall, würzig süß.

Trauben: sehr groß, bis 2 kg schwer, oval bis rund, lockerbeerig, reichtragend; wegen praller Üppigkeit im Volksmund früher »Hammelhoden« genannt. – *Besonderheit:* nicht nur gute Keltertraube, sondern auch hervorragende Tafeltraube: *Meraner Kurtraube* und *Brüsseler Treibhaustraube,* in Belgien, den Niederlanden und in Großbritannien als Gewächshaustraube unter dem Namen *Black Hamburg* bekannt.

Holz: hellbraun, dunkelgestreifte Rinde; sehr kräftiger, fast baumartiger Wuchs.

Böden und Lagen: anspruchsvoll hinsichtlich Lage, liebt tiefgründige, sehr warme, steinige Muschelkalk- und Keuperböden und geschützte S-Lagen, reift nur dort voll aus. Empfindlich gegen Fröste und Trockenheit.

Krankheiten: anfällig für Traubenfäule und Pilzkrankheiten.

Reife: sehr spät.

Tab. 14: Charakteristik deutscher Weinsorten
(nach S. WEISS)

Rebsorte	Alkohol	Säure	Extraktstoffe (zuckerfrei)	Bukett	Bemerkungen
Weißer Riesling	mittel bis viel	kräftig	viel	vornehm	bei Mosel-Rieslingen weniger Alkohol, bei Rheinhessen- und Rheinpfalz-Rieslingen weniger Säure
Grüner Silvaner	mittel bis viel	mittel	viel	mittel	
Müller-Thurgau	mittel	mäßig	mittel	kräftig	
Scheurebe	mittel	kräftig	viel	leicht aufdringlich	
Freisamer	viel	mittel	viel	mittel	
Morio-Muskat	mittel	mäßig	mäßig	kräftig	
Weißer Gutedel	mäßig	gering	mäßig	zart	für Rekonvaleszenten
Roter Traminer	viel	mild	viel	kräftig	
Ruländer	sehr viel	mild	viel	mittel	für Kranke oft zu alkoholreich
Weißer Burgunder	viel	gering	viel	mittel	
Weißer Elbling	wenig	kräftig	wenig	schwach	
Blauer Spätburgunder	viel bis sehr viel	mittel	viel	mittel	viel Mineralien
Blauer Portugieser	mittel	mittel	wenig	schwach	
Blauer Trollinger	wenig	mäßig	wenig	mäßig	
Blauer Limberger	mittel bis viel	mittel	viel	mittel	anregend, belebend, Krankenwein

Anbau: in BRD auf 1 866 ha (1975) in Württemberg, dort mit 21 % an 2. Stelle im Rebsatz.

Außerhalb BRD v. a. in Südtirol, häufigste (»Kalterer See«) und ergiebigste Traubensorte Oberitaliens.

Ertrag: sehr fruchtbar (100–140 hl/ha). *Mostgewicht:* durchschnittlich 70° Ö, *Säuregehalt:* 7–10 ‰.

Weine (→auch Tab. 14): kernigster unter deutschen Rotweinen, frisch, leicht, pikant, herzhaft, blumig, mittel-hellrot, zartes Muskat-Aroma, wohlbekömmlich wie Limberger. Im allg. von höchstens mittlerer Qualität; angenehmer Tischwein, der gemütlich stimmt. In guten Jahren rassig und elegant, dunkelrot; Spätlesen guter Jahre um Stuttgart mit Cannstatt, Heilbronn, Brackenheim, Mundelsheim wetteifern mit dem edleren Spätburgunder.

Lange haltbar, erst nach 6 Jahren voll entwickelt.

7.3.7 Muskat-Trollinger

Abstammung: wahrscheinlich *Mutation* des *Trollingers* oder *Naturkreuzung* zwischen *Trollinger* und *Muskateller.*

Anbau: geringfügig um Heilbronn und im Bottwar-Tal.

Weine: hellrot, mit Trollinger-Charakter, sehr zarter, feiner Muskat-Würze und elegantem Muskateller-Duft; genießen weithin großen Ruf.

7.3.8 Blauer Limberger

Herkunft: wahrscheinlich aus den Donauländern; tauchte erst Mitte 19. Jhs. etwa gleichzeitig in Österreich, SW-Deutschland und im Elsaß auf.

Name: von vermutlicher Herkunft aus Lemberg/Kroatien.

Synonyme: Lemberger; in Österreich *Blaufränkisch,* in Ungarn *Kékfrankos,* in Jugoslawien *Frankovka, Moravk.*

Merkmale (vgl. Tafel 15)

Blätter: groß, unregelmäßig gezähnt, schwach 3-lappig, wollig, mittelgrün, bräunlich gefleckt; *Herbstfärbung:* rötlich.

Beeren: klein, rund bis gestreckt, rot- bis schwarzblau bereift, dickhäutig; angenehm schmeckender, süßherber Saft.

Trauben: groß, gestreckt, an Spitze leicht abgebogen, lockerbeerig; sehr ertragreich.

Holz: stark, graubraun, rötlich gestreift; kräftigwüchsig.

Böden und Lagen: bevorzugt fruchtbare, tiefgründige Kalkböden und windgeschützte, warme S-Lagen.

Krankheiten: empfindlich während Blüte, verrieselt leicht, mäßig winterhart, anfällig für Pilzkrankheiten.

Reife: mittelspät.

Anbau: auf 376 ha (1975) in Württemberg (5 %).

Hauptverbreitung und beste Limberger (Blaufränkisch) in Österreich (etwa 1800 ha, v. a. an Abhängen des Leithagebirges) sowie in Ungarn und Kroatien.

Ertrag: 70–80 hl/ha. *Mostgewicht:* 70–80° Ö, *Säuregehalt:* 7–8 ‰.

Weine (→auch Tab. 14): charaktervoll, fruchtig, körperhaft, frisch, kernig bis feurig, würzig, gut dunkelrot gefärbt, violett schimmernd; spätburgunder-ähnliches Bukett. Mildem, etwas fadem Portugieser überlegen, gern mit ihm verschnitten; erreicht reinsortig eigentliche Größe. Durch seine aufgrund des Gerbstoffgehaltes feine und fruchtige Herbe von größerer Haltbarkeit als Trollinger, dem er zugesetzt in geringeren Jahren Farbe und Rundung verleiht. Entwickelt auf Flasche dezentes Lagerbukett. Wirkt im Gegensatz zu meisten anderen Rotweinen anregend, beschwingend. Beliebter Rekonvaleszenten-Wein. – 1–2jährig schon gut zu trinken, zur optimalen Reife 4–6 Jahre Lager auf Flasche. Auf der Höhe *lange haltbar,* nur langsam abbauend.

7.4 Kreuzungen (Neuzüchtungen) aus blauen Rebsorten und ihre Rotweine

Zahl der Kreuzungen aus blauen Rebsorten v. a. in BRD weit geringer als die aus hellen Rebsorten; praktische Bedeutung bislang klein und nur lokal. – *Erwähnenswert* sind die nachfolgend beschriebenen.

7.4.1 Heroldrebe = *Portugieser × Limberger*

Name: nach dem Züchter.

Züchtung: August Herold, Weinsberg; *Sortenschutz:* 1960.

Reife: spät.

Anbau: auf 165 ha (1975), v. a. in Württemberg, neuerdings auch in Rheinpfalz als Portugieser-Nachfolger.

Ertrag: sehr hoch (130–150 hl/ha).

Weine: leicht, rassig, gerbstoffbetont; mitunter nicht voll befriedigend, jedoch Portugieser überlegen.

7.4.2 Helfensteiner = *Blauer Frühburgunder × Trollinger*

Name: nach ehemaliger Burg bei Geislingen a. d. Steige.

Züchtung: August Herold, Weinsberg; *Sortenschutz:* 1960.

Reife: früh.

Anbau: auf 81 ha (1975) ausschließlich in Württemberg.

Ertrag: wegen Verrieselung schwankend.

Weine: gefällig, neutral, von mittlerer Güte.

In Staatlicher Weinbaudomäne Marienthal/Ahr laufen z. Z. Erprobungen mit 90 neuen Rotwein-Sorten. Als erfolgreich erweisen sich **Rotberger** = *Trollinger* × *Riesling* und **Domina** = *Portugieser* × *Blauer Spätburgunder.*

Da es deutschen Rotweinen, z. B. Trollinger, oft an Farbstoff mangelt und Deckweine aus südlichen Ländern ab 1979 nicht mehr verwendet werden dürfen, ist man seit längerem um Züchtung bes. *farbkräftiger* blauer Rebsorten bemüht, ohne bis jetzt voll befriedigende Kreuzungen mit selbständigen Weinen erzielt zu haben. Genannt seien 2 Kreuzungen, die als väterliches Erbteil *roten Farbstoff auch im Zellsaft* besitzen, so daß bereits Most tiefrot aus der Kelter läuft: *Deckrot* und *Kolor.*

7.4.3 Deckrot = *Ruländer* × *Färber-Traube*[1)]

Name: nach der Verwendung als roter Deckwein.

Züchtung: Dr. J. ZIMMERMANN, Freiburg/Brsg.; *Zuchtjahr:* 1938; *Sortenschutz: 1971.*

Eigenschaften: in Standortansprüchen und Reife wie Blauer Spätburgunder.

Anbau: auf 10 ha (1975) in Versuchsparzellen.

Ertrag: bis 100 hl/ha. *Mostgewicht:* mittel (70° Ö), *Säuregehalt:* hoch (17 ‰).

Weine: kein selbständiger Rotwein, aber da von großer Farbintensität (wesentlich höher als bei südspanischen Alicante-Weinen), sehr guter Deckwein (bis 5 % Zusatz ausreichend).

7.4.4 Kolor = *Blauer Spätburgunder* × *Färber-Traube*

Name: nach der Verwendung als Farbgeber (color = lat. Farbe).

Züchtung: Dr. J. ZIMMERMANN, Freiburg/Brsg.; *Zuchtjahr:* 1938; *Sortenschutz:* 1974.

Anbau: in einigen kleinen Versuchsparzellen.

Ertrag: niedriger als bei Deckrot.

Weine: entsprechen Weinen aus Deckrot.

*

Versuche in Marienthal/Ahr mit 2 weiteren Farbtrauben – **Dornfelder** = *Helfensteiner* × *Heroldrebe* und **Dunkelfelder** = *Färber-Traube IV/4 (4)* × *Frölich* (Herkunft unbekannt) – versprechen bessere Ergebnisse als mit vorstehend Genannten.

---

1 *Färber-Traube* (auch *Farb-Traube*): alte, aus Frankreich stammende Rebsorte *(Teinturier)* mit geringem Ertrag, hohem Säuregehalt und viel Farbstoff; hoher Farbstoff- und Säuregehalt machen Wein rauh. – Farbstoffe des Ruländers stammen ausschließlich aus graublau bis rötlich gefärbten Beeren*häuten.*

7.5 Kreuzungen im Erprobungsstadium

Einen Überblick über *weitere Neuzüchtungen* (geschützte, unter 10 ha angebaute; zur Eintragung in Sortenliste angemeldete; zum Sortenschutz angemeldete; erprobt werdende) gibt Tab. 15.

Tab. 15: Kreuzungen im Erprobungsstadium

Sortenname oder vorgeschl. **-Bez.**	**Kreuzung** (Mutter × Vater)	**Beeren-farbe**	**Züchtungsinstitut bzw. Züchter**
Albalonga	Rieslaner × Riesling	hell	Würzburg
Aris	Oberlin 716 (= Riparia × Gamay) × Riesling Klon 91	hell	Geilweilerhof
Arnsburger	Riesling Klon 88 × Riesling Klon 64	hell	Geisenheim
Augusta Luise	Zypern-Traube × Siegerrebe	hell	Würzburg
Carmina	Portugieser × Blauer Spätburgunder	blau	Geilweilerhof
Cantaro	(Rieslaner × Silvaner) × Müller-Thurgau	hell	Würzburg
Comtessa	(Madeleine angevine × Traminer) F_2	hell	Geilweilerhof
Dalkauer	Riesling × Veltliner	hell	DALKOWSKI, Bad Kreuznach
Diana	Silvaner × Müller-Thurgau	hell	Geilweilerhof
Domina	Portugieser × Blauer Spätburgunder	blau	Geilweilerhof
Dornfelder	Helfensteiner × Heroldrebe	blau	Weinsberg
Dunkelfelder	Färber-Traube IV/4(4) × Frölich	blau	Geisenheim
Edelsteiner	Smederevka × Bouvier	hell	WEISS, Müllheim
Fontanara	Rieslaner × Müller-Thurgau	hell	Würzburg
Forta	(Madeleine angevine × Silvaner) F_2	hell	Geilweilerhof
Gloria	Silvaner × Müller-Thurgau	hell	Geilweilerhof
Grando	(Riesling × Silvaner) × Müller-Thurgau	hell	Würzburg
Gutenborner	Müller-Thurgau × Chasselas Napoleon	hell	Geisenheim
Hölder	Riesling × Ruländer	hell	Weinsberg
Jubiläumsrebe	Portugieser × Limberger	rosa	Klosterneuburg
Juwel	Silvaner-Mutation	hell	LERSCH, Langenlonsheim
Montagna	Rieslaner × Müller-Thurgau	hell	Würzburg
Multaner	Riesling × Silvaner	hell	Geisenheim
Muscabona	Siegerrebe × Müller-Thurgau	hell	Würzburg
Noblessa	Madeleine angevine × Silvaner	hell	Geilweilerhof
Oraniensteiner	Riesling × Silvaner	hell	Geisenheim
Osiris	Riesling × Rieslaner	hell	Würzburg
Osteiner	Riesling × Silvaner	hell	Geisenheim
Rabaner	Riesling Klon 88 × Riesling Klon 64	hell	Geisenheim
Rotberger	Trollinger × Riesling	blau	Geisenheim
Ruling	Ruländer × Riesling	hell	Weinsberg
Siegfriedrebe	Riesling × V I 5861 (Selbstung aus Oberlin 595-F_2)	hell	Geilweilerhof
Sisi	Silvaner × Siegerrebe	hell	Würzburg
Sulmer	Limberger × Schwarzer Elbling	blau	Weinsberg
Tamara	Müller-Thurgau × Siegerrebe	hell	Würzburg
Thurling	Müller-Thurgau × Riesling	hell	Alzey
Witberger	Trollinger × Riesling	hell	Geisenheim
Zähringer	Traminer × Riesling	hell	Freiburg/Brsg.

8 ANBAUGEBIETE IN DER BUNDESREPUBLIK DEUTSCHLAND

Neues Deutsches Weingesetz von 1971 teilt Weinbaugebiete der BRD ein in:

11 »Bestimmte Anbaugebiete« mit 31 »Bereichen«

(→auch Tab. 5, Karte 2, Kap. 6.2.3).

8.1 Rebanbau, Weinertrag und Weinwirtschaft

8.1.1 Rebanbau

Anfänge des Weinanbaus in Deutschland gehen auf *Griechen* und *Römer* zurück. *Kirche und Klöster* übernahmen ihre Hinterlassenschaft und entwickelten Rebkultur zu hoher Blüte (→1.2 und 3.1).

Im 15. bis 16. Jh. betrug Rebfläche in Deutschland 350 000 ha. Weinanbau reichte über Elbe nach N und über Oder nach O hinaus. In Niederbayern, Schlesien, Thüringen, Sachsen, Brandenburg und den Ostsee-Provinzen wurden Reben gepflanzt und Trauben gekeltert. Klimaveränderungen, Aufhebung der Klöster nach der Reformation, Mißernten, Verheerungen des 30-jährigen Krieges ließen Rebanbau in der Ebene, in nördlichen und östlichen Rebgebieten gänzlich verschwinden; Brot war wichtiger als Wein (→1.2).

Der in ungeeigneten Klimaten angebaute, oft saure und herbe Wein wurde im Mittelalter stark gesüßt, gewürzt und als heißes Getränk genossen (→1.4). Für Abgabe des Zehntweins baute man massenwüchsige Rebsorten an. Mit Aufblühen der Hanse wurden milde, alkoholreiche Weine aus Mittelmeer-Ländern eingeführt, Weinanbau in Deutschland zog sich auf optimales Klimazentrum am Rhein und seinen Nebenflüssen zurück.

Mit Beginn des 18. Jhs. setzten Pflege und Qualitätsverbesserung ein, die heutigen Ansprüchen näherkamen.

Mengenmäßig spielt Deutschland heute als Weinbauland unter den großen Weinbauländern keine bedeutende Rolle. In der EWG erzeugen Frankreich und Italien 95 % der Weine, die BRD etwa 5 % auf 3 % der Anbaufläche; dabei haben sie bei etwa halben Hektarerträgen hohe Erzeugungsreserven, während Ernten in der BRD nahezu Obergrenze erreicht haben.

Deutscher Wein ist aber *Besonderheit* unter den Weinen der Erde. Weltweites Ansehen des deutschen Weins beruht auf *Qualität,* großem Spiel, Ausgewogenheit von eleganter Säure und fruchtiger Natursüße sowie typischen *Spezialitäten.* Nur dadurch sowie durch Rationalisierung und Mechanisierung seiner Betriebe kann deutscher Weinbau gegenüber billiger liefernden südlichen und neuerdings südöstlichen Anbauländern bestehen.

In den 11 bundesdeutschen Anbaugebieten waren im Jahre 1975

als Rebflächen ausgewiesen	99 000 ha[1],
mit Reben bestockt	89 000 ha,
im Ertrag stehende Rebflächen	85 000 ha.

Ausdehnung der Rebflächen ist durch Weinwirtschaftsgesetz von 1961 Grenze gesetzt; jede neue Rebenpflanzung bedarf behördlicher Genehmigung; ab 1. Dezember 1976 – vorerst für 2 Jahre – Anbaustopp im EWG-Bereich.

8.1.2 Weinertrag

Deutsche Weinernte beträgt gegenwärtig (1968–1975) durchschnittlich 7,5 bis 9 Mill. hl/J bzw. 104 hl/ha (1900 nur 20 hl/ha, 1950 etwa 40 hl/ha), 1973 Rekordernte mit 10,8 Mill. hl bzw. 133 hl/ha.

Weinmosternte 1975 betrug 9,2 Mill. hl bzw. 109 hl/ha, davon entfielen 88 % auf Weißmost und 12 % auf Rotmost und Most aus gemischten Beständen; durchschnittliches Mostgewicht lag bei 75° Ö (vom letzten Halbjahrzehnt nur 1971 mit 83° Ö höher), durchschnittlicher Säuregehalt bei 9 ‰. Von den Weinen des Jahrgangs entfielen auf Tafelweine 2 %, auf Qualitätsweine b. A. 44 %, auf Prädikatsweine 54 %.

Hektarerträge haben sich im letzten Jahrhundert mehr als verfünffacht. Erfolge verteilen sich schätzungsweise zu 1/2 auf Züchtung (→4), 1/4 auf Schädlingsbekämpfung (→3.2.4) und 1/4 auf moderne Bodenbearbeitung und Dün-

Tab. 16: Hektarerträge der wichtigsten Rebsorten in der BRD
(in hl/ha)

Rebsorte	1973	1974	1975
Riesling	126	75	107
Silvaner	125	77	112
Müller-Thurgau	142	99	114
Gutedel	115	24	94
Gewürztraminer	84	22	55
Ruländer	110	77	83
Weißer Burgunder	112	47	82
Blauer Spätburgunder	112	51	74
Blauer Portugieser	153	105	133
Blauer Trollinger	145	48	89
Blauer Limberger	134	66	108
Durchschnitt	133	82	109

[1] das entspricht nur etwa 0,75 % der landwirtschaftlich genutzten Gesamtfläche der BRD

gung (→3.2). Auch noch in letzten 1 1/2 Jahrzehnten sehr große Steigerung der durchschnittlichen Flächenerträge, mitbestimmt durch technische Fortschritte: 1958–1975 von 65 hl/ha auf 104 hl/ha.

Hektarerträge der einzelnen Rebsorten schwanken jedoch in überdurchschnittlichen und unterdurchschnittlichen Erntejahren gewaltig (→Tab. 16).

Weinverbrauch in Deutschland seit Jahrhundertwende verdeutlicht überzeugend stürmische Entwicklung im Weinbereich. *Pro-Kopf-Verbrauch* ist kontinuierlich zwischen 1900 und 1973 von 3,7 l/J auf 21,5 l/J gestiegen, im Rezessionsjahr 1974 auf 20,4 l leicht gefallen (wobei Verzehr von Inlandwein noch um 0,7 l zugenommen hat) und 1975 zu Lasten ausländischer Weine wieder weiter auf 23,3 l gestiegen. Verbrauch seit 1950 mehr als vervierfacht; deutscher Wein dabei mit 12,8 l enthalten.

Bedarf in den einzelnen Bundesländern recht unterschiedlich. 2/3 des Weins werden südl. der Main-Linie getrunken; »große Zecher« wohnen in Baden-Württemberg, dort werden durchschnittlich 40 l/Kopf/J »geschlotzt«, in N-Deutschland und Bayern zwischen 15 und 23 l/J, in Nordrhein-Westfalen – Land mit dem geringsten Weinverbrauch in der BRD – nur 12 l/Kopf/J.

Tab. 17: Deutscher Pro-Kopf-Weinverbrauch
(in l)

Deutsches Reich	1900	3,7
	1936	6,6
BRD	1950	5,0
	1956	11,5
	1969	17,1
	1973	21,5
	1974	20,4
	1975	23,3
DDR	1955	1,7
	1971	5,1
	1974	6,6

Mengenmäßig kann sich Weinkonsum in der BRD nicht mit dem in großen Weinbauländern (→9.1; 1974 in Italien 111 l/Kopf, in Frankreich 103 l/Kopf) messen. Bundesbürger trinken jedoch sehr viel (schätzungsweise 14 l/Kopf/J) *Qualitäts*wein, Franzose dagegen nur 10–12 l und Italiener noch bedeutend weniger; in Frankreich und noch stärker in Italien wird erheblich mehr roter Tafelwein, in Deutschland mehr weißer Qualitätswein getrunken.

Wein hat sich in der BRD in breiten Verbraucherschichten festen Platz unter Getränken des gehobenen Bedarfs geschaffen. Vom deutschen Weinverzehr entfallen 3/4 auf weiße und 1/4 auf rote Weine, vom Pro-Kopf-Verbrauch von

23,2 l (1975) 3 l auf Schaumwein. Mehr als 100 Sektkellereien vermarkteten 1974 195 Mill. Flaschen Sekt, etwa 60 Weinbrennereien verarbeiteten 1 Mill. hl Brennweine aus EWG-Raum und aus Drittländern. Je nach Ausfall der Eigenernte werden außerdem bis über 1/3 ausländische Weine verzehrt.

Demgegenüber beträgt Verzehr von Spirituosen 7 l und von Bier 146 l (1975).

Bundesbürger geben jährlich rd. 30 Mrd. DM, das sind je Kopf der Bevölkerung DM 490,–, für alkoholische Getränke aus.

8.1.3 Weinwirtschaft

Wein-Außenhandel der BRD spielt seit jeher beachtliche Rolle.

Wein-Einfuhr stieg 1974 auf 6,7 Mill. hl, 1975 auf 7,2 Mill. hl (im Werte von 806 Mill. DM) einschließlich Schaumwein, davon entfielen 1974 4,4 Mill. hl auf Trinkweine und 2,0 Mill. hl auf Verarbeitungsweine (Grundweine zur Herstellung von Essig, Wermut- und Brennweinen) sowie 364 000 hl auf Schaumweine. Größenordnung der Weineinfuhr entspricht etwa der durchschnittlichen Eigenerzeugung.

Hauptlieferanten sind Italien (dessen Weinpreise durchschnittlich um die Hälfte niedriger als die französischen liegen) mit 37 % und Frankreich mit 17 %; nur 16 % kommen aus Drittländern (d. h. Nicht-Mitgliedsländern der EWG; 1961 noch fast 80 %), bereits 25 % aus Ostblockländern. Eingeführt werden überwiegend Tafelweine, neuerdings sogar mehr weiße als rote.

Wein-Ausfuhr hat sich seit 1950 verachtfacht, ist also doppelt so stark wie Inlandverbrauch gestiegen (überzeugender Beweis für Wettbewerbsfähigkeit deutscher Weißweine auf Weltmärkten wegen hervorragender Qualität), betrug 1974 540 000 hl, 1975 819 000 hl einschließlich 34 000 hl Schaumwein (etwa 10 % der durchschnittlichen Eigenerzeugung) im Werte von rd. 250 Mill. DM. USA sind mit 1/3 Hauptabnehmer, EWG-Partnerländer nehmen mehr als 1/2 ab, davon Großbritannien mit 24 % zweitgrößter Kunde. Nachfrage nach deutschen Weinen steigt weiter.

Preise für deutschen Wein sind im Gegensatz zu sonstigen Geldwertänderungen im letzten Jahrzehnt nur um maximal 1,2 % je Jahr gestiegen; deutscher Wein ist also weit unter allgemeiner Preissteigerungsrate und damit ungewöhnlich preisstabil geblieben bzw. relativ billiger geworden.

Winzerbetriebe: In den 11 »Bestimmten Anbaugebieten« der BRD betreiben mehr als 100 000 Winzer in 1400 Ortschaften Weinbau mit einem jährlichen Gesamtumsatz von rd. 2 Mrd. DM. 3/4 der Betriebe bewirtschaften nur kleine, intensiv bearbeitete Rebflächen, durchschnittlich 0,84 ha, lediglich 2 % der Betriebe mehr als 5 ha Reben. Gesamtfläche und landwirtschaftlich genutzte Betriebsfläche sind durchschnittlich 5-mal so groß wie Rebfläche. Noch nicht Hälfte (rd. 57 000) der Betriebe lebt ausschließlich vom Weinbau. Winzer ist meistens zugleich Bauer, um Fehljahre im Rebanbau und Krisenjahre im Weinabsatz ausgleichen zu können, um Naturdünger für Weingärten zu gewinnen.

Lage der Rebflächen heute zu 40 % in Ebene, zu 47 % am Hang, zu 13 % in Steillagen.

In *durchschnittlich bestockter Rebfläche* je Betrieb bestehen erhebliche Unterschiede. Während sie in Rheinland-Pfalz und Hessen mit über 1,15 ha weit über Bundesdurchschnitt von 0,84 ha hinausgeht, liegen Baden-Württemberg mit 0,46 ha und Bayern mit 0,55 ha erheblich darunter.

Winzergenossenschaften: Meiste der über 60 000 kleinen Winzerbetriebe, im Bundesdurchschnitt 65 %, sind zu Winzergenossenschaften zusammengeschlossen. Regionale Unterschiede auch hier groß: Baden-Württemberg 94 %, Hessen 62 %, Bayern 52 %, Rheinland-Pfalz 42 %, Mosel bei 18 %.

Größter Anteil an Ertragsrebflächen, die von Genossenschaftswinzern bewirtschaftet werden, in Baden und Württemberg mit je 75 %, gefolgt von Franken mit 50 %, Pfalz und Nahe mit je 25 %. Gegenwärtig bestehen in der BRD *489 Winzergenossenschaften,* die sich wie folgt verteilen:

7 Zentralkellereien,
16 Gebiets-Winzergenossenschaften,
206 Winzergenossenschaften mit eigener Kellerwirtschaft,
260 Winzergenossenschaften ohne eigene Kellerwirtschaft.

Zentralkellereien bedienen v. a. überregionale Nachfrage; entlasten örtliche Genossenschaften mit eigener Kellerwirtschaft, solche ohne eigene Kellerwirtschaft dienen als Erfassungsstation der Zentralkellereien und der Gebiets-Winzergenossenschaften.

Aufgabenbereich der Winzergenossenschaften liegt in Rationalisierung aller Arbeiten, Anbauberatung, gemeinschaftlicher Schädlingsbekämpfung, Rebenveredelung, Hebung der Weinqualität, gemeinsamem Absatz, moderner Kellerwirtschaft, Werbung und Marktforschung.

Mehr als 2000 Kellereien des Weinhandels verarbeiten und vermarkten etwa Hälfte der Weinernte. Sie übernehmen im Herbst Trauben, Maische oder Most und bereiten daraus Wein oder kaufen Weine beim Winzer, vorherrschend in Rheinland-Pfalz, wo etwa 17 000 Winzer gänzlich auf Faßweinverkauf eingestellt sind, dessen Erlös in den letzten 20 Jahren keine Steigerung erfahren hat.

In *regionalen Weinbau- und Genossenschaftsverbänden* sind deutsche Winzer und Winzergenossenschaften in den 11 Anbaugebieten zusammengeschlossen. Sie sind Mitglieder im Deutschen Weinbauverband e. V., Bonn, gegründet 1874, der nationale und supranationale Interessen vertritt und jedes 3. Jahr als zentrale Veranstaltung einen international angesehenen Kongreß mit großer Ausstellung veranstaltet.

Selbstmarktende Betriebe: Über 10 000 (= 1/10) Weinbaubetriebe vermarkten Weine noch als Rohware, d. h. sie bauen Weine in eigener Kellerwirtschaft aus, füllen auf Flaschen ab und verkaufen an Endverbraucher (sog. Selbstmarkter).

Weingut (Domäne, Schloß, Burg) als amtlicher Begriff in BRD wesentlich strenger gehalten als Bezeichnung »Château« in Frankreich.

Voraussetzungen: Trauben und Süßreserven müssen aus eigenem Weingut stammen; Wein muß selbst bereitet sein; ausländische Deckrotweine dürfen nicht verwendet werden; Fläche mindestens 2 ha, das sind in BRD rd. 10 000 Weinbaubetriebe, nur 325 besitzen mehr als 10 ha, sogar nur 86 Güter mehr als 20 ha bestockte Rebfläche. Größere Weingüter im Besitz von Adel, Stiftungen und Spitalverwaltungen in BRD verhältnismäßig selten. Größte deutsche Weingüter sind die Domänen von Eltville (140 ha), Mainz (82 ha), Trier (79 ha), Friedrich-Wilhelm-Gymnasium in Trier (37 ha), Meersburg am Bodensee (30 ha), Niederhausen an der Nahe (25 ha), adlige Besitzungen, z. B. im Rheingau, Stiftungen und Spitalverwaltungen, z. B. in Würzburg und Konstanz, und Weinbauinstitute, z. B. in Geisenheim, Würzburg-Veitshöchheim, Kreuznach, Alzey, Neustadt a. d. W., Freiburg/Brsg. und Weinsberg.

Betriebswirtschaftlich ist Weinbau anderen Kulturen wesentlich überlegen. Weinbergfläche ernährt weit mehr Menschen als gleiche Fläche Acker- oder Weidelandes. Reichlich Hälfte der Rebflächen ist unter hohen Kosten (am Hang 100 000 DM/ha und mehr) flurbereinigt (→3.2.5), dadurch wurden Arbeitsaufwand und Produktionskosten wesentlich gesenkt. Bearbeitung der Rebflächen und Pflege der Reben erfolgen im maschinellen, rationellen Einsatz, sind sehr kapitalintensiv: 50 % Lohnkosten (Fixkosten, unabhängig von Ertragshöhe; zum Vergleich: VW-Fabrikation: etwa 5 %). Kellerwirtschaft ist im allg. höchst modern und durch hohen Leistungsstand ausgezeichnet.

Weinabsatz steht großen Erfolgen in Trauben- und Weinerzeugung im letzten Jahrhundert noch nach. Nur verstärkter Zusammenschluß der Winzer zu Erzeugergemeinschaften kann die Schwierigkeiten beim Verkauf meistern. Bundesländer mit hohem genossenschaftlichem Erfassungsanteil, wie Baden-Württemberg und Bayern (im Anbaugebiet Franken), werden nicht im gleichen Maße von Absatzschwierigkeiten betroffen, wie z. B. Rheinland-Pfalz und Hessen.

8.2 Weinbau an nördlicher Klimagrenze der Rebe

Weinland ist von Menschenhand kunstvoll geformte Kulturlandschaft. Deutschland ist seit Römerzeit Weinbauland.

1975 umfaßte am Rhein und seinen Nebenflüssen bestockte Rebfläche fast 89 000 ha, davon Ertragsrebfläche etwa 85 000 ha (um 1900 waren es noch mehr als 100 000 ha, die infolge der Kriegsereignisse bis Ende der 40er Jahre auf weniger als 50 000 ha sanken); durchschnittlich seit 1960 jährliche Ausdehnung von rd. 1900 ha.

Die 11 *»Bestimmten Anbaugebiete«* (b. A.) in der BRD (→Karte 2) erstrecken sich entlang des Stromgebietes des Rheins und an den Rändern des Rheintal-Grabens sowie der Rhein-Nebenflüsse Neckar (mit Rems, Murr, Bottwar, Kocher, Jagst, Enz und Zaber), Main (mit Tauber und Saale), Nahe (mit Alsenz und Glan), Mosel (mit Saar und Ruwer) und Ahr, zwischen Bodensee und Siebengebirge, zwischen Saar und Böhmerwald über die Stammesgebiete der Alemannen, Schwaben und Franken.

In heutiger DDR liegen kleinere Gebiete an Elbe, Saale und Unstrut.

Alle diese Gebiete gehören zu den nördlichsten geschlossenen Anbaugebieten der Erde (→Karte 11). Dadurch gegebene Bedingungen (→2.4.2) – jährliche Sonnenscheindauer von nur 1 300–1 870 Std. während Vegetationsdauer von 175–190 Tagen, harte Winter, Fröste im Frühjahr und Herbst, Nässe oder Trockenheit – stellen Rebkultur oft vor große Schwierigkeiten. Nur 1/4–1/2 der Trauben erreicht Vollreife, überwiegender Teil muß, um Alkohol- und Säuregehalt zu normalisieren und Stabilität des Weins zu gewährleisten, angereichert werden (→5.2.5).

Nur klimatisch begünstigte Lagen, wie Flußtäler, Seeufer, S-Hänge oder kleine Wärmeinseln, gestatten nördl. der Alpen Weinbau in 200–400 m ü. NN, maximal bis 500 m, beste Bedingungen bei unter 300 m.

Weinbau deshalb vorwiegend an sonnigen SO- bis SW-Hügelketten vor den Mittelgebirgen, zu mehr als Hälfte an Hängen und Steilhängen und auf Böden, die für andere Nutzpflanzen ungeeignet sind. Steilhänge bis 60° erschweren Arbeit, verdoppeln Erzeugungskosten (auf rd. 20 000,– DM/ha 1974) und gefährden Wirtschaftlichkeit. In der Ebene der Rheinpfalz und in Rheinhessen, aber auch leider anderenorts, dringt *Feldanbau* vor.

Anbau in Reinkultur jeweils derjenigen Rebsorten, die guten Ertrag und besten Wein versprechen, überwiegt; früherer Anbau im *Mischsatz* mehrerer Sorten nur noch vereinzelt, z. B. für Schillerwein in Württemberg.

»Qualitätsweine bestimmter Anbaugebiete« (→6.2.1), die überwiegenden Teil der Ernte ausmachen, zeichnen sich im Zusammenspiel von Rebsorte, Klima und Boden durch große Eigenständigkeit aus: Prädikatsweine aus klimatischer Grenzzone besitzen einmaligen Charakter, sind durch feine Art, rassige Fruchtsäure und dezentes Bukett ausgezeichnete köstliche Besonderheiten von unerreichtem Reiz und seltener Vielfalt unter den Weinen der Erde. Nur etwa 5 % der deutschen Weine sind ausgesprochen trocken.

Allgemeine Charakteristik deutscher Weine (→auch Tab. 14): leicht, frisch, herzhaft, erfrischend, beschwingend, nicht beschwerend; feine, dezente, elegante, sehr differenzierte Frucht, vorzüglich schmeckend; angenehme, nachhaltige Säure, die dem Wein Spiel und Eleganz verleiht; feines, duftiges Bukett; ausgezeichnet bekommend.

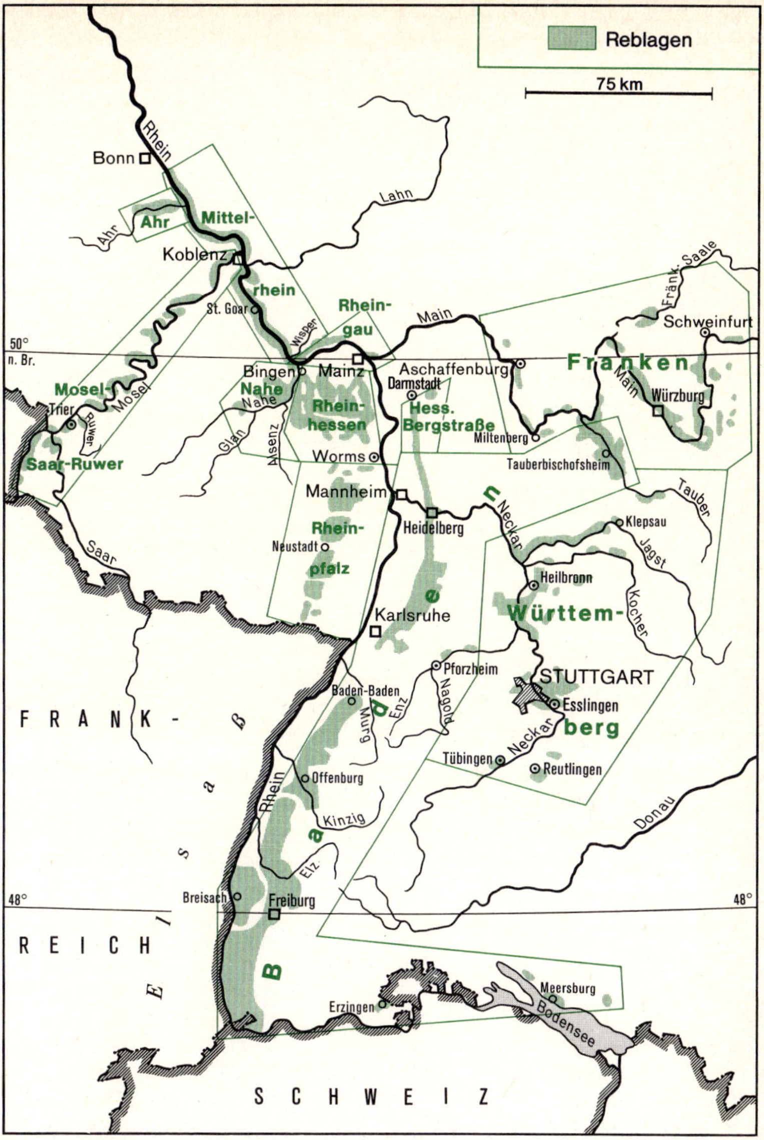

Karte 2: Die 11 »Bestimmten Anbaugebiete« (b. A.) in der BRD

8.2.1 Baden

Geschichtliches: Nach der Eiszeit wurden in Deutschland Auwälder am Oberrhein als erste von Wildreben wiederbesiedelt und vom Menschen frühzeitig genutzt (→1.1). Weinanbau breitete sich bereits im 2. Jh. n. Chr. vom Bodensee nach N aus und erreichte im 16. Jh. Höhepunkt der Verbreitung innerhalb des Landes. Wein vom Oberrhein wird gepriesen als von heller Farbe, kräftig von Geschmack, sehr gesund und von solcher Natur, daß man zweimal soviel als von anderen Weinen trinken kann, ohne Kopf oder Magen zu schaden. Verbrauch je »landeseigener Gurgel« demzufolge 140 l/J. Baden war nach Württemberg und Franken weinreichstes deutsches Land. Weine, weithin sehr begehrt, gingen rheinabwärts zu Schiff nach Köln, in die Niederlande und nach England und wurden in alle Richtungen »verfahren«.

Weinwirtschaft: Seit 17. Jh. hat badischer Rebbau sich von Verheerungen nach mehreren Kriegen nur sehr zögernd und teilweise überhaupt nicht erholt. Bemühungen um Qualitätsverbesserungen seit 19. Jh. sind, v. a. seit letztem Weltkrieg, so erfolgreich gewesen, daß obere Grenze nun nahezu erreicht scheint. Rationalisierungserfolge haben Flächenleistung je Arbeitskraft und Hektarerträge etwa verdoppelt, Arbeitsproduktivität etwa vervierfacht. Mit über 75 % durchgeführter Flurbereinigung ist Baden fortschrittlichstes deutsches Rebgebiet: großräumig arrondiert, sortenrein mit Edelreben neu angelegte Areale, Rebenhügel in Monokultur; gutes Beispiel ist 200 ha großer Batzenberg am N-Eingang des Markgräflerlandes.

Existenz- und Absatzsorgen führten – wie im benachbarten Württemberg – frühzeitig zu genossenschaftlichen Zusammenschlüssen: Hagnau am Bodensee ist 1. badische und eine der ältesten deutschen Winzergenossenschaften, gegründet 1881 vom Dichterpastor HEINRICH HANSJAKOB.

120 badische *Winzergenossenschaften* mit modernster Kellerwirtschaft beraten heute fachlich die Winzer, kontrollieren 80 % der Weinerzeugung und gewährleisten Qualitätsanbau.

Zentralkellerei Badischer Winzergenossenschaften in Breisach, 1952 gegründet, mit Lagerkapazität von 120 Mill. l ist heute größte und wohl auch modernste Erzeugerkellerei Europas. Mehr als Hälfte (66) der Ortswinzergenossenschaften, die keine eigene Kellerwirtschaft mehr betreiben (sog. »trockene Winzergenossenschaften«), liefern ihre Trauben an ZWG Breisach ab, die übrigen selbstmarktenden Genossenschaften führen Teilanlieferungen durch, so daß Breisach echte Zentrale des gesamtbadischen Weinbaus darstellt.

Badischer Werbeslogan »Wein von der Sonne verwöhnt« entspricht den Tatsachen. Wein gilt im Lande als Lebens-Mittel im ursprünglichen Wortsinn.

Anbaufläche und Ertrag: 13 069 ha (1975) mit durchschnittlich 1,2 Mill. hl/J (1975 1,17 Mill. hl, 1974 nur 603 000 hl).

Klima: sehr begünstigt durch südliche, niedrige Lage im Schutz von Schwarzwald und Vogesen.

Böden und Lagen: verwitterte Urgesteins- und Vulkanböden, Kiese und Sande, Löß und Lehm, Ton und Mergel, Muschelkalk und Rotliegendes; fast 3/4 in Hang- und Steillagen.

Rebsorten: *Müller-Thurgau* 34 %, *Ruländer* 14 %, *Gutedel* 10 %, *Riesling* 7 %, *Silvaner* 5 %, *Weißer Burgunder* 3 %, *Blauer Spätburgunder* 19 %.

Weine: sehr verschiedenartig und typisch für jeweiligen Anbaubereich, daher nachstehend dort aufgeführt. Bei großer Zahl konventioneller Rebsorten als örtliche Spezialitäten und Raritäten kann man – mehr als in nördlicheren Weingebieten – auf Anbau von Neuzüchtungen, insbesondere Bukett-Sorten, bislang weitgehend verzichten.

Charakteristik der badischen Weine: geschmacklich ungemein verschieden durch große Vielfalt von Klima, Böden, Lagen und Rebsorten. Mannigfaltigkeit glutvoller, blumiger und lieblicher, entsprechend alkohol- und körperreicher Weine wie in keinem anderen deutschen Weingebiet.

Für objektive Wertschätzung der Weine spricht am besten, daß der begehrte Große Preis der DLG-Bundesweinprämierung (→6.3) bisher bis zur Hälfte nach Baden-Württemberg gefallen ist.

Anbaugebiet (→Karte 3): Baden ist erstes und südlichstes Weinland, das der Rhein nach Eintritt auf deutschen Boden berührt; liegt mit Rebflächen am O-Rand der Oberrheinischen Tiefebene langgestreckt vom Hochrhein an Schweizer Grenze im S bis zum Badischen Frankenland an der Tauber im NO. Eingeteilt in *7* in sich geschlossene *Bereiche* (von S nach N): Bodensee – Markgräflerland – Kaiserstuhl-Tuniberg – Breisgau – Ortenau – Badische Bergstraße-Kraichgau – Badisches Frankenland.

8.2.1.1 Bodensee

Um Oberuhldingen, Meersburg, Hagnau und Salem bis um Immenstaad gedeihen auf Moränenschotter und bei mildem, durch große Seefläche ausgeglichenem Klima bis in 450 m ü. NN kernige, rassige *Seeweine,* saftige, sehr beachtliche Müller-Thurgau, vollmundige Ruländer und würzige Traminer.

Blaue Spätburgunder-Traube, seit mehr als 1000 Jahren im Anbau, um Meersburg zu besonderer Rasse, *Bodensee-Burgunder,* entwickelt, wird zunehmend zu spritzigen Spätburgunder-Weißherbsten verarbeitet.

8.2.1.2 Markgräflerland

Vom Rheinknie bei Basel bis unter Freiburger Münsterturm wachsen auf tiefgründigen Lehmböden im feuchten, föhnigen, warmen Klima bis zu 90 % Gutedel-Trauben (auch *Viviser* genannt nach Vevey am Genfersee, von dort Rebsorte 1780 eingeführt); im Anbau rückläufig. Weine leicht, angenehm mild, zart duftend, bekömmlich, bukett- und säurearm. Landschaftstypisch: Markgräfler Tisch- und Kneipwein.

8.2.1.3 Kaiserstuhl-Tuniberg

Im westlichen Teil auf verwittertem, hitzigem Lavagestein des erloschenen Vulkans mitten in Rheinebene, *im östlichen Teil* und auf tiefgründigen, warmen Löß-Terrassen des Tunibergs mit heißen Sommern und Bodentemperaturen bis 68°C wachsen glutvolle, wuchtige, vollblumige Weine aus Ruländer – vorherrschende Rebsorte –, Gewürztraminer, Silvaner und Blauem Spätburgunder. Vulkanböden sättigen Traube mit Mineralien, verleihen den gereiften Weinen Glut und Wucht; aus Lößböden stammende Weine zeichnen sich durch markanteres Bukett aus.

Bekannte Weinorte: Ihringen, Achkarren, Bischoffingen, Bickensohl, Oberrotweil.

8.2.1.4 Breisgau

Zwischen Dreisam- und Kinzigtal auf Buntsandstein, Löß und Gneis mit Rebhängen, die nach O bis Freiburg reichen, gedeihen vollblumige Tafel- und Qualitätsweine.

Spitzenlagen: u. a. »Glottertäler Schloßberg« und »Freiburger Schloßberg«.

8.2.1.5 Ortenau

Zwischen Offenburg und Baden-Baden auf den Vorhügeln des Schwarzwaldes, auf magerem, verwittertem Granitgestein und sonnenüberströmten S-Lagen frische, elegante, leichtspritzige Klingelberger (Riesling), *durchschnittlich* besser als im Rheingau und an der Mosel, dort dagegen größere Spitzenweine, Ruländer mit nobler Art, Frucht und Bukett sowie gehaltvolle, würzige Clevner (Traminer), alle 3 mit erlesensten Trockenbeerenauslesen, außerdem frische Spätburgunder-Weißherbste.

Zu *hochausgezeichneten Gewächsen* gehören markante Rieslinge von Durbach, Neuweier und Varnhalt, vollmundige Blaue Spätburgunder von Kappelrodeck, Sasbachwalden und Waldulm.

Die 4 benachbarten Weinorte in der nördlichen Ortenau vor den Toren Baden-Badens: Neuweier (mit seinem »Mauerwein«, benannt nach den Mauerstaffeln seines ältesten Weinbergs), Umweg, Varnhalt und Steinbach dürfen ihre Weine wegen historischer Beziehungen zum Frankenland in Bocksbeutel-Flaschen (→6.6) abfüllen.

8.2.1.6 Badische Bergstraße-Kraichgau

Im Pfinz-Enzgau zwischen Durlach und Pforzheim in bes. geschützten, sonnigen Lagen an Abhängen des Schwarzwaldes auf Lößlehm- und Keuperböden milde und zarte Weine, bes. der 3 weißen Burgunder-Sorten: Weißer Burgunder, Auxerrois und Ruländer. In Durlach interessanter Staatlicher Ver-

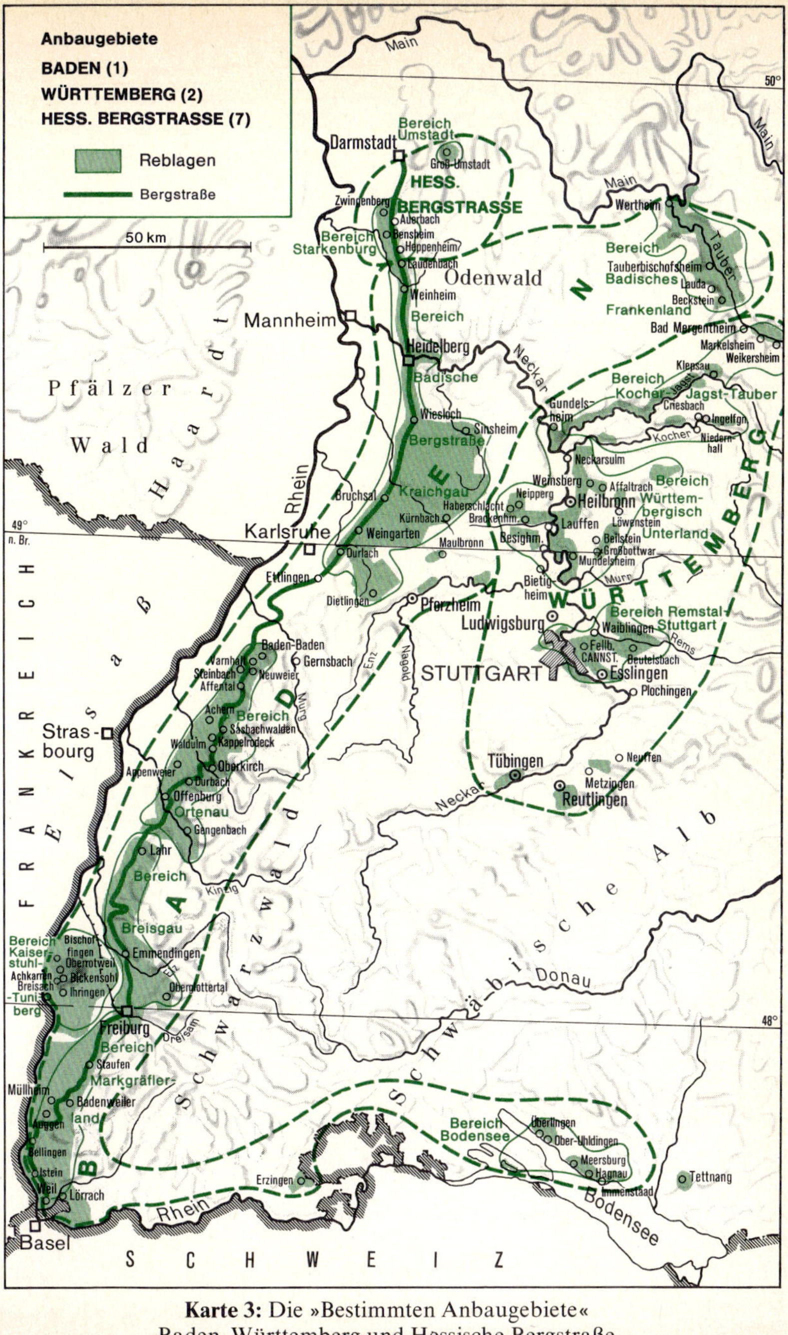

Karte 3: Die »Bestimmten Anbaugebiete« Baden, Württemberg und Hessische Bergstraße

suchsanbau mit erstklassigen Weinen. In Hohenwettersbach (eingemeindet in Karlsruhe) großer, junger Anbau von frisch-spritzigen vorzüglichen Rieslingen und Traminern.

Im Kraichgau zwischen Schwarzwald und Odenwald milde, gefällige Müller-Thurgau und auf rotem Mergel füllige Ruländer.

An Badischer Bergstraße um Wiesloch, Heidelberg und Weinheim auf sonnigen Lößlehm- und Keuperrücken leichte, frische Tischweine bis zu reizvollen Gewächsen. Als Qualitäts-Sorte führend: Ruländer mit feinem Sortenbukett; nicht so körperreich wie Kaiserstühler; daneben köstlich frische Rieslinge.

8.2.1.7 Badisches Frankenland

Im Taubertal[1)] auf Muschelkalk zarte bis kernige, lichthelle, den benachbarten Frankenweinen ähnliche Weine, vorherrschend Müller-Thurgau; werden in Bocksbeutel-Flaschen abgefüllt.

Bekannte Weinorte: Tauberbischofsheim, Lauda, Beckstein, Bad Mergentheim.

8.2.2 Württemberg

Geschichtliches: Neuere Ausgrabungen steinzeitlicher Siedlungen am Neckar zwischen Stuttgart und Heilbronn und am Kocher (→1.1) belegen, daß Wein schon um 3500 v. Chr. im schwäbischen Raum gekeltert worden sein muß. Zahlreiche Funde am römischen Limes, z. B. bei Vaihingen/Enz, haben Weinkeller, Geräte und Gefäße sowie bildliche Darstellungen von damaliger römischer Weinkultur auf deutschem Boden freigelegt.

Urkundlich ist schwäbischer Weinbau bis in die Frühzeit der Klostergründungen im 8. Jh., also seit über 1200 Jahren, nachweisbar. Klöster, wie Zisterzienser-Kloster Maulbronn, begründeten fortschrittliche Weinbaukultur (→1.2). Württemberg war neben Franken im Mittelalter blühendes, größtes Weinland Deutschlands, an Wende des 16./17. Jhs., vor 30-jährigem Krieg, mit Rebfläche von schätzungsweise 40 000–45 000 ha 6-mal so groß wie heute. Weinbau galt »als des Landes größtes Vermögen« und Neckarwein »als göttlicher Trank Leidvergeß«. Nach fast 200-jähriger, durch Kriegszeiten bedingter Verfallszeit erneute Blüte zu Beginn des 19. Jhs. Einführung von Qualitäts-Sorten, wie Riesling, Einrichtung von Mustergärten und Gründung erster Genossenschaften der Weingärtner (bereits 1834 in Neckarsulm und 1855 in Asperg) machten Württemberg zur Geburtsstätte deutschen Winzergenossenschaftswesens.

---

[1] obere Hälfte des Taubertals gehört zum Württemberger Bereich Kocher–Jagst–Tauber

Rebkrankheiten und Schädlinge (Reblaus) in 2. Hälfte vorigen Jahrhunderts, bes. starke und frühe Industrialisierung dieser Landschaft sowie Folgen zweier Weltkriege in diesem Jahrhundert halbierten Anbaufläche nochmals; Tiefstand von noch nicht 6 000 ha im Jahre 1950. Seitdem Vermehrung der Anbaufläche sehr vorsichtig auf geeigneten Lagen um 20 % (Bundesdurchschnitt 70 %). Heute gesamter Rebbau auf Qualität ausgerichtet, Anbau massenwüchsiger Rebsorten für Konsumweine zugunsten von Qualitäts-Sorten stark zurückgedrängt. Gegenwärtig erlebt dieses Anbaugebiet auf relativ kleiner Fläche 3. Blütezeit seiner langen Weingeschichte.

Anbaufläche und Ertrag: 7 603 ha (1975) bringen durchschnittlichen Ertrag von 700 000 hl/J (1975 787 000 hl, 1974 nur 363 000 hl); mit 75 hl/ha an unterer Grenze der Erträge (Bundesdurchschnitt des letzten Halbjahrzehnts bei 104 hl/ha).

Erzeugter Wein wird weitgehend im Lande getrunken, ist hier wie in Baden Volksgetränk. Württemberg dadurch deutsches Bundesland mit größtem Weinverzehr: 40 l/Kopf/J, fast doppelt so hoch wie Bundesdurchschnitt. Eigenbedarf wird durch Anbau nicht gedeckt. Versand außerhalb des Anbaugebiets mit nur reichlich 5 % erst neuerdings von Bedeutung.

Weinwirtschaft: In 140 Weingärtnergenossenschaften werden von 20 000 Weingärtnern (Betriebs-Durchschnittsgröße nur 0,25 ha) 83 % der Traubenernte ausgebaut; ihnen sind Württembergische Weingärtner-Zentralgenossenschaften (WZG) in Möglingen und Remstalkellerei vorgeschaltet. Daneben Adelshöfe mit großen Weingütern. Weinwirtschaft hier wie im benachbarten Baden und Franken stabil, gesund, krisenfest, mit gesichertem Absatz der Weine und guten Erlösen (fast 3-mal so hoch wie in Oberhaardt, großem Weingebiet der Rheinpfalz). Bei der weit fortgeschrittenen Flurbereinigung sollen die letzten Rebflächen etwa 1985 umgelegt werden.

Klima: günstig; sehr ausgewogenes Verhältnis von Wärme und Niederschlägen bedingt Güte und Ertrag des Weins. Anbau bis in 575 m Höhe an sonnigen S-Hängen des Juragebietes am Albtrauf bei Reutlingen.

Böden und Lagen: Keuper mit Mergel und Kalk, Buntsandstein sowie leichterer, wärmerer Muschelkalk in steilen Terrassen; insgesamt über 80 % Hang- und Steillagen.

Rebsorten: Württemberg ist sortenreichstes Weinbaugebiet und größtes deutsches Rotweinland.

Blaue Trauben (49 %): ertragreiche *Trollinger*-Rebe herrscht mit 21 % vor, *Müllerrebe (Pinot meunier, Schwarzriesling)* ist mit 9 % (in BRD fast ganz auf Württemberg beschränkt, geringfügig noch in Baden angebaut) sehr geschätzte Burgunder-Sorte; *Portugieser* (6 %) wird als Massenertragstraube für Konsumweine in niederen Lagen (rückläufig) angebaut; anspruchsvollere *Limberger*-Traube mit 6 % innerhalb der BRD ausschließlich in Württemberg; *Blauer Spätburgunder* abnehmend mit 4 %. Auch seltenere Rebsorten und Neuzüchtungen, wie *Heroldrebe* (= *Portugieser* × *Limberger*), sehr wüchsige, öchslereiche *Samtrot* (Klonenzüchtung aus *Müllerrebe [Pinot meunier]*) und *Helfensteiner* (= *Frühburgunder* × *Blauer Trollinger*), sehr farbintensiver Deckwein, mit etwa je 1 % vertreten.

Helle Trauben (51 %): *Riesling* (22 %), v. a. auf schweren Keuperböden, *Silvaner* (8 %) mit abnehmender, *Müller-Thurgau* (14 %) und *Kerner* (4 %) mit leicht steigender Anbau-Tendenz liefern frische, kernige, kräftige, erdige Weißweine.

Weine: anregende, fruchtige, lichtrote aus Trollinger-, wuchtige, feinherbe, dunkle aus Limberger-Rebe, hier beste ihrer Art in Europa neben österreichischem Burgenland, aromatische, samtige, füllige aus Müllerrebe und delikate Samtrot mit feinem Burgunder-Ton.

Württembergische Rotweine machen Andersartigkeit deutscher Rotweine gegenüber ausländischen bewußt deutlich, bringen Spezialität und natürliche Vorteile (gebietstypische Rebsorten, Eigenart und Rarität) überzeugend zur Geltung: lichtere Rotwein-Farbe, mäßiger Alkoholgehalt, geringerer Gerbstoffgehalt, der Duft- und Aromastoffe nicht überdeckt und Rotweine samtig wirken läßt, sowie unaufdringliche, feine, pikante Säure.

Württemberg weist neben Vielzahl sauberer Tischweine *große Gewächse* auf: z. B. »Eilfinger Berg« aus Enztal bei Maulbronn, »Stettener Pulvermächer« aus Remstal, »Weinsberger Ranzenberg« aus Weinsberger Tal, »Brackenheimer Zweifelsberg« aus Zabergäu, »Fleiner Staufenberg« und »Mundelsheimer Käsberg« aus mittlerem Neckartal, »Cannstatter Zuckerle« aus Stuttgarter Raum und »Fellbacher Lämmler« aus Eßlinger Gegend.

Spezialitäten: aus gemischtem Satz, d. h. aus zusammen angebauten und gemeinsam gekelterten roten und weißen Rebsorten, in verschiedenen Rosafarben schillernder süffiger *Schillerwein (Qualitäts-Rotling)* sowie spritziger *Sauser* (noch nicht ausgegorener Jungwein, →5.2.2).

Charakteristik der württembergischen Weine: markant, eigenwillig, herzhaft, nervig, mit anhaltendem Abgang und erdhaftem Nachgeschmack, bes. bei Weinen vom Muschelkalk große Haltbarkeit; als »Schleckerweine« bekannt, mit großem Verehrerkreis.

Anbaugebiet (→Karte 3): Schwarzwald und Schwäbische Alb begrenzen und schützen Weinlandschaften des Neckars. Sanfte Berglehnen der vielgewundenen Täler des *Neckars und seiner Nebenflüsse* Rems, Murr, Enz, Bottwar, Zaber, Kocher und Jagst sowie mittlere Tauber nehmen natürliche Aufteilung des württembergischen Weinbaugebietes vor.

Schwäbische Weinlandschaft im Musterländchen zwischen Bodensee und Taubergrund ist ungewöhnlich vielgestaltig, ähnlich reich gegliedert wie Rebgebiete im benachbarten Baden. Eingeteilt in *3 Bereiche:* Remstal-Stuttgart – Württembergisch Unterland – Kocher-Jagst-Tauber.

8.2.2.1 Remstal-Stuttgart

Umfaßt oberes Neckartal stromabwärts mit Eßlingen und Fellbach, Raum Stuttgart mit Bad Cannstatt und Remstal.

Oberes Neckartal mit Albtrauf: Reutlingen, Metzingen und Neuffen mit »Täleswein« (Talwein); auf braunem Jura- und vulkanischem Boden vorwiegend Silvaner-Weine, anregend, fast geschmacksneutral, würzig, mitunter herzhaft.

Flußabwärts auf schweren bunten Keuperterrassen füllige, körperhafte Rotweine, 2/3 der Rebfläche mit Trollinger-Rebe, in Eßlingen einige der schönsten deutschen Sekte, um Stuttgart, »Großstadt zwischen Wald und Reben«, auf Muschelkalk unter anderen eigenwillige Cannstatter Weine, vornehm, ausgeglichen mit erdigem Abgang.

Remstal mit Schnait, Beutelsbach und Stetten: auf Keuper-S-Hängen eigenwillige Trollinger- und ungewöhnliche Portugieser-Weine, daneben edle Silvaner- und Riesling-Weine.

8.2.2.2 Württembergisch Unterland

Umfaßt Neckarlandschaft unterhalb Ludwigsburg über Heilbronn und Neckarsulm bis zum unteren Neckartal hinter Gundelsheim sowie rechte und linke Nebentäler.

Neckartal: im *mittleren* Flußtal um Besigheim und Mundelsheim auf steilen Muschelkalk-Terrassen herzhafte Trollinger, in oberen Lagen milder Silvaner, im *unteren* Flußtal um Lauffen Trollinger und frühreifende, milde, zarte, aromatische Müllerrebe (Schwarzriesling), *Spitzenwein:* »Lauffener Katzenbeißer«; auf Keuperböden um Heilbronn duftige, feinrassige Trollinger-, Müllerrebe- und Samtrot-, daneben Riesling-Weine.

Bottwartal und **Murrtal** mit Beilstein sowie Klein- und Großbottwar: langsam reifende und lange lagerfähige Trollinger- und Riesling-Weine; *Spitzenwein:* »Burg-Wildecker« aus Bottwartal.

Spezialität: Muskat-Trollinger, Rotwein mit schönem Muskateller-Duft.

Enztal mit Maulbronn, Roßwag, Vaihingen und Bietigheim: Trollinger- und zarte Limberger-Weine, z. B. »Eilfinger Berg«.

Zabergäu (Tal), zwischen Stromberg und Heuchelberg, mit Brackenheim, Neippberg, Dürrenzimmern, Haberschlacht: gehaltvolle Limberger und Limberger-mit-Trollinger-Weine, die Eleganz des Trollingers mit Kraft des Limbergers vereinen, vielseitige Schillerweine und elegante bis stahlige Rieslinge.

Weinsberger Tal mit Weinsberg, Affaltrach und Löwenstein: auf Keuperböden fruchtige, milde Trollinger-, Limberger-, um Löwenstein gehaltvolle, würzige Riesling- und elegante, sich dem Riesling nähernde Silvaner-Weine.

8.2.2.3 Kocher-Jagst-Tauber

Nordöstlicher Bereich mit Ingelfingen, Criesbach und Niedernhall bringt auf Muschelkalk v. a. sortentypische Silvaner-Weine, wie aromatischen Kochertaler »Niedernhaller Distelfink«.

Im **Taubergrund**, nördl. anschließend um Markelsheim und Weikersheim, ebensolche Silvaner von feiner Duftigkeit und zarter Frucht, wie zarter, vollmundiger »Weikersheimer Schmecker«.

8.2.3 Franken

Geschichtliches: Erste Förderer des Weinbaus am Main waren deutsche Herrscher vom fränkischen Karolingerstamm, nicht wie am Rhein Römer; erster Wein hier, wie vielerorts, Meßwein der Klöster, die Missionieren mit Kolonisieren verbanden.

Im Mittelalter neben Württemberg größtes deutsches Weinland. Weinbau umfaßte in beiden Ländern vor dem 30-jährigen Kriege je rd. 40 000–45 000 ha. Mittelalter mit seinen bäuerlich-derben Rebsorten und Würz- und Kräuterweinen (→1.4) kannte heutige hohe Ansprüche an Weinqualität noch nicht.

Rückgang auf knapp 6 % der damaligen Anbaufläche durch Kriegswirren, Rebschädlinge (v. a. Reblaus), Frostjahre, Mißernten, ausgemergelte Böden, Anwachsen der Industrie ist ungewöhnlich groß; andererseits wurden durch Rückzug des Anbaus auf wärmste Lagen Qualitätsanbau und Weingüte erheblich gesteigert.

Rebenzüchtung: Würzburg, Stadt weintrunkenen Barocks und weinbeschwingten Rokokos, ist Mittelpunkt fränkischen Weinbaus und -handels. Bayerische Landesanstalt für Weinbau in Würzburg ist mit 190 ha Anbau größter Weinbaubetrieb des Landes, gleichzeitig führend in Forschung und Züchtung, Ausbildung, Information und Beratung. Hat für fränkischen Raum mit verschiedenartigen ökologischen Nischen[1)] in jahrzehntelanger Forschungsarbeit jeweils passende Rebsorten gezüchtet, die in Güte, Menge und Ertragssicherheit alte Standard-Sorten übertreffen. Anzahl ist groß, Mehrzahl erst in Erprobung und Versuchsanbau; Sorten-Bezeichnungen, wie *Ortega, Mariensteiner, Albalonga, Osiris, Fontanara,* wenig werbewirksam.

Würzburg beherbergt 3 große renommierte Weingüter: Staatliche Hofkellerei, Juliusspital (120 ha) und Bürgerspital zum Hl. Geist (über 100 ha); daneben Fürstlich Castell'sches Domänenamt in Castell am Schwanberg (45 ha) und die fürstlichen Domänen in Kreuzwertheim.

---

1 bestimmter Bereich innerhalb eines Biotops, der einer Pflanzen- oder Tierart mit spezifischen Lebensansprüchen die Besiedlung (Einnischung) ermöglicht

Anbaufläche und Ertrag: 3194 ha (1975) an Talhängen von Main und seinen Nebenflüssen Tauber, Fränkische Saale und Wern mit durchschnittlichem Ertrag von 200 000 hl/J (151 000 hl/1974, 329 000 hl/1975), erzeugt von 6 000 Winzern in etwa 100 Weinbaugemeinden auf Rebflächen, von denen 98 % jeweils unter 2 ha liegen. Infolge niedrigen durchschnittlichen Hektarertrages von nur 75–80 hl (Bundesdurchschnitt 104 hl) gehören Frankenweine einerseits zu körper- und extraktreichsten nördlicher Weinbau-Regionen, liegen andererseits preislich auch höher als Weine aus Flachlagen, wie Rheinpfalz und Rheinhessen. Verbindung von Angebot auf kleiner Anbaufläche, höherer Qualität und guter Nachfrage machen Frankenwein zur begehrten Rarität, hochdifferenzierten Spezialität und lassen ihn höchste Durchschnittspreise aller deutschen Weine erzielen.

Klima: westl. des Spessarts (Klimascheide) maritim, östl. kontinental-maritim mit heißen Sommern und kalten Wintern (bis –25°C), kurzem Frühling mit späten Frösten und langem, schönem Herbst. Mittlere Jahrestemperatur: nur 8,9°C (zum Vergleich: Kaiserstuhl 10,1°C), mittlere Niederschlagsmenge: 550 mm/J, um Würzburg 1378 Sonnenscheinstunden während Vegetationsperiode.

Böden und Lagen (von W nach O): im *Mainviereck* Urgestein (Glimmerschiefer, Gneis, Granit), Buntsandstein, Lößauflagerungen; im *Maindreieck* Muschelkalk-Arten, Lößauflagerungen, Sande; im *Steigerwald* Gips- und Buntkeuper. Weinbau wird in Lagen aller Himmelsrichtungen sowie in der Höhe zwischen 160 m und über 400 m über NN (im Handthal) betrieben; 85 % Hang- und Steillagen.

Rebsorten und Weine: Image einer Weinlandschaft wird weitgehend von charakteristischen Rebsorten geprägt. Klima, Boden und Landschaft bestimmen zwar als vorgegebene, nicht beeinflußbare Faktoren den fränkischen Typ, Gebietscharakter des Weins als veränderliche Komponente wird jedoch erst von richtig gewählter Rebsorte festgelegt. Entsprechend außerordentlicher Verschiedenartigkeit von Böden und Klimabereichen wechseln Rebsorten. 98 % sind Weißweine.

Zwei Hauptrebsorten ergeben allein fast 80 %: *Müller-Thurgau* mit 46 % (1927 0,1 %!) und *Silvaner* mit 33 % (1966 noch 60 %), erst im weiten Abstand folgen *Riesling* mit 3 % und *Scheurebe* mit 2 %.

Müller-Thurgau: erst im 3. Jahrzehnt dieses Jahrhunderts von DERN und ZIEGLER (→7.1.3) in Franken eingeführt; hat wegen von keiner anderen Sorte zu überbietender ökologischer Streubreite (prädestiniert für zweitklassige Weinlagen, frühreif, ertragsreich und -sicher, wirtschaftlich) 1. Platz im Anbau in Franken sowie insgesamt in der BRD erreicht.

Fränkische Müller-Thurgau-Weine sind deutlich unterscheidbar von anderen deutschen; entfalten beste Eigenschaften in Keuperböden am Steiger- und am Frankenwald: blumig, muskat-betont, leicht, flott, mild bis spritzig, durchweg säurearm; in guten Jahren alkoholreiche Spät- und Auslesen.

Qualität nimmt außerhalb des fränkischen Gebiets nach W hin ständig ab, deshalb im Elsaß als Qualitäts-Sorte nicht mehr zugelassen.

Silvaner: aus Niederösterreich kommend im Kloster Ebrach 1665 erstmalig von Mönchen in Franken angebaut; gilt seit Jahrhunderten als charakteristischer Vertreter der Frankenweine. Heute durch Zunahme von Müller-Thurgau-Anbau auf ihm gemäße Lagen beschränkt, zeigt er hier berühmte Feinheiten, die von ihm wohl in keinem anderen Weingebiet erreicht werden. *Weine: vom Muschelkalk* schönste, markig-saftige, neutral im Bukett mit typischem, leicht bitterem Abgang, vollmundig, weich bis kernig; *auf Keuper* kräftig-erdhafte, fruchtige, mit berühmtem zartem Aroma und der reifen Säure (leicht an Riesling erinnernd). Charakteristischer *Vertreter der »Bocksbeutel«-Weine.*

Scheurebe: erfreut sich wegen pikanter Säure, sorteneigener Frucht und Fülle v. a. im Steigerwälder Frankenwein steigender Wertschätzung. *Weine:* rieslingartig, mit typischem Ton Schwarzer Johannisbeeren; in großen Jahren zu ausdrucksvollen Spitzenweinen Frankens gehörend, vornehm, duftig bis betörend.

Riesling: bleibt auch in Franken trotz aller Neuzüchtungen qualitativ führende Spitzensorte, ist jedoch lediglich mit 3 % vertreten, da nur für erstklassige S-Lagen geeignet. *Weine* stammen aus geologisch äußerst verschiedenartigen Böden: *vom Muschelkalk* fruchtig, kräftig, kernig und mit feinem Rauch-Ton (z. B. berühmte Würzburger Lagen »Stein« und »Leiste«); *von Schieferböden* (wie in Hörstein und Michelbach) langsam ausbauend, sehr fruchtig und betont vornehm; *von Buntsandstein* (Untermain) rassig bis metallisch-stahlig; *von Keuperböden* (Steigerwald) füllig, kräftig und kernig.

Zu fränkischen Spezialitäten gehören ferner:

Rieslaner (= Silvaner × Riesling, Synonym: *Mainriesling):* rieslingartig, betont fruchtig, körperreich, kräftig, mit besonderer Eleganz von Keuperböden.

Perle (= Gewürztraminer × Müller-Thurgau): aromatisch, frisch, würzig, mild; von Keuperböden (bei Castell) elegant und von hervorragender Qualität.

Mariensteiner (= Silvaner × Rieslaner) mit 75 % Silvaner-Erbgut: kräftig, würzig, schwerer und eleganter als Silvaner.

Ortega (= Müller-Thurgau × Siegerrebe): bukettbetont mit feinem Muskat-Pfirsich-Ton, angenehm langer Abgang, körper- und alkoholreich; meist langsam ausbauende und lange lagerfähige Spitzengewächse.

Charakteristik der Frankenweine: Franken ist Weißweinland. Relativ rauhes Klima verleiht ihm hart-männliche Note. Wegen Mannigfaltigkeit der Umweltfaktoren jedoch kein einheitlicher Frankenwein-Typ wie beim Moselwein. *Allgemein* sind Frankenweine herzhaft, im Vergleich zu milden Weinen anderer Weingebiete trocken, kräftig, stark, markig, rassig, langlebig; Schwere nicht im hohen Alkoholgehalt gegeben, sondern in Fülle von Extraktstoffen begründet; Geschmack erdhaft, kernig, fruchtig, würzig, sauber; Blume nach steiniger

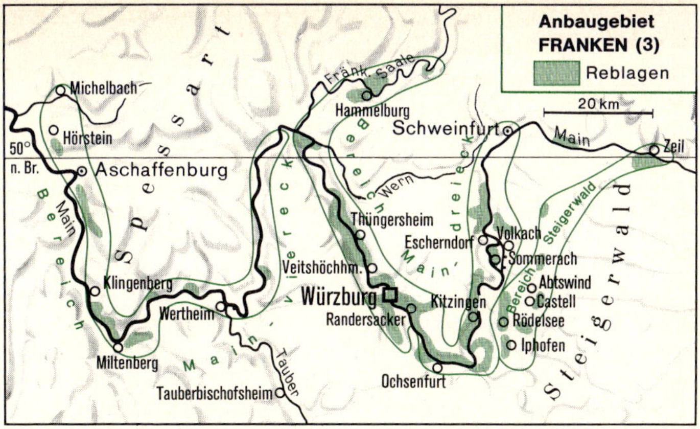

Karte 4: Das »Bestimmte Anbaugebiet« Franken

Erde duftend. »Belebend, erfrischend, geist- und appetitanregend« (J. W. von Goethe; deshalb auch im Brief an seine Frau: »Kein anderer Wein will mir schmecken.«).

Bekömmlichkeit und gesundheitsfördernde Kraft des Bocksbeutels findet im Wortspiel der deutschen Mystikerin und Benediktiner-Äbtissin Hildegard von Bingen (1098–1189), die mit Frankenwein das Land vor der Pest bewahrt haben soll, ihren Niederschlag: »Frankenwein – Krankenwein«.

Bocksbeutel: Frankenweine und badische Mauerweine aus 4 Orten der nördlichen Ortenau (→8.2.1.5) dürfen in dickbauchigen Bocksbeutel-Flaschen abgefüllt werden. Herkunft des Namens mehrdeutig: von der Form alter Hirten- und Mönchs-Feldflaschen, die an Hüfte, am Leib- oder Buggurt, daher »Bugsbeutel«, getragen wurden, oder vom Beutel (Hodensack) des Bocks abgeleitet.

Anbaugebiet (→Karte 4): Franken heute kein geschlossenes Weinbaugebiet mehr; von Hörstein und Michelbach im W bis nach Zeil im O, von Hammelburg im N bis nach Ochsenfurt im S erstrecken sich *3 Bereiche* sehr unterschiedlichen Charakters (von O nach W): Steigerwald – Maindreieck – Mainviereck.

8.2.3.1 Steigerwald

Keuper-Landschaft mit Mergel und Gips an Hängen des Steigerwaldes von Zeil am Obermain bis zum Aichgrund Mittelfrankens. *Berühmte Lagen* um Iphofen, Rödelsee und Castell am Schwanberg. Riesling- und Silvaner-Weine würzig, erdhaft, wuchtig, bukettreich; auch schöne Weine aus Müller-Thurgau und Scheurebe.

8.2.3.2 Maindreieck

Muschelkalk-Landschaft Mittelfrankens von Schweinfurt bis Homburg oberhalb Wertheim mit nußartigen Bukettweinen von Sommerach, Randersacker, Volkach. *Spitzenweine* aus Riesling und Silvaner um Escherndorf und Würzburg.

8.2.3.3 Mainviereck

Buntsandstein-Landschaft Unterfrankens von Wertheim bis unterhalb Aschaffenburg um Hörstein; an *Spessart-Hängen* samtige, mollige, kräftige, rote Klingenberger und Miltenberger aus Blauen Spätburgunder- und Portugieser-Reben; auf Urgestein feiner Hörsteiner Riesling sowie Michelbacher Weine, die bereits auf den unweiten Rheingauer hinweisen.

10 Erzeugergemeinschaften, davon 8 Genossenschaften, erzeugen hier etwa 70 % der Weine.

8.2.4 Rheinpfalz

Geschichtliches: wie benachbarte linksrheinische Landschaften seit Römerzeit altes Weinland und »Weinkammer Deutschlands«.

Anbaufläche und Ertrag: 20 457 ha (1975) oder fast 1/4 der bundesdeutschen Rebfläche mit Ertrag von durchschnittlich 2,3 Mill. hl/J; größtes deutsches Weingebiet neben Rheinhessen.

Weinwirtschaft: »Bestimmtes Anbaugebiet« Rheinpfalz und 5 andere b. A. (Rheinhessen, Nahe, Mosel-Saar-Ruwer, Ahr und Mittelrhein) gehören politisch zum Bundesland *Rheinland-Pfalz,* das damit *größtes Weinbauland der BRD* mit fast 3/4 der gesamten bundesdeutschen Rebfläche und der erzeugten Weine (73 %) ist.

In letzten 2 Jahrzehnten sind Anbauflächen im Lande im Durchschnitt um 50 % (an Mittelmosel sogar um 70 %) – wobei Wanderungsbewegung des Weinbaus vom Hang in die Ebene *(Feldanbau)* beträchtlich und weinqualitätsmäßig nicht unbedenklich ist – und Hektarerträge um 75 % gestiegen.

Zahlreiche Rationalisierungsmaßnahmen in Anbau und Erzeugung haben Optimum nahezu erreicht, während Verbesserung des Weinabsatzes (→8.1.3) diesen Leistungsstand bei weitem noch nicht eingeholt hat. 70 % der rheinpfälzischen Betriebe (17 000 Winzer) vermarkten 3/4 des Rebflächenertrages mit 65 % der Gesamterzeugung noch als Rohware (Trauben, Maische oder Most) oder Halbfertigware (Faßwein). Weinmosternte macht etwa 1/3 und Fertigerzeugnis Wein nahezu 2/3 des Wertes der gesamten landwirtschaftlichen Produktion des Landes aus.

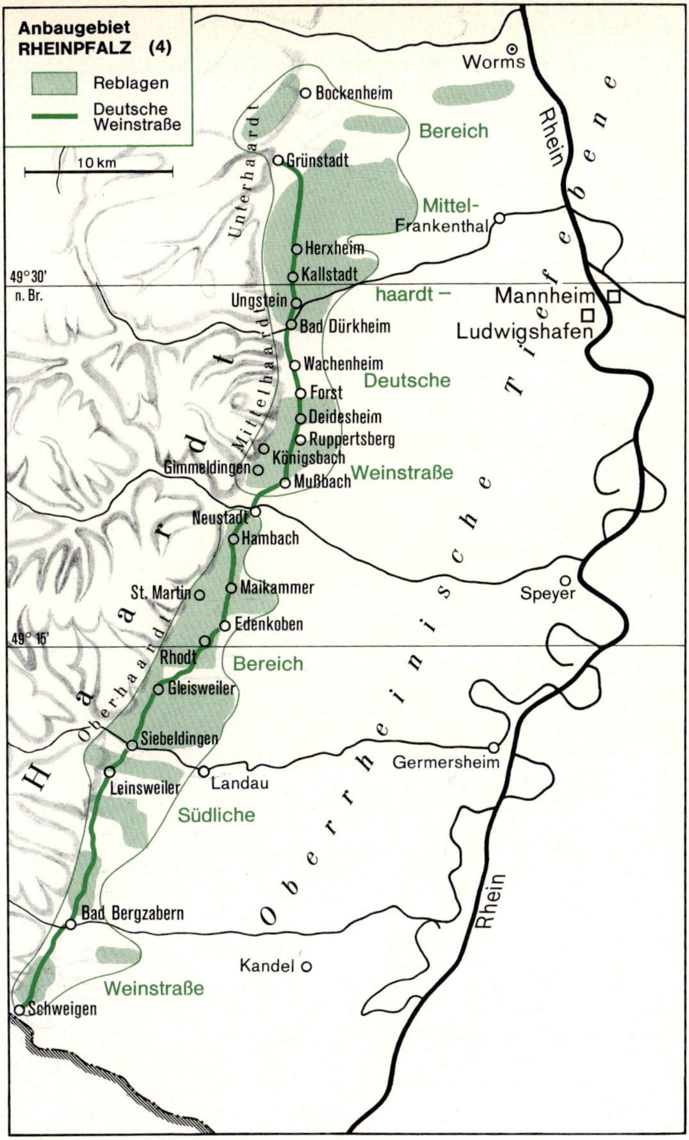

Karte 5: Das »Bestimmte Anbaugebiet« Rheinpfalz

Weil Kosten im Weinbau im letzten Jahrzehnt um über 50 %, Weinerlöse (→8.1.3) demgegenüber aber nur geringfügig stiegen, sind Rationalisierungserfolge und höhere Hektarerträge wieder aufgezehrt; Erlöse daher relativ nicht höher als vor 20 Jahren.

Klima: linksrheinisch gelegen im sonnigsten Teil der Oberrheinischen Tiefebene, im Windschatten von Vogesen, Pfälzer Wald und Haardt mit Schutz gegen rauhe W- und N-Winde; wärmstes, mildestes, fast mediterranes Klima nördl. der Alpen: 1870 Std. jährlich Sonnenscheindauer, Jahresdurchschnittstemperatur +10,5–11°C, weniger als 2 Monate Frost, hohe Luftfeuchtigkeit zwischen Rhein und Haardt. Weinrebe, Mandel und Feige reifen bei dieser Klimagunst wie in keinem anderen deutschen Weinland voll aus.

Böden: warm und trocken; Buntsandstein, Löß und Lehm, Mergel und Muschelkalk, Keuper und Rotliegendes, Diluvialsande.

Rebsorten: *Müller-Thurgau* 24 %, *Silvaner* 22 %, *Riesling* 14 % (vorherrschend in Qualitätsgemeinden der Mittelhaardt), *Morio-Muskat* 7 % und *Scheurebe* 4 %; *Blauer Portugieser* mit 11 % um Bad Dürkheim, Ungstein und Kallstadt mit angenehm-süffigen Tischweinen macht Rheinpfalz zum drittgrößten deutschen Rotwein-Gebiet nach Württemberg und Baden.

Interessante Weine, wenn auch in kleinerer Menge, liefern hier wie im benachbarten Rheinhessen *Weiße Burgunder-* und *Gewürztraminer-*Trauben und zahlreiche Neuzüchtungen, wie *Huxelrebe, Freisamer, Kerner, Bacchus.*

Weine: pfälzische Weinskala reicht von leichten frischen Schoppenweinen über mittlere gehaltvolle Tischweine bis zu erlesensten Spitzenweinen. Trokkenbeerenauslesen mit Mostgewichten über 200° Ö, in gleicher Güte nur in besten Lagen des Rheingaus und Badens vorkommend, rechnen zu edelsten und teuersten Weinen der Welt.

Charakteristik der Pfälzerweine: bernsteinfarbig, körperreich, rund, voll, kräftig, aromatisch, füllig, mild und wenig säurebetont.

Anbaugebiet (→Karte 5): unübersehbares, zusammenhängendes, sich 4–6 km in die Ebene erstreckendes breites Rebenband an Vorhügeln der Haardt (pleistozäne Hochterrassen eiszeitlicher Rheinläufe) begleiten 80 km lange 1. »Deutsche Weinstraße« (1932) vom Deutschen Weintor bei Schweigen an elsässischer Grenze bis nach Bockenheim vor Worms. *2 Bereiche* (von S nach N): Südliche Weinstraße – Mittelhaardt-Deutsche Weinstraße.

8.2.4.1 Südliche Weinstraße

Oberhaardt, von Schweigen bis vor Neustadt: auf meist schweren Lehm- und Lößböden milde und herzhafte, frische Schoppenweine aus Silvaner- und Müller-Thurgau-Trauben, daneben interessante Qualitäts- bis Spitzenweine aus Traminer, Muskateller und Ruländer sowie Neuzüchtungen.

Bekannteste Weinorte: Schweigen, Bad Bergzabern, Leinsweiler, Siebeldingen, Gleisweiler, Edenkoben, Rhodt unter Rietburg mit 300-jährigem Traminer-Weinberg, St. Martin, Maikammer, Hambach.

8.2.4.2 Mittelhaardt-Deutsche Weinstraße

Mittelhaardt, das *pfälzische Edelweingebiet,* von vor Neustadt bis Herxheim: auf leichten, kiesigen und lehmigen Böden sowie kalkigen Buntsandsteinböden, vulkanischem Basalt und Glimmer gedeihen zwischen Deidesheim und Forst vollmundige Tischweine bis zu größten eleganten Spitzen-Rieslingen mit edler Rasse, Würze und feinstem Duft.

Qualitätsweinorte: Forst (bringt auf Basaltboden feurigsten und bukettreichsten Pfälzer Wein), Deidesheim, Ruppertsberg, dicht gefolgt von Wachenheim, Bad Dürkheim (größte deutsche Weinbaugemeinde), Kallstadt, Ungstein und Gimmeldingen.

Unterhaardt, zwischen Herxheim und Bockenheim: auf Lehm- und Tonböden milde sowie bukettreiche, gehaltvolle Silvaner-Weine um Grünstadt.

8.2.5 Rheinhessen

Geschichtliches: teilt Tradition der Nachbargebiete; seit Römerzeiten altes Kultur- und Weinland; Nierstein römischen Ursprungs; bereits um 800 stand rheinhessischer Weinbau in voller Blüte und Weine waren sehr begehrt, 755 Mettenheim und 764 Oppenheim genannt, Nackenheim und Bodenheim zur Zeit der Karolinger durch gute Weine bekannt, KARL D. GR. förderte von seiner Kaiserpfalz Ingelheim aus deutsche Weinkultur. Anbau der Riesling-Rebe erstmals 1402 in Worms und 1511 in Pfeddersheim urkundlich belegt. Geschichtsträchtige Landschaft zwischen Donnersberg und Rheinknie galt schon im Mittelalter als »Kelter Europas«.

Anbaufläche und Ertrag: mit 20 051 ha (1975) in geringem Abstand von Rheinpfalz *zweitgrößtes deutsches Anbaugebiet;* durchschnittlicher Ertrag 2,1 Mill. hl/J (1975 2,13 Mill. hl). *Feldanbau* vordringend.

Klima: vom Rhein im O und N, von Nahe im W, von Rheinpfalz im S und SW begrenzt; sanft gewellte Ebene gegen N durch Taunus, gegen O durch Odenwald geschützt, nur nach S in weites, warmes, oberrheinisches Tiefland hin geöffnet. Landschaft und Wein haben schon fast südlichen Charakter. Nach niederschlagsarmen, sonnenscheinreichen Sommern wirken sich oft Winterkälte und Spätfröste nachteilig aus.

Böden: Vielfalt rheinhessischer Weine durch Verschiedenartigkeit der Böden mitbestimmt: Lößböden bringen typische, zarte, harmonische Rheinhessen-Weine hervor, Quarzitschiefer- und vulkanische Porphyrböden um Bingen kräftige Weine mit pikanter Würze, Kalk-, Tonmergel-, Rotsandstein- und sandige Tonböden um Oppenheim, Nierstein, Nackenheim ansprechende Gewächse.

Rebsorten: an der Spitze liegen *Müller-Thurgau* mit 35 % und *Silvaner* mit 25 % (1928 noch 70 %), bes. an der Rheinfront; daneben *Riesling, Morio-Muskat* und *Scheurebe* mit 5 bzw. 6 %. Für Rotweine spielen *Portugieser* mit 4 % und *Blauer Spätburgunder* mit 1 % ebenso gewisse Rolle wie zahlreiche Neuzüchtungen, z. B. *Kanzler, Faber, Bacchus* und *Siegerrebe* im Hügelland.

Weine: milde, bekömmliche Silvaner, fruchtige Müller-Thurgau, kräftige, fruchtige, große Rieslinge; edle, würzige Blaue Spätburgunder um Ingelheim erfreuen sich seit KARL D. GR. hoher Anerkennung, Portugieser liefern leichte, gefällige rote Tischweine.

Größter Teil (88 %) der rheinhessischen Betriebe bringt Faßwein auf den Markt.

Charakteristik der rheinhessischen Weine: Weiße wie Rote mild und lieblich, heiter und ausgeglichen, duftig (CARL ZUCKMAYER nennt Wein seiner Heimat deshalb Lachwein) bis kräftig und würzig, jedoch süßer und weicher als benachbarte Rheingauer. Qualitäten reichen von bekömmlichen Tischweinen in großen Mengen bis zu eleganten Spitzengewächsen, z. B. aus Silvaner-Trauben zwischen Bodenheim und Oppenheim und Spätburgundern um Ingelheim.

Anbaugebiet (→Karte 6): linksrheinisches »Sonnendreieck« im Inneren des Rheinknies zwischen Worms – Mainz – Bingen und Alzey umfaßt *3 Bereiche:* Wonnegau – Nierstein – Bingen.

Berühmte *Rheinfront* auf pleistozänen Terrassen (Schwemmland eiszeitlicher Rheinläufe) mit *Oppenheim, Nierstein* und *Nackenheim* und westl. Mainz mit *Ingelheim* und *Bingen* bringt *beste* rheinhessische Weine hervor; aber auch im dahinterliegenden *Rheinhessischen Hügelland* um *Alzey, Gau-Odernheim* und *Gau-Bickelheim* gedeihen Weine mit gutem Ruf.

8.2.5.1 Wonnegau

Südlicher Teil des Anbaugebietes; an Rheinseite *»Liebfrauenstraße«* von Worms über Osthofen bis Mettenheim. Von Worms landeinwärts über Alzey hinaus nahezu geschlossene Weinlandschaft mit Monsheim, Flörsheim-Dalsheim, Westhofen, Bechtheim und Heimersheim.

8.2.5.2 Nierstein

Mittlerer Teil der Rheinfront von Mettenheim stromabwärts über Alsheim, Guntersblum, Oppenheim, Nierstein, Nackenheim und Bodenheim bis Mainz und Hinterland mit Gau-Bischofsheim und Gau-Odernheim.

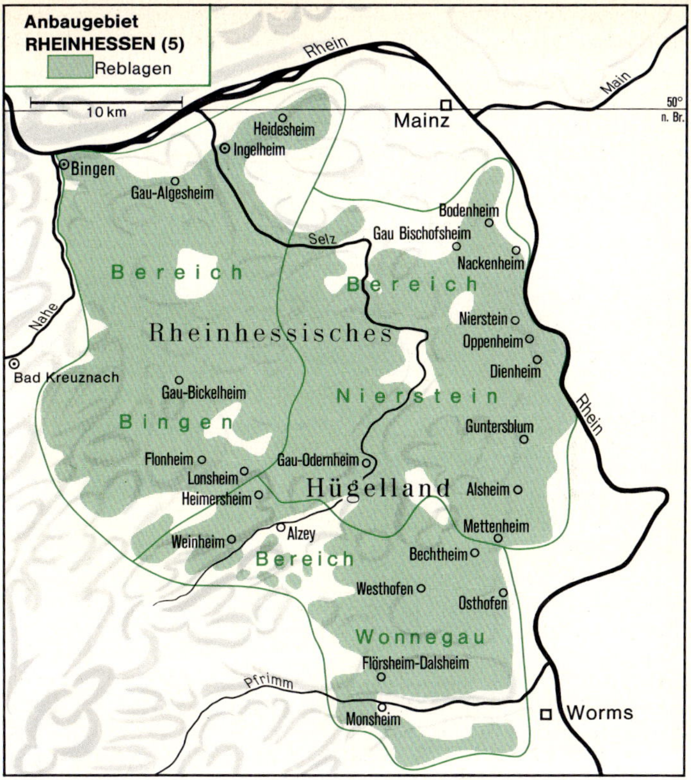

Karte 6: Das »Bestimmte Anbaugebiet« Rheinhessen

8.2.5.3 Bingen

Westlicher Teil Rheinhessens mit Rheinfront unterhalb Mainz von Heidesheim über Ingelheim bis Bingen und Hinterland, begrenzt von unterer Nahe im W und Rheinpfalz im S, mit Flonheim und Lonsheim.

8.2.6 Nahe

Geschichtliches: Als Weinland wie alle linksrheinischen Anbaugebiete römischen Ursprungs, Legionäre legten schon vor fast 2 Jahrtausenden weite Rebflächen im Nahegau[1] an.

[1] Gau = althochdt. Gelände am Wasser

Als modernes Weißweinland seit Jahrhundertwende vergleichsweise (zu benachbartem Rheinhessen, Rheingau und Mosel-Gebiet) junges Anbaugebiet.

Anbaufläche und Ertrag: 4271 ha (1975) mit durchschnittlichem Ertrag von 400 000 hl/J.

Klima: gleichmäßig mild und windgeschützt durch Höhen von Soonwald und Hunsrück, sonnenreich und regenarm; ausgewogene lange Reifezeit.

Böden und Lagen: an Hängen im Nahe-, Glan- und Alsenztal sehr verschiedenartig; verwittertes Schiefer- und Vulkangestein, Rotsandstein, Mergel, Lehm und Letten.

Vulkanische rote Porphyrböden geben Riesling-Weinen interessante Geschmacksnuancen; auf schwarzgrauem Karbonschiefer gedeihen Rieslinge mit zartem Duft und Aroma schwarzer Johannisbeeren, wie ausgezeichnete »Niederhausener Hermannshöhle«.

Rebsorten und Weine: reichliches Angebot von leichten und fruchtigen Tischweinen über gehaltvolle Gewächse bis zu edlen Kreszenzen. *3 Hauptrebsorten,* Müller-Thurgau, Silvaner und Riesling, stellen rd. 80 % aller Weine.

Müller-Thurgau (31 %): mundige, duftige und aromastarke Tischweine;

Silvaner (28 %): milde, säurearme, süffige Qualitätsweine;

Riesling (23 %): ausdrucksvolle Prädikatsweine mit edler Blume, fruchtiger Würze und rassiger Säure;

Ruländer: einige gehaltvolle, körperreiche, zartbukettierte Qualitäten;

Gewürztraminer: starke, würzige Dessertweine mit auffallend kräftigem Bukett;

ferner in wachsendem Umfang Neuzüchtungen.

Charakteristik der Naheweine: frühreif, herzhaft, duftig und feinfruchtig, mit meist mittlerem Säuregehalt; ähneln in ihrer mannigfaltigen Eigenart jeweils Weinen ihrer Nachbarn: frische, spritzige, erdig-stahlige Rieslinge an oberer Nahe und Glan von Gesteinsböden des Oberrotliegenden ähneln Moselweinen; rassige und feinfruchtige Weine bis zu Spitzenprädikaten von Schieferböden und volle, feurige von Vulkanböden im Hauptweingebiet an mittlerer Nahe und Alsenz nehmen Mittelstellung ein; gute Qualitäten von rheinischem Schiefer an unterer Nahe ähneln Rheingauern.

Anbaugebiet (→Karte 7): Im Stromgebiet der Nahe und ihrer Nebenflüsse Glan und Alsenz *2 Bereiche:* Schloß Böckelheim und Kreuznach.

8.2.6.1 Schloß Böckelheim

An **oberer Nahe** und **Glan** gedeihen auf nahrhaftem verwittertem Eruptivgestein frische, stahlige, saarwein-artige Rieslinge und Tischweine um Monzingen und Merxheim.

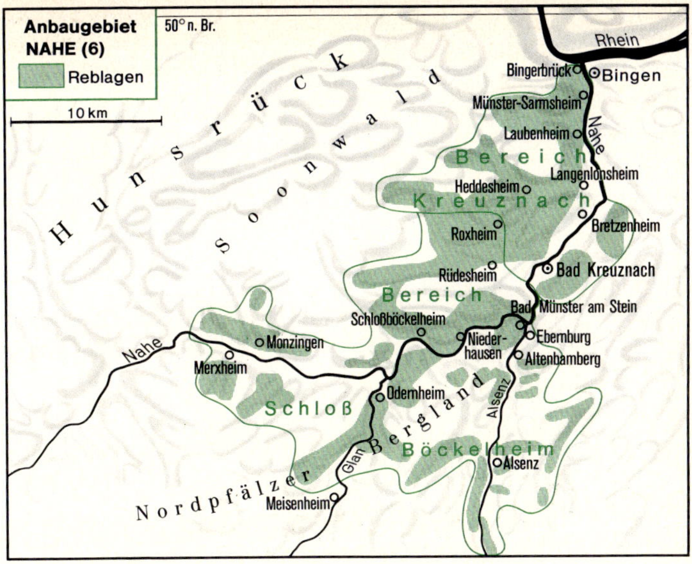

Karte 7: Das »Bestimmte Anbaugebiet« Nahe

An **mittlerer Nahe** und **Alsenz** beste Weinlagen, wie »Schloßböckelheimer Kupfergrube« der um den Nahe-Weinbau bes. verdienstvollen Staatlichen Weinbaudomäne Niederhausen-Schloßböckelheim.

Renommierte Weinorte: Alsenz, Altenbamberg, Ebernburg, Bad Münster am Stein.

8.2.6.2 Kreuznach

An **unterer Nahe** um Bretzenheim, Langenlonsheim, Münster-Sarmsheim und Bingerbrück auf rheinischem Schiefer Rheingauern ähnelnde, gute Qualitäten. Um Bad Kreuznach, Zentrum des gesamten Nahe-Anbaugebietes, erzeugen mehrere große Weingüter Spitzenweine.

8.2.7 Hessische Bergstraße

Geschichtliches: Bergstraße – strata montana der Römer – ist alte N-S-Verbindung im Rheintal an Odenwald-Hängen zwischen Darmstadt und Wiesloch bei Heidelberg. Weinbau am westlichen Odenwald-Rand sicherlich (zahlreiche Funde) schon zur Römerzeit vor nahezu 2 Jahrtausenden hier heimisch; um Mitte des 3. Jhs. anstürmende Alemannen behielten Weinbau bei, unter fränkischer Herrschaft breitete er sich zusehends aus; seit 765 urkundlich für berühmtes Reichskloster Lorsch, 770 für Heppenheim, 774 für Bensheim, etwas später für Weinheim belegt.

Anbaufläche und Ertrag: 361 ha (1975) mit durchschnittlichem Ertrag von 20 000 hl/J (33 000 hl 1975).

Weinwirtschaft: Vermarktung der Weine zu 80 % durch »Bergsträßer Gebietswinzergenossenschaft« in Heppenheim (mit über 500 Mitgliedern, in Mehrzahl nebenberufliche »Feierabendwinzer«), »Odenwälder Winzergenossenschaft« in Groß-Umstadt und bedeutende »Staatliche Domäne Bergstraße« in Bensheim/Heppenheim mit 35 ha. – Überwiegender Teil der Bergsträßer Weine wird an Ort und Stelle getrunken.

Klima: fast südländisch mild, »Frühlingsgarten Deutschlands«, da hier frühester Frühlingseinzug, langer Herbst; Jahresniederschlag 700–750 mm, davon großer Teil während Vegetationsperiode.

Böden und Lagen: gut erwärmbare Verwitterungsböden von Urgestein-Granit um Bensheim, gelber Buntsandstein um Heppenheim, steinige Porphyrböden um Umstadt. Weinberge liegen zwischen 130 und 260 m ü. NN.

Rebsorten und Weine: hochwertige Qualitäts- und Prädikatsweine bis zu Beeren- und Trockenbeerenauslesen (bis 200° Ö) aus *Riesling* (mit 53 % vorherrschend), *Müller-Thurgau* (20 %), ferner *Silvaner* (10 %), *Ruländer* (9 %) und etwas *Traminer.*

Charakteristik der Bergsträßer Weine: Gebietscharakter, geprägt durch besondere Klima-, Lage- und Bodenverhältnisse, unterscheidet sich deutlich von dem der benachbarten Rheingauer- und Rheinhessen-Weine. Bergsträßer Weine präsentieren sich als blumig-duftig, herzhaft-saftig, zart-säurebetont.

Anbaugebiet (→Karte 3): In wechselvoller Geschichte hat sich politische Zugehörigkeit des öfteren geändert:

Südlicher Teil der Bergstraße seit 1803 badisch: heute von Weinheim bis Durlach zum Bereich »Badische Bergstraße-Kraichgau« des Bestimmten Anbaugebietes Baden gehörend.

Nördlicher Teil ab *Heppenheim* bis *Darmstadt* ist hessisch (Rheingau); bildet wegen Eigenständigkeit von Landschaft und Weinbau gemäß Deutschem Weingesetz von 1971 (→6.2) kleinstes, selbständiges, »Bestimmtes Anbaugebiet«: »Hessische Bergstraße«. Auf schmalem Geländestreifen an steilem W-Abhang des Odenwaldes und S-Abhängen der in die Bergstraße einmündenden Täler des Odenwaldes liegen die *2 Bereiche:* Starkenburg und Umstadt.

8.2.7.1 Starkenburg

Geschlossenes Rebgebiet an Odenwald-Hängen zwischen Heppenheim über Bensheim bis Zwingenberg. Um Bensheim frische, herzhafte, elegante, im benachbarten Auerbach kräftige kernige Rieslinge.

8.2.7.2 Umstadt

Nordöstl. Starkenburg gelegene kleine Odenwälder Weininsel mit nur 3 Einzellagen um Groß- und Klein-Umstadt und Roßdorf; steinige Porphyrböden bringen fruchtige Riesling- und blumige Müller-Thurgau-Weine.

8.2.8 Rheingau

Geschichtliches: Legendenreicher Weingau und *Mittelpunkt deutscher Weinkultur*, die hier seit altersher gepflegt und verbreitet wurde: von den Römern über KARL D. GR., dem »weltlichen Wein-Heiligen am Rhein«, der den Weinanbau von gegenüberliegender Kaiserpfalz Ingelheim aus bahnbrechend förderte und erste Wein- und Besenwirtschaften (Heurigen-Schänken) schuf (urkundlich 838 Geisenheim, 864 Rüdesheim belegt), über 12 Klostergründungen des Erzbistums Mainz, über BERNHARD VON CLAIRVAUX und Zisterzienser-Mönche aus Burgund, die 1135 Kloster Eberbach (heute Staatliche Weinbaudomäne) gründeten und wahrscheinlich Blauburgunder (Klebrot[1]) dorthin brachten, berühmten »Steinberg« anlegten (→8.2.8.1), vermutlich Riesling aus rheinischer Wildrebe selektionierten und zu Lehrmeistern deutschen Weinbaus wurden, über Benediktiner-Mönche auf »Johannisberg« (→8.2.8.1), die 1775 erste Spätlese entwickelten und Wert der Edelfäule entdeckten (→6.4), bis zum Rat VON GOETHE, der schönstes deutsches Weingedicht über den Rheingauer Riesling, den berühmten »Eilfer« (Jahrhundertwein 1811), schrieb, und bis zur Königin VICTORIA von England, die den Rheingauer aus Hochheim hoffähig machte (→6.10).

Anbaufläche und Ertrag: 2 930 ha (1975) bringen durchschnittlich 250 000 hl/J (nur 192 000 hl/1974); obwohl dies nur 2–3 % der deutschen Weinernte sind, ist Rheingau *qualitativ bedeutendstes deutsches Anbaugebiet*, denn Weinklima und Tonschieferverwitterungsböden geben ideale Voraussetzungen für weltgepriesene Rheingau-Weine.

Klima: bes. günstig; Mandel, Feige, Zitrone reifen im Freien; warme, sehr trockene Sommer (450–500 mm Jahresniederschläge, Geisenheim niederschlagsärmster Ort der BRD), milde Winter. Weingärten durch Taunus-Berge gegen rauhe N-Winde geschützt; an S-Hängen zweifache Sonnenkraft: direkt den Sonnenstrahlen zugekehrt und indirekt im reflektierten Licht des hier seeartig breiten Rheinstromes. Vom Fluß aufsteigende Herbstnebel fördern Entwicklung von Edelfäule (→3.2.4) und Traubenreife.

Böden: bunte Vielfalt auf kleinstem Raum gibt jedem Weinort eigene Variante: *um Hochheim* stehen Reben auf lehmigen und sandigen, sich schnell erwär-

---

[1] *Klebrot* oder (in der Schweiz) blauer *Klävner:* Synonyme für *Blauen Spätburgunder*, abgeleitet von oberitalienischem Chiavenna (Cleven) und daraus sprachlich abgewandelt zu *Kleb-Rot;* tritt erstmalig urkundlich 1442 im Zunftbuch der Hattenheimer Schröter (Faßmacher) auf und hat sich im Rheingau bis ins 20. Jh. erhalten

menden Böden, im *mittleren Rheingau* zwischen Eltville und Winkel auf frühzeitlichen Flußablagerungen mit Schotter, Lehm, Ton und Lößböden, im *unteren Rheingau* zwischen Rüdesheim und Lorch auf tiefgründigen, kalireichen Tonschieferböden verschiedener Färbung; in höheren Lagen, wie *Rauenthal,* verleihen steinige Böden den Rieslingen bes. ausgeprägten Charakter.

Rebsorten: *Riesling* (76 % der Rebfläche), der empfindlicher als jede andere Rebsorte auf Boden- und Klima-Unterschiede reagiert, findet hier ideale Bedingungen, entwickelt sich zu größter Vollkommenheit, macht Rheingauer Riesling-Weine durch Blume, Würze und Eleganz, gepaart mit feinster Fruchtsäure, zum edelsten Spitzen-Weißwein der Welt (nach THOMAS MANN »das Edelste, was Gott zu bieten hat«).

Daneben reiche Auswahl an leichten, fruchtigen, angenehmen Tischweinen mit interessantem Bukett aus *Müller-Thurgau* (10 % der Anbaufläche) und *Silvaner* (5 %); Rest verteilt sich auf *Traminer* – zählt mit feinem, dezent-würzigem Bukett, mit Körper und viel Spiel zu wertvollen Raritäten – und Neuzüchtungen, wie *Ehrenfelser, Reichensteiner, Kerner, Scheurebe* und *Gutenborner.*

Blaue Spätburgunder-Trauben reifen auf graugrünen Phyllitschieferböden auf 60 ha in einem Seitental bei *Aßmannshausen;* feiner Bittermandel-Geschmack verbindet Art des roten Rheinweins mit der französischer Edelgewächse. Aus gleicher Traubensorte nach altem, in der Champagne gebräuchlichem Verfahren gekelterte *Rot-Weiß-Weine* sind seltene Spezialität und durch Rassigkeit meist Weißherbsten überlegen; v. a. im Most edelfauler Spätburgunder-Trauben erscheinen alle Inhaltsstoffe verdichtet, nur Gerbstoffe und Farbstoffe sind größtenteils zerstört.

Weine: hochedle Rieslinge; Weine der Niederung glatt, geschmeidig, etwas weniger rassig als die ausgesprochen fruchtigen, durch harmonischen Gleichklang von edler Säure und Süße ausgezeichneten der höher liegenden Bergterrassen, z. B. Rauenthaler und Eberbacher.

Charakteristik der Rheingauer Weine: verbinden elegante Säure, feine Süße und fruchtige Eleganz zu seltener Harmonie.

Anbaugebiet (→Karte 8): an südliche Taunus-Abhänge geschmiegtes, zum rechten Rheinufer abfallendes, klimatisch begünstigtes Hügelland mit nur *einem Bereich:* Johannisberg.

8.2.8.1 Johannisberg

Auf noch nicht 40 km langer rechter Rheinfront zwischen Hochheim an der Main-Mündung und Lorch am Mittelrhein unweit Wisper-Mündung liegen eng aneinander gereiht 20 *Weinorte,* von denen jeder mit Spitzenweinen von Weltruf aufwarten kann, dazwischen berühmte Weingüter, Schlösser und Klöster:

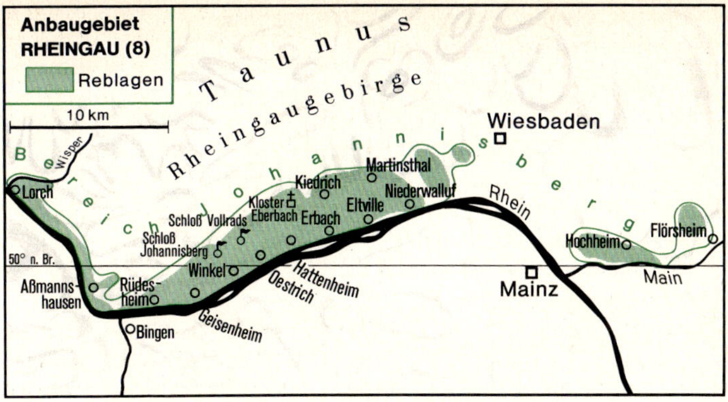

Karte 8: Das »Bestimmte Anbaugebiet« Rheingau

weltberühmte Hochheimer Rieslinge sind erdig, gediegen, zart-blumig bis kräftig-fruchtig; haben Rheinweinen im englischen Kulturbereich (→8.2.8) Bezeichnung *hock* eingebracht;

unweit Rheinfront: Niederwalluf, Eltville, Erbach mit berühmtem »Marcobrunnen« mit viel Saft und großer Fülle, ausgezeichnet durch Harmonie und schöne Reife, Hattenheim mit unvergleichlichem »Nußbrunnen«, Oestrich mit bekanntem »Lenchen«, Wein mit viel Blume, Frucht, Würze und Finesse, Winkel, Geisenheim, Rüdesheim (größte geschlossene Riesling-Gemarkung) mit vollen markigen Weinen von steinigen Felsterrassen, Aßmannshausen mit *Deutschlands unerreicht bestem Rotwein* vom felsigen Schiefer und Quarzit: voller, kräftiger, feuriger Spätburgunder mit leichtem Bittermandel-Geschmack, und Lorch mit ansprechenden rassigen Weinen bis zu Edelgewächsen von feinster Frucht und Art von Schiefer-Steillagen, in Beerenauslesen vollendete Weine;

in höheren Lagen besonders rassige Rieslinge aus Rauenthal mit eleganter, blumiger Art und feiner Frucht, Kiedrich mit wertvollen nervigen Weinen vom Gräfenberg mit feiner Würze, Kloster Eberbach mit Staatsdomäne (mit 189 ha größter Erzeugerbetrieb der BRD) und berühmtem »Steinberg« (27 ha), Hallgarten, Schloß Vollrads, Schloß Johannisberg (ehemalige Benediktiner-Abtei, nach großer, wechselvoller Geschichte seit Wiener Kongreß dem Fürsten METTERNICH vom Kaiser zum Lehen gegeben) mit *Weinen von Weltruf.*

8.2.9 Mosel-Saar-Ruwer

Geschichtliches: Griechen vermittelten von Marseille aus Weinkultur an Mosel und ihre Nebenflüsse; seit 1. Jh. n. Chr., der Römerzeit, nahezu in sich geschlossenes Anbaugebiet. Trier, ehemalige römische Kaiserstadt, ist Weinmetropole geblieben. Römischer Dichter AUSONIUS preist 370 n. Chr. in erhaltengebliebenem Hymnus zeitlos gültig Mosellandschaft und Weine. Damals und bis zum 30-jährigen Krieg wurden im wesentlichen Elbling und blaue Reben angebaut. Mit Neuanlagen Ende 17. Jhs. kam in größerem Umfange Riesling-Rebe ins Land, der das Anbaugebiet Weintyp und Weltgeltung verdankt. Anbau von nahezu ausschließlich Riesling bis vor 20 Jahren geht aber erst auf Verbot (1786) anderer Rebsorten durch letzten Trierer Kurfürsten CLEMENS WENZESLAUS (1739–1812) zurück.

Anbaufläche und Ertrag: Anbau hat sich von 7500 ha (1900) ziemlich stetig auf 11 610 ha (1975) und entsprechenden Marktanteil ausgedehnt; Ertrag durchschnittlich 1,2 Mill. hl/J (1,6 Mill. hl 1975).

Weinwirtschaft: Genossenschaftswesen weniger als in anderen deutschen Anbaugebieten entwickelt, aber wachsend, etwa 18 % (Zentralkellerei Mosel–Saar–Ruwer in Bernkastel-Kues); noch hoher Anteil von Selbstvermarktern; Rebanbau wichtige Erwerbsquelle der Bevölkerung.

Um Trier bedeutende *Weingüter:* Bischöfliches Konvikt, Bischöfliches Priesterseminar, Friedrich-Wilhelm-Gymnasium, Vereinigte Hospizien, Reichsgraf von Kesselstadt und Staatliche Weinbaudomäne, die auf besten Lagen deutsche Spitzenweine erzeugen.

Klima: nördliche Lage für Rebanbau oft ungünstig, v. a. an der Saar.

Böden und Lagen: tiefgründiger Muschelkalk an *Obermosel,* dunkle, wärmespeichernde, mineralreiche, steile Devonschiefer-Hänge (bis 60°) an *mittlerer Mosel,* Grauwackenschiefer an *unterer Mosel;* Hänge der Mittel- und Untermosel bei reichlicher Düngung für Rebkulturen sehr geeignet, v. a. für Riesling; vorwiegend Steillagen.

Rebsorten: angebaut werden *ausschließlich helle Sorten.* Häufige schwere Rückschläge in weniger geeigneten Lagen ließen *Riesling*-Anteil auf 63 % zurückgehen, führten zur Anpflanzung von *Müller-Thurgau* (21 %), v. a. in Tallagen, und zu Neuzüchtungen (6 %, →u.). Uralte *Elbling*-Rebe hält sich – an Obermosel – mit 10 %.

Seit mehr als einem Jahrzehnt werden über 2 Dutzend *Kreuzungen* auf folgende Züchtungsziele hin geprüft: höhere (über 70° Ö) Mostgewichte – d. h. mehr Zucker in Trauben und mehr Alkohol im Wein –, geringerer Säuregehalt, Anbaueignung auch in weniger guten Lagen, frühe Vollreife, geringere Qualitätsschwankungen als bei Riesling. Sortenauswahl konnte inzwischen auf 7 Neuzüchtungen (→7.2) eingeengt werden, die im Versuchsanbau weiter erprobt werden: *Kerner, Reichensteiner, Bacchus, Optima, Ortega, Schönburger* und *Würzer.*

Weine

Moselweine: leichte, heitere, würzige Mosel mit rassiger Riesling-Säure und feinem Fruchtaroma erfreuen sich seit Jahrhundertwende großer Beliebtheit;

mit einzigartigem Schiefer-Ton und eleganter Spritzigkeit gelten sie mit als lebendigste deutsche Weine.

Saarweine: sind mit eigenem Charakter, feiner Säure, Blume und langem Abgang nervig, oft noch fruchtiger, feinrassiger, prickelnder als Moselweine, lange lagerfähig, in guten Jahren voller Frucht und angenehmer Fülle, in minder guten stahlig bis herb, werden dann zur Sekt-Bereitung verwendet; *Spitzen:* »Scharzhofberger«, »Ayler Kupp«, »Wiltinger Braune Kupp«.

Ruwerweine: von feiner Eleganz, vollwürzig bis rauchig und erdig, weicher und leichter als Saarweine; *Spitzen,* z. B. »Eitelsbacher Karthäuserhofberg«; Lagen aus alten geistlichen Weinbergen, wie »Maximin-Grünhäuser Herrenberg« oder »Kaseler Hitzlay«, werden als rassigste Riesling-Weine bewertet, *gehören zu edelsten deutschen und besten Weißweinen der Welt.*

Mosel–Saar–Ruwer-Rieslinge liefern auch rassigste Sekte Europas.

Charakteristik der Mosel–Saar–Ruwer-Weine: Frische und Rasse, zarte Blume und fruchtige Würze, feine und elegante Fruchtsäure, typische hellgrüne Farbe; von anregender Wirkung und guter Bekömmlichkeit.

Anbaugebiet (→Karte 9): eines der schönsten Weinländer der Erde. Mosel windet sich über 200 km unter Aufnahme mehrerer Nebenflüsse, deren bedeutendste Saar und Ruwer sind, tief eingeschnitten in den Fels, zwischen den schützenden Hängen des Hunsrück im SO und der Eifel im NW, und in zahlreichen Schleifen dem Rhein zu.

Nach Landschaft und Weincharakter gegliedert in *4 Bereiche:* Zell/Mosel – Bernkastel – Obermosel – Saar-Ruwer.

8.2.9.1 Zell/Mosel

An **Untermosel** von Zell, Merl, Bullay über Ellenz, Cochem, Pommern, Treis, Winningen bis Koblenz gedeihen auf grobem, magerem Grauwackenschiefer frische, spritzige, duftige Tischweine bis zu eleganten Gewächsen, die denen vom Mittelrhein mitunter ähneln.

8.2.9.2 Bernkastel

An **Mittelmosel** von Longuich über Klüsserath, Trittenheim, Piesport, Brauneberg, Bernkastel-Kues, Graach, Wehlen, Zeltingen, Ürzig, bis Erden, Traben-Trarbach, Enkirch und Briedel liefern Riesling-Trauben auf weichem, fettem, wärmespeicherndem und mineralstoffreichem Hunsrück-Devonschiefer, der nährt und feucht hält, am Tage Sonnenwärme speichert und nachts abgibt, typische, edle Weine bis zu Spitzengewächsen von leichterer Eleganz und würzigerer Zartheit als die der angrenzenden Bereiche, auch leichter und heiterer als Rhein-Rieslinge.

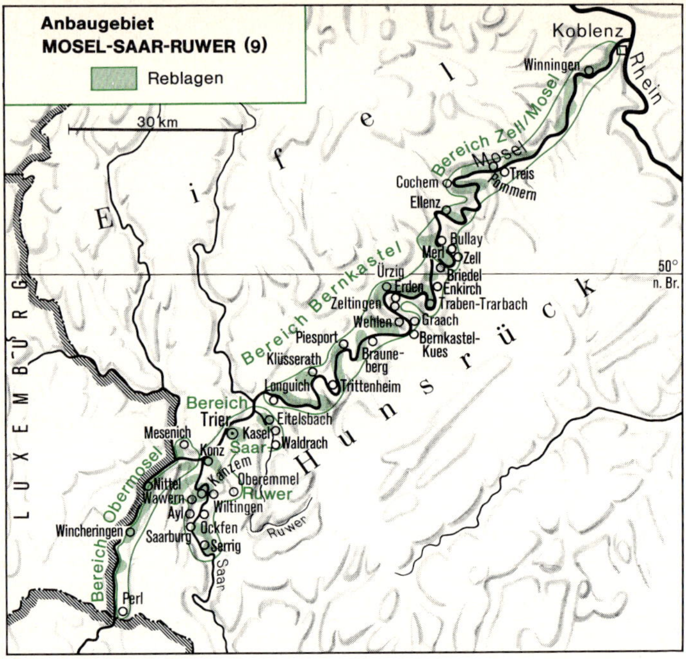

Karte 9: Das »Bestimmte Anbaugebiet« Mosel–Saar–Ruwer

8.2.9.3 Obermosel

An **Obermosel** von Perl über Wincheringen, Nittel, Mesenich bis zur Saar-Mündung oberhalb Trier im sog. »Kalkweingebiet« an schweren, kühlen Muschelkalk-Hängen leichte, kleine Weine, überwiegend aus der seit Römerzeit kultivierten, sehr ertragreichen, bukettarmen und säurereichen Elbling-Traube; heute vorwiegend für einheimischen Schoppenwein, für Verschnitte und zur Sekt-Herstellung verwendet.

8.2.9.4 Saar-Ruwer

Umfaßt Saar- und Ruwer-Tal sowie zwischen deren Mündungen gelegenes Moseltal mit Trier.

Unteres Saar-Tal: 30 km langes, schmales, 1100 ha großes Rebgebiet an steilen, sonnigen und wärmespeichernden Tonschiefer-Hängen von Serrig über Saarburg, Ockfen, Ayl, Wiltingen, Kanzem bis Konz an der Saar-Mündung; bringt feinblumige, erfrischende, pikante und rassige Rieslinge.

Unteres Ruwer-Tal: auf kurzer Strecke von nur 7 km mit 250 ha Rebbau an steilen schwarzen Schiefer-S-Hängen um Waldrach, Kasel und Eitelsbach gedeihen erdige und würzige Rieslinge.

8.2.10 Ahr

Geschichtliches: Anbau geht auf Römer zurück; bei Neuenahr kürzlich Weinberg aus 3. Jh. n. Chr. in 4 m Tiefe ausgegraben. Erste urkundliche Nachricht von 770. Seit 1680 überwiegend *Rotweinland* geblieben.

Anbaufläche und Ertrag: 482 ha (1975) auf 25 km langem Rebstreifen entlang unterer Ahr an Hängen der Eifel (Steillagen), mit durchschnittlichem Ertrag von 40 000 hl/J (50 000 hl 1975).

Weinwirtschaft: Flurbereinigung begann hier später als in anderen deutschen Weinbaugebieten, da in Steillagen sehr schwierig und teuer (bis DM 130.000,–/ha). Nach Umlegung Anbau auf 800–1000 ha angestrebt. Umstellung von Pfahlerziehung auf Drahtrahmen-Anlagen mit 1,50 × 1,20 m Pflanzabständen (→3.2.1) hat Arbeitsaufwand auf Hälfte gesenkt (→3.2.5).

Vorwiegend kleine Winzerbetriebe mit Streubesitz haben sich frühzeitig – 1868 in Mayschoß 1. deutsche Winzergenossenschaft gegründet – genossenschaftlich vereinigt; heute über 90 % in modernen Genossenschaftsbetrieben zusammengeschlossen; 80 % Nebenerwerbsbetriebe.

Klima, Böden und Lagen: Reben gedeihen und reifen im nördlichen, jedoch milden und sonnigen, regenarmen und windgeschützten Grenzgebiet noch gut, weil Schiefer- und Vulkanverwitterungsböden am Tage ausgezeichnet Wärme speichern und nachts wieder ausstrahlen, Ahr Sonnenstrahlen reflektiert und Feuchtigkeit reguliert.

Weinbau an schroffen Tonschieferhängen der Eifel noch steiler als an Mosel: 93 % der Weinbergfläche nehmen kühn terrassierte, felsige Steillagen ein, 3 % Hanglagen, nur 4 % Flachlagen. Lößböden vorwiegend im Tal, Schiefer- und Vulkanböden an Hängen.

Rebsorten und Weine: einziges größeres, *geschlossenes* Rotweingebiet der BRD mit Anteil von 54 % blauen Trauben, »Deutschlands Rotweingarten«. Auf Vulkan- und Schieferböden bringen *Blauer Spätburgunder* mit 28 % kraftvolle, samtige, rubinrote Weine, deren Spitzengewächse denen aus Burgund nicht mehr nachstehen, ertragreiche *Blaue Portugieser* mit 25 % hellfarbige, in der Säure frische, mildere Rotweine.

Anbau weiterer Rotwein-Traube, einer winterharten und rieselfesten, aussichtsreichen Neuzucht von *Portugieser × Blauer Spätburgunder* (IV–25–7) des Züchters PETER MORIO mit 30 % höheren Erträgen und 10° höherem Öchsle-Gewicht als Portugieser sowie überlegenem Farbstoffgehalt, ist angelaufen. Zahlreiche andere Kreuzungen aus blauen Rebsorten werden in Staatsdomäne Marienthal erprobt; Schwerpunkt soll jedoch Blauer Spätburgunder bleiben.

Riesling mit 22 % und *Müller-Thurgau* mit 19 % liefern gute Weißwein-Qualitäten.

Charakteristik der Ahrweine: Stärke liegt fraglos in hervorragenden samtigweichen bis herben, temperamentvollen, rubinroten Spätburgundern; Portugieser werden zu beachtlichen, angenehmen und milderen Weinen ausgebaut; Riesling-Weine sind saftig und rassig; Müller-Thurgau bringt meist leichte und spritzige Tischweine.

Anbaugebiet (→Karte 10): Ahrtal, landschaftlich sehr reizvoll, – zwischen 50° und 51° n. Br. – ist nördlichstes und zweitkleinstes Bestimmtes Anbaugebiet der BRD mit nur *einem Bereich:* Walporzheim/Ahr.

Als einziges geschlossenes deutsches Anbaugebiet noch völlig reblausfrei, daher weitgehend wurzelechter Anbau.

Karte 10: Die »Bestimmten Anbaugebiete« Ahr und Mittelrhein

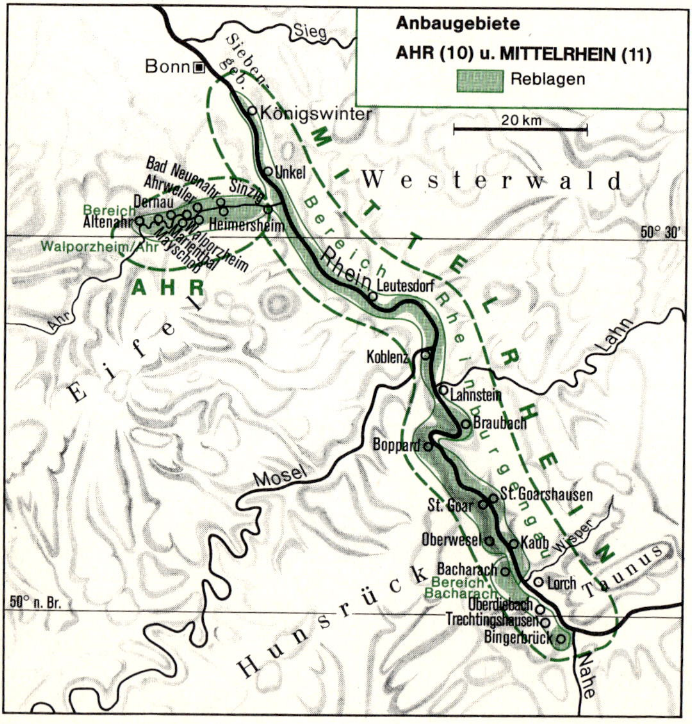

8.2.10.1 Walporzheim/Ahr

An *unterer* Ahr liegen auf 25 km, durch »Grüne Straße« miteinander verbunden, 9 bekannte *Weinorte:* Altenahr, Mayschoß, Dernau, Marienthal (mit Staatlicher Weinbaudomäne), Walporzheim, Bad Neuenahr-Ahrweiler (mit Landeslehr- und Versuchsanstalt für Weinbau), Heimersheim und Sinzig an der Ahr-Mündung.

8.2.11 Mittelrhein

Geschichtliches: Rebanbau geht auf Römer zurück, urkundlich 983 für Kaub belegt; Bacharach (von Bacchara = Altar des Bacchus) im Mittelalter und bis zum 18. Jh. berühmtester Weinort, Inbegriff und Hauptumschlagsplatz für Rheinwein und Mittelpunkt einer Landschaft, die nach ALEXANDER VON HUMBOLDT »Achtes Weltwunder« ist. Burgengekröntes Landschaftsbild des Mittelrheins für ungezählte Besucher aus aller Welt heute noch weitverbreitete Vorstellung von deutscher Weinromantik: trutzige Burgen, majestätischer Rhein und König Wein.

Anbaufläche und Ertrag: 845 ha brachten 1975 80 000 hl (nur 57 000 hl 1974); einziges deutsches Anbaugebiet, dessen Rebfläche um über 20 % in letzten Jahrzehnten abgenommen hat, da schwieriger Anbau an steilsten Hängen bis 80° auf schmalen Terrassen nur unter hohen Kosten (bis DM 130.000,–/ha) flurbereinigt, rationalisiert und mechanisiert werden kann. Nach Durchführung Anbau von 1 000 ha vorgesehen. – Mehrzahl kleiner Winzerbetriebe vermarktet selbst.

Klima: wegen S-N-Richtung des Rheinstroms liegen hier in nördlichster Anbauzone viele O-W-Weinlagen klimatisch benachteiligt (im Gegensatz zu Weinbau-S-Lagen im benachbarten Rheingau); Sonne trifft die tief in die Berge eingeschnittenen, schmalen Felsen des Rheintals nur in mittleren und oberen Hanglagen; jedoch schützen Hunsrück, Taunus und Westerwald.

Böden: karge, steile Tonschiefer-Hänge (bis 60°) mit Lößeinlagen.

Rebsorten: *Riesling* beherrschend mit 77 %, im weiten Abstand gefolgt von *Müller-Thurgau* mit 12 % und *Silvaner* mit 4 %.

Weine: allgemein von guter Mittelmäßigkeit; am *oberen* Mittelrhein oberhalb Koblenz reif und fruchtig mit dezentem Riesling-Ton, am *unteren* Mittelrhein frischer und kerniger, denen der unteren Mosel ähnelnd; stromabwärts von mild über herzhaft bis herb, duftig und blumig, bekömmlich; meist am Ort und von Touristen getrunken.

Spezialität und heute Rarität am Siebengebirge: Spätburgunder »Drachenblut« vom vulkanischen Trachyt-Drachenfelsen.

Charakteristik der Weine vom Mittelrhein: spritzige, frische, herzhafte und herb-saftige Rieslinge und milde, süffige Müller-Thurgau und Silvaner.

Tab. 18: Übersicht über die

»Bestimmtes Anbaugebiet«	Baden	Württemberg	Franken	Rheinpfalz linksrheinisch	Rheinhessen
Geographische Lage	langgestreckt in Oberrheinischer Tiefebene mit 7 in sich geschlossenen Bereichen vom Bodensee bis zum Badischen Frankenland	Talhänge von Neckar, Rems, Murr, Enz, Bottwar, Zaber, Kocher, Jagst und mittlerer Tauber	an Talhängen von Main, Fränkischer Saale, Wern und Tauber	zwischen elsässischer Grenze und unweit Worms 4–6 km breites Rebband an Haardt-Hängen, zur Rheinebene geneigt	»Sonnendreieck« im großen Rheinknie zwischen Worms – Mainz – Bingen
Anbaufläche 1975 in ha	13 069	7 603	3 194	20 457	20 051
Erträge (Weinmost in 1 000 hl) 1975 durchschnittlich	1 168 1 200	787 700	329 200	2 376 2 300	2 132 2 100
Klima	sehr begünstigt durch niedrige, südliche Lage im Schutz von Schwarzwald und Vogesen	rebgünstig, ausgewogen in Wärme und Niederschlägen	maritim im W und kontinental-maritim im O	wärmstes in BRD, sehr geschützt gegen N und W, hohe Luftfeuchtigkeit	sonnenreich, niederschlagsarm; kalte Winter und Spätfröste
Böden	Urgestein- und Vulkanverwitterungsböden, Kiese und Sande, Löß und Lehm, Ton und Mergel, Muschelkalk und Rotliegendes	Keuper mit Mergel und Kalk, Buntsandstein, Muschelkalk	Urgestein (Glimmerschiefer Gneis, Granit), Buntsandstein, Muschelkalk, Keuper mit Gips	Buntsandstein, Löß und Lehm, Mergel und Muschelkalk, Keuper und Rotliegendes, Diluvialsande	Löß, Quarzitschiefer, Porphyr, Kalk, Mergel, Ton
Rebsorten 1975	*Müller-Thurgau* 34 % *Ruländer* 14 % *Gutedel* 10 % *Riesling* 7 % *Silvaner* 5 % *Weißer Burgunder* 3 % *Blauer Spätburgunder* 19 %	*Riesling* 22 % *Silvaner* 8 % *Müller-Thurgau* 14 % *Trollinger* 21 % *Müllerrebe* 9 % *Portugieser* 6 % *Limberger* 6 % *Blauer Spätburgunder* 4 %	*Müller-Thurgau* 46 % *Silvaner* 33 % *Scheurebe* 2 % *Riesling* 3 % verschiedene Neuzüchtungen	*Müller-Thurgau* 24 % *Silvaner* 22 % *Riesling* 14 % *Morio-Muskat* 7 % *Scheurebe* 4 % *Portugieser* 11 % zahlreiche Neuzüchtungen	*Müller-Thurgau* 35 % *Silvaner* 24 % *Scheurebe* 6 % *Riesling* 5 % *Morio-Muskat* 5 % *Portugieser* 4 % zahlreiche Neuzüchtungen
Verhältnis weiß : rot	78 : 22	51 : 49	98 : 2	88 : 12	95 : 5
Weine	große Vielfalt blumiger, alkohol- und körperreicher, glutvoller Weine	markant, eigenwillig, herzhaft, nervig, mit anhaltendem Abgang und erdhaftem Nachgeschmack; »Schleckerweine«	kräftig, stark, rassig, langlebend, erdhaft, kernig, würzig, meist trocken, belebend, erfrischend	bernsteinfarbig, körperreich, rund, voll, kräftig, aromatisch, füllig, mild und wenig säurebetont	heitere, milde, zarte, harmonische bis kräftige, würzige Weißweine; angenehme Rotweine; Weine allgemein weicher als Rheingauer

11 »Bestimmten Anbaugebiete« (b. A.) in der BRD

Nahe	Hessische Bergstraße	Rheingau	Mosel–Saar–Ruwer	Ahr	Mittelrhein
im Stromgebiet der Nahe und ihrer Nebenflüsse Glan und Alsenz	im Rheintal an Odenwald-W-Abhang und S-Abhängen der Nebentäler zwischen Bensheim und Heppenheim	40 km Rheinfront zwischen Hochheim an Main-Mündung und Lorch; Hügelland vor Taunus	an Talhängen von Mosel, Saar und Ruwer	25 km langer Rebstreifen im mittleren und unteren Ahrtal	Rhein-Engtal von Nahe-Mündung bei Bingerbrück bis Siebengebirge gegenüber Bonn
4 271	361	2 930	11 610	482	845
398 400	33 20	267 250	1 608 1 200	50 40	80 80
gleichmäßig mild, windgeschützt, sonnenreich, regenarm, lange Reifezeit	sehr mild; frühester Frühlingseinzug in Deutschland, langer Herbst	weingünstig geschützt; warme trockene Sommer, milde Winter	nördlich wechselvoll	im engen Flußtal der nördlichen Anbauzone noch weingünstig	klimatisch benachteiligte O- und W-Lagen
Porphyr, Schiefer, Rotsandstein, Mergel, Letten, Lehm	Granit, Buntsandstein, Porphyr	Sand, Schotter, Lehm, Löß, Ton, kalireiche Tonschieferböden	Muschelkalk an Obermosel, sonst Hunsrück-Devonschiefer, Grauwackenschiefer	wärmespeichernde Böden aus Schiefer oder Vulkangestein	Tonschiefer mit Löß, steile Terrassen
Müller-Thurgau 31 % *Silvaner* 28 % *Riesling* 23 % *Scheurebe* 5 %	*Riesling* 53 % *Müller-Thurgau* 20 % *Silvaner* 10 % *Ruländer* 9 %	*Riesling* 76 % *Müller-Thurgau* 10 % *Silvaner* 5 % *Blauer Spätburgunder* 2 %	*Riesling* 63 % *Müller-Thurgau* 21 % *Elbling* 10 % Neuzüchtungen 6 %	*Blauer Spätburgunder* 28 % *Portugieser* 25 % *Riesling* 22 % *Müller-Thurgau* 19 %	*Riesling* 77 % *Müller-Thurgau* 12 % *Silvaner* 4 %
99 : 1	99 : 1	98 : 2	100 : 0	46 : 54	98 : 2
herzhaft, feinfruchtig; ähneln entweder rassigen bis stahligerdigen von Mosel–Saar–Ruwer oder duftig-eleganten gehaltvollen vom Rheingau	blumig-duftig, herzhaft-saftig, zart-säurebetont	elegante Säure, feine Süße und fruchtige Eleganz zu seltener Harmonie verbunden	frisch und rassig, blumig, fruchtig, elegante Riesling-Säure, anregend, bekömmlich	samtig-weiche bis herbe, rubinrote Spätburgunder; gute weiße Tischweine	frisch und saftig, feinblumig, mild bis herb

Anbaugebiet (→Karte 10): drittkleinstes in BRD, eines der nördlichsten in Europa; schmales, 135 km langes Rhein-Engtal erstreckt sich *linksrheinisch* von Nahe-Mündung bei Bingerbrück bis Rolandseck südl. Bonn, *rechtsrheinisch* von Wisper-Mündung bei Lorch bis Königswinter am Siebengebirge. Schmale Terrassen des schroff zum Rheinstrom abfallenden Rheinischen Schiefergebirges, gekrönt von zahlreichen Burgen und Ruinen, geben der Landschaft besonderes Gepräge. Anbaugebiet in *3 Bereiche* eingeteilt: Bacharach, Rheinburgengau und Siebengebirge.

8.2.11.1 Bacharach

Erstreckt sich nur *linksrheinisch* von Nahe-Mündung bei Bingerbrück über Oberdiebach und Weinzentrum Bacharach bis gegenüber Kaub; durch den Bereich führt die landschaftlich sehr reizvolle »Rheingoldstraße«.

8.2.11.2 Rheinburgengau

Zunächst von Wisper-Mündung bis Kaub nur rechtsrheinisch; hier namhafter Anbau heute erst beginnend; ab Kaub Anbaubereich auf beiden Rhein-Seiten; *rechtsrheinisch* über St. Goarshausen bis gegenüber Boppard, entlang beliebter »Loreley-Burgenstraße«; *linksrheinisch* Oberwesel, St. Goar mit besten Weinlagen und Boppard; weiter beiderseits stromabwärts mit bedeutenden Weinorten v. a. auf rechter Stromseite: Braubach, Lahnstein, Koblenz (linksrheinisch), Leutesdorf und Unkel.

8.2.11.3 Siebengebirge

Nördlichste Großlage (Petersberg) um Königswinter gegenüber Bonn–Bad-Godesberg.

9 REBSORTEN UND WEINE DER EUROPÄISCHEN WEINBAUGEBIETE

9.1 Rebanbauflächen und Weinerträge

Europa (→Karte 11) ist größter und bedeutendster weinproduzierender Erdteil (→Tab. 19 u. 23), EWG größter und wichtigster weinbaulicher Wirtschaftsraum und Weinkonsument (Pro-Kopf-Verbrauch durchschnittlich 51 l/J) der Erde. Europäische Hektarerträge (→Tab. 20) liegen weit über denen anderer Kontinente, sind jedoch auch innerhalb Europas äußerst unterschiedlich, betragen z. B. in der BRD durchschnittlich 104 hl/ha, gegenüber Spanien mit

Tab. 19: Rebanbauflächen und Weinerträge der Erde (1975)

Welt	*Rebanbaufläche:* *Weinertrag:* *Weinverbrauch:*	rd. 10,7 Mill. ha 322 Mill. hl (1973: 350 Mill. hl); davon 80 % Rotweine. Mit weiter steigenden Erntemengen, v. a. in Ostblock-Ländern und überseeischen Gebieten, wird gerechnet. 277 Mill. hl
Europa	*Rebanbaufläche:* *Weinertrag:*	7,2 Mill. ha (= fast Größe Österreichs) in etwa 80 Anbaugebieten, das sind 68 % der Weltanbaufläche 280 Mill. hl, das sind 82 % der Welterzeugung
EWG-Raum	*Rebanbaufläche:* *Weinertrag:*	3,1 Mill. ha, das sind 31 % der Weltanbaufläche 143 Mill. hl, das sind 45 % der Welterzeugung; übrige westeuropäische Länder produzieren fast 17 %
COMECON-Länder (Ostblock-Raum)	*Rebanbaufläche:* *Weinertrag:*	2,1 Mill. ha, das sind knapp 20 % der Weltanbaufläche; durch staatliche Förderung in letzten 2 Jahrzehnten um insgesamt 50 % gestiegen und weiter im Steigen begriffen 51 Mill. hl, das sind fast 15 % der Welterzeugung

weniger als 34 hl/ha, schwanken aber selbst in den einzelnen Jahren im gleichen Anbaugebiet bis zu 70 % und bei unterschiedlichen Rebsorten noch weit mehr (60 hl/ha bis 300 hl/ha). Das Jahr 1973 erbrachte mit mengenmäßig größter Weinernte, die es jemals gegeben hat, absoluten Rekord.

Wein unterliegt auch hinsichtlich seiner volkswirtschaftlichen Einstufung einer sehr unterschiedlichen Beurteilung. Während er in der BRD zu Genußmitteln zählt, gilt er in klassischen Weinländern Frankreich, Italien, Spanien und Portugal als Grundnahrungsmittel.

Weinerzeugung in der Welt ist in letzten 2 Jahrzehnten infolge vermehrter Anbaufläche (bis um 2/3), dank besseren Rebmaterials und intensiver Bewirtschaftung um 35 % gestiegen, Weinverbrauch jedoch nur um 3 %. Da also weit mehr Wein erzeugt als getrunken wird, ist gefährliche Weinschwemme entstanden. Für EWG ist dadurch jährliche Belastung des Agrarfonds von mindestens 1 Mrd. DM für Destillation und Interventionsmaßnahmen erwachsen.

Karte 11: Die Weinlandschaften Europas

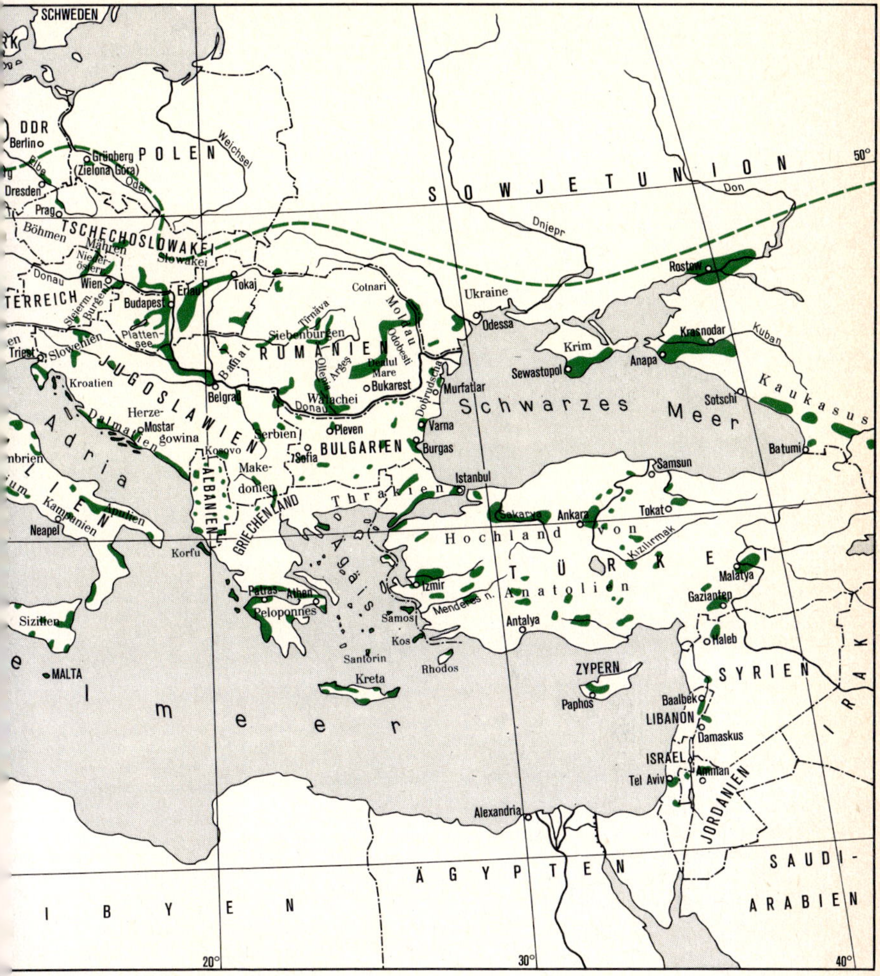

und der Mittelmeer-Anrainer

Tab. 20: Rebanbauflächen und Weinerträge europäischer Länder (1974)
(nach FAO Production Yearbook 1974, Rom 1975)

Weinbauland	**Anbaufläche** (in 1000 ha)	**Weinertrag** (in Mill. hl/J)	*durchschnittlich*
Frankreich	1770	87	70–75
Italien	1400	71	70–75
Spanien	1800	36	30–35
UdSSR	1090	27	25–30
Portugal	368	14	10–15
Rumänien	350	7,7	6–9
BRD	83	6,3	7,5–9
Jugoslawien	255	5,9	6–7
Bulgarien	163	5,1	3–4
Griechenland	207	4,5	4–5
Ungarn	222	4,3	5–6
Österreich	49	2,4	2–2,5
ČSSR	38	1,2	1–1,3
Schweiz	13	0,7	0,7–1
Luxemburg	1	0,14	0,1
Albanien	13	0,08	0,07
Malta	1	0,02	
DDR	0,5	0,02	
Großbritannien	0,2	0,01	
Belgien	0,4	0,005	
Niederlande	0,2	0,005	
Polen	0,2	0,001	
Europa insgesamt	7816	274	280–350

Tab. 21: Pro-Kopf-Weinverbrauch ausgewählter Länder
(in l/1973)

Italien	109	(111)[1]	Jugoslawien	27	
Frankreich	106	(103)[1]	BRD	21	(23,3)[2]
Portugal	88		Bulgarien	20	
Spanien	75		Belgien	14	
Argentinien	73		UdSSR	12	
Chile	45		ČSSR	11	
Schweiz	43[1]		Niederlande	8	
Luxemburg	41	(50)[1]	DDR	6,6[1]	
Ungarn	38		USA	6,5	
Griechenland	37		Polen	6,2	
Österreich	35		Großbritannien	5	
Rumänien	33		Israel	4	

[1] 1974 [2] 1975

9.2 West- und Mittel-Europa

9.2.1 Frankreich

Geschichtliches: Phönizier und Griechen pflanzten erste Rebstöcke Ende 6. Jhs. v. Chr. in Nähe des Mittelmeers bei Marseille (Massalia), Nizza und Port Vendres (Roussillon). Weinhandel im Umschlagplatz Marseille blühte schon früh; griechische Weine gingen von hier rhôneaufwärts über die alte Völkerstraße nach Gallien und wahrscheinlich bis über den Rhein an den Ärmelkanal. Römer fanden Weinbau also bereits vor und verbreiteten ihn im 1. Jh. v. Chr. bis Vienne und über ganz Burgund, weiter bis an die Hänge von Rhein und Mosel, im 1. Jh. n. Chr. bis Bordeaux und entwickelten Bordelais zum klassischen Weinland; PLINIUS berichtet davon, und AUSONIUS preist hymnisch seine Weine.

Da gallische Weine mit römischen in Konkurrenz traten, ließ Kaiser DOMITIAN 92 n. Chr. die Hälfte des gallischen Anbaus vernichten; erst Ende 3. Jhs. n. Chr. erneuter Anbau unter Kaiser PROBUS (276–282). Jahrhundertelange wechselvolle Entwicklung des Rebanbaus endete vorerst 1875 mit fast völliger Vernichtung der französischen Rebflächen durch Reblaus (→3.2.4).

Moderner Rebanbau setzte mit Umstellung auf Pfropfreben (→3.3) ein, die Hilfe in katastrophaler Lage brachte. Dem 1. Weingesetz von 1889 folgten mit weiterer Entwicklung neue Weingesetze, durch welche französischer Weinbau sich günstig entfalten und auf gemeinsamen EWG-Weinmarkt vorbereiten konnte.

Güteklassifizierung (von 1935 und 1973) *französischer Weine:*

Oberste Klasse: **A(O)C** (*A*ppellation d'*O*rigine *C*ontrôlée): Weine mit *kontrollierter* Herkunftsbezeichnung; *Spitzenweine* mit über 75° Ö von hervorragender Güte; unter genauer Einhaltung der gesetzlichen Bestimmungen ausschließlich aus bestimmten Anbauflächen, Rebsorten, Rebschnitten, Erträgen (40 hl/ha) und von bestimmtem Mindestalkoholgehalt. Stammen aus über 300 Weinbau-Distrikten (davon 100 in Burgund) mit rd. 240 000 ha Anbaufläche und Weinertrag von 12 Mill. hl/J. – A(O)C-Weine stellen etwa 16 % der Gesamterzeugung. Wichtigste Anbaugebiete in Reihenfolge der Qualitätsweinernte: Bordeaux, Côtes du Rhône, Bourgogne, Vallée de la Loire, Champagne, Alsace.

Mittlere Klasse: **VDQS** (*V*in *D*élimité de *Q*ualité *S*upérieure): Weine mit *einfacher* Herkunftsbezeichnung; *Qualitätsweine* bis 75° Ö; aus bestimmten Gegenden, besseren Lagen und von überdurchschnittlicher Güte, nachgewiesen durch neutrale Analysen und Verprobung (entspricht etwa Deutschem Weinsiegel, →6.3). Stammen aus ca. 60 Weinbau-Distrikten mit rd. 400 000 ha Anbaufläche. – VDQS stellen etwa 5 % der Gesamterzeugung. Wichtigste Anbaugebiete: Côtes de Provence und Languedoc-Roussillon.

AOC-Weine und VDQS gehören nach neuem EWG-Gesetz (→6.2) zu Qualitätsweinen bestimmter Anbaugebiete (Q.b.A.) bzw. zu VQPRD = *V*in de *Q*ualité *p*roduit dans des *R*égions *D*éterminées. Anteil an Gesamterzeugung mit durchschnittlich 20–25 % aller französischen Weine hoch.

Untere Klasse: **VCC** (*Vin de Consommation Courante*): Weine *ohne* Herkunftsbezeichnung, *Kurant-* oder *Konsumweine*; billige *Tafelweine* bis 65° Ö *(Vin de table);* meist Weine verschiedener französischer oder EWG-Anbaugebiete miteinander verschnitten, um gleichbleibenden Geschmack (→Markenwein) zu bewahren. Zu ihnen gehören auch etwa 55 000 ha (das sind 60 % der bundesdeutschen Rebfläche) Direktträger-Reben (Kreuzungen europäischer Edelreben mit amerikanischen Wildreben-Arten = interspezifische Kreuzungen [→3.3], deren Anbau in BRD nur ausnahmsweise und dann nur für Tafelweine gestattet ist). Mehrzahl der VCC aus Languedoc-Roussillon.

VCC stellen etwa 65–75 % der Gesamterzeugung, davon rd. 8 % *Landweine (VP = Vins de pays),* seit 1968 herausgehoben als höchste Stufe der Tafelweine durch strengere Anforderungen an Qualität (9–10 % Alkohol, unverschnitten durch Weine anderer Herkunft, unter 100 hl/ha Ertrag) und Angabe des Herkunfts-Départements. Entsprechende Qualitätsstufe fehlt in der BRD noch, wird aber angestrebt.

Auf *Brennweine,* v. a. aus der Charente, entfallen 7–10 %.

Naturgemäß schwanken Ertragszahlen je nach Witterung sehr; 1974 entfielen von gesamter französischer Ertragsrebfläche auf AOC-Weine 16 %, VDQS 3 %, VCC 74 %, Brennweine 7 %.

Etikett französischer Flaschenweine

Gibt, je nach Qualitätsgrad, Auskunft über Jahrgang, Herkunft (z. B. Médoc oder einfach Bordeaux), Klassifizierung (z. B. *Crû Classé, Crû Bourgeois* oder AOC), Name der Gemeinde oder des Weingutes, des Exporteurs, Importeurs oder Abfüllers.

Im allgemeinen gilt: je eingehender Angaben auf Etikett, desto besser der Wein.

Rebfläche und Ertrag: Frankreich ist heute

(1) *größtes Weinbauland der Welt* mit fast 1,8 Mill. ha Rebfläche (obwohl diese seit 1862 um 44 % abnahm).

(2) *größter Weinerzeuger der Welt* (1972: 58 Mill. hl, 1973: 83 Mill. hl, 1974: fast 76 Mill. hl, 1975: 87 Mill. hl); hat seit kurzem Italien überholt.

Vom durchschnittlichen Ertrag (70–75 hl/ha, = weniger als 2/3 des bundesdeutschen Hektarertrages) entfallen etwa 3/4 auf Rotweine, 1/4 auf Weißweine.

(3) *bedeutendster Hersteller von Qualitätsweinen,* die, auf fast 400 000 ha angebaut, je nach Jahrgang 15–25 % der Gesamternte ausmachen – etwa gleicher Hundertsatz wie in BRD – gegenüber nur 3 % in Italien und etwa 2 % im Weltdurchschnitt.

(4) *führendes Rotwein- und Champagner-Land der Welt.*

Unter Kennern gilt: *Beste Rotweine* in der Welt sind *französische, beste Weißweine deutsche.*

Neben köstlichen Spitzengewächsen und ausgezeichneten Qualitätsweinen besitzt Frankreich aber noch unübersehbare Zahl vorzüglicher gehobener Weine und ungezählte schmackhafte Land- und Tischweine.

Wert von Frankreichs Weinernte übertrifft mit über 4 Mrd. DM den seiner Getreideernte und beträgt 8 % seiner Agrarproduktion bei einem Rebanbau auf nur 3 % des kultivierten Bodens. 7 Mill. Franzosen – jeder 7. Bewohner, davon 1,3 Mill. Weinbauern – leben unmittelbar oder mittelbar vom Wein. – 30 % der Rebkulturen werden genossenschaftlich erfaßt.

Ausfuhr: 8,5 Mill. hl (1974, davon viele AOC-Weine), v. a. in die BRD und nach Großbritannien.

Einfuhr: 6,2 Mill. hl (1974, vorwiegend Tafelweine aus Italien).

Pro-Kopf-Verbrauch: 103 l (1974).

Klima: im NO Frankreichs Binnenklima (wie in BRD) mit Höhepunkt der Niederschläge im Sommer; größter Teil der Anbaugebiete (→u.) vom Mittelmeer-Klima beeinflußt mit höchsten Niederschlägen im Früh- und Spätjahr.

Rebsorten (Charakteristik – sofern Qualitätsreben – →bei jeweiligem Anbaugebiet): 50 wichtigere im Anbau, davon mengenmäßig am verbreitetsten:

Blaue: Carignan (170 000 ha), *Aramon* (150 000 ha), *Grenache* (auch Helle), *Cinsault, Cabernet Sauvignon, Cabernet franc, Syrah, Pinot noir;*

Helle: Semillon, Sauvignon blanc, Pinot Chardonnay, Pinot blanc.

Anbaugebiete (→Karte 12)

Verteilen sich auf große Regionen entlang der Flußtäler. Die wichtigsten und für Export interessantesten sind:

Alsace *(Elsaß):* zwischen Ill, Nebenfluß des Oberrheins, und Vogesen. Besitzt betont eigenständige Weine.

Bourgogne *(Burgund):* nordwestl. vom Gebiet i. e. S.: *Chablis* und *Auxerre*. Eigentliche Bourgogne im Saône-Tal zwischen Dijon im N und Lyon im S; hier 4 Weinbaugebiete: *Côte d'Or, Chalonnais, Mâconnais* und *Beaujolais*. Bringen berühmte rote und köstliche weiße Burgunder.

Bordeaux *(Bordelais):* in den Tälern der Garonne, Gironde und Dordogne. Besitzt um Stadt Bordeaux 20 Regionen, von denen in 5 *(Haut-Médoc, Graves, Sauternes, St.-Émilion, Pomerol)* rote und weiße Bordeaux-Spitzengewächse von Weltruf gedeihen.

Champagne: im Marne- und Seine-Tal um Reims und Épernay. Berühmt wegen großer Champagner; außerdem auch Stillweine aus Burgunder-Trauben.

Vallée de la Loire *(Loire-Tal):* 15 Weinbaugebiete, u. a. *Pouilly-sur-Loire, Sancerre, Bourgueil, Vouvray, Touraine, Saumur, Anjou* und *Muscadet*. Liefern gefällige, trockene Weiß- und Rosé-Weine sowie liebliche Mousseux (→5.2.7).

Côtes du Rhône *(Rhône-Tal):* zwischen Vienne und Avignon. Bringt bukett- und körperreiche, vollmundige Tisch- und einige Spitzenweine.

Côtes de Provence: südöstl. Côtes du Rhône bis Mittelmeer-Küste zwischen Toulon im W und Nizza im O. Erzeugt körper- und bukettreiche Tischweine.

Karte 12: Die Anbaugebiete Frankreichs

Languedoc-Roussillon: an Mittelmeer-Küste zwischen Rhône und Pyrenäen mit einer Reihe getrennter Anbaugebiete. Bekannt durch riesige Mengen leichter, roter Tafelweine sowie starke Dessertweine.

Charente: im gleichnamigen Flußtal mit 7 Regionen um Stadt Cognac. Verwendung der Weine fast ausschließlich zur Cognac-Destillation.

Weitere Anbaugebiete, wie *Jura, Savoyen, Bergerac, Armagnac, Jurançon* und *Corse* (Korsika), im einzelnen hier nicht besprochen, gewährleisten dem Weinfreund manche Entdeckerfreude.

9.2.1.1 Alsace (Elsaß)

Lage: Elsässisches Weinbaugebiet ist nördlichstes Frankreichs, liegt linksrheinisch zwischen *Ill* und *Vogesen,* ist von übrigen französischen Weinbaugebieten durch Vogesen-Hochkämme getrennt, bildet weniger als 2 km breites und über 100 km langes Band an O-Flanke der Vogesen in 200–400 m Höhe.

Klima, Böden und Rebsorten betreffend ist Elsaß rechtsrheinischem, badischem Anbaugebiet verwandt und ordnet sich als 12. Weinland in das große »Weißweinwasser Rhein« (WESENDONK) ein.

Anbaufläche und Ertrag: 12 000 ha bringen durchschnittlich 750 000 hl/J; Rekordernte 1970 betrug 1,05 Mill. hl. Mit nur reichlich 1 % an Weinernte Frankreichs beteiligt, stellt Elsaß 10 % aller AOC-Weine, von Weißen sogar 35 %. Innerhalb des Anbaugebietes gehören zu AOC-Weinen 92 % mit hohen Hektarerträgen von 80 hl/J.

Elsässische Weinstraße (Route du vin d'Alsace), 1951 geschaffen, führt – landschaftlich sehr reizvoll – zwischen *Tan* (Thann) unweit Mulhouse (Mühlhausen) im S und *Marlenheim* bei Strasbourg (Straßburg) im N 180 km entlang der Vogesen-Abhänge. Inmitten liegt *Colmar,* Weinhauptstadt des Elsaß.

Weinorte: Elsaß zählt insgesamt 120 Weinorte mit 36 000 Winzern. Entlang Weinstraße am bekanntesten (von S nach N): Tan (Thann), Guebwiller (Gebweiler), Gueberschwihr, Wintzenheim, Colmar, Turkheim, Ammerschwihr, Kaysersberg, Riquewihr (Reichenweier), Ribeauvillé (Rappoltsweiler), Bergheim, Sélestat (Schlettstadt), Barr, Heiligenstein, Ottrot, Obernai (Oberehnheim) und Marlenheim.

Klima: Im Schutze der Vogesen trockenes (450–500 mm Jahresniederschläge), warmes und sonnenreiches Kontinental-Klima vorherrschend (durchschnittliche Jahrestemperatur + 10,3°C). Langanhaltende milde Herbsttemperaturen lassen elsässische Qualitätsweine langsam zu eleganter Fruchtigkeit und feinem Bukett reifen.

Böden: alluvialer Schwemmsand, Kalk, Schiefer, Löß, Porphyr und Granit.

Rebsorten und Weine

Für **AAC-Weine** (*A*ppellation *A*lsace *C*ontrôlée = *Qualitätsweine* aus Elsaß mit kontrollierter Ursprungsbezeichnung) erlauben strenge Produktionsvorschriften Anbau von nur *6 weißen* und *1 blauen Rebsorte:*

Silvaner (Silvain vert): ergibt frische, zarte, angenehme Weine mit etwas herbem Bukett, leicht bitterem Abgang; am besten jung zu trinken.

Pinot blanc (Weißer Burgunder): bringt frische, dezente, ausgewogene Weine.

Tokay d'Alsace (Elsässer Tokayer, Pinot gris, Ruländer, Grauer Burgunder): Bezeichnung »Elsässer Tokayer« mißverständlich, da als Angehöriger der großen Pinot-Familie (→9.2.1.3.1) nicht mit Furmint, echter ungarischer Tokajer-Rebe, verwandt. Weine (des Oberelsaß) sind kräftig, besitzen aber sehr viel zarteres Bukett als Muskateller-Reben (→u.), sind körperreichste des Gebiets; in guten Jahrgängen begeistert ihre Weite den Kenner.

Muscat d'Alsace (Elsässer Gelber Muskateller): wohl schönste aller sonst bukettreichen, süßen Muskateller-Sorten; ergibt trockene, delikate mittelherbe Weine mit charakteristischem Bukett frischer Rosinen; als ausdrucksvoller Aperitif und zum Dessert bevorzugt. Von geringerer Bedeutung: *Muskat Ottonel.*

Riesling: im Elsaß (wie überall am Rhein) diejenige helle Traube, die wertvollste Weißweine ergibt. *Hervorragend* sind typische, trockene, männlich rassige, harmonisch-ausgeglichene, elegante und fruchtige Weine (gewachsen auf Granit- oder Schieferböden in bester Rebgegend zwischen Colmar und Sélestat) mit köstlichem Bukett und harmonischem Säurespiel, die durch Feinheit und Geschliffenheit bestechen.

Traminer bzw. *Gewürztraminer:* stellen vollkommen trockene, reintönige, ungewöhnlich fruchtige, körper- und alkoholreiche, unaufdringlich bukettierte Dessertweine mit langem Abgang. Köstliche, vollsaftige, edelfaule Ausleseweine sind großen weißen Sauternes ebenbürtig.

Pinot noir (Blauer Spätburgunder): im Elsaß von untergeordneter Bedeutung; bringt als edelste blaue Traubensorte zwar einige gute Rotweine, die denen aus Burgund jedoch nicht ebenbürtig sind und daher zunehmend zu Rosé verarbeitet werden.

Für Tafelweine werden verwendet:

Chasselas (Fendant, Gutedel): liefert frische, leichte, milde, schmackhafte, meist offen in Karaffen geschenkte Weine.

Riesling × Silvaner (Müller-Thurgau): erfreut sich im Elsaß nicht der Beliebtheit wie in der BRD.

Chasselas und Riesling × Silvaner stellen zusammen mit unterstem Qualitätswein Silvaner mehr als 35 % der elsässischen Weine.

Sehr beliebt als Haus- und heimischer Kneipwein: *Zwicker*, Verschnitt aus Chasselas- und Silvaner-Wein; *Spezialität: Edelzwicker,* Verschnitt elsässischer Qualitätsweine aus verschiedenen Rebsorten.

Etikett auf langhalsigen Elsässer Weinflaschen *(flûte)* trägt immer Angabe der Rebsorte, meist von Jahrgang, oft auch von Ort und Winzer. Neben einigen Weingütern spielen Winzergenossenschaften zunehmende Rolle; die 9 größten sind zur CEVA (*Ce*ntrale des *V*ignerons d'*A*lsace = Zentrale Elsässer Winzergenossenschaften) mit Sitz in Colmar zusammengeschlossen, deren sämtliche Weine Güteauszeichnung AAC tragen und etwa 20 % der elsässischen Ernte ausmachen.

Charakteristik der elsässischen Weine: meist feinherb, recht trocken, frisch, duftig; mittlerer Alkoholgehalt (8,5–13 %); von betonter Eigenständigkeit. Gegenüber mehr »lieblichen« Weinen von gleichen Traubensorten in der BRD sind Elsässer trocken, kräftig, reintönig, würzig und zeichnen sich durch bemerkenswerte Ausgeglichenheit in Frische und Stärke, Frucht und Säure aus. Charakter der Weine am besten im *Muskateller* zu *riechen*, im *Riesling* und *Traminer* zu *schmecken*.

*

Wein und Speise im Elsaß

Elsaß ist berühmt als große Landschaft französischer Gastronomie. Feinschmeckern bieten sich zahlreiche köstliche und nahrhafte Leckerbissen mit dazu passenden rassigen und würzigen Weinen.

Franzosen trinken Wein fast ausschließlich zum Essen; daher nachstehend einige *Elsässer Spezialitäten* und ihre weinwürzige Ergänzung.

Zum Mahl:

Münstertäler Fleischpastete	→	lichter Silvaner
Schinkenpreßkopf	→	dezenter Pinot blanc
Zwiebelkuchen	→	Edelzwicker oder Silvaner
Straßburger Gänseleberpastete	→	kräftiger Tokay d'Alsace, älterer Gewürztraminer
Forelle blau oder Forelle meunier	→	pikanter Muskateller
Forelle in Elsässer Tokayer	→	Tokay d'Alsace
Rheinlachs, Illhecht, Zanderfilet, Edelfischragout	→	fruchtiger Riesling
Coq au vin, Poularde in Riesling	→	rassiger Riesling
Choucroute garnie à l'Alsacienne (Sauerkraut garniert nach Elsässer Art)	→	Silvaner oder Riesling
Fasan oder Rebhuhn nach Elsässer Art	→	Riesling

Zum Dessert:

Quarktorte	→	Pinot blanc
Zwetschentorte, Kirschsoufflé	→	Gewürztraminer
Kugelhopf	→	Muscat d'Alsace, Traminer
Münster-Käse	→	Pinot noir, Gewürztraminer
Kaffee	→	Elsässer Kirsch, Zwetschen- oder Himbeergeist

9.2.1.2 Lothringen

Im Elsaß benachbarten Lothringen beschränkt sich heute einst bedeutender Weinanbau O-Frankreichs zugunsten Obstbaus (Lothringer Mirabellenschnaps) auf *oberes Moseltal* zwischen Metz und Toul. Anmerkenswert sind helle, frische *Rosés;* leichte, pikante Rotweine dienen zur *Schaumwein*-Bereitung.

9.2.1.3 Bourgogne und Bordeaux

Von den besten Weinen der Welt stammen 2 Arten aus Frankreichs berühmtesten Weinbau-Regionen: aus *Bourgogne* (Burgund), langgestrecktem Hanggebiet, dessen Kopf *Dijon,* dessen Herz *Beaune* ist und das vor *Lyon* ausläuft, und aus *Bordeaux,* größtem, geschlossenem Qualitätsweingebiet der Welt.

Allgemeine Charakteristik: Geschmackliche Grenze zwischen diesen beiden berühmten, nach ihren Anbau-Regionen benannten Weinarten zu bestimmen, ist schwierig.

Üppig körperreiche *rote Burgunder-Weine* sind selten so leicht und zart wie Mehrzahl eleganter roter Bordeaux-Weine, jedoch zugänglicher, unmittelbar überzeugender und kräftiger, weshalb viele, bes. jüngere Weinliebhaber zunächst Burgunder dem Bordeaux vorziehen und Zugang zum Bordeaux erst über Burgunder finden.

Für große *weiße Burgunder-Weine* trifft Umgekehrtes zu; natursüße, verführerische, weiße Gewächse aus Sauternes sind eingängiger als gehaltvolle, rassige, bukettreiche, weiße Burgunder der Côte d'Or.

Vermutlich wird deshalb Charakter des Bordeaux den Ästheten, der des Burgunders den Sinnenfreund mehr ansprechen.

9.2.1.3.1 Bourgogne (Burgund)

Geschichtliches: Heutiges Anbaugebiet weder mit altem Herzogtum Burgund identisch noch in sich geschlossen; denn während Französischer Revolution von 1789 erfolgte Zergliederung Burgunds in 3 Départements (Yonne [Basse Bourgogne] im N, Côte d'Or [Haute Bourgogne] in der Mitte, Sâone et Loire [Bourgogne] im S), Aufteilung der Klöster, Enteignung des Großgrundbesitzes. Damit heutige Zerstückelung des Landes in kleinste Parzellen eingeleitet.

Anbaufläche und Ertrag: 41 000 ha erbringen durchschnittlich 2 Mill. hl/J.

Weinwirtschaft: Viele kleine Weinbauern verkaufen Jungwein an Weinhändler *(Négociant),* der Wein weiter ausbaut (daher auf Etikett oft: *Négociant-Eleveur),* ggfs. mit Nachbarweinen verschneidet und als Erzeugnis eines bestimmten Areals (Lage, Gemarkung oder Gemeinde) vermarktet. Etikett der Burgunder-Flasche trägt deshalb – abgesehen von wenigen großen Weingütern, wie *Hospice de Beaune* – nur Jahrgang sowie Namen von Lage oder Gemarkung und Weinhändler; demzufolge guter Einkauf von Burgunder Vertrauenssache.

Anbaugebiete

Zu **Burgund i. w. S.** wegen Ähnlichkeit der Weine gerechnet:

(1) **Chablis** und kleineres **Auxerre:** mehr als 100 km vom eigentlichen Burgund entfernt; nordwestl. der Champagne vorgelagerte Weininsel halbwegs zwi-

schen *Dijon* und *Paris;* berühmt wegen ihrer Weißweine aus hellen Burgunder-Trauben.

Ertrag der auf 10 Gemeinden und 500 ha verteilten edlen Lagen (3 Appellations: *Chablis Grand Crû, Chablis, Petit Chablis)* beträgt rd. 20 000 hl/J.

Burgund i. e. S.: *im Sâone-Tal* zwischen *Dijon* und *Lyon* mit *4 Anbaugebieten* (von N nach S):

(2) **Côte d'Or:** 9 000 ha Rebfläche südwestl. Dijon; bedeutendstes, reichstes und weinbaulich interessantestes Gebiet Burgunds an steiniger, nur einige Hundert Meter breiter, 60 km langer und nur 60–90 m hoher Hügelkette des Goldenen Abhangs. Hier gedeihen bei hohen Temperaturen im Sommer und empfindlich kalten Wintern auf Jurakalk und Mergel im Untergrund kostbarste und *berühmteste Pinot noir-Rotweine der Welt* und feinste Weiß-Burgunder (ebenbürtig in Frankreich nur noch die Weine der Champagne).

Dieses Gebiet *unterteilt* in:

- **Côte de Nuits:** nördlicher Teil (hier Optimum komplexer Faktoren) mit berühmten Rotwein-Lagen;
- **Côte de Beaune:** südlicher Teil, ebenfalls mit roten Spitzenlagen.

Südl. an Côte d'Or anschließend:

(3) **Chalonnais:** 3 000 ha Rebfläche; bringt gute bis mittlere Weißweine.

Während im *Chalonnais* Côte d'Or noch ausklingt, bilden anschließendes *Mâconnais* und *Beaujolais* ein zusammenhängendes, großes Rebland; liefern mengenmäßig meiste Burgunder-Weine – auch hier 3/4 rote –, erreichen jedoch nur in wenigen Spitzenweinen die großen Lagen der Côte d'Or.

(4) **Mâconnais:** 14 000 ha Rebfläche; bei noch höheren Temperaturen als in der Côte d'Or reifen üppige weiße Burgunder.

(5) **Beaujolais:** 15 000 ha Rebfläche; auf heißen Granitböden wird gewöhnliche und robuste blaue Gamay-Traube zur Edelfrucht.

Lage, Klima, Böden: Geheimnis großer Gewächse Burgunds liegt in zahlreichen feinen Nuancen des Mikroklimas der einzelnen Lagen, in jeweiliger Mischung warmer, mit Mergel durchsetzter Kalkverwitterungsböden und in unterschiedlichen regionalen Rassen. Alle Burgunder-Rebsorten beanspruchen warme, tiefgründige, nahrhafte, kalkhaltige Böden und mittlere Feuchtigkeit, bevorzugen flache, warme Lagen; sie entwickeln – ebenso wie Riesling – beste Eigenschaften in nördlicher Grenzzone des Anbaus.

In der *Côte d'Or* hohe Temperaturen im Sommer, empfindlich kalte Winter; Jurakalk und Mergel im Untergrund.

Südl. anschließende Gebiete *Mâconnais* und *Beaujolais* von Côte d'Or wesentlich unterschieden: bodenmäßig (Urgestein-Granit), klimatisch (noch sehr viel wärmer) und rebsortenmäßig (Gamay-Sorten); leiten schon zum S der Côtes du Rhône (→9.2.1.6) über, besitzen jedoch alten guten Ruf.

Rebsorten

In Burgund nur *4 Hauptrebsorten* vertreten; blaue: *Pinot noir, Gamay*-Sorten, helle: *Pinot Chardonnay, Aligoté;* nur wenige Weine (→u.) sind Mischweine.

Pinot noir *(Blauer Spätburgunder):* gilt nach wie vor als wertvollste blaue Traubensorte, liefert köstliche, vollmundige, bukettreiche, rubinrote Weine. – Mehr als 20 Pinot-Rebsorten – nimmt man an – stammen von ihr ab.

Pinot gris (Grauer Burgunder oder *Ruländer):* gilt als durch natürliche Mutation (Erbsprung) und durch Selektion (Auslese) entfärbte Abart von Pinot noir.

Als durch weitere Selektion entfärbte Pinot gris gelten die hellen Burgunder-Sorten Pinot Chardonnay, Pinot blanc und:

Pinot Chardonnay (benannt nach gleichnamigem Dorf im Mâconnais, wörtlich: Ort voller Disteln, wo sich erster Anbau befunden haben soll): vermutlich im Anbau älteste helle Burgunder-Traube; liefert edelherbe bis dezent süße, bukettschöne Weine.

Pinot blanc (Weißer Burgunder): mit ähnlichen, jedoch im Burgunder Kernland weniger vertretenen Weinen.

Auxerrois: den beiden Vorgenannten sehr nahestehend, umstritten, ob Spielart oder eigenständige Sorte. Weine erreichen Fülle von Pinot Chardonnay nicht, übertreffen sie jedoch im lebhafteren Bukett; werden v. a. im Herkunftsgebiet Chablis und Auxerre angebaut (in BRD in Baden, Rheinpfalz, Rheinhessen).

Gamay: wahrscheinlich im SO Galliens schon vor Römerzeit (→1.2) angebaute blaue Rebsorte; liefert im allg. Weine mittlerer Qualität, jedoch auf Granitböden des Beaujolais, wo sie Hauptrebsorte ist, große rote Gewächse.

Aligoté: gedeiht in Burgund außerhalb der AOC-Gebiete; liefert als Massenträger nur helle Weine einfacher Qualität, die als *Bourgogne-Aligoté* bezeichnet werden.

In verschiedenen Varietäten Anbau in der Schweiz, in Italien, Jugoslawien, S-Afrika und Kalifornien.

Weine

Rote Burgunder

Côte d'Or liefert beste Pinot noir-Rotweine der Welt, dunkelrubinrot, kräftig und alkoholreich, erdig; früher ausgebaut, aber körperreicher, feuriger als rote Bordeaux. Große Lagen und Jahrgänge entwickeln im Alter wundervoll blumiges Bukett, Weichheit und Milde, ohne an Kraft zu verlieren.

– *Côte de Nuits* mit *Spitzenlagen* von *Chambertin, Romanée-Conti, Musigny, Clos de Vougeot, Corton, Nuits-St.-Georges;*

– *Côte de Beaune* mit *Spitzenlagen* von *Beaune, Pommard, Volnay, Montrachet, Santenay.*

Mâconnais bringt nur mittlere Qualitäten aus Gamay-Trauben; Rote (60 %) erreichen Rassigkeit der Weißen (→u.) bei weitem nicht.

Beaujolais verfügt mit frischen und fruchtigen, jung zu trinkenden, dunklen, fast veilchenfarbenen Rotweinen aus Gamay-Trauben über *beste Lagen: Moulin-à-Vent, Fleurie, Juliénas, St.-Amour, Chénas, Brouilly* und *Morgon.*

Spätburgunder-Rosé (-Rosee) entsteht aus Gärung von Blauen Spätburgunder-Trauben, wenn Maische von den farbträchtigen, gerbstoffhaltigen Beerenschalen nach einigen Stunden abgepreßt wird (→5.2.3). Heller Wein schimmert pfirsichfarben bis hellrötlich, ist herzhaft, frisch, gerbstoffarm und kräftig (in BRD als »Weißherbst« badische Spezialität).

Weiße Burgunder

Chablis und **Auxerre** mit interessanten, großen, grüngoldenen Chablis, trockenen, edelherben Weißweinen mit zartem Körper und feinem Bukett aus Pinot Chardonnay und, um die Weine haltbarer zu machen, kleiner Menge Auxerrois.

Côte d'Or bringt von Pinot Chardonnay-Trauben berühmte Weißweine Burgunds; fein-aromatisch, vollmundig, extrakt- und alkoholreich, säurearm; in guten Jahren *Spitzenweine* von *Meursault* und *Montrachet,* bester weißer Burgunder; daneben einige hochedle Weine aus Pinot gris.

Mâconnais liefert üppige weiße Burgunder; *Spitzenwein:* grüngolden schimmernder *Pouilly-Fuissé.*

Beaujolais: Weißweine ohne Bedeutung.

Charakteristik der Weine aus der Bourgogne: *Alle Weine* aus Burgunder-Sorten werden gern als samtig-weich, mild-würzig, vollmundig und ausdrucksvoll gekennzeichnet; alle stimmen besinnlich.

Rote bauen sich langsam aus; in der Jugend rauh und herb, mit wachsender Reife samtig-weich, warm und gehaltvoll, leuchtend rubinrot, mit feinem, fruchtig-erdigem Aroma und delikatem Bukett von Brombeeren und Bittermandeln; hinterlassen angenehmen Abgang; von keinem anderen Rotwein an Kraft und Fülle übertroffen oder auch nur erreicht. In der Flasche lange haltbar, Normallesen erreichen Höhepunkt bei 6–8 Jahren.

Weiße sind rassig, gehaltvoll, bukettreich, mit sehr zarter Säure; in Côte d'Or und Mâconnais bis zu edlen Hochgewächsen vertreten.

Vergleich Burgunder–Bordeaux: rote Burgunder-Weine körperreicher, wuchtiger, vollblumiger, feuriger als rote Bordeaux-Weine. – Burgunder i. e. S. sind gegenüber vergleichbaren Bordeaux-Weinen wesentlich teurer, da jährliche Ernte nur etwa 8 % von Bordeaux beträgt. – Streitfrage, wem Krone gebühre, vom Franzosen treffend entschieden:

Burgunder = König der Rotweine, Bordeaux = Königin der Rotweine.

Güteklassifizierung *der Burgunder-Weine:*

Appellations génériques: Weine können im gesamten Weinbaugebiet gewachsen sein (Gattungs-Bezeichnung).

Appellation Bourgogne (**AOC**-Weine, Gesamtanteil rd. 76 %): mindestens 10 % Alkoholgehalt, höchstens 45 hl/ha Ertrag.

Bourgogne-Aligoté: Weißweine aus Aligoté-Trauben; mindestens 9,5 % Alkoholgehalt, höchstens 45 hl/ha Ertrag.

Bourgogne-(grand-)ordinaire: mindestens 9,5 % Alkoholgehalt, ohne Ertragsbegrenzung.

Bourgogne Passe-tout-grains: roter Mischwein aus 2/3 Gamay und 1/3 Pinot noir; mindestens 9,5 % Alkoholgehalt, ohne Ertragsbegrenzung.

9.2.1.3.2 Bordeaux (Bordelais)

Geschichtliches: Weine des Départements Gironde im SW Frankreichs in den Tälern der Garonne/Gironde und der Dordogne tragen ihren Namen nach Hauptstadt Bordeaux. Weinlandschaft um Bordeaux, *Bordelais,* weder geographisch oder historisch noch politisch festgelegt. Name verliert daher zunehmend an Bedeutung.

Bordeaux-Weine (in England als *clarets* bezeichnet – von altfranzösisch: *clairet [Vin claire]* abgeleitet; Gebiet war 300 Jahre [1152–1453] unter englischer Herrschaft –) seit 7 Jahrhunderten sehr geschätzt; bestanden ursprünglich aus helltöniger Mischung von Rot- und Weißweinen und sind heute noch interessanteste und köstlichste *Mischweine* der Welt (andere berühmte Mischweine: Sherry, Portwein, Chianti, Tokajer und Dôle).

Bordelais ist einziges Weinbaugebiet der Erde, in dem hohe Qualität und Quantität des Weins zusammentreffen: milde und schwere Rotweine, trockene und süße Weißweine, leichte Rosés.

Anbaufläche: mit 120 000 ha *größtes, geschlossenes Qualitätsweingebiet der Erde.*

Ertrag: Gesamternte von bis zu 5,5 Mill. hl/J verteilt sich etwa je zur Hälfte auf Weiß- und auf Rotweine; 3,4 Mill. hl/J (= 61 %) davon entfallen auf AOC-Weine. Auf noch nicht 10 % der französischen Rebflächen erzeugt Bordeaux beinahe 50 % aller erlesenen Weine Frankreichs.

Klima: maritim, gemäßigt, stabil. Große Wälder entlang Meeresküste schützen Reben vor salzhaltigen Winden und Zuviel an Niederschlägen.

Böden: Bodenkrume dürftig, Gestein reich an Mineralien; Bodenformation verschiedenartig und wechselnd: an Garonne und Gironde Steilhänge, im Graves und Médoc leichte Bodenwellen, unterhalb der Stadt St.-Émilion Ebene. Bodenbestandteile beeinflussen stark Eigenart der Bordeaux-Weine: vom Kalkgehalt stammen Stärke und Adel, vom Ton die Zartheit, vom steinigen Kieselboden Duft, Blume und Haltbarkeit.

Anbaugebiete

Vor allem im N von Bordeaux *(Médoc* und *Haut-Médoc)* beste Rotweine, im O zwischen Garonne und Dordogne überwiegend Weißweine; im S reines Weißwein-Gebiet.

Spitzenlagen nur in *5 Regionen* (von insgesamt 20):

(1) im **Haut-Médoc** an unterer Gironde unweit Atlantik gedeihen auf sandigem Kies: *Château Lafite, Château Mouton-Rothschild, Château Latour, Château Margaux,* ausgezeichnet durch Zartheit und feine Blume; gelten bei Kennern als edelste rote Bordeaux der Welt.

(2) im **St.-Émilion** an Dordogne, östl. Bordeaux, warme, kräftige, relativ milde Rotweine; bester: *Château Ausone.*

(3) im **Graves** auf W-Ufer der Garonne, um Stadt Bordeaux bester roter Graves: *Château Haut-Brion.* 4/5 Weißweine aus Sauvignon blanc und Semillon.

(4) im **Pomerol** nördl. der Dordogne, an St.-Émilion angrenzend, samtige, frühreife Weine; bester: *Château Pétrus.*

(5) im **Sauternes** südl. Bordeaux fruchtige, fast cremige süße Naturweine. Spitzenweine des Sauternes – für deren beste aus einzeln ausgelesenen, edelfaulen Beeren bes. zuckerreiche und säurearme Weine gekeltert werden – gelten als prachtvollste likörartige Weißweine der Welt, im edlen Wettstreit allein mit einigen deutschen Rheinwein-Beerenauslesen. Große weiße Sauternes erreichen zwar nicht Alter großer Roter, überleben jedoch alle anderen französischen Weißweine. – Berühmtester weißer Bordeaux: edler *Château d'Yquem.*

Rebsorten und Weine

Zahl der Rebsorten mannigfaltiger als in Burgund; Weine durchweg *Mischweine* aus mehreren (weiße aus 3, rote sogar aus 5, →u.) Rebsorten, deren Eigenart und sehr unterschiedliche Mischungsverhältnisse größere Vielfalt an Weinen bedingen als in jedem anderen französischen Weingebiet.

Helle Rebsorten und Weißweine

Semillon (Name von St.-Émilion abgeleitet, nicht zu verwechseln mit *St.-Émilion*-Rebe *[Ugni blanc],* aus deren Trauben in der Charente der Cognac bereitet wird): sehr alte Weißwein-Rebe; neigt im Spätherbst zu Edelfäule; liefert feine, bukett-, körper- und alkoholreiche (12–16 %), goldfarbige, sehr langlebige Weine, die andere Rebsorten wirksam ergänzen, allein meist zu wenig säurereich sind. Bringt – zusammen mit Sauvignon blanc – sehr geschätzten edelsüßen *Haut Sauternes* hervor. Semillon-Beeren werden dafür erst im Stadium der Edelfäule gelesen, sind dann aufgeplatzt, und Saft ist zum Teil eingetrocknet.

Sauvignon blanc: großartige, weitverbreitete Weißwein-Traube; liefert Weine von großer Haltbarkeit und hohem Alkoholgehalt, mit einzigartigem Aroma; übertroffen nur von Pinot Chardonnay und Riesling.

Muscadelle (Muskateller-Sorte): wird wegen in geringer Menge angenehmen Muskat-Geschmacks als Zusatz von höchstens 10 % für süße *Sauternes* und ziemlich süße, fruchtige und feine sauternes-ähnliche *Barsacs* verwendet.

Anteile in weißen Bordeaux-(Misch-)Weinen: 60–95 % *Semillon-*, Rest *Sauvignon blanc-* und wenig *Muscadelle-*Trauben.

Blaue Rebsorten und Rotweine

Cabernet Sauvignon (→Tafel 16): Ursprung unbekannt; schon von römischen Weinbaupionieren angebaut; heute verbreitetste Rotwein-Traube der Welt, außer in Frankreich (Bordeaux) in der UdSSR (Krim), Jugoslawien (Dalmatien), Israel, S-Afrika, Kalifornien, Argentinien, Chile, Australien. Bodenmäßig anspruchsloseste unter den edlen Reben; gedeiht bes. gut auf Kies, Quarz und grobem Sand (Gironde); verlangt frostgeschützte Lagen. Liefert vollkommene, harmonisch ausgeglichene, vornehme, rassige, trockene, zarte und feinblumige Weine mit charakteristischem Bukett; infolge hohen Tannin-(Gerbsäure-)Gehalts jung sehr hart, langsam alternd, daher *Verschnitt* mit anderen Rebsorten geboten. Cabernet-Anteil in roten Bordeaux-Weinen schwankt zwischen 60 und 90 %, bewährter Anteil liegt bei 70 %.

Reinsortige Sauvignon-Weine von oft hervorragender Qualität werden auf der Krim, in Republik Südafrika, Kalifornien und Argentinien bereitet.

Cabernet franc (franc = echt): weder in Menge noch Güte Cabernet Sauvignon erreichend, weniger kräftig, körper- und farbstoffreich; im Bordeaux-Wein mit unterschiedlichem Anteil verwendet.

Merlot: sehr empfindliche Rebsorte; Weine fein, mild, mit charakteristischem, sortentypischem Geschmack; in großen Bordeaux-Weinen mit Anteil von 25–35 % enthalten.

Im Tessin bis 50 % der Anbaufläche einnehmend; dort wie in Jugoslawien, Argentinien und Chile ausgebaut zu hellroten, gehaltvollen, vollmundigen, gerbstoffreichen, daher lange haltbaren Weinen.

Malbec: wertvolle Rotwein-Traube; Weine dunkel, fein, weich, geschmeidig, von großer Finesse, ausgeglichen, früh trinkbar und rasch alternd; sehr gute Ergänzung zu Cabernet Sauvignon; ähnelt geschmacklich etwas Gamay-Traube im Beaujolais; im Bordeaux in geringer Menge enthalten.

Bringt in Argentinien und Chile, auch allein ausgebaut, herrlich samtig-weiche, sortentypische Weine hervor.

Verdot: sehr empfindliche und anfällige Rebsorte; liefert gerbstoffreiche Weine; wird Bordeaux-Weinen nur in sehr kleinen Mengen hinzugesetzt.

Anteile in roten Bordeaux-Weinen: Rote Bordeaux-Weine gleichen als *Mischweine,* d. h. geschickte Verschnitte, großen Wein-Cocktails aus edlen Traubensorten. Kellermeister mixt kunstvoll in raffinierten, streng geheimgehaltenen Geschmacksabstimmungen hohen Anteil (etwa 70 %) edlen *Cabernet*

Sauvignon mit leichterem *Cabernet franc,* die beide gerbsäurehaltigen Wein ergeben, mit feinem, mildem, sortentypischem *Merlot,* weichem und geschmeidigem *Malbec* und etwas gerbstoffreichem *Verdot.* Da die einzelnen Sorten sehr unterschiedlichen Gehalt an Säure, Glyzerin und Gerbstoffen besitzen, bedingt allein jeweilige Mischung große Unterschiede in Körper, Bukett und Alterungsfähigkeit der Weine. Je höher Anteil an Cabernet Sauvignon, desto wertvoller und später reifend der Wein.

Weinbereitung ausschließlich aus gesunden, reifen Beeren unter weitgehendem Verzicht auf Zusätze von Zucker, Alkohol, Schwefel oder Kalk. Nach 100-jährigem, klassischem Ausbauverfahren reift Wein rein und langsam und kann in sehr guten Jahrgängen (1945, 1952, 1955, 1961, 1966, 1970, 1971) und Auslese-Qualitäten mehrere Jahrzehnte alt werden.

Edle Bordeaux-Weine benötigen lange Faßreife (2 und mehr Jahre) und entwickeln sich langsam auf Flasche. Hoher Tannin-Gehalt läßt sie langsam altern und hohes Lebensalter erreichen. Farbe wechselt dabei langsam von Rubinrot in bräunliches Rot, typisches Bordeaux-Rot. Gute Gewächse daher nicht vor 6–8 Jahren trinken, leichtere ab 4. Jahr, noch jünger schmecken sie hart und abweisend.

Charakteristik der Weine des Bordeaux (etwas vereinfachend): herb und hart in früher Jugend, langsame Entwicklung mit wachsendem Alter zum wohlausgeglichenen, zarten, würzigen, halbtrockenen, anregenden, stärkenden Wein von hell-leuchtendem Rubin- bis Braunrot. Feine und elegante Geschmacksnuancen: schönste, zarte Bukette, ausgewogener Körper, weiche Farbtöne, harmonische Einheit aller Eigenschaften.

Insbesondere rote Bordeaux sind ausgesprochen bekömmlich, magenstärkend, verdauungsfördernd, anmutig und mild, gelten daher als »die Gabe des Alters«.

Vergleich Bordeaux – Burgunder →9.2.1.3.1; viele Weinkenner stellen Bordeaux-Spitzenweine *(Premiers Grands Crûs)* aber noch über edelste Burgunder der Côte d'Or aus *Pinot noir*-Trauben.

Güteklassifizierung *der Bordeaux-Weine*

Klassifizierung von 1855 (für Médoc und Sauternes, entsprechend von 1959 für Graves, 1969 für St.-Émilion) gilt als anspruchsvollste; wurde nicht auf Grund des fertigen Weins, sondern auf Grundlage der Weinbergslagen, d. h. des Rebbodens, für die Bodenerzeugnisse aufgestellt. Qualitätseinstufung des Weins, wie in Burgunder-Gütesystem (→9.2.1.3.1) eingebaut, fehlt jedoch. Vielfalt der Bordeaux-Weine trotzdem übersichtlich geordnet durch *Einteilung* in:

Crûs Classés: Spitzenweine,
Crûs Exceptionnels: gehobene Qualitäten,
Crûs Bourgeois Supérieurs: gute Tischweine,
Crûs Bourgeois: mittlere Tischweine,
Crûs Artisans: billige Schankweine,
Crûs Paysans: Landweine.

Vignette *Prestige de Bordeaux* als Gütezeichen sorgfältiger Auswahl von roten Qualitätsweinen wird von deutsch-französischer Sachverständigen-Kommission vergeben.

Tab. 22: Übersicht über die bedeutendsten Weinbaugebiete Frankreichs

Weinbaugebiet	**Alsace** (Elsaß)	**Bourgogne** (Burgund)	**Bordeaux** (Bordelais)	**Champagne**	**Vallée de la Loire** (Loire-Tal)	**Côtes du Rhône** (Rhône-Tal)	**Côtes de Provence**	**Languedoc-Roussillon**	**Charente**
Geographische Lage	NO-Weinland zwischen Ill und Vogesen von Tan im S bis Marlenheim im N entlang 180 km langer *Route du vin d'Alsace* (Elsässische Weinstraße)	i. w. S.: *Chablis* mit *Auxerre* rd. 100 km nordwestl. Côte d'Or; i. e. S.: im Sâone-Tal 4 Weingebiete von Dijon im N bis Lyon im S: *Côte d'Or* (Côte de Nuits und Côte de Beaune) an 60 km langer Hügelkette, *Chalonnais, Mâconnais, Beaujolais*	in Tälern von Gironde/ Garonne und Dordogne, um Stadt Bordeaux 20 Anbau-Regionen, davon 5 mit Spitzenweinen: *Haut-Médoc, Graves, Sauternes, St.-Émilion, Pomerol*	im Marne- und Seine-Tal um Reims und Épernay	auf 900 km 15 Anbaugebiete mit 300 km Länge; darunter: *Pouilly-sur-Loire* und *Sancerre, Vouvray* und *Montlouis, Touraine* mit *Chinon* und *Bourgueil, Saumur* und *Anjou, Nantais (Muscadet)*	breiter Rhône-Graben (Vallée de la Rhône) zwischen Vienne und Avignon; in N-S-Richtung fast 200 km	Hügelland an Côte d'Azur zwischen Aix-en-Provence im N, Toulon im W, Nizza im O	von unterer Rhône bis Pyrenäen unweit Mittelmeer-Küste, Reihe getrennter Anbaugebiete	im Charente-Tal um Stadt Cognac 7 Regionen
Klima	kontinental, trocken, warm, sonnig; langer milder Herbst	kontinental gemäßigt, im N nicht frostsicher, ab Mâcon südlich warm	maritim ausgeglichen, durch Küstenwälder gegen salzhaltige Winde und Seenebel geschützt	nördlichstes französisches Weingebiet, nicht frostsicher	kontinental bis maritim, mild	warm, im S mittelmeerisch	mild-warmes Seeklima, im Landesinneren heiß	warmes Mittelmeer-Klima	maritim ausgeglichen
Böden	Schwemmsand, Schiefer, Löß, Kalk, Porphyr, Granit	Jurakalk mit Mergel im Untergrund; Granit und Gneis im Beaujolais	Schwemmsand, Kies, Lehm, Ton, Quarz, Kalk; leicht trocken; Steilhänge an Garonne und Gironde, Bodenwellen im Graves und Médoc, Ebene unterhalb St.-Émilion	Kreide um Reims, Kalk um Épernay	Sand, Kalk, Kreide, Schiefer	Kiesgeröll im Tal, Granit an Hängen, kalkhaltiges Hügelland	Sand, Kalk	Sand, Kies	Kreide

Rebsorten, helle	für *Qualitätswein: Silvaner, Pinot blanc, Tokay d'Alsace, Muscat d'Alsace, Riesling, Gewürztraminer;* für *Tafelwein: Chasselas, Riesling × Silvaner*	*Pinot Chardonnay, Pinot blanc, Aligoté, Auxerrois*	*Semillon, Sauvignon blanc, Muscadelle*	*Pinot Chardonnay*	*Chenin blanc, Chasselas, Sauvignon blanc, Muscadet, Pinot Chardonnay, Pinot blanc*	*Marsanne, Roussanne, Viognier, Clairette, Ugni blanc*	*Ugni blanc, Clairette* u. a.	*Muscat, Clairette, Malvoisie, Alicante, Bouchet, Aramon, Malvoisie*	*Ugni blanc, Folle blanche, Semillon*
blaue	*Pinot noir*	*Pinot noir, Gamay*-Sorten	*Cabernet Sauvignon, Cabernet franc, Merlot, Malbec, Verdot*	*Pinot noir, Pinot meunier*	*Cabernet franc, Cabernet Sauvignon, Côt, Gamay, Groslot*	*Syrah, Grenache, Cinsault, Carignan, Mourvèdre*	*Grenache, Cinsault, Carignan, Mourvèdre, Cabernet Sauvignon*	*Grenache, Carignan, Cinsault, Mourvèdre, Syrah*	
Anzahl	9	4	8	3	10	13	14	8	2
Anbaufläche[1] ha (1972)	12 000	41 000	120 000	22 000	50 000	20 000	35 000	537 000	80 000
Durchschnittlicher Ertrag[2] hl/J (1972)	0,75 Mill.	2 Mill.	5,5 Mill.	1,7 Mill.	4 Mill.	1,5 Mill.	2 Mill.; AOC-Gebiete nur: *Cassis, Bandol, Bellet, La Palette*	34 Mill.	8,8 Mill.
AOC-Weine %	92	76	61	78	24	60	8	10	–
Verhältnis weiß : rot : rosé	98 : 0 : 2	20 : 75 : 5	54 : 45 : 1	63 : 32 : 5	30 : 15 : 55	2 : 83 : 15	5 : 25 : 70	5 : 90 : 5	100 : 0 : 0
Charakteristik der Weine	Ausnahmestellung unter französischen; trocken fruchtig, Alkoholgehalt 10–13 %; *Tafelwein:* frisch, leicht, schmackhaft	*Weiße:* gehaltvoll, rassig, bukettreich; *Rote:* dunkelrubinrot, samtig, kräftig, feurig, alkoholreich, früher reif als Bordeaux, mit wachsender Reife immer samtiger und weicher; berühmteste Spätburgunder der Welt	alle Bordeaux-Weine sind Mischweine. *Weiße:* trokken, natursüß bis likörartig; *Rote:* trocken, bukettreich, sehr haltbar, im Alter harmonisch ausgeglichen und mild; Spitzengewächse von Weltruf	trockene, elegante Weine; vorwiegend Herstellung weißer Champagner	*Weiße:* ansprechend; *Rote:* gut um Chinon, Bourgueil und Saumur; *Rosés:* sehr gut	*Weiße:* sortentypisch und gehaltvoll; *Rote:* körper- und bukettreiche, vollmundige Tischweine; *Rosés:* herb-fruchtig; einige von Weltrang	*Weiße:* bedeutungslos, jung zu trinken; *Rote:* gut alternde Misch- und Tischweine; *Rosés:* delikat, fruchtig	große Mengen Konsumweins (Vins ordinaires); zahlreiche Süßweine; interessante Vins des sables (Sandweine)	Weine fast ausschließlich zur Cognac-Destillation

[1] BRD 85 000 ha (1975) [2] BRD durchschnittlich 7,5–9 Mill. hl

Gegenüber den 3 großen Qualitätswein-Regionen Frankreichs – Elsaß, Burgund und Bordeaux – verblaßt, zumindest für Fremde, das Dutzend weiterer Anbaugebiete (davon die Hälfte recht umfangreich), die in bezug auf *Quantität* der Weinerzeugung die 3 *Qualitäts*-Spitzen-Gebiete übertreffen. Dazu im folgenden und in tabellarischer Übersicht (Tab. 22) einige Informationen und Anregungen für eigene Entdeckerfreuden.

9.2.1.4 Champagne

Geschichtliches: Römer fanden Weinbau an Marne-Hängen vor. Chroniken des 5./6. Jhs. belegen Ruhm dieser Weine: waren im Mittelalter »Krönungswein« der Könige in Reims und galten als »Wein der Großen dieser Erde«. Erfindung des moussierenden Champagners (→5.2.7) Ende 17. Jhs.

Anbaufläche: 22 000 ha, noch nicht 2 % der Rebfläche Frankreichs.

Ertrag: durchschnittlich 1,7 Mill. hl/J. – Anteil an AOC-Weinen: 78 %.

Klima: atlantisch mild bis kontinental streng; lange Reifezeit für Trauben.

Böden: im *Seine-* und *Marne*-Tal, in Montagne de Reims, Kreideböden, im Vallée de la Marne um Épernay Kalkböden.

Rebsorten und Weine: aus Burgunder-Trauben entstehen große weiße und rote *Champagner* und deren Stillweine[1]: südl. Reims bis Ay/Marne blaue *Pinot noir-* und *Pinot meunier*-Reben, südl. der Marne in der Côte des Blancs weiße, überwiegend *Pinot Chardonnay*-Trauben. Champagner wird auch aus blauen Trauben vorwiegend weiß gekeltert (→5.2.7) und zweimal vergoren. Champagner und Schaumweine (in Frankreich: Vin mousseux, in Deutschland: Sekt) entstehen, indem in Stillweinen durch Zusatz von Zucker und Hefe 2., schaumbildende Gärung ausgelöst wird (→5.2.7).

9.2.1.5 Vallée de la Loire (Loire-Tal)

An Hängen der Loire, mit fast 1 000 km längster Fluß Frankreichs, und ihrer Nebenflüsse liegen locker aneinander gereiht 15 Anbaugebiete mit zusammen 300 km Länge, die Weine verschiedenartigster Geschmacksrichtungen bringen; allen gemeinsam: die leichte fruchtige Art.

1 Stillwein: jeder Wein, der im Unterschied zu Schaumweinen keine oder nur sehr wenig Kohlensäure enthält

Anbaufläche: insgesamt 50 000 ha.

Ertrag: durchschnittlich 4 Mill. hl/J. – Anteil an AOC-Weinen: 24 %.

Klima und Böden: Atlantik-Einflüsse erniedrigen Durchschnittstemperaturen bzw. gleichen sie vorzüglich aus; Böden regional unterschiedlich: Sand, Kalk, Kreide, Schiefer.

Die wichtigsten **Anbaugebiete** (von O nach W) mit ihren **Rebsorten** und **Weinen:**

(1) **Pouilly-sur-Loire** und **Sancerre,** kalkhaltiges Hügelland am Mittellauf der Loire beim Austritt aus dem Zentralmassiv: trockene, kräftige, fruchtige, würzige Weißweine mit Feuerstein-Geschmack: *Pouilly fumée* aus *Sauvignon blanc-* und *Pouilly* aus *Chasselas-* und 1/4 *Sauvignon blanc*-Trauben; bes. ausdrucksvoll im Haselnuß-Geschmack, jung zu trinken: *Blanc fumée* (Synonym für Sauvignon blanc) um Pouilly-sur-Loire, ist – einige Jahre alt – der überlegene.

(2) im **Orléanais** (Region um Orléans): nur lokale Gewächse.

(3) **Vouvray** und **Montlouis:** auf flachen Kalkstein-Hügeln seidig-weiche, langlebige Weine aus *Chenin blanc*-Trauben (alte einheimische Rebsorte, von der Loire bis zu den Pyrenäen angebaut, auch als »Pineau de la Loire« bezeichnet).

(4) **Touraine** um Tours: trockene, meist liebliche, kräftige weiße Dessertweine aus *Chenin blanc*-Trauben. Um **Chinon** an der Mündung der Vienne in die Loire: frische, blumige Weine ebenfalls aus *Chenin blanc,* auch als Mousseux und blumige Rosés, und leichte, fruchtige beaujolais-ähnelnde Rotweine aus *Gamay* und *Côt* (Synonym für Malbec-Traube aus Bordeaux); ähnliche um **Bourgueil,** granatfarben und mit leichtem Himbeer- oder Veilchen-Aroma.

(5) um **Saumur:** auf reinem Kalkgrund trockene, frische bis spritzige, fruchtige Weißweine mit »Steingeschmack« aus *Chenin blanc*-Trauben; sehr geschätzt auch als Vin mousseux und nach Champagner-Art *(Méthode champenoise,* →5.2.7) bereitet.

(6) **Anjou** um Angers: geschmeidige Weine und Mousseux aus *Chenin blanc;* bekannte, leichte, grazile, leuchtende Rosé-Weine aus *Cabernet franc* oder *Groslot,* ergiebige Rotwein-Traube mittlerer Qualität, die den einfachen, billigen, halbsüßen *Rosé d'Anjou* liefert, sowie likörartige *Coteaux du Layon.*

(7) im **Nantais (Muscadet** um Nantes) vor der Loire-Mündung: *Muscadet*-Trauben bringen gleichnamige frische, trockene, fruchtige, leicht moussierende, sehr blasse Weine mit feinem Bukett und eleganter Säure; sind vollendeter Genuß zu aller Art von Meerestieren, weshalb Franzose wundervollen Zusammenklang von Frucht der Küste mit der des Ozeans zu rühmen weiß.

9.2.1.6 Côtes du Rhône (Rhône-Tal)

Ältestes, sich etwa 200 km in N-S-Richtung am Vallée de la Rhône (Rhône-Graben) zwischen *Vienne* und *Avignon* erstreckendes Weinbaugebiet.

Anbaufläche: rd. 20 000 ha.

Weinbau: Charakteristische *Erziehungsform* der Reben im Rhône-Tal wie an Mittelmeer-Küste (= 50 % der französischen Rebfläche) ist der *Bockschnitt* ohne Drahtrahmen: Reben werden ohne Unterstützungsvorrichtung auf 2,0–2,5 m × 1,25–1,5 m Zwischenraum gepflanzt, d. h. durchschnittlich 4 000 Stock/ha. Diese Erziehungsart beansprucht niedrigste Anlagekosten und geringsten Arbeitsaufwand.

Ertrag: durchschnittlich 1,5 Mill. hl/J. – Anteil an AOC-Weinen: 60 %.

Rebsorten

Blaue Rebsorten: Syrah (Shiraz), Grenache und *Cinsault (Hermitage);* ergeben 83 % aller roten Rhône-Weine; außerdem *Carignan* und *Mourvèdre;*

weiße Rebsorten: Marsanne blanche, Roussanne blanche, Viognier, Clairette blanche und *Ugni blanc.*

Sie bringen – geprägt vom sonnigen Mittelmeer-Klima – eine Fülle interessanter **Weine** in den verschiedenen **Anbaugebieten** (von N nach S):

(1) flußabwärts **Vienne** auf schmalen Granitschutt-Terrassen spritzigen, delikaten, dunklen *Côte Rotie* und weißen *Condrieu* sowie langlebigen Roten aus einheimischer *Viognier*-Traube.

(2) um **Grozes-Hermitage:** hervorragende Hermitage-Weiß- und Rotweine: 1/3 trockene, körper- und bukettreiche, hellgoldfarbene *Weiße* aus *Marsanne blanche*-Trauben, zuweilen versetzt mit *Roussanne*-Trauben, die zartes Feuer und Veilchen-Duft verleihen, 2/3 tiefdunkle, sehr langsam ausbauende und entsprechend haltbare, weiße Hermitage-Weine noch übertreffende *Rote* aus *Syrah*-Trauben mit unvergleichlich schöner Blume, gelten als wahre Edelweine mit leicht bitterem Abgang.

Diese (auch Shiraz genannte) Traube soll der Legende nach aus persischer Stadt Shiraz (Schiraz) von Kreuzfahrern im 13. Jh. mit nach Hermitage bei Tain, 75 km südl. Lyon, an die Rhône gebracht worden sein; ist Bestandteil vieler Rhône-Weine (z. B. des Châteauneuf-du-Pape, →u.); wird auch in Republik Südafrika, Kalifornien und Australien angebaut.

Mourvèdre, in S-Frankreich weit verbreitet, stellt einfache, etwas plumpe Weine.

(3) nach 80 weinlosen Rhône-Kilometern folgen weiter flußabwärts auf trockenem Sand, Kiesel und Kalk **Lirac** und **Tavel** mit anmutigen und duftigen Weißweinen; genießen v. a. aber mit herben, kräftigen und fruchtigen Rosé-Weinen *(Vins rosés)* aus *Grenache*-Traube internationalen Ruf. *Grenache* ist als sehr ergiebige Qualitätstraube weit verbreitet (z. B. auch im Châteauneuf-du-

Pape enthalten, →u.), liefert roséfarbene, würzige, leicht bittere, trotzdem milde, bukettreiche Weine, aber auch lohfarbenen, schweren Dessertwein *Banyuls, spanischen Rioja, Grenache Rosé* und *Portwein* Kaliforniens sowie gehaltvolle Rotweine Australiens. *Cinsault,* von Alpen bis Pyrenäen angebaut, bringt tiefdunkle, vollmundige Weine.

(4) zwischen **Orange** und **Avignon** reift auf Kieselstein-Terrassen im mittelmeerischen Klima berühmtester Rhône-Wein, *Châteauneuf-du-Pape:* aus 13 Rebsorten bereitet, nach 4 Jahren trinkreif, purpurrot, feurig, mächtig und kräftig, mit zartem, im Alter stärkerem Himbeer-Bukett.

9.2.1.7 Côtes de Provence

Geschichtliches: Uraltes Weinland an der Mittelmeer-Küste zwischen *Aix-en-Provence* im N, *Toulon* im W und *Nizza* im O, an der *Côte d'Azur* und den Küstengebirgen entlang verlaufend.

Bereits Griechen pflanzten Rebstöcke bei Athenopolis (heutigem St.-Tropez), Gallier bauten Reben an, die Ionier aus Italien und Vorderasien mitbrachten, und CAESAR rühmt im »De bello gallico« Weine der Provence (→1.2). Ihr Ansehen steigerte sich über Mittelalter hinaus bis ins 19. Jh. und ließ sie zu hoffähigen und ausfuhrgefragten *Côtes de Provence* werden (seit 1895 geschützte Herkunftsbezeichnung).

Reblaus vernichtete Ende 19. Jhs. fast gesamtes Gebiet (→3.2.4). Erholung im 4. Jahrzehnt des 20. Jhs.

Gesetzliches Statut für VDQS (→9.2.1) erst seit 1953.

Anbaufläche: 35 000 ha.

Ertrag: durchschnittlich 2 Mill. hl/J. – Neben großen Mengen Land- und Tischweinen sowie rd. 30 % VDQS liegen AOC-Weine mit 8 % weit unter französischem Durchschnitt.

Klima und Böden: Reben gedeihen im mild-warmen Seeklima bzw. im heißen Landesinneren auf Sand- bzw. Kalkböden.

Anbaugebiete: neben zahlreichen Rebgebieten, die vorwiegend Lokalweine hervorbringen, sind hervorzuheben die *4 AOC-Anbaugebiete:* **Bandol, La Palette, Cassis** und **Bellet;** ihre Weine bestehen ausschließlich aus ausgezeichneten *Cabernet Sauvignon-* und *Cabernet franc-*Trauben.

Rebsorten: aus Traditionsbewußtsein (ältester französischer Anbau) noch große Anzahl lokaler Rassen angebaut, werden aber immer stärker ersetzt durch leistungsfähigere Sorten (→Weine).

Weine: mittelmäßig wegen zu starker Sonne, wie meiste des von Franzosen als *Midi* (Mittag oder Süden) bezeichneten S-Frankreichs.

Weiße: aus *Clairette* oder *Ugni blanc* trocken, mitunter spritzig, herrlich duftend, aber wenig fruchtig, z. T. fade; jung zu trinken; wenige erstklassige werden aus *Sauvignon blanc*-Trauben bereitet.

Rosés: gelten gegenüber Weißen als überlegen.

Rote: recht stark, manche, wie die um St.-Tropez gewachsenen, wohltuend weich; in der Menge körper- und bukettreiche, vollmundige Tischweine, jedoch nicht von der Eleganz der Beaujolais. Vorwiegend *Mischweine* aus *Carignan*-Trauben (deren Weine allein streng, herb und leicht bitter sind), *Mourvèdre*-Trauben (Basis für *Châteauneuf-du-Pape*-Weine der Côtes du Rhône) und *Grenache*-Trauben (ergeben samtig-weiche Weine), daneben *Cinsault.*

9.2.1.8 Languedoc-Roussillon

An *Mittelmeer-Küste* von *unterer Rhône* bis *Banyuls* am Pyrenäen-Rand gelegener, breiter Streifen sonnenbeschienener, weiter, duftender Heidelandschaft, oft (zusammen mit Provence) als *Midi* bezeichnet.

Klima und Böden: mediterran; geringe Jahresniederschläge (350–500 mm), die überwiegend außerhalb Vegetationsperiode fallen, wirken ertragsdrückend; Sand- und Kiesböden.

Anbaufläche: getrennt liegend auf 537 000 ha (mehr als 6-faches der BRD-Rebfläche), meist mit weitzeiliger unterstützungsfreier Rebenerziehung (Bockschnitt).

Ertrag: durchschnittlich 34 Mill. hl/J. – AOC-Anteil: 10 %, z. B. Mousseux *Blanquette de Limoux,* rubinroter *Fitou,* Dessertweine von Banyuls und Rivesaltes; zahlreiche kräftige, fruchtige VDQS, wie *Costières du Gard, Minervois, Corbières* und *Côtes du Roussillon.*

Weine und Rebsorten: Region produziert 3/4 aller leichten, roten *Midi*-Konsumweine *(Vins ordinaires)* Frankreichs aus *Carignan-, Grenache-, Cinsault-, Mourvèdre-* und *Syrah*-Trauben, daneben zahlreiche milde Natursüß- und Südweine aus weißen *Muscat-* (bes. geschätzt um Rivesaltes beheimateter *Muscat de Rivesaltes* sowie *Muscat de Frontignan), Clairette-* und *Malvoisie*-Trauben, die mit zunehmendem Alter herrlichen Duft und aparten Geschmack erhalten. Rotweine aus *Grenache*-Trauben erfreuen sich wachsender Wertschätzung.

Verstärkt gilt dies für die neuartigen, interessanten *Sandweine (Vins des sables)* aus der Gegend von *Sète,* einer der Camargue benachbarten Landschaft am Golfe du Lion mit großen Meersalz-Salinen. Auf kargem, nahezu sterilem Dünensand unmittelbar am Mittelmeer-Strand gedeihen auf 1300 ha (größtes westeuropäisches Weingut) wurzelechte Reben (Direktreben im Unterschied zu Pfropfreben, →3.3). Bringen sehr bekömmliche, geschmeidige, in Duft und Geschmack stark Charakter der Trauben bewahrende, jung zu trinkende Weine, die gekeltert werden als *Rote (Listel Rubis Rouge):* samtig und mit feinem Bukett, *Weiße (Listel Blanc de Blancs):* sehr trocken (fast ohne Restzucker), bukettreich, kräftig, elegant, *Rosé (Listel Gris de Gris):* frisch und fruchtig, und *Vin mousseux:* sehr trocken (brut).

9.2.1.9 Charente

Nördl. ans Bordelais anschließend im Flußgebiet der Charente.

Anbaufläche: 7 Regionen um Stadt *Cognac* mit 80 000 ha.

Ertrag: durchschnittlich 8,8 Mill. hl/J, höchste Hektarerträge (95 hl) Frankreichs.

Weine aus *Ugni blanc-(St.-Émilion-,* nicht zu verwechseln mit *Semillon,* →9.2.1.3.2)Trauben werden fast ausschließlich zu Cognac destilliert.

*

Wein und Speise in Frankreich

Frankreich bietet nicht nur in Weinen wie in Speisen Hervorragendes, auch der *Zusammenklang* von Wein *und* Speise ist hier unübertrefflich, beide gehören untrennbar zusammen. Mahlzeit in Frankreich ohne Wein fast undenkbar!

Wein verschönt das Essen und erhöht die Bekömmlichkeit, macht die Mahlzeit erst zum Genuß. Nach PLATO (427–347 v. Chr.) ist Essen ein Bedürfnis des Magens, Trinken eines der Seele; ersteres ein gewöhnliches Handwerk, letzteres eine Kunst. Widerspiegelung dieser Anschauung in der französischen Kunst der *Weinwahl zur Mahlzeit:*

Vor dem Mahl:

Als Appetitanreger *(Aperitif)*	→	französischer Vermouth *(Noilly Prat* oder *Napoléon Petit Corporal),* trockener Elsässer Muskat, Vin mousseux d'Anjou, Champagner

Zur Vorspeise:

Hors-d'oeuvre	→	Chasselas oder Silvaner
Gänseleber	→	Tokay d'Alsace, Weißer Burgunder, Gewürztraminer
Austern oder Muscheln	→	trockener Weißer Burgunder oder Bordeaux, Champagner

Zur Suppe:

legierte weiße	→	Silvaner oder Pinot blanc
gebundene, würzige, dunkle	→	kräftiger, vollmundiger Spätburgunder oder Bordeaux

Zum Fischgericht (je edler der Fisch, desto gehaltvoller der Wein):

Meeresfisch → Riesling
Süßwasserfisch → fruchtiger Silvaner, rassiger Riesling
gebratener oder stark gewürzter Fisch → Riesling oder leichter Spätburgunder
geräucherter Lachs oder Aal → kräftiger Rosé aus Spätburgunder

Zum Geflügel:

Pute, Ente oder Gans → Elsässer Gewürztraminer oder Muskat
Wildente, Rebhuhn oder Fasan → leichter, eleganter, roter Bordeaux

Zu Fleisch:

weiß (Kalb, Lamm, Schwein) → leichter, rassiger, roter Bordeaux oder Burgunder
dunkel (Hammel, Rind) → feuriger, roter Burgunder oder Bordeaux
Wildbret (Hase, Reh, Hirsch, Wildschwein) → rassiger, voller, roter Burgunder

Große Braten verlangen gehaltvolle Weine.

Zum Dessert:

Käse und Wein ergänzen einander harmonisch in ihren Eigenschaften, wenn Geschmack des einen Bukett des anderen respektiert.

Frisch- und Schmelzkäse → leichte, milde Weiß- oder Roséweine
Schaf- und Ziegenkäse → herbe Weiß- oder fruchtige Rotweine
Edelpilzkäse → mittelstarke Rotweine
Roquefort oder Münsterländer → großer Rotwein, Gewürztraminer oder Muskat
Schnittkäse → rassiger Riesling oder samtiger Spätburgunder

Zu Süßspeise oder Obst: → Muskat, Traminer, Champagner

Zu Schokoladenspeisen keinen Wein!

Zum Kaffee: → Cognac, Armagnac, Liqueur

*

Küche benötigt zur Geschmacksabrundung neben Gewürzen mindestens 4 Tischweine: weißen und roten, herben und milden.

9.2.2 Benelux-Länder

Weinbau klingt hier an nördlicher Anbaugrenze aus (→Karte 11), letzte Kulturen flüchten sich unter Glas. Von Bedeutung Luxemburg, südliches und kleinstes der 3 Länder.

9.2.2.1 Belgien

Anbaufläche und Ertrag: im Mittelalter geschätzte Weine. Heute Anbau noch (1974) auf rd. 400 ha meist in Glashäusern um Brüssel: 3/4 *Weißer Gutedel (Royal muscadine),* 1/4 *Blauer Trollinger (Frankenthaler, Brüsseler Treibhaustraube).* Durchschnittlicher Jahresertrag: 5000 hl Wein und 5500 t Tafeltrauben.

Pro-Kopf-Verbrauch: 14 l (1973); Weinverzehr ganz auf Einfuhr (rd. 1,5 Mill. hl/J) französischer Weine eingestellt.

9.2.2.2 Niederlande

Anbaufläche und Ertrag: Anbau noch (1974) auf rd. 200 ha im S an belgischer Grenze, daneben in der Hauptsache unter Glas, jedoch ebenfalls rückläufig, da mit billigen Einfuhren aus südlichen Ländern schwer konkurrenzfähig. Durchschnittlicher Jahresertrag: rd. 5000 hl.

Einfuhr beträgt mit durchschnittlich 1,3 Mill. hl/J etwa 50-faches der Eigenerzeugung.

Pro-Kopf-Verbrauch: 8 l (1973).

9.2.2.3 Luxemburg

Geschichtliches: Zahlreiche Funde aus Zeitwende und gallo-römischer Zeit. 1. urkundlicher Nachweis des Weinanbaus um 686. Im späten Mittelalter Pro-Kopf-Verbrauch von über 100 l/J. Größte Anbaufläche 1916 mit 1660 ha.

Anbaufläche und Ertrag: Anbau verschiedener Rebsorten an 42 km langen Muschelkalk- und Keuper-S-Hängen an oberer Mosel zwischen *Schengen* (frz. Grenze) und *Wasserbillig* (dt. Grenze) sowie an Nebenfluß Sauer auf 1000 ha (1974) (→Karte 12).

Höchste Hektarerträge in der EWG: 1975 140 hl; Erträge schwanken aber sehr bei den verschiedenen Rebsorten, z. B. 1974 149 hl bei Rivaner, 26 hl bei Traminer. Durchschnittlicher Jahresertrag (1970–1974): 162 000 hl.

Klima: gleicht dem der deutschen Obermosel.

Böden: im nördlichen Kanton Grevenmacher Dolomit-Kalk mit steilen Terrassen, im südlichen Kanton Remich Keuper-Mergel.

Weinwirtschaft: 1500 Weinbau-Betriebe, durchschnittliches Areal: 0,77 a. – Mehr als Hälfte der Flaschenweine tragen Gütezeichen der Luxemburger Qualitätsweine, *Marque Nationale* (geschaffen 1935), als Manschette mit Kontrollnummer in 5 Güteklassen und sind – wie Elsässer Weine – auf Flaschen-Etikett nach Rebsorten gekennzeichnet. Besondere Qualitäten werden seit 1967 mit folgenden Prädikaten ausgezeichnet: Vin classé – Premier crû – Grand premier crû.

In 6 Kellereigenossenschaften werden 70 % der Ernte der kleinen Mischbetriebe ausgebaut und vermarktet. 5 von ihnen sind seit 1966 zur Dachorganisation »Vins moselle« vereinigt.

Ausfuhr: 75 000 hl (1974).

Einfuhr: 80 000 hl (1974).

Pro-Kopf-Verbrauch: 50 l (1974).

Rebsorten und Weine: Weine ähneln deutschen an Obermosel, sind meist völlig durchgegoren, liegen im Säuregehalt etwas höher; rassig und herzhaft; Qualität meist gut. Kleine, kräftige, kernige, alkoholarme, sehr erfrischende offene *Schankweine* der Einheimischen und Grundweine für Schaum- und Perlweine liefert *Elbling (Räuschling,* 28 %) von Muschelkalkböden. *Qualitätsweine,* darunter recht bedeutende Gewächse, machen etwa 70 % aus; bestehen vorwiegend aus zartem, duftigem, säurearmem, erdigem *Rivaner (Riesling × Silvaner,* 47 %), leichtem, frischem, rassigem, trockenem und ziemlich herbem *Riesling* (9 %), fruchtigem, trockenem, zart-geschmeidigem und mildem *Auxerrois* (8 %) und neutralem, fruchtigem *Weißem Burgunder* (3 %), körperreichem, aromatischem *Ruländer* (2 %) und alkohol- und bukettreichem, mildem *Traminer.* Luxemburger Weißweine eignen sich durch ihre Frische vorzüglich zur Herstellung von Perl- und Schaumweinen (1974: 1,6 Mill. Flaschen).

Charakteristik der Luxemburger Moselweine: frisch und fruchtig, trockener als deutsche Mosel; Alkoholgehalt schwankt zwischen 10 % und 11,5 %.

9.2.3 Großbritannien

Geschichtliches: Weinbau beim keltischen Stamm der Briten unter römischer Herrschaft (43–410) seit 3. Jh. n. Chr. unter Kaiser PROBUS (→9.2.1) belegt, ab 7. Jh. v. a. Anbau von Reben für Meßwein von Klöstern betrieben; Rückgang durch 300-jährige Zugehörigkeit (1152–1453) von Bordeaux mit seinen günstigeren Weinen zu England sowie durch Abschaffung der Klöster im 16. Jh.; Versuche eines Wiederaufbaus im 19. Jh. unter Königin VICTORIA blieben erfolglos; bescheidener Neubeginn seit 1952.

Anbaufläche und Ertrag: 200 ha (1974) bringen etwa 11 000 hl/J.

Ausfuhr: 0,12 Mill. hl (1973).

Einfuhr: 3,6 Mill. hl (1973).

Pro-Kopf-Verbrauch: 5 l (1973).

Klima und Böden: atlantisch mild (Jahresdurchschnittstemperatur +9,8°C), aber windreich (wogegen Rebstock bes. empfindlich), Fröste im Frühjahr; 780 mm Jahresniederschlag; Böden leicht. Anbau erreicht 52° n. Br.

Anbaugebiete (→Karte 11) im S der Insel: **England** und **Wales** mit 25 *Weinorten* in Hampshire, Sussex, Kent, Hertfordshire, Essex, Sommerset, Isle of Wight und Channel Islands.

Rebsorten: mittelfrüh reifende, wie *Müller-Thurgau* und französische Hybride *Seyval blanc;* Versuche mit Neuzüchtungen, wie *Scheurebe* und *Reichensteiner,* sowie amerikanischer Hybride *Seyve-Villard.*

Weine: leichte, spritzige, frische Weiße nach Elsässer-Art geschätzt; auch Verschnitte von Müller-Thurgau mit Seyval blanc.

9.2.4 Schweiz

Geschichtliches: Schweizer Weinanbau geht auf die Kelten zurück, Römer fanden ihn bereits vor; Weinkultur sehr hochstehend.

Anbaufläche: 12 600 ha (1975), davon entfallen auf *Westschweiz* (Wallis [Valais], Waadt [Vaud], Genf [Genève], Neuenburg [Neuchâtel] und Freiburg [Fribourg]) 9700 ha, auf *Ostschweiz* (Zürich, Schaffhausen, Thurgau, Aargau, Baselland, St. Gallen, Graubünden, Schwyz und Luzern) 1800 ha, auf *Südschweiz* (Tessin) 1100 ha.

Anbaufläche läßt sich nur mit erheblichen Aufwendungen und unter großen Mühen nutzen. Arbeitsaufwand beträgt in steilen und terrassierten Lagen noch bis zu 1600 Arbeitsstunden/ha/J.

Ertrag: durchschnittlich rd. 1 Mill. hl/J aus 38 000 Rebbau-Betrieben. Weine werden überwiegend im eigenen Land getrunken.

Weinausbau: Hochentwickelte Anbau-, Ernte- und Kellertechnik; sehr strenge Qualitätsanforderungen und -kontrollen (Mindestalkoholgehalt 8 Vol.%; Verschnitt mit ausländischen Weißweinen verboten, bei Rotwein 8 %, in einzelnen Kantonen bis 15 % erlaubt; kein Zusatz von Zuckerwasser, Traubensaft oder Sauser gestattet; Deklarationspflicht für Wein aus Hybriden; genaue Öchsle-Grenze für Prädikatsweine fehlt).

Ausfuhr: nur 8000 hl (1974).

Einfuhr: durchschnittlich 2,2–2,5 Mill. hl/J (2,3 Mill. hl 1974).

Pro-Kopf-Verbrauch: mit 43 l (1974) fast 3-mal so hoch wie Eigenerzeugung.

Klima und Böden: kontinental mit Föhnlagen; ausgiebige Sonnenbestrahlung an Steilhängen, unterschiedliche, im allg. gleichmäßig über das Jahr verteilte, gemessen an anderen Weinbaugebieten hohe Niederschlagsmengen (z. B. Wallis 600 mm, Zürichsee 1300 mm), lange Vegetationsperiode, z. T. exponierte Spätfrostlagen. Sehr unterschiedliche Bodentypen, vorwiegend Braunerden auf verschiedenartigem Muttergestein.

Rebsorten und Weine: über 61 % der Rebflächen erbringen Weißweine, davon die Hälfte aus *Fendant-(Gutedel-)*Reben; daneben *Johannisberg (Grüner Silvaner), Riesling × Sylvaner (Müller-Thurgau, Rivaner), Ruländer* und Spezialitäten (→u.); blaue Traubensorten: *Pinot noir, Gamay* und *Merlot.*

Weine in der Mehrzahl am besten jung trinken.

Anbaugebiete (→Karte 13): *3 Großgebiete* entlang Flußtälern und Seeufern: Westschweiz – Ostschweiz – Südschweiz.

9.2.4.1 Westschweiz (Französisch-sprachige Schweiz)

Im Rhône-Tal sowie im Gebiet des Genfersees, Neuenburgersees und Bielersees auf insgesamt 9700 ha vorwiegend Anbau von *Weißwein*-Trauben in *4 Regionen:*

(1) **Wallis** (Valais): großartige Weinlandschaft; erstreckt sich im *Rhône-Tal* über fast 100 km von *Visp* unweit Brig über *Sierre* (Siders), *Sion* (Sitten, Hauptstadt des Kantons und Zentrum des Weinbaus und -handels) und *Martigny* bis zum *Genfersee.* An Rhône Schwemmlandböden, steile S-Abfälle der Alpen mit Gneis-, Schiefer- und Kalkkrusten zwischen 400 und 700 m Höhe. Klimatisch sehr begünstigt, 300 Sonnentage; Niederschläge von höchstens 600 mm/J machen mancherorts Bewässerung notwendig. Größter Teil der Reben steht auf Sonnenseite am rechten oberen Rhône-Ufer von *Fully* bis *Leuk.*

Auf stark parzellierter Fläche von 4500 ha (12 % der landwirtschaftlich genutzten Fläche des Landes) erbringen 19 000 Rebberg-Besitzer 380 000 hl Wein (1975).

Rd. 70 % der Ernte werden zu Weißwein, Rest zu Rot- und Roséwein gekeltert. Nur Spitzenweine und Weine aus Weingütern führen Gemeinde- und Lagebezeichnung.

Rebsorten und Weine

Fendant (oder *Chasselas,* im Wallis Bezeichnung für Gutedel, im Waadt: *Dorin):* mit rd. 50 % verbreitetste helle Traube der Schweiz; Rebsorte dominierend wie in keinem anderen Lande. Hier übliche Erziehungsart des *Bockschnitts,* d. i. sehr kurzer Anschnitt, trägt mit geringerem Ertrag wesentlich zur hohen Qualität der trockenen und rassigen Weißweine bei. Weine leicht bis alkoholreich, trocken, fruchtig, zu allen Speisen passend; in Steillagen des Wallis und des Genfersees auch Spitzenweine hervorbringend.

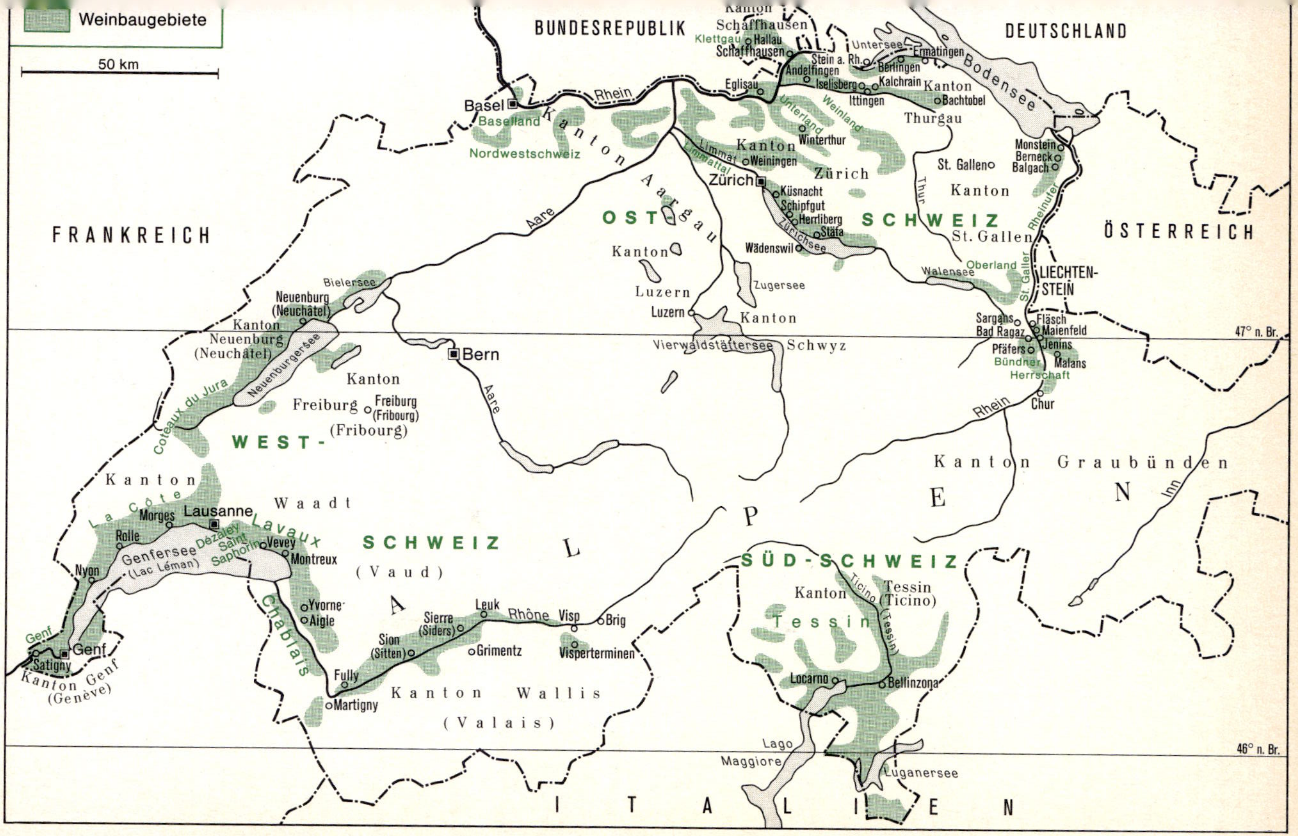

Karte 13: Die Anbaugebiete der Schweiz

Johannisberg (auch unter Bezeichnung *Gros Rhin,* da Rebstöcke vom Johannisberg im Rheingau stammen sollen): folgt mit etwa 15 %. Weine mild, fein, fruchtig, gehaltvoll, mit ausgeprägtem Sortenbukett; zu Vorspeisen und Walliser Spargel.

Riesling (Petit Rhin) dagegen nur ganz vereinzelt vorkommend.

Wie kein anderes Weinbaugebiet der Schweiz verfügt das Wallis über Vielfalt ausgesprochener *Trauben-Spezialitäten,* die an Boden und Klima besondere Ansprüche stellen, spät reifen, edle und schwere Weine liefern und mit 3 % Anteil meist Raritäten sind:

Amigne: uralte helle Rebsorte, wahrscheinlich von der römischen *Vitis amminea* abstammend (→1.2), die von HORAZ erwähnt, von VERGIL in »Georgica« besungen wird und aus welcher berühmter Falerner des klassischen Rom bereitet wurde. Weine feinherb, neutral bis säure- und körperreich, lange haltbar, ausgeglichen, charaktervoll, mit aparten Duftstoffen.

Arvine (Petite Arvine): gleichfalls sehr alte, in frühester Zeit aus Italien eingeführte helle Rebsorte; nur auf besten Lagen anzutreffen, Amigne an Körper und Bukett überlegen, an Duft wilder Veilchen erinnernd. Weine trocken, rassig, nervig, von fruchtiger Säure, sehr lange lagerungsfähig; edle Spätlesen (im Wallis *Flétry* genannt) mit viel Restsüße.

Humagne: seit langem heimische, halbwildc, wahrscheinlich über alte griechische Kolonie Massalia (Marseille) eingeführte Rebsorte. Weine erfrischend, robust, gesund, Arvine ähnelnd, jedoch rauher und herber, außerordentlich haltbar, jahrhundertelang als belebender Krankenwein und Wein der Wöchnerinnen geschätzt; heute sehr selten geworden.

Païen (Heida[1]): bekannte, alte *Savagnin-(Traminer-)*Sorte; Anbau heute auf höchsten Weinberg Europas (bei Visperterminen unweit Brig; Anbau bis über 1000 m) beschränkt. Weine fein, rassig und säurereich.

Rèze: aus wahrscheinlich von PLINIUS (→1.2) als *Uva raetica* beschriebener (vielleicht noch älterer) und von Römern über Großen St. Bernhard aus Aosta-Tal eingeführter Rebsorte *Prié* (oder *Bernarda)* gekeltert. Sog. *Glacier* (Gletscherwein) nur noch im Val d'Anniviers (Eifischtal) südl. Sierre von Bergbauern hergestellt und nach dem Solera-System (→9.3.3.4) – neuer Wein wird immer wieder zum alten hinzugegeben – in hochgelegenen Dörfern (z. B. Grimentz 1560 m) 10–15 Jahre in Lärchenholzfässern ausgebaut; heute sehr selten geworden und meist mit *Fendant, Ermitage* und *Malvoisie* vermischt; herb, leicht bitter, alkoholreich, sehr lagerfähig, mit charakteristischem Sortengeschmack.

---

1 Païen = frz. heidnisch; Heida = Heide = Alter; aus vorchristlicher Heidenzeit stammend; angeblich haben Römer Rebsorte bereits vorgefunden, nach anderer Ansicht hierher mitgebracht (auch Hunnenwein genannt)

Malvoisie (Grauer Burgunder, Ruländer, Pinot gris): bringt üppige (12–15 % Alkohol), oft süß abgepreßte, runde, milde Weine mit hohem Restzuckergehalt (nicht zu verwechseln mit italienischem, spanischem oder portugiesischem Malvoisier).

Muscat (Muskateller, Muscat de Frontignan, vielleicht auch *Muskat Ottonel):* Rebsorte französischer Herkunft und vermutlich von *Vitis apiana* der Römer abstammend (→1.2). Weine herb, voll, köstlich duftend, jung am schönsten; intensiver Traubengeschmack.

Ermitage (Hermitage in Frankreich): milder, leicht-herber, kraftvoller, vornehmer Weißwein mit feinem, zartem Bukett, gekeltert aus den von der Côtes du Rhône südl. Lyon stammenden *Marsanne blanche-* und mitunter *Roussanne-*Trauben; hervorragender Aperitif- oder Dessertwein.

Dôle: Spezialität unter den *Rotweinen* des Wallis; am feinsten *Pinot noir pur,* aus reinen *Pinot noir-*Trauben bereiteter rubinroter, zarter, samtener Rotwein. Typischer Walliser Mischwein, ebenfalls Spezialitäts-Dôle, gemeinsam gekeltert aus *Pinot noir-* und (aus dem Beaujolais stammenden, daher Name Dôle [= Stadt im Beaujolais]) *Gamay-*Trauben; ersteren verdankt der angenehme, körperreiche, bekömmliche Wein Rasse, Bukett und Körper, letzteren Fruchtigkeit und Robustheit; muß mehr als 85° Ö aufweisen, wird kellerfrisch bei 12–14°C getrunken.

Goron: leichtere, fruchtige rote Tischweine derselben Art mit geringeren Öchsle-Graden.

Alteinheimischer *Landroter (Rouge du Pays* aus schon 1313 bezeugter derber Rebsorte) nahezu verdrängt von Weinen aus *Pinot noir-, Gamay-* oder *Humagne rouge-*Trauben; nimmt aber im Anbau wieder zu. Wein kräftig, säurereich.

(2) **Waadt** *(Vaud):* zweitgrößtes (3 300 ha) Schweizer Anbaugebiet mit über 1/3 der schweizerischen Gesamterzeugung; setzt Rebanbau des Wallis nach NW mit ähnlich kräftigen und hochgradigen Weinen, aber geringerer Rebsorten-Vielfalt fort.

- **Chablais vaudois** am rechten *Rhône-Ufer* oberhalb des Genfersees (Lac Léman) mit besten Lagen um *Aigle* und *Yvorne* bringt auf leichten Kiesböden und Schuttkegeln im warmen, trockenen voralpinen Klima reiche, vollmundige, pikante Weißweine aus Gutedel-Trauben mit Feuerstein-Geschmack.
- **Lavaux,** östl. Lausanne, am NO-Ufer des *Genfersees,* konzentriert auf 15 km zwischen Montreux, Vevey und Lausanne, erzeugt auf steil zum See abfallenden Sandstein-Terrassen des *Dézaley* und des *Saint Saphorin* bes. rassige, feurige und körperreiche Weine; rechnen zu besten Schweizer Weißweinen.
- **La Côte,** westl. Lausanne, am NW-Ufer des *Genfersees* mit *Morges, Rolle* und *Nyon* liefert zarte und vollmundige delikate und fruchtige *Dorins* (waadtländischer Name für Weine aus *Gutedel), Terravins* (Name für geprüfte Spitzen-Dorins) und *Salvagnins* (neue Sammelbezeichnung für amt-

lich geprüfte qualifizierte waadtländische Rotweine aus Pinot- oder Gamay-Trauben oder Verschnitt aus beiden).

- **Coteaux du Jura,** nördlicher Teil der Waadt; Weine ähneln mit frischer spritziger Art schon benachbarten Neuenburgern.

(3) Am **Neuenburgersee** *(Neuchâtelersee)* und am **Bielersee** (zusammen 800 ha), entlang der sonnenreflektierenden Wasserflächen und sonnespeichernden Jurahänge, erbringen Chasselas-(Gutedel-)Reben auf Kalk- und Kreideböden bedeutende Mengen heller Weine, die, dem Boden entsprechend, oft Champagner-Weinen ähneln, kleinere Mengen an Riesling ×, Sylvaner-(Rivaner-, Müller-Thurgau-), Sylvaner-, Riesling-, Muskateller- und Malvoisie-Trauben leichte, feine, spritzige bis fruchtige Weißweine, Pinot noir-Reben sehr gehaltvolle Rote mit schönem Bukett. Junge Neuenburger Weiße als beste Durstlöscher geschätzt.

Großer Beliebtheit erfreut sich *Sternliwein,* dessen natürliche Kohlensäure durch frühe, direkte Abfüllung von der Hefe auf die Flasche *(sur-lie*-Abzug) erhalten bleibt und im Glase moussierenden Stern bildet.

Sehr geschätzt ist süßdruckartig (→5.2.4) gekelterter *Oeil de perdrix,* »Rebhuhnauge«, vom Neuenburgersee, jugendfrischer, prickelnder, roséartiger Wein ausschließlich aus Pinot-Trauben, sowie von gelben Kalkböden frische, elegante, leicht moussierende *Twanner* und *Schafiser* vom Bielersee.

(4) Im **Kanton Genf** beiderseits der *Rhône* und am linken Ufer des *Genfersees* bringen *Chasselas*-Trauben (mehr als Hälfte der Ernte) auf sandigen Moränenschottern (fast 1100 ha) hellgelbe, leichte, angenehme, milde Weine, hier *Perlan* genannt, mit ansprechendem Bukett und mäßigem Säuregehalt; daneben *Riesling × Sylvaner, Traminer, Johannisberg, Aligoté, Tokayer (Pinot gris), Pinot Chardonnay, Blauer Burgunder* und (auf 48 ha) rote *Hybriden* im Anbau. Umstellung auf Pinot noir und Gamay im Gange. Bei *Satigny* größter, geschlossener Weinberg der Schweiz mit 400 ha Rebfläche.

9.2.4.2 Ostschweiz (Deutsch-sprachige Schweiz)

Umfaßt klimatisch weniger begünstigtes weites alemannisches Gebiet: *oberes Rheintal Graubündens* von Kantonshauptstadt Chur flußabwärts mit benachbartem *Liechtenstein, Zürichsee-* und *Schaffhauser-Gebiet* sowie schweizerisches *Bodensee-Ufer.*

Rebsorten und Weine

Von über 1800 ha Anbaufläche vorwiegend (78 %) blumige und fruchtige Weine von *Blauen Burgunder*-Trauben, hier auch *Klevner* genannt, in ungewöhnlich vielfältiger Art: samtschwer, vornehm-adelig, bouquet-gehaltvoll, spritzigfrisch. Sorgfältige Klonen-Selektion der Eidgenössischen Forschungsanstalt in Wädenswil am Zürichsee hat Ertragsfähigkeit der hervorragenden Rotweinsorte ganz wesentlich erhöht. Aber auch Schiefer und Felsgestein, Flußläufe und Seespiegel, Föhn und Kleinklima prägen die verschiedensten feinen Nuancen der Weine. Rest von 22 % mit feinem, frischem und spritzigem *Riesling × Sylvaner* mit ansprechender Blume sowie kleinen Mengen *Räuschling* (→u.), *Tokayer (Pinot gris)* und *Gewürztraminer* bestockt. Alle Weine zeichnen sich durch frisches fruchtiges Bukett aus.

Ostschweiz läßt sich in *3 Regionen* einteilen:

(1) **Oberland** mit Bündner Herrschaft und St. Galler-Rheintal; hier meist gehaltvolle *Blaue Burgunder-Rotweine* von hoher Qualität dank Herbstföhn.

– Im Kanton **Graubünden** (260 ha), mit Bischofsgut von *Chur* beginnend, gedeihen an S-Hängen des Rheins stromabwärts mit Zentrum *Bündner Herrschaft* um *Malans, Jenins, Maienfeld* und *Fläsch* die edlen *»Bündner Rheinweine«*. Talhänge mit schiefrigem Schuttboden, Sonne intensiv reflektierend, und »Traubenkocher« Föhn lassen Weine zu körperreichsten, hochgradigsten und kräftigsten Ostschweizern heranreifen.

  Spezialität: Churer-Schiller, hellroter Wein aus gemischtem Satz blauer und weißer Trauben.

– Auf linkem **St. Galler Rheinufer** wächst oberhalb *Bad Ragaz* vielgerühmter *Portaser* (von röm. »Porta Romana« abgeleitet; alter Weinbau des Klosters Pfäfers), und weiter rheinabwärts gedeihen um *Sargans, Balgach, Berneck* und *Monstein* gleichfalls gehaltvolle Blaue Burgunder.

(2) **Unterland:** Kantone Zürich, Schaffhausen, Thurgau und Aargau bringen leichten *Blauen Burgunder* mit ausgeprägtem Bukett und elegantem Geschmack sowie *Riesling × Sylvaner*-Weine mit angenehmem Muskat-Bukett und feinem Geschmack, z. T. kohlensäurehaltig.

– Im Kanton **Zürich** ist Rebfläche (450 ha) seit einem Jahrhundert ständig rückläufig und auf etwa 1/10 der damaligen gesunken. Weinbau beschränkt sich heute v. a. auf rechtes *Zürichsee-Ufer* und *Limmattal, Unterland* und *Weinland.*

  Zürichsee-Ufer bringt Weißweine, v. a. frische, duftige Riesling × Sylvaner, aber auch noch uralten, kraftvollen, säurereichen *Räuschling* unbekannter Herkunft, zwischen *Küsnacht* und *Herrliberg* mit *Schipfgut* bis seeaufwärts nach *Stäfa;* bekannte Lagen: »Sternenhalde« und »Lattenberg«.

  Limmattal beherbergt u. a. geschlossenen Rebberg von *Weiningen.*

  Im *Unterland* zwischen Limmat und Rhein mit *Eglisau* wachsen milde Riesling × Sylvaner mit typischem Sortenbukett wie auch bukettreiche, fruchtige Rotweine.

  Im *Weinland* zwischen *Winterthur, Andelfingen* mit *Schiterberg* und Rhein dominiert an Moränenhängen Blauer Burgunder.

– Im Kanton **Schaffhausen** (430 ha) hat im alemannischen *Klettgau* die technisch vorbildliche wie landschaftlich sehr gelungene moderne Rebbergzusammenlegung von 130 ha geschlossenen Rebareals mit vorwiegend blauen Trauben und 5 Gemeinden um *Hallau* besondere wirtschaftliche Bedeutung erlangt.

Im O des Kantons liegt die reizvolle Enklave *Stein am Rhein* mit bekannten Reblagen, wie »Blaurock« und »Käferstein«. In Stadt *Schaffhausen* lockt als Glanzstück bewehrter Munot mit köstlichem Tokayer (Pinot gris).

- Kanton **Thurgau** (170 ha), v. a. nördl. der Thur, besitzt prächtige Weine von *Bachtobel,* neue Rebanlagen um *Iselisberg,* ausdrucksvolle, körperreiche Weine alter Kartause *Ittingen* und Staatsweingut *Kalchrain.*

  Typische Kette der Rebberge am *Untersee* des Bodensees um *Ermatingen* und *Berlingen* trägt feinblumige, leichte Riesling × Sylvaner.

- Im Kanton **Aargau** (280 ha) herrscht auf Juraböden Blauer Burgunder vor, gefolgt von Riesling × Sylvaner.

(3) **Nordwestschweiz:** im Anbaugebiet *Baselland* bei ähnlichen Anbaubedingungen Weine wie in Unterland-Kantonen.

9.2.4.3 Südschweiz (Tessin)

Auf S-Seite der Alpen gelegener, landschaftlich schönster und südlichster Kanton, »Sonnenstube der Schweiz«. Auf 1100 ha vorwiegend (98 %) Anbau von *Rotwein*-Reben.

Im Tal des Tessin (Ticino) auf kalkarmen Böden gut gedeckte, rote *Nostrano*-Landweine, vorwiegend aus *Bondola*-Trauben; jedoch immer mehr verdrängt durch hochwertige, aus Bordeaux eingeführte *Merlot*-Traube – diese beherrscht bereits 50 % der Anbauflächen – mit hellroten, sehr ansprechenden, blumigen, gehaltvollen bis schweren, vollmundigen, gerbstoffreichen, daher langsam ausbauenden Rotweinen. *Beste Lagen* befinden sich zwischen *Bellinzona* und *Locarno* sowie zwischen dem *Lago Maggiore* und dem *Luganersee.*

Bessere Qualitäten der Merlot-Weine erhalten seit 1948 staatlich garantierte Qualitätsbezeichnung VITI (*Vi*ni *Ti*cinesi).

Fast 1/4 der Tessiner Anbaufläche stellen noch »Americani« oder Direktträger, *Kreuzungen* europäischer mit amerikanischen Reben (→3.3), wie rote *Isabella, Clinton, Noah;* werden zwar wegen ihres Fox-Tons (→4.2 und 10.2.2) kaum noch gekeltert, sind aber als Tafeltrauben und Traubensäfte sehr beliebt.

Charakteristik der Schweizer Weine

Einheitliche Charakterisierung nicht möglich. Qualität ist zuverlässig, gut bis hervorragend, Weine sind eigenständig. Klima bedingt in meisten Fällen Verbesserung der Moste; Weine besitzen im allg. mittleren Alkoholgehalt und geringe Restsüße; zeichnen sich durch Frucht, Rasse, pikante Frische und wenig Säure aus, sind spritziger als die der Nachbarländer.

9.2.5 Österreich

Geschichtliches: Bereits Kelten stellten in vorrömischer Zeit aus wildwachsenden Reben weinartiges Getränk her. Anfänge des *Anbaus* durch Kelten um 400 v. Chr., Einführung der Reb-*Kultur* durch Römer; 1. Blütezeit im 3. Jh. unter Kaiser PROBUS durch Erlaubnis, Weinbedarf für römische Legionäre von Weinbergen an der Donau zu decken. Im Laufe der Völkerwanderungszeit (4.–6. Jh.) Weinberge in Niederösterreich und Burgenland von Awaren z. T. verwüstet. Erst KARL D. GR. und nach Erneuerung der Mark OTTO I. (963–973) sorgten für Neuanlage; bayerische Klöster gründeten große Weingüter im Donautal: 2. Blütezeit.

Im 16. Jh. größte Ausdehnung des Weinbaus in Österreich; Rebfläche zehnmal so groß wie heute. Einfuhr von Ungarn-Weinen fiel durch Türken-Besetzung aus. Reformation mit Auflösung oder Verarmung der Klöster, Kälte-Perioden zwischen 1560 und 1700, 30-jähriger Krieg und Türken-Einfälle brachten Niedergang. Aufschwung unter Kaiserin MARIA THERESIA und ihrem Sohn Kaiser JOSEPH II. (1765–1790) durch Steuerreform und Erlaubnis für Weinbauern, »Fechsung« (Ernte) im eigenen Betrieb verkaufen zu dürfen; dies war Grundlage für Entstehung von »Buschenschank« und »Heurigen«[1].

Rückgang des Weinbaus durch eingeschleppte Rebkrankheiten und Reblaus in 2. Hälfte vorigen Jahrhunderts. Grundlegender Neuaufbau mit Gründung von Weinbauschule Klosterneuburg 1860 durch A. W. VON BABO[2]; Beginn systematischer Forschung in Weinbau und Kellertechnik. Umstellung auf Hochkultur (Weitraumkultur) von LENZ MOSER (→3.2.1) ab 1956 erhöhte Arbeitsertrag wesentlich durch Senkung des Arbeitsaufwands; Verbesserung der Hektarerträge durch selektionierte Qualitätsrebsorten und gezielte Düngung. Rebfläche in letzten 15 Jahren ausgeweitet.

---

1 Heuriger: frischer, junger, noch kein Jahr alter (daher heuriger, d. h. von Martini [11. November] eines Jahres bis zum Ende des folgenden Jahres) Schoppenwein aus inländischen Trauben, meist aus gemischtem Satz; wird in kleinen Gartenwirtschaften und Weinstuben (Heurigen) »im Buschenschank verleutgebt«, d. h. in durch einen Busch (Besen, Strauß) gekennzeichneten Schänken vorwiegend um Wien, aber auch in Heurigen-Betrieben Niederösterreichs, des Burgenlands und der Steiermark ausgeschenkt.

2 Von ihm stammt auch *Klosterneuburger-* oder *Babosche Mostwaage* (KMW) = Aärometer zur Bestimmung der Zuckergewichts-Prozente im Most; in Österreich verwendet.
Klosterneuburger-Grade ergeben sich aus gebräuchlicheren Öchsle-Graden angenähert durch Division mit 5:

Öchsle-Grade	63°	73°	83,5°	94°	105°	127°	150°
KMW-Grade	13° [3]	15° [4]	17° [5]	19° [6]	21° [7]	25° [8]	30° [9]

3 Mindestmostgewicht für Wein in Österreich 4 Qualitätswein 5 Kabinettwein
6 Spätlese 7 Auslese 8 Beerenauslese 9 Trockenbeerenauslese

Anbaufläche: 50 000 ha (1975); obwohl kaum 1 % der landwirtschaftlichen Nutzfläche Österreichs mit Reben bestockt, ist Wein volkswirtschaftlich von großer Bedeutung.

Weinwirtschaft: Rebbau in 56 200 Betrieben, meist in Händen kleiner Weingärtner; durchschnittliche Weinbaufläche liegt zwischen 0,5 und 1,4 ha. Winzergenossenschaften erfassen rd. 25 % der Traubenernte, sind in Niederösterreich und im Burgenland zu Winzerverbänden zusammengeschlossen.

Ertrag: 2,7 Mill. hl (1975), davon 85 % Weißwein. Hektarerträge schwanken außerordentlich, z. B. 74 hl/ha 1970, 37 hl/ha 1974.

Ausfuhr: 221 000 hl (1974), davon 3/4 in die BRD.

Einfuhr: 525 000 hl (1974).

Pro-Kopf-Verbrauch: 35 l (1973; 1954 nur 16 l).

Klima und Böden: kontinentales Klima; in Niederösterreich, Burgenland und Wien pannonisch: sonnenreicher, warmer und trockener Sommer, schöner Herbst, kalter Winter; im S des Burgenlandes und in der Steiermark illyrisch: sonnig, warm, niederschlagsreich. Vielfalt an Böden: Löß, Kalk, Urgestein, Sand und vulkanische Verwitterungsböden, Anbau bis 420 m ü. NN.

Rebsorten: etwa 25 im Anbau; fast 98 % gesetzlich festgelegte Qualitätsrebsorten, 80 % reinsortig angepflanzt.

Weißwein-Rebsorten (85 %)

Grüner Veltliner mit 26 % (vor knapp 100 Jahren in Poysdorf wiederentdeckt), *Müller-Thurgau* mit 9 %, *Welschriesling (Italienischer Riesling,* nicht verwandt mit in Österreich *Rheinriesling* genanntem *Weißem Riesling)* mit 8 %, *Neuburger* und *Weißer Burgunder* mit je knapp 4 %, *Muskat Ottonel, Rheinriesling, Frühroter Veltliner* mit je 2–3 %, *Traminer* mit 2 %; in geringer Menge *Ruländer, Bouvier, Zierfandler* und *Rotgipfler.*

Rotwein-Rebsorten (15 %)

Blaufränkisch (Limberger) und *Blauer Portugieser* mit je 4,5 %, *Zweigelt (Limberger × St. Laurent)* mit 3 %, *St. Laurent* (Mutation des Blauen Spätburgunders) mit 1,5 %, *Blauer Spätburgunder* mit knapp 1 %.

Weine

Im Charakter deutschen Weinen ähnlich, jedoch Spezialitäten, die Mittelstellung zwischen denen nördlicher und südlicher Weinbau-Regionen Europas einnehmen: Frische und Fruchtigkeit vom N, Gehalt und Körper vom S.

Ungewöhnlich reichhaltiges Angebot verschiedenartiger Weinqualitäten vom Schankwein, Tafelwein, Landwein, Heurigen über reiche Palette von Qualitätsweinen bis zu Kreszenzen von europäischem Spitzenformat mit Trockenbeerenauslesen.

Verbreitetste und typische Weine Österreichs sind die *Grünen Veltliner*, aus gleichnamiger Rebsorte, spritzig, fruchtig-würzig, mit angenehmer Frische und Säure und charakteristischem, leicht pfefferigem Geschmack; hervorragend auf Löß- und Urgesteinsböden; werden gern jung getrunken (was für meiste österreichische Weine zutrifft).

Weitere *Weinspezialitäten* Österreichs: *Neuburger, Bouvier, Zierfandler, Rotgipfler, Wildbacher (Schilcher)* und *Zweigelt* (bei entsprechenden Anbaugebieten behandelt).

Modernes Weingesetz von 1961 mit Novellen von 1971 und 1976 enthält strenge Vorschriften für Mostgewicht, Qualitäten, Verschnitte und Herkunftsbezeichnungen.

Österreichisches Weingütesiegel (rot-weiß-rot gehaltener Römerkelch auf goldenem Untergrund) wird für amtlich geprüfte Qualitätsweine gemäß genauen Qualitätsvorschriften nach Weingesetz (→o.) verliehen, sog. Siegelwein; entspricht etwa bundesdeutschen und EWG-Rechtsgrundlagen.

Für reintönige, harmonisch ausgeglichene Weine aus Qualitätsrebsorten (Tafel- oder Qualitätsweine in 1-l- und 2-l-Flaschen) vergibt österreichisches Weininstitut die dreieckige Wortbildmarke *»Wein aus Österreich«*.

Anbaugebiete (→Karte 14): Weinbau-Regionen gesetzlich festgelegt, ausschließlich in östlicher Landeshälfte, in 4 von 9 Bundesländern: Burgenland – Niederösterreich – Steiermark – Wien.

9.2.5.1 Burgenland

Kelten bauten hier als erste Wein an; Römer pflegten und schätzten bereits edle Weine aus der Provinz Pannonien. Heute östlichste Weinbau-Region Österreichs (bis 1921 zu Ungarn gehörend) mit *2 Weinbaugebieten:* Rust-Neusiedlersee und Eisenberg.

Anbaufläche: 17 000 ha (etwa 35 % der gesamtösterreichischen; hat sich in letzten beiden Jahrzehnten verdoppelt).

Ertrag: bis 1 Mill. hl/J, davon 1/5 Roter.

Klima: kontinental-pannonisch, im S illyrisch; sehr warm; starke Verdunstung von großer Wasserfläche des Neusiedlersees schafft zusammen mit heißen Sommern und langer Vegetationszeit von über 250 Tagen günstigste Voraussetzungen für Rebanbau. Landschaft und Weincharakter weisen nach benachbartem Ungarn.

(1) **Weinbaugebiet Rust-Neusiedlersee:** beginnt an O-Abhängen des Leithagebirges und umfaßt alle Rebflächen um den Neusiedlersee; klassisches Anbaugebiet am W-Ufer; 90 % des burgenländischen Weinbaus in diesem Gebiet mit 2 Dutzend Weinorten und *Zentrum* »Freistadt« *Rust* (wärmster Ort Mittel-Europas); Ruster Weine gehören zu besten Österreichs.

Karte 14: Die Anbaugebiete Österreichs

Weine und Rebsorten

Zugelassen sind 11 Weißwein-, 5 Rotwein- und 3 Tafeltraubensorten, sie garantieren hohes Qualitätsniveau.

Berühmt sind **Ausbruchweine,** d. h. Weine aus ausschließlich edelfaulen oder überreifen, auf natürliche Weise eingetrockneten Beeren. Zur besseren Auslaugung des Zuckergehalts wird oft frischgekelterter Traubenmost oder Wein gleicher Rebsorte und Lage zugesetzt; daraus gewonnener Saft soll mindestens 138° Ö (27° KMW) aufweisen. Weine sind goldgelb, voll, satt und natursüß, feinwürzig, mit Botrytis-Ton; Prädikatsweine aller Stufen.

Beste Weine aus *Welschriesling, Rheinriesling, Weißem Burgunder, Neuburger, Muskat Ottonel* (Zentrum um Mörbisch), Beerenauslesen v. a. aus *Müller-Thurgau;* daneben auch gute *Bouvier, Traminer, Blaufränkisch* und *Blauer Spätburgunder.*

Am O-Ufer des Neusiedlersees (»Seewinkel«) vorwiegend Sandböden; bei Podersdorf und Illmitz werden auf reblausimmunen Flugsandböden wurzelechte Reben angebaut, die milde *Sandweine* liefern, hervorragende Welsch- und Rheinrieslinge, Muskat Ottonel.

An Hängen des Leithagebirges gedeihen um Eisenstadt (Weinbauschule), Hauptstadt des Burgenlandes, auf Kalk und Glimmerschiefer köstliche, zartherbe, rieslingbukett-artige Welschriesling-Weine. Um Pöttelsdorf beste, samtige Blaufränkische Europas sowie ebenbürtiger Spätburgunder. Auch Bouvier-Traube – meist als Tafeltraube und für Traubenmost verwendet – kann gute Qualitätsweine mit zartem Muskat-Ton ergeben.

»Gleichgepreßte«, meist aus Blaufränkisch bereitet, sind lichte, leichte, süffige Rosé-Weine.

Regionales *Herkunftszeichen:* Burgenländische Weinkapsel.

(2) **Weinbaugebiet Eisenberg:** im S des Landes landschaftlich sehr schön gelegen; Zentrum am *Geschriebenstein* und im *Pinkatal.* Weinbau steirischem sehr ähnlich; Steillagen.

Weine

Rotwein-Gebiet. Vorwiegend Buschenschank (→9.2.5, Anmerkung); bekannt sind v. a. kräftige, volle Blaufränkisch mit dezenter Säure und edlem Sortenbukett, Blaue Spätburgunder, Welschriesling und Rheinriesling.

9.2.5.2 Niederösterreich (Donauland)

Anbaufläche: mit rd. 30 000 ha (gut 59 % der österreichischen Gesamtrebfläche) größte österreichische Weinbau-Region.

Ertrag: durchschnittlich 1,2–2 Mill. hl/J.

Überwiegend *Weißwein*-Gebiet. *Grüner Veltliner* mit 40 % der niederösterreichischen Rebfläche verbreitetste und charakteristische Rebsorte. Anbau blauer Trauben beschränkt auf Bad Vöslau, Baden, Retz, Haugsdorf und Matzen.

Laut Weingesetznovelle von 1976 in teilweise weit auseinanderliegende *8 Weinbaugebiete* eingeteilt: Gumpoldskirchen, Vöslau, Krems, Langenlois, Klosterneuburg, Wachau, Falkenstein, Retz.

(1) und (2) **Weinbaugebiete Gumpoldskirchen und Vöslau:** Unmittelbar an südlicher Wiener Stadtgrenze an sonnigen O-Abhängen des Wienerwaldes reihen sich an warmer Thermenlinie (vulkanischer Bruchlinie) und entlang der »Südbahn« auf lockerem sandigem Dolomitkalk und Tonschotter kettenartig bedeutende *Buschenschank-* und *Weinorte* von Perchtoldsdorf, Mödling, Guntramsdorf über Gumpoldskirchen (mit Weinbauschule) – 56 % seiner landwirtschaftlich genutzten Fläche nehmen Reben ein –, und Pfaffstätten, Traiskirchen bis Baden; Weinbaugebiet von Bad Vöslau bis Wiener Neustadt schließt sich an.

Rebsorten

Typisch sind – klima- und bodenbedingt – *Neuburger* (19 %), weißer *Zierfandler (Spätrot),* eine Silvaner-Rasse, heller *Rotgipfler,* nach rötlich verfärbten Triebspitzen der Reben benannt, sowie *Weißer Burgunder;* außerdem *Rheinriesling* und *Blauer Portugieser* im Anbau.

Gumpoldskirchen: Klassischer, sehr beliebter *Gumpoldskirchner* ist sehr extraktreicher, vollmundig-gehaltvoller, langsam ausbauender Wein von hoher Eleganz und feinstem Bukett; bes. typisch aus gemischtem Satz, vorwiegend Verschnitt von Zierfandler und Rotgipfler; gehört zu hervorragenden Weinen Österreichs; teuer, da Hektarerträge gering (Zierfandler bis 40 hl/ha, Rotgipfler sogar nur 25 hl/ha). Verdacht der Verfälschung bei großen und billigen Angeboten liegt nahe.

Weine aus bes. feinblumigem, gehaltvollem Rheinriesling und Neuburger gelten als ebenbürtig.

Um Baden auch bedeutender *Rotwein*-Anbau: Blauer Portugieser erreicht dunkle samtige Milde.

Vöslau: südl. an Baden angrenzendes *Rotwein*-Anbaugebiet (Steinfeld). Blauer Portugieser, hier auch *Vöslauer* genannt, in anderen Ländern meist nur Tischwein, reift zu sehr beachtlichen Kreszenzen; wird meist mit 10 % leicht herbem Blaufränkisch verschnitten.

(3) **Krems:** altes (bereits 450 n. Chr. urkundlich erwähntes) Anbaugebiet mit Stadt Krems (Weinbauschule); bringt, überwiegend auf Lößboden und teilweise von Terrassenlagen, fast ausschließlich Qualitätsweine gleicher Rebsorten wie Wachau (→u.): Rheinriesling, Neuburger, Grüner Veltliner, Müller-Thurgau, Muskateller. Weine fruchtig, mit angenehmer Säure, spezifischem

Sortengeschmack und besonderer Würze. Grüner Veltliner (50 %) reift zur *Spitzenqualität.* Neuburger in kalkreichen, trockenen Lagen mild, feinblumig, vollmundig.

Rohrendorf, östl. Krems: imponierende Wirkungsstätte mit Weingütern von Professor Dr. h. c. LENZ (LORENZ) MOSER, großem Rebbaupionier und Erfinder der Rebhochkultur (→3.2.1) – heute auf 75 % der österreichischen Weinbaufläche – mit Reihenweiten von 3,00–3,50 m, Stockabständen und Kordonhöhe (Stammhöhe) von 1,20–1,40 m, die bei gleichem Hektarertrag und etwa gleicher Qualität Produktionskosten bis zu 40 % herabsetzt. Anbau in mehr als 1000-jähriger Pfahlkultur ist dadurch in Österreich auf unter 4 % gesunken; Anbau in Mittelkultur: 21 %.

(4) **Langenlois:** nordöstl. Krems, größte Weinstadt Österreichs mit 2100 ha Anbau im unteren *Kamptal* – landschaftlich idyllischen Nebental der Donau. Auf Löß- und Urgesteinsböden wichtigste Rebsorte Grüner Veltliner (42 %); *Sortenspezialität: Roter Veltliner;* rassige Rieslinge um Langenlois und beachtliche Rotweine um Zöbing.

(5) **Klosterneuburg,** (bis 1976 Traismauer-Carnuntum), in lieblicher Hügellandschaft des *Wienerwaldes,* erstreckt sich im O bis zur tschechoslowakischen Grenze. Verschiedene Anbauzentren entlang Donau, östl. an Krems anschließend; Bauern- und Weinlandschaft. S-Hänge des Wagram zur Donau bieten auf Löß-Terrassenlandschaft milden und fruchtig-würzigen Veltliner.

In Klosterneuburg produzieren Augustiner-Chorherrenstift (auf 100 ha) und Höhere Bundeslehr- und Versuchsanstalt für Wein- und Obstbau beste Spitzenweine der österreichischen Rebsorten.

An Hängen des Leithagebirges, östl. Wien, gelegenes Anbaugebiet mit Bruck a. d. Leitha und Hainburg, bekannt als *Buschenschenkenland,* führt neben Weißweinen aus Grünem Veltliner, Weißem Burgunder und Traminer Rotweine aus Blaufränkisch und Blauem Portugieser.

(6) **Wachau:** eine der schönsten Wein- und Kulturlandschaften der Erde; 33 km langes, felsiges *Donau-Engtal* zwischen *Melk* und *Krems-Stein* mit Spitz, Weißenkirchen, Dürnstein-Loiben bringt an S-Hängen des linken Ufers auf steilen, warmen, nährstoffreichen Sedimentgneis- sowie Schiefergneis- und Löß-Terrassen bei hoher Luftfeuchtigkeit köstliche Qualitätsweine von Rheinriesling (Weißer Riesling), Neuburger (Herkunft unbekannt, wurde zuerst in der Wachau kultiviert) und Grünem Veltliner, in Talebene von Müller-Thurgau; auf Höhe etwas Muskateller. Weinbau auch am rechten Donauufer.

Bedeutung der Donau für österreichische Weinbaugebiete Wachau und Krems entspricht der des Rheins für bundesdeutsche.

(7) und (8) **Weinbaugebiete Falkenstein und Retz:** größte Weinbaugebiete Österreichs – *»Weinviertel«* – in flachwelliger Hügellandschaft nördl. der Donau, im N bis zur tschechoslowakischen Grenze reichend. 23 000 weinbaubetreibende Betriebe bringen über Hälfte (54 %) der Weinernte Niederösterreichs ein. Rd. 30 % sind Grüne Veltliner: von zahlreichen spritzigen Tischwei-

nen bis zu seltenen, gehaltvollen, fruchtigen Spitzenweinen mit angenehmer Säure; daneben beachtenswerte Rote.

Falkenstein: östlicher Teil der Hügellandschaft mit 8 000 ha Anbaufläche; Leitsorte wiederum mit 42 % Grüner Veltliner neben anderen Qualitäts-Reben wie Welschriesling, Müller-Thurgau, Weißer Burgunder, Traminer. *Weinzentren* des Anbaus: Poysdorf, Zistersdorf, Mistelbach, Wolkersdorf und Matzen bis zum Bisamberg. Weinlagen an der March bringen im fast burgenländischen Klima große Riesling- und Traminer-Weine hervor.

Retz: klimatisch recht begünstigte sanfte Hügellandschaft und gewachsenes Weinstädtchen, mit interessantem Versuchsanbau und Qualitätsweinen verschiedener Rebsorten; bedeutender *Weinort* im Pulkautal: Haugsdorf; auf Lößböden gedeiht im trockenen Klima Palette von Rebsorten mit anerkannten Qualitätsweinen.

9.2.5.3 Steiermark

Hügellandschaft südöstl. Graz; 95 % der Rebflächen in Hanglagen von 30–80 % Steigung bis 650 m ü. NN; hohe Niederschläge (800–1000 mm/J) ermöglichen Begrünung und Mulchsystem (→3.2.3.2).

Anbaufläche: 2100 ha (= etwa 4 % der gesamtösterreichischen).

Ertrag: 100 000 hl/J; fast ausschließlich Weißweine.

Rebsorten (nach Anbauhäufigkeit): *Welschriesling, Müller-Thurgau, Traminer* und *Gewürztraminer, Weißer Burgunder* und *Muskat-Sylvaner (Sauvignon blanc)*; daneben *Scheurebe, Rheinriesling, Morillon (Pinot Chardonnay*-Spielart).

Rotwein-Spezialität: *Blauer Wildbacher (Schilcher),* benannt nach Wildbach bei Deutschlandsberg (Steiermark), in dessen Umgebung schon Römer die Rebsorte angebaut haben sollen.

Weine: starke Sonneneinstrahlung an Steilhängen und Gebirgscharakter sind in Würze, Spritzigkeit und frischer Fruchtigkeit steirischer Weine leicht spürbar; ausgeglichene sortentypische Weißweine, so unterschiedlich wie sonst kaum in Österreich – lieblich bis herb, zart bis wuchtig –, werden fast ausschließlich im Lande getrunken.

Weinbaugebiete weit verstreutliegend in Süd-, West- und Klöch-Ost-Steiermark.

(1) **Süd-Steiermärkisches Weinbaugebiet** umfaßt Grenzgebiet zu Jugoslawien um Weinstadt *Leibnitz* sowie Anbaugebiet *Sausal;* ist mit 2/3 der steiermärkischen Rebfläche am bedeutendsten. Auf steinigen, trockenen Tonschieferböden herrschen Welschriesling, blumig-fruchtiger Müller-Thurgau und kräftiger Traminer sowie Muskat-Sylvaner vor, daneben Rheinriesling und Scheurebe;

Morillon, vollmundig, elegant, mit feiner Säure, lange lagerfähig, kann Delikatesse sein; nicht nachstehend unaufdringliche Muskateller-Weine.

(2) **West-Steiermärkisches Weinbaugebiet:** an Ausläufern der Koralpe um *Deutschlandsberg* und *Stainz*. Als Spezialität gilt *»Schilcher«* aus Blauer Wildbacher-Traube (fast 100 ha Anbau), leichter, erfrischender, fein-säuerlicher, meist zwiebelschalenfarbener bis hellroter, zartaromatischer Wein; daneben Weißer Burgunder und Müller-Thurgau.

(3) **Klöch-Ost-Steiermärkisches Weinbaugebiet:** ebenfalls nahe jugoslawischer Grenze. Auf vulkanischen Böden gedeiht vorwiegend Welschriesling, daneben wachsen hervorragende, langsam reifende Traminer und Gewürztraminer sowie Muskat-Sylvaner.

9.2.5.4 Wien

Wachsende Großstadt hat Weinbau – seit Römerzeit und bes. im Mittelalter sehr bedeutend – immer mehr zurückgedrängt; heute durch teilweise Einbeziehung in Wald- und Wiesengürtel geschützt.

Anbau: auf 722 ha, das sind 1,5 % der Gesamtrebfläche Österreichs.

Ertrag: etwa 35 000 hl/J, davon 91 % Weißer.

Von langer Tradition und kaum wegzudenken sind zahllose *Buschenschenken* (Heurige) in *Weinorten* wie Grinzing, Sievering, Nußdorf, Heiligenstadt, Neustift, Stammersdorf. Wiener Weine aus *üblichen Rebsorten* – Grüner Veltliner, Rheinriesling, Weißer Burgunder, Müller-Thurgau und Neuburger – sind sauber, süffig-spritzig und fruchtig.

*

Charakteristik der österreichischen Weine

Haben manches gemeinsam mit deutschen Weinen; sind typische Vertreter nördlichen Weinbaus mit Übergang zum warmen, trockenen zentraleuropäisch-pannonischen Raum: frisch-fruchtig, spritzig, ziemlich trocken, mit angenehm fruchtiger Säure. Angebot auf Grund anderer Rebsorten abgerundet und reich; interessante Qualitätsweine aus westeuropäischen Rebsorten sowie Spezialitäten, die nur in Österreich gedeihen.

9.2.6 Deutsche Demokratische Republik

Geschichtliches: Weinbau in Mitteldeutschland – Thüringen und Sachsen – blickt auf mehr als 1000-jährige Geschichte zurück; Erfurt (mit 260 ha Weinbergen) und Jena (mit Traube im Stadtwappen) waren einst bedeutende Weinorte; Rebanbau um Naumburg/Sa. seit 998 für Kloster Memleben, um Meißen seit 1161 beurkundet. Zur Blütezeit des Rebbaus vom 13. bis 16. Jh. wird Anbaufläche auf nahezu 10 000 ha geschätzt. Gründe für Rückgang sind allgemeingültige: Kälteperioden zwischen 1560 und 1700, Bauern- und 30-jähriger Krieg, Ausweitung des Außenhandels mit südlichen Weinen, Tee, Kaffee und Kakao im 17. und 18. Jh., Industrialisierung und Auftreten von Rebschädlingen und -krankheiten im 19. Jh. Tiefstand des Rebanbaus im 20. Jh. (1920: 230 ha, 1952: 220 ha).

Anbaufläche: rd. 500 ha (1974); Ausweitung auf 800 ha geplant.

Ertrag: rd. 20 000 hl (1974).

Einfuhr (von Wein und Sekt): 1,2 Mill. hl (1974) vorwiegend aus COMECON-, aber auch aus nordafrikanischen Ländern. Auch Weintrauben aus Ungarn, Rumänien, Bulgarien werden verarbeitet.

Pro-Kopf-Verbrauch: mit 6,6 l (1974) dem westdeutschen Verbrauch von 23,2 l gegenüber gering.

Weinwirtschaft: Weinbau in DDR nur in Gemischtbetrieben und in Verbindung mit Landwirtschaft. Wenige Betriebe besitzen 1 ha überschreitende Anlage, wie volkseigene Weingüter in Naumburg/Sa. und Radebeul; sind Mustergüter mit zusammen 136 ha Anbaufläche und eigenen, modernen Kellereien, beispielgebend für Weinbau der Gebiete. 25 % des Weinberg-Areals liegen unter 0,25 ha, sind im Besitz von Arbeitern, Angestellten, Handwerkern oder Rentnern. Klein- und Mittelbetriebe sind zu LPG (Landwirtschaftlichen Produktions-Genossenschaften) in Freyburg/Unstrut und Meißen zusammengeschlossen, die 90 % der Ernte in moderner Kellertechnik verarbeiten.

Anbaugebiete (→Karte 11) an klimabegünstigten Talhängen von Saale-Unstrut (304 ha), Elbe und deren Nebentälern in den Bezirken *Halle* und *Dresden* (rd. 190 ha):

- an warmen, für andere Kulturen ungeeigneten **Saale**-Hängen von Großheringen bis Burgwerben;
- an **Unstrut**-Hängen von Vitzenburg flußabwärts über Freyburg bis zur Mündung bei Naumburg/Sa.;
- im Gebiet der **Mansfelder Seen** bei Höhnstedt;
- im geschützten **Elbe-Talkessel** von Pillnitz über Lößnitz, Radebeul und Meißen bis Seußlitz.

Zentren des Weinbaus heute wie einst Naumburg und Freyburg für Saale-Unstrut-Gebiet, Meißen für Elbe-Rebanbau.

Klima und Böden: kontinental, mit rd. 500 mm Jahresniederschlag recht trokken, mittlere Jahrestemperatur +9,1°C, mittlere Sonnenscheindauer mit über 1 600 Std./J entspricht etwa Franken (1 660 Std.), wegen geringer Anbauhöhe von 100 bis 200 m ü. NN aber weniger frostgefährdet.

Böden in Hanglagen von 25 % oft trocken und nährstoffarm.

Weinberglagen des Saale-Unstrut-Gebietes gehören geologisch verschiedenen Schichten an: Muschelkalk an Saale bei Naumburg und an Unstrut bei Freyburg; Buntsandstein an Unstrut aufwärts und Saale abwärts; Tonschiefer- und Lößböden im Gebiet der Mansfelder Seen zwischen Eisleben und Halle; archaische Verwitterungsböden, wie Granitporphyr und Syenit, an der Elbe.

Rebsorten: Nördliche Grenzzone (51–51,5° n. Br.) der Rebe läßt überwiegend nur Anbau früher bis mittelfrüher Rebsorten zu: *Müller-Thurgau* (45 %), *Weißer Burgunder* (15 %), *Silvaner* (11 %), *Traminer* (10 %), *Gutedel* (6 %), *Riesling* (5 %), *Portugieser* (2 %), *Ruländer* (1 %); sonstige Sorten mit 5 % vertreten.

Unterlagenholz für Neuanlagen wird aus Ungarn und der ČSSR bezogen.

Weine: selbständig, reintönig, leicht, mild und säurearm, oft oxidativ ausgebaut, z. T. von hoher Qualität, manche ähneln Frankenweinen; ausgesprochene Spitzenlagen mit Auslesen selten. Standard-Markenweine sind Verschnitte verschiedener Weine mit Restsüße.

Beste Weinlagen: im Saale-Unstrut-Anbaugebiet: Freyburg, Karsdorf, Steigra und Vitzenburg, im Gebiet der Mansfelder Seen: Höhnstedt, im Elbe-Gebiet: Meißen, Hoflößnitz und Proschwitz.

9.2.7 Polen

Im Mittelalter reichte ostdeutscher Weinbau (→1.2) bis Pommern und Ostpreußen (zahlreiche Ortsnamen zeugen davon). Ausgedehnten Anbau besaß Schlesien, meist in Nähe von Klöstern; noch im 19. Jh. 1 400 ha.

Anbaufläche: 200 ha (1974); Anlagen befinden sich ausschließlich bei **Zielona Góra** (Grünberg a. d. Oder; feierte 1975 das 825-jährige Jubiläum seines Weinanbaus), eines der nördlichsten Weinbaugebiete der Erde (→Karte 11). Aus klimatischen Gründen nur Anbau frühreifer Rebsorten möglich, die herb-rassige Weine liefern. Traubenmoste müssen stark gezuckert werden.

Ertrag: durchschnittlich etwa 1 000 hl/J.

Einfuhr: 330 000 hl (1972).

Pro-Kopf-Verbrauch: 6,2 l (1973).

9.2.8 Tschechoslowakei

Anbaufläche: 38 000 ha (1974); die als Land des Bieres (Pilsener) bekannte Tschechoslowakei besitzt also über dreimal so große Rebfläche wie die Schweiz. Ausweitung des Anbaus seit 1953 durch staatliche Planung; 2/3 von LPG und von staatlichen Gütern bewirtschaftet.

Ertrag: 1,2 Mill. hl (1974), davon 80 % aus weißen, nur 5 % aus roten Trauben; 15 % Tafeltrauben; Produktion deckt 3/4 des Eigenbedarfs. *Vermarktung:* 85 % Markenweine (mit Phantasienamen), 15 % Sortenweine.

Ausfuhr: 22 000 hl (1974).

Einfuhr: 436 000 hl (1974).

Pro-Kopf-Verbrauch: 11 l (1973).

Weinbau und Weinwirtschaft: Weinbauinstitut in Bratislava (Preßburg) mit 10 Forschungs- und Züchtungsstationen betreibt Klonen-Selektion. – Kellertechnik auf hohem Stand.

Rebsorten und Weine: in überwiegender Menge mittlere Tafelweine aus *Welschriesling* (20 %), *Veltliner* (16 %) und *Müller-Thurgau (14 %)*, einige Qualitätsweine aus *Traminer* (4 %), *Riesling* (3 %), *Semillon* und *Sauvignon* (je 1 %).

3 Anbaugebiete (→Karte 11): in Böhmen, Mähren und Slowakei.

9.2.8.1 Böhmen

Auf 400 ha im Elbtal zwischen *Mělník* an Mündung von Moldau in Elbe und *Litoměřice (Leitmeritz)* gedeihen auf Kalkmergel- und Basaltböden in wenig rebgünstigem Klima neben Riesling- und Müller-Thurgau- noch *Silvaner-*, *Weiß-Burgunder-*, *Portugieser-* und *Blaue Spätburgunder*-Reben; gute Tafelweine.

9.2.8.2 Mähren

Südl. *Brno* (Brünn) bis zur österreichischen Grenze und im *Morava*-(March-) Tal Anbau auf 11 000 ha; auf Urgestein, Kalk-, Mergel- und Lößböden gedeihen im günstigen Kleinklima außer in Böhmen vorkommenden Rebsorten: *Neuburger, Welschriesling* und *Limberger (Frankovka).* Weine ähneln denen im benachbarten niederösterreichischen »Weinviertel«; recht beliebt *Blatnicky Rohač.*

9.2.8.3 Slowakei

Insgesamt Anbaufläche von 26 500 ha. Im hügeligen mittleren Teil östl. *Bratislava* und nördl. der Donau über 7 000 ha großes, in Modernisierung befindliches Gebiet mit mäßigen Konsumweinen; im östlichen Teil Anbau (über 1 000 ha) auf Ton- und sog. Immunsandböden. Außer aufgeführten Rebsorten (9.2.8.1 und 9.2.8.2) noch *Ezerjó (Tausendgut)* und *Furmint*, v. a. im 400 ha großen Tokajer-Gebiet in östlicher Slowakei; in südlicher Slowakei auf 3 000 ha Immunsandböden wurzelechte Reben mit Weinen, die den ungarischen ähneln.

9.2.9 Ungarn

Geschichtliches: Urrebe in dieser Landschaft war im Tertiär die in deutlichen fossilen Überresten erhaltene, in der Eiszeit ausgestorbene *Vitis tokajiensis*. Mit fast 200-jähriger Weinkultur ist Ungarn bedeutendes Weinland Mittel-Europas. Römer fanden Rebstock bereits bei Eroberung westlicher Hälfte heutigen Ungarns (römische Provinz Pannonia und späteres Transdanubien) im 1. Jh. n. Chr. von Kelten und Dakern vor und kultivierten Weinbau. Zahlreiche Zeugnisse ihrer Weinkultur sind auf Sarkophagen, Grabsteinen und in Weinkellern, v. a. im Gebiet des Balaton (Plattensee), erhalten. Später wurde nach Landnahme (896) Weinbau von Magyaren übernommen und zu hoher Blüte entwickelt. Rückschläge durch Tataren-Einfall (1241), Türken-Herrschaft (1541–1686) und eingeschleppte Rebkrankheiten (1870–1900). Seit Jahrzehnten wieder ständige Erweiterung der Anbauflächen und Verbesserung von Rebsorten und Kellertechnik.

Anbaufläche: 222 000 ha (1974) = 2 1/2-faches der Rebfläche der BRD oder fast 4 % der gesamten landwirtschaftlichen Ertragsfläche Ungarns; 1/3 des Anbaus in Hanglagen, 2/3 im Flachland. Anbauflächen zu 70 % von LPG, zu 20 % von Kleinwinzern (jedoch stellen diese 3/4 aller Betriebe) und zu 10 % vom Staat bewirtschaftet.

Ertrag: 4,3 Mill. hl (1974) (nur 1/2 von BRD); daneben zunehmend Anbau von Tafeltrauben (bis 30 %). Hektarerträge in Kleinbetrieben 28 dz, in etwa 50 großen Staatsbetrieben 42 dz Trauben.

Ausfuhr: durchschnittlich 25–35 % der Erzeugung (1,7 Mill. hl 1974), ausschließlich durch staatliches Ungarisches Export-Monopol (Monimpex). Originalabfüllungen und staatliches Nummern-Kontrollband garantieren Echtheit und Qualität.

Einfuhr: 108 000 hl (1974).

Pro-Kopf-Verbrauch: 38 l (1973).

Weinwirtschaft: Volkswirtschaftlicher Bedeutung des ungarischen Weinbaus entsprechend werden seit mehr als 75 Jahren wissenschaftliche Weinforschung und Entwicklung der Kellertechnik im Ampelologischen Institut in Budapest, gegründet 1898, betrieben.

In »Kellerstadt« Budafok, unweit Budapest, befinden sich große Lager in einem riesigen System in Kalkstein gehauener oder in Löß gegrabener Keller von 25 km Länge und 800 000 hl Fassungsvermögen.

Klima: stark kontinental gestimmt mit extremen Temperaturunterschieden zwischen Tag und Nacht, Winter und Sommer (Januar bis –34°C; etwa 60 % der Rebstöcke müssen daher vielerorts eingedeckt werden; Juli bis +41°C). Vegetationsperiode nicht sehr lang, Fröste noch im späten Frühjahr und bereits wieder im Oktober. Da Vegetationsperiode der Rebe durch Zahl der Tage mit Durchschnittstemperatur über +10°C bestimmt wird (→2.4.2), stehen ihr in Ungarn 180 Tage (1. Hälfte April bis 2. Hälfte Oktober) für Wachstum und Reife zur Verfügung. Temperatursumme während dieser Zeit beträgt 3 300–3 600°C, wobei der Rebe nur effektive Temperatursumme (über +10°C) von 1 400–1 600°C zugutekommt. Sonnenscheindauer hoch (1 900–2 050 Std./J); Niederschläge weitgehend ausreichend (500–600 mm/J), hauptsächlich im Mai und November, dagegen trocken und warm in Sommer und Herbst. Wein verdankt nicht zuletzt trockenem und zu Extremen neigendem Klima sein Aroma, Bukett und Feuer.

Wärme, hohe Sonnenscheindauer und Föhn durch Beckenlage des Landes bewirkt; z. B. »Föhnlinie« am SO-Abhang der Mittelgebirge Matra und Bükk günstig für Weinbau, deshalb dieser dort seit Mittelalter gepflegt.

Böden: vielfältig und *sehr unterschiedlich:* Weinbau v. a. auf Flugsandböden und erodierenden Berglehnen; vulkanische Verwitterungsböden aus Basalten und Tuffen, daneben Kalk, Löß, Lehm und Sand, z. B. Basaltböden des berühmten vulkanischen *Badacsony-Bergs* (438 m) am N-Ufer des Balaton; kalkreiche Tone und Lößböden auf vulkanischem *Tokajer Hügelland*; sog. Immunsand im *Zwischenstromland* (Alföld) zwischen Donau und Theiß, der wurzelechten Rebbau ohne Gefahr des Reblaus-Befalls zuläßt; Sanddünen durch Weinbau befestigt; obwohl niederschlagsärmste Gegend Ungarns, wird größter Teil dieses Weingartens infolge Grundwasserspiegels bei 1,50 m als Bewässerungskultur bewirtschaftet.

Rebsorten und Weine

Alter Weinkultur Ungarns entsprechend ist Zahl angebauter Rebsorten ungewöhnlich groß, Mehrzahl jedoch nur noch von untergeordneter Bedeutung; Zunahme frühreifer Sorten mit duftigen Qualitätsweinen; fast 75 % Weiße, 20 % Rote, knapp 6 % Dessertweine.

Da nach neuem Deutschem Weingesetz importierte, seit 1971 erzeugte Weine Originaletikett des Ursprungslandes besitzen müssen, sind wichtigste ungarische Bezeichnungen nachfolgend aufgeführt:

fehér = weiß
vörös = rot
száraz = trocken
Asztali bor = Tischwein
édes = süß
habzó = schäumend
Palackozott = abgefüllt
Kímért bor = einfacher Wein

Borkülönlegessége szölögazdaságának = Spezialität aus Weinbergen des Bezirks
Minösegí bor = Wein bester Qualität
Magyar Állami Pincegazdaság = Ungarische Staatskellereien

Helle Rebsorten und Weißweine

Welschriesling (Olaszrizling, Italienischer Riesling): aus Frankreich stammende, meist angebaute Weißwein-Traube Ungarns und Massenträger bringt grünlichgelbe, frische (einjährig am genußreichsten), halbtrockene, blumige, mittelstarke, extraktarme Weine von charakteristischem Mandel-Aroma; säurereich (daher auch Grundwein für Sekt-Herstellung); sehr geeignet zu Fischgerichten.

Gelber Furmint: kostbarste Rebsorte Ungarns für weiße Dessertweine. Spätreifende Trauben liefern in guten Jahren hochedle Gewächse. Ist Hauptbestandteil des *Tokajers* (→9.2.9.2), verleiht diesem berühmtesten Ungarwein charakteristischen Geschmack und hohe Finesse; wird vorherrschend im *Tokaj-Hegyalja* – Edelweingebiet NO-Ungarns am Fuße der Karpaten-Ausläufer –, am N-Ufer des *Balaton* sowie im jugoslawischen *Kroatien* und im österreichischen *Burgenland* angebaut. Weine sind elegant, rassig, feurig, alkoholreich, mit feinem Bukett und intensivem Duft.

Lindenblättriger (Hárslevelü; benannt nach Blattähnlichkeit): gleichfalls eine der besten ungarischen Weißwein-Trauben und Bestandteil des Tokajers; im Tokaj-Hegyalja-Gebiet im Mischsatz mit Gelbem Furmint angebaut. Beste Qualitäten des duftigen, zart-süßen, würzig-aromatischen Weins reifen in *Debrö* und am *Balaton.*

Blaustengler (Kéknyelyü): edle und älteste Weißwein-Rebe Ungarns, benannt nach bläulicher Farbe des Blattstiels. Grüngelb-farbige Weine sind herb-duftig, feurig, kräftig (12,5–13 % Alk.-Gehalt) und aromatisch, trotzdem kein Dessertwein; passend zu scharf gewürzten und fetten Speisen, in Ungarn »Bratenwein« genannt. Ausgezeichnete Qualitäten v. a. am N-Ufer des *Balaton* im *Badacsony Kéknyelyü.*

Grauer Mönch (Szürkebarát, Auvergnas gris, Pinot gris, Ruländer): stammt aus Frankreich, wurde im späten Mittelalter nach Ungarn gebracht; Mönche sollen ihn dort im 14. Jh. als erste angebaut haben. Wein goldgelb, extrakt- und alkoholreich, feurig, schwer, mit einzigartigem Aroma. Berühmtester Plattensee-Wein vom vulkanischen Boden und schwerster (12–14 % Alk.-Gehalt) ungarischer »Bratenwein«: *Badacsony Szürkebarát.*

Andere helle Rebsorten haben nur *lokale* Bedeutung oder sind *Bestandteil von Mischweinen,* wie:

Gelber Muskateller (Muscat Lunel): aus S-Frankreich (Languedoc) stammende Rebe; liefert bukettreiche Dessertweine, ist Bestandteil im Tokajer.

Tausendgut (Ezerjó): seit langem in Ungarn angebaute, einheimische frühreife, sehr fruchtbare Rebsorte. Ausgezeichnete Lagen im Anbaugebiet von Mór, westl. Budapest. Weine hellgrün, frühreifend, kräftig, am wenigsten süß unter Ungarweinen, da etwa 8 °/₀₀ Säuregehalt, extrakt- und alkoholreich; beliebt zu Schalentieren. Sehr geschätzt: *Morer Tausendgut (Móri Ezerjó).*

Mädchen-Traube (Leányka): seit altersher in Ungarn und Rumänien *(Fetească),* in der UdSSR *(Fetjaska)* und in den Balkan-Ländern, westl. bis zum Burgenland, auch im Mischsatz angebaute, unterschiedlich ertragreiche Rebsorte. Liefert grünweiße, aromatische, nach Weinblüten duftende und nach Honig schmeckende, etwas weiche, feine und elegante Qualitätsweine.

Weißer Honigler (Mézes fehér, Gold-Traube): im Gebiet von *Eger* (Erlau) angebaut.

Traminer (Tramini): bringt würzigen und vollmundigen Dessertwein mit feinem, zartem Bukett.

Steinschiller (Kövidinka): Rebe bringt gleichnamigen grünlich-gelben, fruchtigen, etwas herben Tischwein.

Blaue Rebsorten und Rotweine

Kadarka: aus Albanien stammende, in ganz SO-Europa angebaute, sehr reichtragende und wenig empfindliche, in Ungarn wichtigste Rotwein-Traube; bringt dunkelrosé-farbene, feurige, alkoholreiche, vanille-artig aromatische, halbsüße Weine; Hauptbestandteil des bekannten Erlauer Stierblut (→9.2.9.2).

Blaufränkisch (Kékfrankos, Großburgunder, Limberger): liefert tiefdunklen, lebendigen Wein mit wenig Restsüße.

Portugieser (Oporto): westeuropäischer Massenträger.

Bekannte Rebsorten französischer Herkunft: *Pinot noir (Blauer Spätburgunder,* mit steigender Bedeutung), *Médoc noir (Chasselas noir), Cabernet Sauvignon* und *Malbec.*

Außerdem werden Hybrid-Reben und mehrere im Lande entwickelte Neuzüchtungen kultiviert.

Von **14 Anbaugebieten** werden die wichtigsten hier behandelt (→Karte 11).

9.2.9.1 Sopron

Gebiet um Sopron (Ödenburg) im W des Landes am *Neusiedlersee* (hier Fortsetzung des österreichischen burgenländischen Weinbaus); Blaufränkisch stellt 2/3 der Ernte mit rubinroten, aroma- und bukettreichen Weinen.

9.2.9.2 Erlau und Tokaj

(1) **Gebiet von Erlau:** 100 km nordöstl. Budapest gedeihen auf 12 000 ha auf dunklen Tonen, verwitterten Tuffen, Mergel, Löß und Sand im mild-warmen Klima und im Schutze des Bükk-Gebirges Lindenblättriger, Welschriesling, Weißer Honigler, Mädchen-Traube und Kadarka.

Gebiet berühmt geworden durch bekanntesten Tischwein des Landes: *Egri bikavér (Erlauer Stierblut),* tiefdunkler, halbsüßer, samtiger, aromatischer, bukett- und körperreicher Verschnittwein aus 2/3 würzigem Kadarka, etwa gleichen Teilen Cabernet Sauvignon, Médoc noir, Blaufränkisch (wegen des Tannin- und Extrakt-Gehalts) und Oporto (wegen der Farbe); Anteile je nach Ausfall der Ernte, um Duft und Feuer, samtige Weichheit und Harmonie zu erreichen.

Unter Weißweinen sind die grünweißen, weichen, honigsüßen aus Erlauer Mädchen-Traube beliebt.

(2) **Gebiet von Tokaj-Hegyalja:** nordöstl. Erlau, an Hängen der vulkanischen Bergkette der Hegyalja; nördlichstes Gebiet des Landes mit geschlossener Rebfläche von 6 000 ha in 28 Gemeinden und 1. Weinkombinat (1971) mit 1 400 ha Rebfläche an oberer Theiß.

Klima: vor kalten Winden von 3 Seiten durch waldreiche Karpaten-Ausläufer geschützt, nur nach S offen; daher sehr mild und sonnenreich mit langem Herbst; hier gedeihen auf nährstoffreichen Tuffen, Lehm und Löß schwere süße, aber auch herbe trockene Weißweine, die zu feinsten Mittel-Europas gehören.

Die 3 Rebsorten des berühmten Tokajers (→u.) bestimmen den Anbau.

Weine

Tokaj: schwerer, feuriger Qualitätswein aus 50 % *Furmint*, 40 % *Lindenblättrigem* und 10 % *Gelbem Muskateller* mit herrlicher Blume und Bukett nach frischen Blüten und jungen Gräsern blickt auf über 1000-jährige Tradition zurück, besitzt weltweiten Ruf (»Wein der Könige und König der Weine«), ist *der* große Wein Mittel-Europas. Beste Lagen stammen von vulkanischen Böden.

Szamorodni (poln.: wie gewachsen, d. h. Tokajer natur): Tokajer aus Lese vollreifer Trauben. Dunkelgelber, kräftiger, etwas herber Wein, mit leicht bitterem Nachgeschmack; trockene Szamorodni zeichnen sich durch delikaten Sherry-Ton aus, süße sind fülliger und etwa mit deutschen Spätlesen zu vergleichen.

Tokaji-Aszu (Ausbruch Tokajer): durch Anreicherung mit Trockenbeeren-(Rosinentrauben-)Most in Güteklassen 2–6buttig, in Jahren mit feuchtem Herbst hergestellte, beste Ausleseweine; großen Sauternes entsprechend.

Auf Gönczer-Faß von 136 l (Tokajer Kufe-Originalfaß) werden 2–6 Butten (*puttonyos*, Holzbottiche) mit je 12–15 kg Trockenbeeren (hochreife, Botrytis-befallene, edelfaule, eingetrocknete, mit der Hand »ausgebrochene« Beeren, Zuckergehalt 50–70 % nach Klosterneuburger Mostwaage, →9.2.5) hinzugegeben. Gärprozeß verläuft in kühlen Kellern sehr langsam, viel unvergorener Traubenzucker bleibt erhalten. Nach mehrjährigem Faßlager – je Butte 1 Jahr! – ist Wein mit feuriger Kraft, würziger Süße und schöner, zarter Fruchtsäure gereift (270–320 g Zucker, 13–15 % Alkohol, 7,5 ‰ Säure).

Gefragteste Ausbruchweine sind heute 3–4buttige bernsteingelbe, mit einzigartigem Duft und Aroma.

Tokaji Eszencia (Tokajer Essenz, Extrakt): wird ausschließlich aus Trockenbeeren ohne mechanische Pressung gewonnen; von feinstem Likör- und Weingeschmack; heute nicht mehr rein gehandelt, nur noch zum Verschnitt verwendet; enthält bis 60 % Zucker und 6–8 % Alkohol.

Aszu-Weine, in weiße, langhalsige Halbliterflaschen gefüllt, gehören zu langlebigsten aller Weine, viele Jahrzehnte haltbar; sind brunnenkühl zu trinken und ausgiebig zu kauen, um herrliches Aroma voll wahrnehmen zu können.

9.2.9.3 Balaton

Gebiet um Balaton (Plattensee) im SW des Landes, flächengrößten See Mittel-Europas (600 qkm), ist bedeutendstes und ältestes, wenn auch nicht größtes Weinbaugebiet Ungarns. Anbau bereits im 2. Jh. n. Chr. am N-Ufer des Sees nachgewiesen.

Klima: reflektierte Sonnenstrahlung der großen Wasserfläche und hohe Luftfeuchtigkeit am 200 km langen Seeufer beeinflussen Gedeihen der Reben günstig.

Weine

Als *Balatoni* mit Angabe der Rebsorte firmieren einfache Weine des gesamten Anbaugebietes, als *Badacsony* bessere, stärkere, süßere, leicht goldfarbene, frische und feurige Tischweine.

Am SW-Ufer des Balaton berühmtester Weinbau auf Ton-, Löß- und Sandböden dreier Vulkanberge, darunter bekannter sargförmiger Badacsony. Hier gedeihen ausgezeichnete trockene *Weißweine* aus Blaustengler, alkohol- und extraktreich mit eleganter Säure und diskretem herbem Bukett, Welschriesling, säurearm, reseda-duftend, mitunter honigartig, Furmint und Grauem Mönch, letzterer goldblitzend. Von allen ungarischen Weinen kommen sie in Eleganz und Würze den deutschen am nächsten.

Nördlich des Badacsony-Gebiets am vulkanischen Somló auf verwitterten Basalten und Tuffen werden starke und blumige *Ausbruchweine* aus Furmint von Qualität natürlicher Dessertweine erzeugt. Grüner Sylvaner, uralte ungarische Sorte, bringt harmonische, schwere, grüngoldene Weine.

Im Gebiet um Csopak auf rotem Lehm sowie um Balatonfüred gelten Grauer Mönch und Blaustengler als beste Rebsorten.

Am ganzen N-Ufer des Balaton findet sich Furmint im Anbau.

9.2.9.4 Szekszárd, Pécs, Alföld

Nahezu rein *mediterranes Klima* in den im S des Landes gelegenen Anbaugebieten von Szekszárd und Pécs.

(1) **Gebiet um Szekszárd:** westl. der Donau auf Lößrücken. Ausgesprochenes Rotwein-Gebiet mit feurigen, würzigen und körperreichen Weinen aus Kadarka- und Portugieser-Trauben.

(2) **Gebiet von Pécs:** bringt ähnliche Rotweine hervor, vorzüglich die schweren, bukettreichen aus Oporto-, Kadarka- und Médoc-Reben von Villány. Weißweine sehr füllig, körper- und alkoholreich.

Ausgesprochenes *Kontinental-Klima* mit großen Temperaturschwankungen, relativ geringen Niederschlägen (daher großer Teil künstlich bewässert) und höchster Sonnenscheindauer Ungarns (bis 2 050 Std./J) im Alföld.

(3) **Alföld:** Große Ungarische Tiefebene zwischen Donau und Theiß mit den *Zentren Kecskemét* und *Szeged;* größtes Weinbaugebiet Ungarns (Anbau seit 1075 urkundlich belegt) mit etwa 100 000 ha; Reben gedeihen meist auf reblausimmunen, weißen kalkhaltigen Sandböden der breiten Geländerücken. In diesem großen Weingarten des Landes bringen Kadarka (am häufigsten angebaut), Welschriesling, Tausendgut und Steinschiller leichte, weiche, milde (vorwiegend Konsum-)Weine, die am besten jung getrunken werden.

*

Charakteristik der ungarischen Weine

Weißweine frisch, schlicht, kräftig, meist warm-goldfarben und durch starke Sonneneinstrahlung bes. stark und süß; *Rotweine* fruchtig, üppig, alkoholreicher als vergleichbare anderer Länder, feurig (wobei in Ungarn häufige Einordnung in »feurig« soviel wie anregend, wärmend, üppig und herblich-blumig bedeutet). *Weine der Hanglagen* besitzen höheren Extrakt- und Säuregehalt; *Weine der Ebene* sind milder und extraktärmer, jedoch in der Qualität kaum nachstehend.

Tischweine besitzen bis 10,5 %, sog. »Bratenweine« bis 12 %, Qualitätsweine über 12,5 % Alkohol. Mehrzahl ungarischer Weine entwickelt sich erst bei kräftig gewürztem Essen zu ganzer Fülle.

9.2.10 Rumänien

Geschichtliches: Ausgrabungen bezeugen 3000 Jahre alte rumänische Rebkultur. Bereits Griechen haben überaus geschätzte Muskateller-Rebe ins Land und weiter bis auf die Krim gebracht. Um 600 v. Chr. herrschte schon lebhafter Weinhandel auf dem Schwarzen Meer. HERODOT (490–ca. 420 v. Chr.) berichtet von berühmten Weinbergen beiderseits des Donau-Deltas. Römische Weinkultur hat den Stürmen der Völkerwanderungszeit widerstanden. Deutsche Siedler von der Obermosel haben in Siebenbürgen im 12. Jh. und Schwaben im 18. Jh. im Banat Weinkultur bis auf heutigen Tag geprägt.

3 große Katastrophen haben rumänischen Weinbau getroffen: Verheerungen durch die sich über 1500 Jahre erstreckenden Einfälle und Besetzungen durch Goten, Hunnen, Gepiden, Awaren und Türken; Verheerungen durch Reblaus Ende 19. Jhs.; Zerstörungen in 2 Weltkriegen mit anschließenden Wirtschaftskrisen.

Wechselvolle Geschichte endete vorerst 1945 mit Verlust großer Teile (über 100 000 ha) rumänischer Weinflächen in Moldau-Region wieder an sowjetrussisches Bessarabien. Im letzten Vierteljahrhundert tatkräftiger Neuaufbau mit langjähriger Planung und gutem Erfolg; Zunahme der Rebfläche um mehr als 50 %.

Anbaufläche: 350 000 ha (1974; etwa 4-faches bundesdeutscher Rebfläche), davon über 20 % mit Tafeltrauben bestockt; 85 % Hanglagen. Ständige Ausdehnung mit staatlicher Unterstützung, bis 1980 auf 450 000 ha geplant. 1/2 der Gesamtfläche im Besitz örtlicher Genossenschaften, im Gegensatz zu anderen Ostblockstaaten 1/3 im Privat-, [1], 1/6 im Staatsbesitz.

Ertrag: durchschnittlich 6–9 Mill. hl/J (7,7 Mill. hl 1974), damit an 2. Stelle im Ostblock (nach UdSSR), an 6. in Europa und an 8. Stelle in der Welt; Hektarertrag durchschnittlich nur 30–40 hl/J (BRD 104 hl/J).

Ausfuhr: fast 900 000 hl (1974), ausschließlich durch staatliche zentrale Exportstelle (Vinexport), 80 % in COMECON-Länder, zunehmend auch in BRD als wichtigstem westlichem Importeur; wächst ständig; ebenso steigt Ausfuhr von Qualitätsmosten (z. B. von Pinot Chardonnay), die in DDR, versuchsweise auch in BRD, zu französischen ähnlichen, aber erheblich billigeren Weißen Burgundern und Schaumweinen ausgebaut werden; daneben Ausfuhr großer Mengen Tafeltrauben.

Einfuhr: 10 000 hl (1974).

Pro-Kopf-Verbrauch: 33 l (1974).

Weinbau: Fortschrittliche Methoden im maschinellen Anbau und in moderner Kellertechnik; zahlreiche Lehr-, Forschungs- und Versuchsstätten verteilt auf alle Weinbau-Regionen; zentrales rumänisches Weininstitut mit 12 Filialbetrieben nördl. Bukarest in Valea Călugărească bei Ploieşti.

Weingesetz von 1971 grenzt Anbaugebiete genau ab und klassifiziert Weine in *5 Gruppen*: Tischweine – gehobene Tischweine – hochwertige Qualitätsweine **(VS)** – hochwertige Qualitätsweine (10,5–11,5 % Alk.) mit Herkunftsbezeichnung **(VSD)** – hochwertige Qualitätsweine (über 11,5 % Alk.) mit Herkunftsbezeichnung und Qualitätsstufe **(VSOC)**. »Vollreiflese« (mindestens 95° Ö) entspricht etwa deutscher Spätlese, »Edelreifelese« (mindestens 100° Ö) etwa Auslese, »Ausbruch« (mindestens 110° Ö) etwa Beerenauslese.

Klima: Lage zwischen 43 und 48° n. Br. entspricht Frankreich, aber kontinental mit heißen Sommern, bis 4 000 Std./J Sonnenschein im Landesinneren; bes. weingünstig gemäßigt im Küstenstreifen am Schwarzen Meer und in warmen Hanglagen zwischen 200 und 800 m ü. NN im N, daher aus diesen beiden Landesteilen beste Weine. Langer, trockener Herbst mit großen Temperaturunterschieden zwischen Tag und Nacht läßt Trauben langsam reifen und ausreichend Fruchtsäuren sowie spezifische Bukettstoffe entwickeln.

Böden: verschiedene Bodentypen; großenteils Sandböden; bes. in Donau-Ebene (ähnlich ungarischem Alföld, erst in letzten Jahrzehnten kultiviert), reichlich Löß, sonst Lehm, Ton, Kalk und Schiefer.

---

[1] Statistik der rumänischen Weinbaugebiete erfaßt meist nur unvollständig diesen privaten Kleinbesitz

Rebsorten und Weine

Rebsorten auf etwa 40 eingeschränkt (vor 50 Jahren über doppelt soviel), darunter eine Anzahl *einheimische*. Weine werden meist nach Rebsorte, Ort oder Herkunftsgebiet bezeichnet. Zunehmend werden *internationale* Rebsorten angepflanzt; 33 Sorten von EWG zur Einfuhr zugelassen. 80 % der Weine sind weiße. *Am wichtigsten* sind:

von *weißen Trauben: Riesling italian (Welschriesling, Italienischer Riesling)* und *Fetească albă (Weiße Mädchen-Traube)*, daneben *Grasă (Dick-Traube), Fetească regală (Königsast, Königliche Mädchen-Traube), Tămîioasă românească (Rumänische Weihrauch-Traube, Würz-Traube*, verwandt mit Muskat-Sorte und Sauvignon blanc), *Grasă de Cotnari (Dick-Traube von Cotnari), Crîmpoşie, Băbească albă (Großmutter-* oder *Altweiber-Traube), Furmint, Rulanda (Ruländer, Pinot gris), Weißer Burgunder (Pinot Chardonnay)*, wenig *Rheinriesling* und *Muskat Ottonel;*

von *blauen Trauben: Negru moale (Kadarka), Fetească neagră (Schwarze Mädchen-Traube*, auf Rumänien beschränkte Spezialität, die gehaltvolle, fruchtige tiefrote Weine mit zart-duftigem Sortenbukett liefert), *Cabernet Sauvignon, Spätburgunder (Pinot noir)* und *Băbească neagră (Merlot);*

häufigste Tafeltrauben: *Chasselas doré (Goldgutedel)* und Muskat-Sorten.

Der noch vor 50 Jahren die Hälfte ausmachende Anbau von Hybrid-Reben ist nahezu verschwunden.

Rumänien liefert von allen Schwarzmeer-Anrainern die meisten Qualitätsweine. Weiße Weine galten lange allgemein besser als rote, letztere haben heute stark aufgeholt.

Spitzenweine sind durchgehend weiß, gekeltert aus Welschriesling, Mädchen-Traube oder Furmint, meist goldgelb, sehr fruchtig, ausgesprochen bukett- und körperreich (mit 20–40 g Restzucker) und preisgünstig.

Spezialisierung in den Anbaugebieten erfolgt auf bestimmte Geschmacksrichtungen und auf gute, billige Standardtypen hin: herb-weiß, trocken-rot als Tischweine, weiße Süßweine, preiswerte, weiße und rote, trockene Qualitätsweine.

Anbaugebiet: Rebfläche verteilt sich auf *5 Weinbau-Regionen* und innerhalb dieser auf 18 verstreut liegende *Weinbaugebiete* mit 133 *Weinbauuntergebieten.*

Weinbau-Regionen: Südliches Karpaten-Vorland (Walachei) – Östliches Karpaten-Vorland und Moldau (Moldava) – Transilvanien (Siebenbürgen) – Banat – Dobrudscha (Dobrogea). Hauptanbau mit rd. 200 000 ha in den beiden Vorkarpaten-Regionen.

9.2.10.1 Südliches Karpaten-Vorland (Walachei)

Zweitgrößte Weinbau-Region Rumäniens mit etwa 90 000 ha in der im S des Landes gelegenen Donau-Ebene mit Sandböden und an südlichen Karpaten-Ausläufern. *3 Weinbaugebiete:* Dealul Mare (Klosterberg) und Argeş in Großer Walachei (Muntenia) und Oltenia (Kleine Walachei).

(1) **Dealul Mare** *(Klosterberg):* im südlichen Karpaten-Bogen an Hängen bis 600 m Höhe; eines der wichtigsten Weinbaugebiete in Region *Ploieşti* mit über 28 000 ha; vorzügliche Weine aus einheimischer Grasă und Tămîioasă, aber auch aus Cabernet Sauvignon, Kadarka, Pinot noir und Merlot, sowie Tafeltrauben, v. a. Chasselas doré.

Beste Rote aus Cabernet Sauvignon und Negru moale werden in Staatlichen Versuchsgütern erzeugt, z. B. Weininstitut Valea Călugărească (→o.).

(2) **Argeş:** 100 km nordwestl. Bukarest; liefert aus 3 000 ha beste Weine, darunter vorzügliche Rotweine aus Negru moale und beachtliche Weißweine.

Versuchsbetrieb Stefaneşti bei Piteşti baut auf 3 000 ha bis in 800 m ü. NN auf Podsol-Terrassen bei nur 350 mm Jahresniederschlägen und Jahresdurchschnittstemperatur von +9,5°C 15 verschiedene Rebsorten an.

(3) **Oltenia** (Kleine Walachei): westlicher Teil der Weinbau-Region, mit über 50 000 ha größtes Gebiet. Um *Drăgăşani* (mit bedeutendem Forschungsinstitut) an Terrassenhängen der Olt (Alt, großer, aus O-Karpaten kommender Nebenfluß der Donau) auf 20 000 ha frische, hochwertige Konsumweine, köstliche Bukett- und Würzweine aus einheimischen Rebsorten, wie Crîmpoşie und Tămîioasă românească, bordeaux-ähnliche Rotweine aus Fetească neagră sowie Weißweine aus Welschriesling, Ruländer und Muskat Ottonel.

9.2.10.2 Östliches Karpaten-Vorland und Moldau (Moldava)

Gebiet östl. der Karpaten bis zum Pruth (seit 1945 Grenzfluß zur UdSSR), größte Weinbau-Region mit 110 000 ha und *5 Weinbaugebieten:* Cotnari, Odobeşti, Dealurile Moldovei, Panciu und Galaţi.

(1) **Cotnari:** im NO gegen Pruth; mit 5 000 ha größtes geschlossenes rumänisches Weinbaugebiet; Kalkböden. Nach dem Gebiet benannter, noch heute berühmter, einst mit Tokajer wetteifernder, edler, zarter, süß bis trockener, natürlicher Spitzen-Dessertwein mit Honig-Aroma wird aus alten, im Mischsatz angebauten Rebsorten *Grasă de Cotnari* und *Fetească regală* = Kreuzung Fetească albă × Grasă de Cotnari gekeltert; daneben Anbau v. a. von Welschriesling, etwas Rheinriesling und hellen Burgunder-Sorten.

(2) **Odobeşti:** in oberer Moldau-Region gelegenes, 40 000 ha großes rumänisches Weinbaugebiet. Auf Sand- und Lößböden gedeihen an flachen Hängen

gute Bukettweine, aus vorwiegend heimischen Rebsorten gehaltvolle Tischweine und um *Focşani* in guten Jahren *Ausbruchweine* aus Furmint und Fetească albă.

Nördl. davon führt *Nicoreşti* als Spezialität roten Băbească, frischen Tischwein mit pikanter Säure und Nelken-Aroma.

Die **3 weiteren Weinbaugebiete** (→o.) mit anderer Hälfte der Rebfläche um *Panciu, Dealurile Moldovei* (mit *Iaşi* und *Huşi*) und *Galaţi* besitzen zahlreiche Staatsgüter und Versuchsbetriebe; bringen vorwiegend Konsumweine, die denen der angrenzenden Moldauischen SSR gleichen (→9.4.5.1), sowie Tafeltrauben und Rosinen.

9.2.10.3 Transilvanien (Siebenbürgen)

Durch Karpaten von 3 Seiten eingeschlossene, ehemals zu Ungarn gehörende *siebenbürgische Hochebene* umfaßt *4 Weinbaugebiete* mit fast 30 000 ha und sehr verschiedenartigen sand- und kalkhaltigen Böden. Anbau an Karpaten-Hängen ist von volksdeutschen Winzern geprägt.

Staatliches Weingut Jidvei bei Tirnăveni erzeugt auf 5 000 ha einige der schönsten Weine Rumäniens.

Ausgeglichene *Qualitätsweine* – von allen rumänischen Weinen wegen angenehmer Säure deutschen am ähnlichsten – aus Welschriesling, Mädchen-Traube, Traminer, Ruländer, Weißem Burgunder und Muskat Ottonel sowie Qualitäts-Rotweine aus Kadarka, Cabernet Sauvignon und Pinot noir.

Aus dem Weinbaugebiet *Tîrnăva* wird bester rumänischer Riesling (Welschriesling) ausgeführt. Berühmt sind auch Vollreiflesen und Edelreiflesen aus den *Kokeltälern*, Heimat der Siebenbürger Sachsen.

Als siebenbürgische *Spezialität* gilt etwas süßer *Perla*, bereitet aus 70 % *Perle von Csaba* (bekannte Tafeltraube), ergänzt durch Mädchen-Traube und Welschriesling.

9.2.10.4 Banat

Im W Rumäniens zwischen Karpaten und ungarischer bzw. jugoslawischer Grenze gelegene flache Region mit *5 Weinbaugebieten.*

Im Gebiet von *Minis* (4 000 ha) werden um *Arad* vorzügliche Rotweine erzeugt.

Gebiet von *Teremia* (1 500 ha) zeichnet sich durch sehr ergiebige Traubenerträge aus.

Gebiet von *Recas* erzeugt im Feldanbau große Mengen breitgefächerter Konsumweine.

9.2.10.5 Dobrudscha (Dobrogea)

Diese rumänische Weinbau-Region zwischen Donau und Schwarzem Meer mit 25 000 ha ist die junge dieses Jahrhunderts; besteht nur aus *einem Weinbaugebiet,* dem international bekannten Murfatlar; dieses allerdings mit 20 Weinbauuntergebieten.

Murfatlar-Gebiet: fruchtbares, nahezu ebenes Rebland unweit Constanţa (vor 2 500 Jahren als Tomeiton von Griechen gegründet, später als Tomis Hauptstadt des römischen Pontus); bringt reiche Palette von leichten Konsumweinen bis zu geschätzten, bernsteinfarbenen, bukett- und alkoholreichen (13–17 %) Muskat-Dessertweinen aus Muskat Ottonel, Exportweinen sowie sehr fülligen Spitzenweinen aus Ruländer, Weißem Burgunder und Welschriesling, daneben Anbau von etwas Rheinriesling, Cabernet Sauvignon und Pinot noir.

20 km südwestl. Constanţa liegt berühmtes Staatsweingut mit 1 500 ha Rebfläche, dessen Trauben fast ausschließlich in Betonbehältern vergoren und 2–3 Jahre in 2 000- bis 5 000-l-Holzfässern ausgebaut werden.

*

Charakteristik der rumänischen Weine

Weine aus verschiedenen einheimischen Rebsorten lassen Vergleich mit westeuropäischen nur sehr eingeschränkt zu. *Weißweine* hauptsächlich leicht mit zartem Bukett, herb bis süß, mitunter auch körperreich und natursüß, siebenbürgische mit ausgeprägter Säure. *Rotweine* vollmundig, kräftig, feurig, trokken bis halbtrocken.

9.3 Süd-Europa

9.3.1 Italien

Geschichtliches: Rebanbau wurde im 8. Jh. v. Chr. von Etruskern in der Toscana und von griechischen Siedlern in S-Italien eingebürgert und von dort über ganze Halbinsel verbreitet. Italien, im Altertum (5. Jh. v. Chr.) von Griechen HERODOT und SOPHOKLES als »unsterbliches Land des Weins« gerühmt, ist heute neben Frankreich größter Weinerzeuger der Welt.

Anbaufläche: rd. 1,4 Mill. ha (1974); d. s. 7 % der landwirtschaftlichen Nutzfläche Italiens; Verteilung auf Landesteile recht unterschiedlich: Apulien 16 %, Sizilien 11 %, Venetien 10 %, Piemont 10 %, dagegen Südtirol noch nicht 2 %.

Weinbau: etwa Hälfte als Spezialkulturen angebaut wie in Weinbaugebieten üblich, andere Hälfte als Mischkulturen mit anderen Nutzpflanzen (Oliven, Zitrus, Gemüse, Obst), hier Erträge wesentlich niedriger, daher in Umstellung begriffen.

Erziehungsarten extrem unterschiedlich: Lauben-Erziehung (Pergola in Südtirol und Venetien) und Pfahl- oder Drahtrahmen-Unterstützung im N, Hochgerüste mit Spanndrähten, Bäumchen-Erziehung ohne jede Unterstützung im S.

Durchschnittliche *Größe* der 2,2 Mill. Weinbau-Betriebe: 0,73 ha (etwa wie in BRD). 1/3 der Traubenernte von 1/4 Mill. Winzern wird in 600 Genossenschaften verarbeitet.

Ertrag: 71 Mill. hl (1974; 50 hl/ha), = über 1/5 der Weltproduktion und über 11-faches von BRD.

Ausfuhr: stieg bis vor kurzem ständig, betrug 1974 10,8 Mill. hl (aus N-Italien, bes. Südtirol, Tafel- und Qualitätsweine [15 % DOC-Weine], aus S-Italien Dessert- und Süßweine); wichtigste Abnehmer: Frankreich und BRD.

Einfuhr: 472 000 hl (1974).

Pro-Kopf-Verbrauch: mit 111 l (1974) führend in der Welt. Wein ist in Italien Volksgetränk, gehört zur Mahlzeit, »zum täglichen Brot«.

Klima und Böden: im ganzen *optimale Bedingungen* für verschiedenartigste Rebsorten bei unterschiedlichen klimatischen (bis 2100 Std. Sonnenschein während Vegetationsperiode) und sehr verschiedenen geologischen Verhältnissen.

Rebsorten

Im mittelmeerischen Lebensraum der Weinrebe Sortenreichtum wesentlich größer als in BRD. *Fast 250 Rebsorten* sind im Rebkataster aufgeführt und werden angebaut. 17 häufigste Sorten nehmen 60 % der Rebfläche Italiens ein. *Weit verbreitet* und sehr geschätzt sind:

verschiedene *Moscatello*-Reben, die Moscato-(Muskateller-)Weine für Wermut-, Dessert-, Schaumweine und Weinbrand liefern;

helle *Trebbiano*-Traube, aus der Weißweine vom Gardasee und berühmter Soave-Wein Veronas stammen;

dunkelrote *Nebbiolo (Spanna),* wertvolle Traube Piemonts und der Lombardei, die als berühmtem Pinot noir Burgunds ebenbürtig gilt.

Weine

Italienische Weine in der Mehrzahl auch heute noch schlichte Landweine von nur örtlicher Bedeutung; für Besucher empfehlenswert, den am Ort gewachsenen Wein, *Nostrano* (= der Unsrige), zu trinken.

Aus 75 % der Keltertrauben werden Rotweine bereitet, Rest vorwiegend zu trockenen Weißweinen ausgebaut. Rote sind in der Regel Weißen überlegen.

Beste Trinkweine bringt N des Landes, gehaltvollste Dessertweine der S hervor.

Meiste Weine, abgesehen von Spitzengewächsen, sollten jung, in ersten 3 Jahren, getrunken werden.

Güteklassifizierung *italienischer Weine*

1963 erfolgte nach französischem Vorbild (→9.2.1) Einführung des italienischen Weingesetzes. Einteilung in *3 Güteklassen:*

Obere Klasse: Vini pregiati = privilegierte oder gehobene Weine. Ihr zugehörig:

- **DOC**-Weine (Abkürzung für Denominazione di Origine Controllata): Weine mit *kontrollierter Herkunftsbezeichnung,* genauen Vorschriften für Anbaubegrenzung, Ernte-Limit, Rebsorten- und Traubenauswahl, Weinherstellung, Kellertechnik, Alkohol- und Säuregehalt, Lagerzeiten und Deklarierungen (etwa entsprechend französischen AOC-Weinen).
- **VQPRD** (Abkürzung für *V*ini di *Q*ualita *p*rodotti in *R*egioni *D*eterminate): darunter einige, schon länger herausgehobene klassische Weine aus bereits früher abgegrenzten Zonen mit bestimmten Auflagen für die Erzeuger, wie *Chianti Classico, Asti spumante* und einige *Marsala,* denen nach strengen Bestimmungen Prädikat *Vini Tipici* (VITI) zuerkannt wird.

Nur knapp 7 % der italienischen Weinproduktion mit etwa 100 Weinen wurden 1972 amtlich als DOC-Weine anerkannt, jedoch wird auf Grund beachtlicher Qualitätssteigerungen 1974 Anteil bereits auf 11–14 % geschätzt mit 150 Gebieten und 360 Weinen (davon 55 % im N, 30 % in Mittelitalien und nur 15 % im S).

Mittlere Klasse: Denominazione di Origine Semplice: Vini da Pasto = Tafelweine.

Untere Klasse: Vini da Taglio = Verschnitt- und Grundweine für Weinbrand und Schaumwein.

Anbaugebiete (→Karte 11): Von S-Hängen der Alpen bis zur S-Spitze Siziliens reiht sich auf 1100 km Länge von Meereshöhe bis in 1 000 m (Südtirol, Toscana, Sizilien) in allen 20 Landes-Regionen Weinbaugebiet an Weinbaugebiet. Die *11 wichtigsten* (von N nach S): Piemont – Südtirol – Trentino – Lombardei – Venetien – Toscana – Umbrien – Latium – Kampanien – Apulien – Sizilien; außerdem Anbau auf vorgelagerten Mittelmeer-Inseln.

9.3.1.1 Piemont

Im *Aostatal,* im NW des Piemont, von Alpen geschützt, gedeihen bis in rd. 1 000 m Höhe ausgezeichnete Weiß- und Rotweine.

In *Piemonteser Voralpen,* westl. Poebene und südöstl. Turin, Frankreich benachbart, reifen an sonnigen Hängen köstliche Trauben, die zu besten Weinen Italiens gekeltert werden.

Ligurien, breiter Küstenstreifen am Mittelmeer von *San Remo* über Genua bis *La Spezia,* bietet im *Cinqueterra* Weißweine aus 3 lokalen Rebsorten, die mit zu besten Italiens gehören.

Morgex: im Aostatal bis in 900 m ü. NN gedeihender trockener strohgelber Wein aus sehr alter Rebsorte *Prié* oder *Bernarda,* die über Großen St. Bernhard ins Wallis gelangte, dort den Rèze liefert.

Barolo (von gleichnamigem Ort): einer der kostbarsten Weine Italiens und zu besten der Welt zählend; aus auf Tuffstein gewachsenen und schon seit 14. Jh. angebauten, ausgezeichneten *Nebbiolo*-Trauben; nach wenigstens 3-jährigem Faßlager trockener, voller, schwer-öliger alkoholreicher (12–15 %), granatroter bis orangefarben-schillernder Spitzenwein, nach 7 Jahren rubinrot bis bräunlich, weichsamtig, ausgeglichen, edel, mit typischem Veilchenduft-Bukett.

Barbaresco (gleichfalls nach Ortsnamen): ebenfalls aus *Nebbiolo*-Trauben gekeltert, daher Barolo ähnlich; wird in tieferen Lagen bis Turin angebaut, ist etwas trockener, weicher und milder als Barolo, altert schneller; beliebter »Bratenwein«.

Nebbiolo: aus gleichnamiger Traube; gehört ebenfalls zu Spitzengewächsen dieses Gebietes und der Lombardei; am schönsten als trocken ausgebauter Wein; ist lange lagerfähig und entfaltet beste Eigenschaften erst im Alter; beste Qualitäten werden mitunter wegen Lichtempfindlichkeit des Farbstoffs in juteumhüllten Flaschen geliefert. Der liebliche Typ ist geschätzter Dessertwein.

Barbera: rubin- bis tiefroter, temperamentvoller, kräftiger, frischer, herber Tafelwein mit charakteristischem Veilchenduft und bittermandel-artigem Ton aus *Barbera*-Traube; leichter als Nebbiolo.

Dolcetto, Grignolino mit angenehm nuß-artigem Geschmack, *Cortese* und *Freisa* mit fruchtigem, steinigem Geschmack verdanken Namen ebenfalls gleichlautenden Rebsorten. Bessere weiße Tischweine stammen aus *Cortese*-Traube; als bester gilt *Gavi.*

Moscato-Weine in großer Fülle, am typischsten von Kalkböden; stroh- bis goldgelbe, delikate, süße Dessertweine mit ausgesprochenem Muskat-Bukett; dieses besonderen Duftes wegen am besten im Erzeugungsjahr zu trinken.

Wermut-Weine, Nachfahren der alten Kräuter-Weine (→1.4), sind gespritete und mit Kräutern (v. a. Wermut, Zimt, Nelken, Enzianwurzel und Fenchel) gewürzte *Moscato*-Weine; beheimatet um Provinzhauptstadt *Turin* (1786 dort von CARPANO erstmalig hergestellt).

Echter bernsteingelber *Vermouth di Torino* ist herb aromatisch vom Wermutkraut *(Artemisia absinthium)* und appetitanregend:

Rosso (15 % Alk.-Gehalt) ziemlich süß;
Bianco leichter und sehr süß;
Dry (18 %) fast trocken (hier Moscato-Grundwein am deutlichsten erkennbar);
Amaro mit Chinin-Geschmack.

Asti spumante: sehr bekannter, moussierender, bes. würziger und aromatischer, süßer, heller bis strohgelber typischster italienischer Schaumwein (11,5 % Alkohol) aus *Moscatello*-Trauben von der Hügelkette von *Monferrato* um *Asti.*

Alle diese Weine besitzen die staatliche Anerkennung der kontrollierten Herkunftsbezeichnung.

9.3.1.2 Südtirol und Trentino

Altes Weinland; Anbau seit 2 500 Jahren auf Dolomitkalk, Porphyrböden und Glazialschotter an *Etsch-* und *Eisack*-Talhängen, erfolgt oft noch in alter *Dachbau-Erziehung* (Pergola).

Klima: subalpin, liefert Weine mit feiner Blume, dezenter Milde, schöner Farbe und mäßigem Alkoholgehalt (10–12 %).

An *Ausfuhr* italienischer Weine mit über 50 % beteiligt.

Weine und Rebsorten

Kalterer See Auslese (»Auslese« nicht deutschem Prädikat entsprechend) aus oberem Etschtal wird aus ausgelesenen *Schiava gentile-(Klein-Vernatsch-)* und *Schiava grossa-(Groß-Vernatsch-* oder *Trollinger-)*Trauben, oft unter Zusatz von *Rossara*-Trauben, gekeltert: ist hellrot, leicht, trocken, tannin- und säurearm mit leichtem Mandel-Aroma. Heute meist *Typenwein* aus Einzugsgebiet von Größe des Nahe-Anbaugebiets.

Kuchelberger von *Meran:* zeichnet sich durch Bukett und Rasse aus.

Sankt Magdalener (Santa Maddalena): gedeiht an Pergolen auf sonnigen Felshängen oberhalb Bozens, gilt als Spitzenwein Südtirols: fruchtig, ausgeglichen, weich, leuchtend-hellrubinrot mit leichtem Burgunder-Charakter (12–13,5 % Alk.-Gehalt), gekeltert aus *Lagrein-* mit Zusatz von *Schiava*-Trauben.

Schiava grigia (Grau-Vernatsch), aus einem Trollinger-Klon, ist Spezialität von Sankt Magdalena (Bozen).

Grieser Lagrein Kretzer (Lagareno, Altdeutscher oder *Landschwarzer)* aus Bozener Gebiet und von Eisack-Talhängen: wird süßgekeltert, d. h. aus blauer *Lagrein*-Traube ohne Beerenhäute nach Weißwein-Art vergoren, entspricht etwa Rosé; ergibt bernsteingoldenen bis hellroten, mittelschweren, mitunter leicht moussierenden Wein mit leichtem Vanille-Duft; sehr beliebt.

Groß-Vernatsch (Trollinger): aus gleichnamiger verbreitetster blauer Traube in Südtirol, hellrubinrot, leicht, trocken, mild.

Terlaner: grünlicher, milder, anregender *Weißer Burgunder* aus dem Etschtal; oft als sehr guter Wein gemeinsam gekeltert mit *Riesling-, Traminer-* und *Sauvignon*-Trauben.

Traminer: bukettreicher, goldgelber Weißwein aus gleichnamiger Traube, die in Tramin beheimatet sein soll.

Strohweine, d. h. Weine aus Trauben, die auf Stroh gelagert werden, bis eine Art Edelfäule erreicht ist, von sehr guter Qualität; heute selten geworden.

9.3.1.3 Lombardei und Venetien

(1) **Lombardei:** Gebiet reicht vom Po nordwärts bis zum Gardasee und zum S-Rand der Alpen; im Mittelpunkt Qualitätsweingebiet um *Verona.*

Weine und Rebsorten

Soave: wohl bekanntester Weißwein und oft als bester Italiens beurteilt; ausgezeichneter, trockener, chablis-artiger, samtweicher, stroh- bis hellgoldener, köstlicher »Fisch-Wein« Veronas mit angenehmer Säure und zartem charakteristischem Bukett; gekeltert aus *Garganega-* und *Trebbiano-*Trauben.

Bardolino (Name nach Ort am Gardasee): sehr geschätzt, granatrot, frisch, würzig, mit angenehm bitterem Aroma.

Valpolicella: kirschroter, milder, frischer, fruchtiger, begehrter Wein aus *Corvina-, Molinara-, Rondinella-* und *Negrara-*Trauben, ebenfalls vom Gardasee und von Verona.

Recioto und *Amarone,* die eigentlichen Charakterweine Veronas, stammen aus gleichen 4 Rebsorten wie Valpolicella.

Lambrusco: fruchtiger, bukettreicher, leicht süßer und etwas schäumender Rotwein unterschiedlicher Güte von gleichnamiger Traube aus Umgebung von Modena.

(2) **Venetien:** Gebiet zwischen Gardasee und Triest; bringt, v. a. in Provinz *Treviso,* 2/3 Rotweine aus *Cabernet franc-* (trocken, voll, harmonisch, angenehm frisch) und aus *Merlot-*Trauben (trocken, würzig, herb) ; beide gewinnen durch Lagerung vorzügliche Qualität. Unter Weißen bes. hervorzuheben schöne Hügelweine aus *Prosecco-*Trauben: trocken, fruchtig, duftig, hellstrohfarben; werden auch halbsüß hergestellt und für Sekt verwendet.

9.3.1.4 Toscana

Besitzt uraltes, auf Frühzeit der Etrusker zurückgehendes, sehr bedeutendes Weinbaugebiet um *Florenz, Siena* (Weinmetropole Italiens) und *Pisa,* dessen Anbau vom Meeresufer bis zu 900 m Höhe ansteigt.

Weine und Rebsorten

Chianti: bekanntester, herrlich kräftiger, nach Veilchen und Lilien duftender italienischer Tischwein; gedeiht auf kargen, trockenen, steinigen Kies- und Sandsteinböden; wird im allg. in ansprechenden strohumwickelten *Fiasco-Flaschen* angeboten (→aber u.: Prädikats-Chianti).

Chianti – Wein nach Rezept – gibt es erst seit etwa 125 Jahren; Erfinder optimaler Zusammensetzung ist berühmter Barone BETTINO RICASOLI auf Brolio (1809–1880, zweimal Ministerpräsident Italiens), der Chianti zum ersten Export-Wein Italiens aufbaute. Sein *Rezept:* 70 % dunkelviolette *Sangiovese (Prugnolo-* oder *Pfläumchen-*Traube, Rebe toskanischen Ursprungs), etwa 20 % *Canaiolo nero (Uva nera* oder *Schwarz-*Traube; uralte toskanische Rebe, seit 300 n. Chr. urkundlich belegt), 5 % *Trebbiano toscano* (weiße Traube, seit 13. Jh. in Toscana angebaut) und 5 % *Malvasia del Chianti* (sehr lange, weiße Traubensorte, aus im 13. Jh. aus Kreta mitgebrachten Malvasier-Reben selektioniert). Durch Zusatzrezept – *Il Governo* (Führung) genannt – wird durchgegorenem Wein 10 % Dosage aus Most halbrosinenartiger Beeren von Sangiovese und Canaiolo sowie *Colorino,* kleinbeeriger *Färber-Traube* – also eine Art Trockenbeerenausbruch (→9.2.9.2) – zugesetzt und 2. Gärung ausgelöst, die bis ins Frühjahr dauern kann und rubinroten *Chianti da Pasto fino,* frischen, spritzigen, fruchtigen unnachahmlichen Edelwein entstehen läßt. Nach 4-jährigem Ausbau bleibt er gut 6 Jahre auf der Höhe der großen belebenden Kraft und baut dann nur langsam ab; er muß mindestens 12 % Alkoholgehalt und 5–7,5 ‰ Gesamtsäure enthalten. Mit über 12,5 % Alkoholgehalt wird er zum *Chianti Superiore,* nach 2-jährigem Eichenfaßlager darf er Zusatz *Vecchio* und nach 3-jährigem *Riserva* führen; entspricht dann nach deutschen Maßstäben Prädikatswein.

In eigentliches, 70 000 ha umfassendes *klassisches Chianti-Gebiet* teilen sich die Provinzen *Florenz, Arezzo, Siena, Pisa* und *Pistoia;* von diesen liegt nur die Stadt Siena selbst im Chianti-Kern. Ausschließlich Weine dieses sog. *Chianti Classico* entlang der *Monti di Chianti* dürfen ältestes, 1928 gesetzlich anerkanntes Gütesymbol für begrenzte Anbauzone führen: Schwarzen Hahn auf goldenem Grund. Übrige 6 gesetzlich abgegrenzte Chianti-Hügel-(Colli-)Zonen zeigen eigene Trade-Marks (Schutzmarken-Symbole), die vor Nachahmung schützen.

Führende Weingüter des »Chianti Classico« sind *Antinori,* dessen Weine möglichst wenig weiße Trauben enthalten, und *Ricasoli.* Kenner schätzen als verschwiegene Paradiese des Hochchianti *Castellina, Gaiole, Radda* und *Brolio.*

Prädikats-Chianti, unverbesserte, länger gelagerte Spitzenqualitäten, machen nur 12 % aller Chianti-Weine und 5 % der Toscana-Weine aus; werden, versehen mit Gütezeichen, in Bordeaux-Flaschen *(bottiglie)* abgefüllt.

Weißweine der Toscana von beachtlicher Qualität, wie leichter, lieblicher, blumiger und charmanter *Brolio Bianco,* dürfen sich nicht Chianti nennen, dieses Vorrecht kommt nur Roten zu.

9.3.1.5 Umbrien

Nordöstl. Rom gelegenes Anbaugebiet im Inneren des Landes um *Orvieto.*

Bringt im allg. wohlschmeckende, ehrliche Tafelweine; herausgehoben: alter und berühmter *Orvieto,* am beliebtesten blaßgoldene, trockene, zarte sauternes-artige Sorten aus edelfaulen *Trebbiano-*Beeren; mittelsüße Sorten werden als *abboccato (Bouquet amabile)* gekennzeichnet.

9.3.1.6 Latium

Anbau am unteren *Tiber* und an Abhängen der *Albaner-Berge* (Castelli Romani).

Weine

Gebiet v. a. durch Frascati und Est-Est-Est berühmt.

Frascati: auf vulkanischen Tuffböden um gleichnamigen Ort am Fuß der Albaner-Berge gedeihender, kräftiger, erdig-kernig-herber, frischer und spritziger, alkoholreicher, goldfarbener, v. a. in Rom sehr beliebter Tischwein aus *Malvasia*-Trauben.

Est-Est-Est: trockener wie halbsüßer goldgelber Wein von nahezu legendärem Ruf um *Montefiascone* aus *Moscato*-Trauben.

9.3.1.7 Kampanien und Apulien

(1) **Kampanien** an W-Küste (Tyrrhenisches Meer) umfaßt Anbaugebiet um *Neapel* und *Salerno.*

Weine und Rebsorten

Falerner: berühmtester und von HORAZ gepriesener Wein aus *Vitis amminea* (→1.2) im klassischen Rom; heute Bezeichnung für angenehme, weiße und rote Tischweine um *Formia,* nördl. Neapel.

Lacrimae Christi del Vesuvio (lat. = Tränen Christi): goldfarbener und roter, würziger Wein von reinen Lavaböden der Vesuv-Hänge bei Neapel; roter aus (uralten) *Aglianico-* und aus *Palombina*-Trauben; weißer aus *Greco della Torre-* und *Fiano*-Trauben ähnelt trockenem weißem Bordeaux oder Capri-Wein, ist gleichnamigem roten überlegen.

Vesuvio: ähnlicher, hellroter, feuriger, würzhaft süßer Wein.

(2) **Apulien** an O-Küste (Adria) im äußersten S Italiens (»Stiefelabsatz«) beherbergt auf 300 000 ha größte Rebfläche des Landes; stellt große Mengen alkohol- und körperreicher Konsumweine; herausgehobene Qualitätsweine sind weiße, rote und rosato (rosé) *Castel-del-Monte*-Weine.

9.3.1.8 Sizilien

Ältestes Weinbaugebiet Italiens; kultiviert seit 2000 v. Chr., von Griechen seit 8. Jh. v. Chr.

Anbaufläche und Erträge in letzten 20 Jahren verdoppelt; Durchschnittsernte liegt höher als in BRD, Anbaufläche ist fast doppelt so groß. Im W der Insel, um *Marsala* und *Trapani,* größte Ballung italienischen Weinanbaus mit annähernd Hälfte der Rebfläche Siziliens.

Weine und Rebsorten

Süßeste und feurigste *Dessertweine* aus *Moscato-* und *Malvasia*-Trauben gedeihen auf von Eruptivgestein durchbrochenen Kalkböden an Hängen des Ätna bis in 1200 m Höhe. Etwa 90 % der Weine sind Weiße. Am bekanntesten:

Marsala (türkisch = Hafen Gottes): aus Vulkanböden und mageren eisenhaltigen Kiesböden; bernsteinfarben bis nußbraun, bukettreich, madeira-artig, süß und schwer; wird aus trockenen, aromatischen Weißweinen, Weinbränden aus gleichen Weinen, Weinen aus getrockneten Trauben und eingedicktem Most hergestellt.

Marsala ist – wie Sherry, Port und Madeira – englische Erfindung; wurde zuerst 1773 vom Engländer WOODHOUSE bereitet. Neuerdings werden aus Marsala durch verschiedenartige Zusätze, wie Eigelb, Schokolade, Bananen, Kunstgetränke in Cocktailform gemixt.

Gute *Tischweine* Siziliens:

Rote (überwiegend): vorzüglicher *Corvo* und *Etna;* als bester gilt *Faro.*

Weiße: goldgelber, köstlicher *Malvasia di Lipari* und schwerer (15 % Alkohol) *Mamertino.*

9.3.1.9 Italien vorgelagerte Mittelmeer-Inseln

Bringen reiche Auswahl verschiedenartiger reizvoller Weine.

Elba: kräftige (14 % Alk.-Gehalt) *Muscat Aleatico.*

Sardinien: erstklassige und erlesene Tafelweine, wie angenehm trockene *Vernaccia* und *Malvasia* mit Bittermandel-Geschmack.

Capri und **Ischia:** stärkere und fruchtigere Gewächse.

*

Charakteristik der italienischen Weine

Neben zahllosen Konsumweinen v. a. gehaltvolle, kräftige, harmonische, trokkene, herbe bis weiche Rotweine, beste unter den Chianti-Spitzengewächsen, und vollmundige, trockene bis süße und schwere Weißweine.

9.3.2 Malta

Anbaufläche und Ertrag: von 1000 ha (1974) (fast ausschließlich im W-Teil der Insel) werden schätzungsweise 20 000 hl Wein erzeugt.

Ausfuhr: 35 000 hl (1974), *Einfuhr:* 12 000 hl (1974).

Weine: vorwiegend schwere Rote, daneben erstklassige Rosés und gute weiße Tafelweine; dienen bei steigender Produktion überwiegend dem *Eigenbedarf.*

9.3.3 Spanien

Geschichtliches: Phönizier (Karthager) gründeten 1101 v. Chr. Gadir (röm. Gades, heute Cádiz) und Malaga und brachten vor 3000 Jahren Weinrebe nach Spanien. Jerez wird als Xera im 4. Jh. v. Chr. urkundlich genannt. Römer kultivierten Rebanbau, PLINIUS (→1.2) vergleicht Weine mit denen von Albaner-Bergen unweit Rom. Rebsorten und Weine damaliger Zeit gut bekannt und genau beschrieben. Auch unter arabischer Herrschaft wurde Entwicklung kaum gehemmt.

Anbaufläche: mit 1,8 Mill. ha (1974) größte Rebanbaufläche der Erde (17 % der gesamten, 23 % der europäischen) und fast 4 % der in Spanien landwirtschaftlich genutzten Fläche.

Ertrag jedoch mit 36 Mill. hl (1974; 1973 49 Mill.) nur rd. 50 % des französischen oder italienischen; steht erst an 3. Stelle der Weltertragsskala, da Anbau- und Ausbautechniken in manchen Anbaugebieten noch nicht modernen Maßstäben entsprechen. Hälfte der Ernte wird aber bereits von Genossenschaften verarbeitet. Weinanbau erbringt 7 % der Einkünfte aus gesamter Landwirtschaft.

Anbau von Tafeltrauben und Gewinnung von Rosinen von großer wirtschaftlicher Bedeutung.

Ausfuhr: 4,6 Mill. hl (1974).

Einfuhr: 7000 hl (1974).

Pro-Kopf-Verbrauch: mit 75 l (1973) hoch.

Klima: für Rebanbau allgemein recht günstig; vorwiegend trocken und warm, jedoch in den einzelnen Landschaften *sehr unterschiedlich:* in *Seenähe* mild, Jahresniederschläge an Mittelmeer-Küste zwischen 300 und 600 mm, am Atlantik im NW bis 1660 mm; *im Landesinneren* ausgesprochen trockene Sommer (infolgedessen wenig Rebkrankheiten und Unkrautwuchs), Rebanbau hier erst nach Anlage größerer Bewässerungsanlagen neuerdings möglich.

Böden: Sande mit Lehm- und hohem Kalkgehalt vorherrschend; Fruchtbarkeit gering bis zufriedenstellend.

Weinbau: Im Unterschied zu anderen Weinbauländern werden in Spanien Reben meist auf ebenen Flächen in Flußtälern oder an flachen Hängen kultiviert, oft als niedrige, nur 1 m hohe Rebstöcke ohne Unterstützung oder an Bäumen gezogen. Moderne Drahtrahmen-Erziehung bürgert sich erst langsam ein.

Weinrecht von 1972 legt Anbaugebiete etc. genau nach strengen Bestimmungen der **DO** (*D*enominaciónes de *O*rigen; Herkunftsbezeichnung, Gegenstück zur französischen Appellation Contrôlée, →9.2.1) fest. Herkunftsbezeichnung und Kontrollkommission *(Consejo Regulador)* unterstehen spanischem Institut für Herkunftsbezeichnungen *(Instituto Nacional de Denominaciónes de Origen; INDO).*

Weine

Rotweine: ausgeglichen, tiefdunkel, meist sehr alkoholreich, mit viel Bukettstoffen, arm an Säure; machen 4/5 der Produktion aus;

Weißweine: meist flach, da spanisches Klima, mit Ausnahme von Gebirgshängen oder Atlantik-Küste, weniger für sie geeignet.

Schlichte *Land-* und billige *Tischweine (Vino corriente* oder *Vino de pasto)* stellen mindestens 90 % aller spanischen Weine.

Qualitätsweine (von 5 % der spanischen Rebfläche) werden zu überwiegendem Teil von *Sherries,* die mehr englischem als spanischem Geschmack entsprechen, sowie von *Riojas* des N gestellt.

*Schaumwein-(espumoso-)*Produktion mit 0,5 Mill. hl/J beachtlich; bes. trockene schmecken herzhaft.

Rebsorten

Von schätzungsweise 1000 Rebsorten, die in 30 Jahrhunderten entwickelt wurden, heute noch etwa 90 angebaut, aber nur wenige *von überlokaler Bedeutung,* z. B. nur 3 im berühmtesten Weinbaugebiet Spaniens, Jerez:

Palomino (Listan): helle Rebe, aus der 80 % des *Sherry* bereitet wird;

Pedro Ximénez: dunkle Traube, die allein vergoren sehr fruchtigen *Weißwein* bringt, gemischt mit anderen Traubensorten *(Mantua* und *Rome)* besten *Malaga* oder, auf Gras- oder Ginstermatten 2 Wochen der Sonne ausgesetzt und als Art Rosinenbeeren vergoren, berühmten *PX-Sherry* (Abkürzung von Pedro Ximénez) sowie verschnitten zart-süße Sherries liefert; und

*Muskateller-*Traube, die zu Dessertweinen, meist jedoch als Verschnittwein für Sherry-Varianten verwendet wird.

Tempranillo, Graciano, Viura, Albillo, Monastell und *Cencibel,* sehr alte lokale Rebsorten, zeugen von mehrtausendjähriger Rebvergangenheit und bieten mit Hybrid-Reben auch heute noch bunte Traubenpalette.

Garnacho (auch: *Garnacha;* in S-Frankreich, Portugal und Kalifornien angebaute und beliebte Grenache, aus welcher berühmter Tavel, Vin rosé des Rhône-Tals, besteht und die wesentlicher Bestandteil des Châteauneuf-du-Pape ist) – neben Tempranillo und Graciano – vorherrschend für alle guten roten Riojas (→9.3.3.1).

Anbaugebiete: Weine werden in allen Provinzen, vorwiegend jedoch im O und S des gebirgigen Landes erzeugt; gewinnen an Qualität, je nördlicher und höher sie angebaut werden, ausgenommen Sherry, begründet durch völlig anderen Ausbau (→9.3.3.4).

6 Haupt-Regionen (→Karte 11): Rioja – Katalonien – Valencia und Málaga – Jerez – Montilla – La Mancha.

9.3.3.1 Rioja

Name abgeleitet von Rio Oja, Nebenfluß des Ebro. 100 km lange, fruchtbare Berglandschaft im Quellgebiet des Ebro und NO des Landes südl. der Pyrenäen-Abhänge zwischen *Navarra* und *Aragonien,* mit im W reichlichen, im O geringeren Niederschlägen, langem Frühling, trockenem, heißem Sommer und langem Herbst, also ähnlichen klimatischen Verhältnissen wie im oberen Douro-Tal, Heimat des berühmten Portweins.

Weinbau: über 1000 Jahre alt. Ende des 19. Jhs., nach Reblaus-Katastrophe im Bordelais, brachten Bordeaux-Winzer ihre Anbau-Methoden ins Rioja-Gebiet. Ihr Wirken noch heute deutlich in den Weinen zu spüren: ähneln in ihrer Dezentheit wenig den rauheren und kraftvollen übrigen spanischen.

Anbaufläche: reichlich 40 000 ha.

Hoch-Rioja (Rioja alta, westlicher Teil mit Zentrum Haro und *Rioja alavesa* mit Zentrum Laguardia) ozeanisch beeinflußt, besitzt höhere Niederschläge und Kalklehmböden, bringt in etwa 450 m Höhe *Spitzenweine* hervor;

Nieder-Rioja (Rioja baja, östlicher Teil mit Zentrum Alfaro), trockener, wärmer, produziert auf tonreichen Böden ausschließlich hochgradige (bis 16 % Alk.-Gehalt) Rotweine.

Weine und Rebsorten

Alle **Rioja** seit altersher *Mischweine,* mild, schwer, glutvoll. 170 verschiedene Weine von großer Mannigfaltigkeit werden aus nur 6–7 Rebsorten bereitet. Wichtigste blaue Rebsorten: *Garnacho, Tempranillo* und *Graciano;* helle: *Viura* und *Malvasia.*

Weiße Riojas aus 60 % Viura-, 30 % Malvasia- (als Duftträger) und 10 % Garnacho blanco-Trauben gehören zu besten Weißweinen Spaniens, sind leicht, angenehm trocken, erfrischend, heiter bis nervig und würzig, bernsteinfarben, mit bestrickendem Bukett, es mangelt ihnen jedoch an feiner rassiger Säure wie allen südlichen Weißweinen.

Rote Riojas sind beste; bestehen aus etwa 60 % Tempranillo-, 30 % Garnacho-, denen sie hohen Alkoholgehalt (12–16 %), 5 % Graciano-, denen sie Aroma, und 5 % *Mazuelo-* Trauben, denen sie angenehme Säure verdanken. Skala reicht von leichten, fast nördlich anmutenden Weinen bis zu schweren, aromatischen, rubinroten, glanzhellen, sanften edlen Weinen voller Kraft.

Riojas Reservas (5–9 Jahre) und *Grande Reservas* (über 9 Jahre Faßlager) sind rote Spitzengewächse mit Jahresangabe, gekeltert aus Traubengemisch mit Hauptanteil Garnacho, sehr langsam reifend, zart, frisch, alkoholreich (12–16 %); zählen zu besten Rotweinen der Welt, besitzen eigene, unverkennbare Note.

Auf der Flasche können Riojas 20 und mehr Jahre alt werden. Jung zeigen sie leichten Duft, große, reife Weine sind nach langjährigem Lager und mehrmaligem Umfüllen samtig rund, mild, ausgeglichen, gehaltvoll, mit unvergleichlicher Blume und wundervollem Wohlgeruch.

Clarete (Klarettwein): rosa bis zartrosa schimmernder Wein, bei dessen Bereitung nur kleiner Teil der blauen Beerenhäute einige Tage mitvergoren wird, besitzt Charakter mittlerer Bordeaux mit etwa 12 % Alkohol.

Herkunftsbezeichnung »Rioja« steht unter strenger staatlicher Kontrolle.

9.3.3.2 Katalonien

Ertragreichstes Anbaugebiet Spaniens am Mittelmeer um *Barcelona* und *Tarragona* mit schweren, dunklen, roten Verschnittweinen, einer Reihe von Qualitätsweinen, sehr guten, halbtrockenen Schaumweinen aus Panadés und dunkelfarbigen, gespriteten **Tarragona**-Süßweinen (Spaniens mengenmäßig meist exportierter Wein).

9.3.3.3 Valencia und Málaga

Zweitgrößtes Weinbaugebiet Spaniens am Mittelmeer; bringt schwere süße Rotweine und geschätzte Verschnitt- und Deckweine, bes. um *Alicante*.

Malaga: berühmter feuriger, aromatisch-süßer, aus jungem mit altem Wein gemischter, durch eingedickten Traubensaft und Weingeist verstärkter Tafel-Südwein, vornehmlich (bei besseren Sorten) aus dunkelrotbrauner *Pedro Ximénez-* oder purpurroter *Malaga-Muskat-*Traube hergestellt.

Lágrima von dunkelbernsteinerner Farbe ist sehr süßer und fast aufdringlich aromatischer Likörwein.

9.3.3.4 Jerez

Im SW *Andalusiens* unweit Atlantik-Küste gelegen.

Weine und Rebsorten

Im Gebiet um *Cádiz, Jerez* und *Sanlúcar* werden seit fast 3 000 Jahren im feuchtwarmen, aber regenarmen Klima auf trockenen Kalk-, Lehm- und Sandböden Reben kultiviert, aus denen seit Jahrhunderten Spaniens größter und berühmter Wein, Sherry (englisch geographische Bezeichnung für Stadt Jerez de la Frontera), bereitet wird.

Sherries: trockene, hell-bernsteinfarbene bis süße, tiefdunkle, überaus schwere, hocharomatische Süd- und Süßweine, hergestellt durch mehrmaligen Verschnitt verschiedener Jahrgänge unter Zusatz von eingedicktem Traubensaft und Wein-Destillat (→u.) in verschiedensten, mehr angelsächsischen als spanischen Geschmacksrichtungen. Beste stammen von weißen kalkreichen Böden; alle sind Weiß-, Misch- und Markenweine von immer gleichbleibender Qualität aus 80 % *Palomino-*(richtig: *Listan-)*, 15 % *Pedro Ximénez-* und 5 % *Moscatel-(Muskateller-)*Trauben.

2 Haupttypen sind zu unterscheiden: Finos und Olorosos.

Finos (Feine): höchste Klasse; machen Werdegang in großen *Bodegas* (oberirdischen Lagerhallen) durch, sind topasfarbene, leichtere, trocken-herbe, relativ wenig angereicherte, sehr appetitanregende, *vor* Mahlzeiten zu trinkende aromatische Aperitif-Weine mit leichtem Mandel-Geschmack; ihre zarte Frische ist für alkoholreichen Wein ungewöhnlich; höchstens minimal verschnitten.

Amontillados: kräftiger, schwerer und dunkler als Finos; mitunter etwas scharf; halbtrokken; entstehen durch längeren Ausbau aus Finos, gewinnen dadurch mehr Tiefe und Intensität in Duft und Geschmack; liegen in Farbe und Aroma zwischen Finos und Olorosos; gelten bei Kennern als beste Weine von Jerez.

Olorosos (Wohlriechende): erfahren Werdegang im Freien, sind dunkelgoldgelbe, duft-, bukett- und etwas alkoholreichere süße, *nach* Mahlzeiten zu genießende Dessertweine mit viel Körper und nicht so frischem und feinem Aroma wie Finos; mit Alter wird Duft stärker. Olorosos sind Basis aller süßen Sherries.

Dulces: durch größeren Anteil süßen PX-Weines noch alkoholreichere und noch süßere Dessertweine, sog. *Cream-Sherries;* Old Full Pale geschmeidig und süß; je dunkler, desto süßer. Dulces besitzen Fülle der Olorosos und erlesenen Geschmack der Pedro Ximénez-Traube; ebenfalls *nach* dem Essen zu Käse oder Dessert zu genießen.

Sherry-Bereitung: Aroma des Sherries stammt weniger als das anderer Weine aus Trauben- oder Bodenton als vielmehr von *Kahmhefepilzen (Myxoderma vini),* die zweimal im Jahr auf Oberfläche des Jungweins weißgelblichen Hefefilm – spanisch *flor* (Blume) genannt – bilden und zusammen mit Luftsauerstoff als Stoffwechselprodukt typisches Sherry-Aroma schaffen. Beide Haupttypen aus gleichartigem Most: Finos aus Jungweinen, mit *dickem,* schwerem flor bedeckt, Olorosos aus Most mit *dünnem,* schwachem Kahmhefeschaum. Sherries werden oxidativ ausgebaut, brauchen viel Luft; durch hohe Gewölbe der Bodegas streicht immer leichte Seebrise; Fässer werden nie ganz gefüllt, nie dicht geschlossen.

Kompliziertes, sog. *Solera-Verfahren* (span. sudo = Grund, im Sinne von Basis) beginnt für alle Sherries nach 1 1/2jährigem Lager, indem Jahr für Jahr jüngerer Wein älterem in den nur zu knapp 2/3 gefüllten 500-l-Holzfässern hinzugesetzt wird. Aus den Jungweinen entwickeln sich so nach 8–12jährigem Faßlager köstliche, harmonische Weine. Finos werden am Ende ihrer Entwicklung durch Sherry-Weinbrand auf 15,5–18 %, Olorosos bereits zu Beginn ihrer Reifezeit auf 18–20 % Alkohol verstärkt. Da Sherries von Natur vollkommen trocken sind, Zucker völlig vergoren ist, erfolgt Spritung nicht wie bei Portwein zur Süßhaltung, sondern erst nach beendeter Gärung. Zugabe soll Duft und Geschmack des Weins heben und ihn gegen mikrobiologische Schäden schützen. Olorosos werden zudem vor Flaschenfüllung mit schwerem, süßem PX-Wein aus Pedro Ximénez-Trauben verschnitten.

Manzanilla (span. = kleiner Apfel oder Holzapfel) ist in feuchter salzhaltiger Meeresluft bei Sanlúcar unweit Jerez erzeugter, heller, leichterer, trockener und delikater, nach Sherry-Art bereiteter Weißwein mit unvergleichlichem Bukett nach Blumen und Meersalz, Eigenart, die sich durch Transport verliert.

Sherries genießt man nur in kleinen Schlucken aus kleinem, elegantem, hohem spanischem Probierglas »copita«, in Form einer Rosenknospe.

Ausfuhr: Sherry-Weine machen auf 10 000 ha Anbaufläche nur 2–3 % der Weinerzeugung Spaniens aus, sind jedoch die im Ausland am meisten geschätzten und bekannten spanischen Weine. Von der Sherry-Produktion (1973 1,5 Mill. hl) werden über 90 % exportiert, mehr als 1/2 nach Großbritannien, klassischem Sherry-Land (mit SHAKESPEARE als größtem Ruhmeskünder), 1/4 in die Niederlande, Rest vorwiegend nach Dänemark und in die BRD. Obwohl trockene *(dry)*, zuckerarme herbe Finos unserem Gaumen bes. zusagen, stellen sie erstaunlicherweise lediglich 10 % der Sherry-Ausfuhr. Bekannte Export-Sherries: *Dry Sack* (Sack bedeutet Export) und *Tio Pepe.*

Spanien schützt Sherry vor Fälschungen durch *Echtheitssiegel,* besitzt aber für Namen »Sherry« keinen Schutz (wie Portugal für Portwein oder Frankreich für Cognac).

In Republik Südafrika, Kalifornien und Australien werden zahlreiche Sherries imitiert, erreichen jedoch echte spanische in Qualität bei weitem nicht.

9.3.3.5 Montilla

180 km von Jerez landeinwärts bei *Cordoba* gelegenes Qualitätswein-Gebiet, ebenfalls mit Kalkböden, jedoch bergig und noch heißer als Jerez; bringt edle, natursüße und ungespritete, aber alkoholreiche (15 %), sherry-ähnliche Aperitif-Weine aus Pedro Ximénez- und *Airen*-Trauben hervor. Erzeugung beträgt fast 50 % des Ertrags im Jerez-Gebiet; im Ausland noch wenig bekannt.

9.3.3.6 La Mancha

Eintönige Hochebene mit leicht kalkigen Sandböden im Inneren des Landes südöstl. *Madrid* mit heißen Sommern (extrem kontinental). Dieses größte geschlossene Anbaugebiet Spaniens mit über 300 000 ha Rebfläche verfügt über vorwiegend trockene, ausgeglichene *weiße* Weine recht guter Qualität aus *Airen*-Trauben. *Rote* Trauben stellen starke (13 % Alk.-Gehalt), ansprechende, ohne Alterung trinkfertige Landweine *(Vino de pasto;* bekanntester: leichter, etwas dünner, zarter, jung erfrischender *Valdepeñas* für weiße Weine aus *Airen*-Trauben, für kräftige, bessere rote Weine aus *Cencibel*-Trauben); herbe und trockene *Claretas* (Rosés) sowie Grundweine zur Weinbrand-Herstellung.

*

Charakteristik der spanischen Weine

Neben Mehrzahl angenehmer Konsum- und Landweine erstklassige trockene, fruchtige Rioja-Rotweine und weltberühmte Sherry-Typenweine sowie schwere weiße Dessertweine.

9.3.4 Portugal

Geschichtliches: Altes Weinbauland wie iberischer Nachbar Spanien. Seit 12. Jh. (wechselvolle) Ausfuhr der Weine, vorwiegend nach England; Portwein- und Madeira-Bereitung – wie Sherry – weitgehend auf englischen Geschmack abgestimmt.

Anbaufläche und Ertrag: 368 000 ha mit 14 Mill. hl (1974); 1/3 Weiß-, 2/3 Rotweine, außerdem rd. 31 000 t Tafeltrauben.

Ausfuhr: 1,9 Mill. hl (1974).

Einfuhr: nur 2 000 hl (1973).

Pro-Kopf-Verbrauch: 88 l (1973). Große Mengen Konsumweins werden im Lande verzehrt oder als dunkle, in der Jugend harte Deckweine (→5.2.3) zum Färben blasser Rotweine verwendet. Einfache Tischweine sind Volksnahrungsmittel.

Weinbau: Anbau und Ausbau von Reben und Wein in manchen Regionen noch nicht auf modernstem Stand. Rebbau oft als »Randpflanzung« betrieben (Reben umgeben – anstelle von Hecken – kleine Landflächen der Bauern) oder als »rankende Reben« an Fruchtbäumen sowie dazwischen an Drähten bis in 4–5 m Höhe.

Klima: atlantisch, mild; weingünstiger als in Spanien; im Inneren und S trokken, warm bis heiß.

Weine

Mehr als 1/2 einfache Konsumweine, über 1/4 *Vinhos verdes* (portug. = grüne Weine der Minho-Ebene), etwa 1/10 Portweine, Rest Madeira und andere Edelweine *(Vinhos generosco).*

Portwein und Madeira, den beiden großen Gattungsweinen mit weltweitem Ruf, verdankt Portugal seinen Weinruhm.

In Ausfuhr neben diesen zunehmend bekannt:

Mateus: bester Rosé-Wein in bocksbeutelähnlichen Flaschen sowie

Faisca: moussierender Rosé in formschönen Tonkrügen; beide mit für Rosés sonst fremder Weinigkeit.

Anbaugebiete: Anbau-Ebene reicht von Minho-Mündung im N bis Algarve-Küste im S entlang Atlantik-Küste und bis weit ins Land hinein. *8 Weinbauzonen,* 7 davon mit gesetzlich festgelegten Herkunftsgebieten, zeigen Vielfalt an Weinen; die *5 wichtigeren,* deutlich gegeneinander abgesetzten Anbaugebiete von N nach S sind: Minho – Douro – Dão – Mittelland sowie Atlantik-Insel Madeira (→Karte 11).

9.3.4.1 Minho

Großes, abgegrenztes ebenes Anbaugebiet im NW des Landes, nördl. Porto, zwischen Flüssen Minho und Douro.

Weine: Auf Granitverwitterungsböden gedeihen an hohen Pergolen oder in Misch-Kulturen (→9.3.1) im regnerischen atlantischen Klima:

Helle Vinhos verdes aus unreif geernteten Trauben; beste aus weißen *Alvarinho-* und *Azal*-Trauben. Weine mit zarter Farbe des Frühlingsgrüns werden ganz jung getrunken, moussieren und prickeln leicht, sind herb-trocken, apfelwein-artig fruchtig und erfrischend, mitunter milchig-trüb, blumig, alkoholarm (8–11 %) und oft von typisch scharfem Geschmack.

Rote Vinhos verdes, sehr dunkel und tanninreich; sind grünen nicht ebenbürtig.

9.3.4.2 Douro

Im NO des Landes gelegenes, gesetzlich scharf begrenztes Anbaugebiet im oberen Douro-Tal.

Weine und Rebsorten

Auf brciten Rebterrassen gedeihen an sehr steilen, bis 1 000 m hohen, kargen Schiefer-Hängen, in die Reben ihre Wurzeln bis 12 m tief senken, bei frischer Meeresbrise vom Atlantik, geringen Niederschlägen fast nur im Winter, Jahresdurchschnittstemperaturen von fast +17°C, Sommerhöchstwerten bis +60°C und 323 Sonnenschein-Tagen im Jahr in Bodennähe Trauben, aus denen an Douro-Mündung in *Porto* in Holzfässern Portwein hergestellt wird.

Portweine: helle oder dunkle, alkoholreiche (um 20 %) Süß- und Mischweine aus mehreren Rebsorten (im Douro-Tal werden 21 blaue und weiße angebaut), Lagen und Jahrgängen; ihr würziges Bukett stammt von *Muskateller*-Trauben.

Weiße Portweine leichter, eleganter und lieblicher als rote.

Portwein-Bereitung aus blauen Trauben bes. langwierig, beansprucht 5-jährige sorgfältige Kellerbehandlung unter strenger staatlicher Kontrolle. Alle Portweine sind »verstärkte Weine«, die unter Zusatz von reinem Trauben-Destillat (Weingeist) aufgespritet, mitunter mit eingedicktem Most versetzt und oxidativ (d. h. unter Luftzutritt) ausgebaut werden.

Man unterscheidet *8 Geschmacksrichtungen* der edlen Typenweine, vom dunkelroten *Retino* und *Full* bis zum goldfarbenen *Branco-Doirado* und *Golden White*, dazwischen lohfarbener, süßer *Tawny* und strohfarbener, ganz trockener Aperitif *Branco-Pahla.*

Portwein-Flaschen tragen auf *Etikett* Namen des Geschmackstyps und Erzeugers, Jahrgangs-Portweine (*Novidade* oder *Vintage*, beides heißt Ernte) auch Altersangabe.

9.3.4.3 Dão

Hügelland im trockenen und heißen Landesinneren südl. des Douro mit Hauptort *Viseu*; hier gedeihen auf Schiefer- und Granitverwitterungsböden weiße und rote Dão-*Mischweine* aus verschiedenen Rebsorten. *Weiße* sind trockene und geschmeidige, weißburgunder-ähnliche Tischweine; *Rote* tiefdunkel, jung hart, sehr lange haltbar, im Alter blumig und samtig; ansprechender und gehaltvoller als Weiße.

9.3.4.4 Mittelland

Gebiet um *Lissabon*; beherbergt eine Reihe kleinerer **Weinbau-Areale:**

(1) **Carcavelos:** nahe Estoril und Tejo-Mündung an der portugiesischen Sonnenküste *(Costa del Sol);* bringt topasfarbene, nussige *Dessertweine* mit 19 % Alkoholgehalt aus wenig bekannten *Galego dourade*-Trauben, deren etwas aufdringliche Süße sich erst im Alter verliert.

(2) **Colares:** nördl. der Serra de Sintra an Atlantik-Küste gelegen; mit vorwiegend roten Weinen aus meist wurzelechten *Ramisco*-Reben von tonhaltigen Dünensandböden; gelten als *beste portugiesische Rotweine.*

(3) **Bucelas:** kleines Anbaugebiet nördl. Lissabon mit angenehmen, an Riesling erinnernden *Weißweinen* aus *Orinto*-Trauben; oft »portugiesischer Rheinwein« genannt.

(4) **Setúbal:** südl. Lissabon liegendes interessantes Anbaugebiet mit tief-bernsteingelben bis -rötlichen, sehr süßen, köstlich duftenden *Muskateller-Weinen,* die aus bis zu 5 verschiedenen *Moscatel*-Trauben bereitet werden.

9.3.4.5 Madeira

Im Atlantik gelegene Insel, rd. 500 km westl. afrikanischer Küste. Name (portug. = Holz) bezeugt Waldreichtum, den Portugiesen 1419 bei Wiederentdekkung der unbewohnten Insel (heute über 300 000 Einwohner) vorfanden.

Anbaufläche: 3 200 ha, *Ertrag:* durchschnittlich 200 000 hl/J.

Klima und Böden: vulkanische, nährstoffreiche Verwitterungsböden in steilen Lagen bis in 1 000 m Höhe und warmes Seeklima.

Anbaugebiete um Hauptstadt *Funchal* an S-Küste sowie an W-Küste.

Weine

Madeira-Weine mit typischem Geschmack – fein, leicht rauchig nach gebranntem süßem Karamel, spürbar rassiger feiner Säure trotz alkoholreicher (18 bis 20 %) Fülle – und reizvollem Duft gehören zu langlebigsten Weinen der Erde.

4 Gruppen werden entsprechend verschiedenen Rebsorten unterschieden:

Malvasier (abgeleitet von Monemvasia = steile Felseninsel im SO des Peloponnes, Heimat gleichnamiger Rebe; im 15. Jh. von Kreta nach Madeira gebracht. *Synonyme: Malvasia* [ital.], *Malvoisie* [frz.], *Malmsey* [engl.]): gilt als edelster und elegantester Madeira- und einer der großartigen Likörweine der Erde; gold- bis tiefbernsteinfarbig, üppig, bukettreich, süß und dickflüssig, voll Duft und leichtem Honig-Aroma; ist Bestandteil des italienischen Chianti, des Asti spumante und des Marsala; geschätzt ferner als griechischer Dessertwein aus Patras.

Bual (portug. *Boal*): ähnlich Malvasier, jedoch leichterer Dessertwein, mit hohem Fruchtzuckergehalt und Zusatz von Rohrzuckersprit; goldfarben, weich, zart, ausgesprochen rauchig.

Verdelho: trockener und weicher als vorstehende.

Sercial: hervorragender, trockener, bernsteinfarbener Wein aus Riesling-Abkömmlingen; 16–19 % Alkohol; reift in frühestens 6 Jahren, höheres Alter mildert Strenge durch samtigen, weichen Unterton. *Sercial seco:* betont trockene, herbe Sorte.

Madeira-Bereitung: Weine werden mehrere Monate bei 40–50° C beruhigt und gereift (anstelle einstiger Segelschiffpassagen als Ballast (!) nach Indien), nach Solera-System (→9.3.3.4) verschnitten, müssen lange lagern, werden im Alter zunehmend mild und trockener.

Malvasier und Bual als Dessertweine werden zimmerwarm getrunken, Sercial, Verdelho sowie *Rainwater*, Verschnitt aus beiden, kühl.

*

Charakteristik der portugiesischen Weine

Neben überwiegender Menge im Lande getrunkener, meist roter Konsumweine und an Wichtigkeit verlierenden Deckweinen liegt Bedeutung in den zahlreichen Portwein- und Madeira-Typenweinen; daneben gute, trockene und weiche Rotweine, mundige, kräftige, auch moussierende Rosados (Rosé-Weine) und delikate, feine, süße Muskateller-Dessertweine.

9.4 Südost- und Ost-Europa

9.4.1 Jugoslawien

Geschichtliches: Jugoslawien ist eines der ältesten Weinbauländer der Erde. Ausgrabungsfunde bei Belgrad beweisen, daß die Weinrebe schon in vorgeschichtlicher Zeit genutzt wurde. Phönizier brachten Wein und Reben aus ihrem Stammland, heutigem Libanon, sowie ihren Kolonien auf Zypern und Kreta mit und pflanzten Reben in ihren Handelsniederlassungen an dalmatinischer Adria-Küste an. Griechische Kolonisten betrieben bereits im 6. Jh. v.

Chr. Weinbau an istrischer und dalmatinischer Küste bei Trogir (Tetragurian) und Solin (Salona) sowie auf Adria-Inseln Vis (Lissa), Korčula (Korkyra) und Hvar (Pharos); Münzenfunde mit Weintraube, Weinblatt und Weinkrug künden davon. Römer fanden bei Eroberung des Landes entwickelte Wein- und Oliven-Kultur vor und weiteten sie aus. Kaiser PROBUS (→9.2.1), selbst aus Illyrien stammend, war auch hier, wie in Frankreich, Deutschland, Österreich und Ungarn, nachhaltiger, großer Förderer der Rebkultur im 3. Jh. Durch Verwüstungen während Völkerwanderungszeit (4. bis 6. Jh.) ging Weinbau nahezu zugrunde. Von Istrien bis Makedonien im 7. und 8. Jh. seßhaft werdende slawische Stämme kannten Rebkultur zwar nicht, erkannten aber bald ihren Wert und prägten ihr eigenen Charakter auf. Große Rückschläge durch Tataren- (13. Jh.) und Türken-Einfälle (in den nächsten Jahrhunderten). Durch Ausgang der Schlachten auf dem Amselfeld (1389 und 1448) wurde das Land für Jahrhunderte türkisch und Weinbau unbedeutend.

Einfluß der Donau-Monarchie (bis 1918) noch deutlich feststellbar. – Heute wird Weinbau in allen Landesteilen betrieben.

Anbaufläche: 255 000 ha (1974), an 8. Stelle in Europa; Anbau über ganzes Land verteilt (v. a. in Flußtälern, an Küste und auf Inseln) und genossenschaftlich organisiert; kleiner Privatbesitz nur bei Nebenerwerbswinzern.

Ertrag: 5,9 Mill. hl (1974) Wein, dazu fast 1 Mill. dz Tafeltrauben (etwa 17 % der Ernte).

Ausfuhr: 880 000 hl (1974) (meist aus Dalmatien); Großteil geht in COMECON-Länder.

Einfuhr: 132 000 hl (1974).

Pro-Kopf-Verbrauch: 27 l (1973).

Weinbau: Verschiedene Fachinstitute fördern und betreuen Weinbau wissenschaftlich und praktisch. – Abgrenzung der Anbaugebiete mit Herkunftsschutz ist im Gange.

Klima: in den einzelnen Anbaugebieten sehr unterschiedlich: im NW und W starker Einfluß alpinen Klimas, in Adria-Zone und Makedonien mediterranen, im O rhodopischen Klimas, im NO Einfluß ukrainischer Steppe; mittlere Jahrestemperatur über + 12,3° C, Jahresniederschläge 450–650 mm.

Böden: in Kroatien und Slowenien Lehm und Mergel, an dalmatinischer Küste Kalk, in Serbien verschiedenartigste Verwitterungs- und Flugsandböden.

Rebsorten: Sortenbereinigung verringerte Vielzahl auf etwa 80 Kelter- und Tafeltraubensorten und vermehrte Anbau westeuropäischer Qualitätssorten und Neuzüchtungen.

Helle Rebsorten: Welschriesling (Laški Rizling, Italijanski Rizling, Graševina), Weißer und *Grauer Burgunder, Žilavka, Traminer, Silvaner, Rheinriesling, Sauvignon blanc, Semillon, Malvasier (Malvasija), Furmint, Muskateller;*

blaue Rebsorten: Prokupac und *Plavac*, von französischer Herkunft *Burgundac (Pinot noir), Merlot, Cabernet Sauvignon, Cabernet franc* und *Gamay noir*.

Weine: Vielfalt mit über 300 Sorten noch ungemein groß, reicht von Mengen angenehmer, anspruchsloser, österreichischen ähnelnder Landweine und fruchtiger Weißweine im N, v. a. aus *Welschriesling*, bis zu schwarzroten, schweren, süßen Rotweinen im S; insgesamt 3/4 *Rotweine*; im N überwiegen Weiße. Qualitäten in der Mehrzahl recht beachtlich und steigend.

5 Anbau-Regionen (von N nach S): Slowenien und Kroatien – Dalmatien – Serbien – Herzegowina – Kosovo und Makedonien (→Karte 11).

9.4.1.1 Slowenien und Kroatien

(1) In **Slowenien** an SO-Abhängen der Alpen, unweit österreichischer und ungarischer Grenze altes *Weinbauzentrum* um *Ljutomer* (Luttenberg) und Maribor (Marburg a. d. Drau).

Von Lehm- und Mergelböden sehr verbreitet aroma- und bukettreiche Sauvignon-Weine und andere sehr gute trockene Weißweine sowie gefragte Exportweine, z. B. erfrischender, kräftiger (bis 12,5 % Alk.-Gehalt), leicht süßlicher, grüngelber *»Luttenberger Renski«* aus Rheinriesling-Trauben und sehr süffiger *»Ljutomerski Šipon«* aus Furmint-Trauben; hochwertige Spätlesen bis Trokkenbeerenauslesen aus lokaler Furmint-Variante *Šipon (Mosler* oder *Moslavac)* genießen Weltruf, sind angenehm säure- (bis 9 ‰) und alkoholreich (bis 13 %) mit mildem Bukett und schöner grünlicher Farbe; geschätzt ferner Muskateller- und Traminer-Weine von Maribor.

(2) Im **slowenischen Küstenland** (slowenisches Istrien) zwischen *Piran* und *Triest* bringt mildes mediterranes Klima auf Humusböden goldgelben, trockenen *Malvasija*, Weißwein mit spezifischem Aroma und Bukett, sowie *Refošk*, meistgetrunkenen dunkelvioletten, säuerlichen Rotwein mit eigenem Bukett.

(3) In **Kroatien** um *Zagreb* (Agram) ansprechende *Agramer* Rotweine und roter *Karlovac*-(Karlowitzer)Dessertwein.

9.4.1.2 Dalmatien

Anbau an südöstlicher Adria-Küste zwischen *Piran* im N und *albanischer Grenze* im S sowie auf vorgelagerten *Inseln* zeugt von uralter Rebkultur und stellt Hauptwirtschaftszweig der Agrarproduktion dar.

Weine: Im gemäßigten Mittelmeer-Klima und auf Kalkkarstböden bis 500 m ü. NN reifen rubin- bis tiefdunkelrote, schwere samtig-milde, säurearme, alkohol- und gerbstoffreiche, sehr ausdrucksvolle *Rotweine* aus Cabernet Sauvignon-, Pinot noir- und Merlot-Trauben, z. B.

Dingač von Halbinsel *Pelješac* zwischen Split und Dubrovnik: dick und süß;

Plavac von den Adria-Inseln *Vis* und *Hvar:* mild, säurearm; reift schnell und altert früh; sehr beliebt.

Geschätzt ferner:

Prošek (Prosecco): ziemlich süß, portwein-ähnlich;

Ružica: angenehmer heller Rosé;

Grk (gesprochen: Gurk) von der Insel *Korčula:* braun, herb, stark aromatisch.

Neben Masse der Tafelweine und einigen bedeutenden Exportweinen werden vorzügliche Brennweine zur Branntwein-Herstellung bereitet.

9.4.1.3 Serbien

Stellt mit 45 % größtes jugoslawisches Anbaugebiet (Mittelpunkt *Beograd [Belgrad])* mit Traminer-, Silvaner- und Riesling-Weinen. Leichter, frischer, burgunder-artiger, pflaumenfarbiger *Prokupac* gilt als Beaujolais S-Serbiens und Makedoniens.

9.4.1.4 Bosnien-Herzegowina

Bietet überwiegend (80 %) ansprechende *Weißweine;* bes. beliebt der aus einheimischer Rebsorte bereitete berühmte Weißwein der Herzegowina, *Žilavka;* bes. der um *Mostar* auf stein- und kalkreichen Böden angebaute gilt als einer der besten Weißen Jugoslawiens: leicht, feinfruchtig, süß auf der Zunge, trokken im Abgang, alkoholreich (12–14 %), mit spezifischem Geruch und Geschmack; gelb-hellgrüner Fischwein.

9.4.1.5 Kosovo und Makedonien

(1) Autonome Provinz **Kosovo** (Amselfeld) **und Metohija** liefert vorwiegend *Rotweine:*

Amselfelder Spätburgunder (Burgundac): auf fast 8 000 ha mit Jahresertrag von etwa 375 000 hl um *Prizren* und *Skopje* angebaut, Ausdehnung bis 1980 auf 125 000 ha geplant; in BRD viel getrunkener Markenwein (1974 30 Mill. Flaschen).

Türkenblut: ähnlicher, schwerer dunkler Markenwein mit größerer (20 g/l) Restsüße.

Kadarka: aus gleichnamiger, hier meist *Kavadarka* genannter, wahrscheinlich aus Makedonien stammender Traube: blaßroter, trockener gehaltvoller Tischwein.

(2) **Makedonien** im äußersten SO Jugoslawiens mit mediterranem bis kontinentalem und lokal sogar Gebirgs-Klima mit Weinbergen zwischen 60 und 500 m ü. NN auf alluvialen und diluvialen Böden liefert ebenfalls überwiegend *Rotweine:*

harmonischer, angenehmer *Prokupac* aus gleichnamiger Traube am verbreitetsten; sehr süffig angenehme Weine aus Gamay-Trauben, stark an Beaujolais erinnernd; qualitätsmäßig an der Spitze liegt *Spätburgunder,* hoher Extraktgehalt verleiht ihm feine Fülle und ausgezeichnetes Bukett; *Cabernet franc* stellt hier Weine von hervorragender Qualität; interessant hellroter, sehr süffiger *Muskateller* aus *Muscat de Hambourg*-Traube; ferner *Žilavka* und verschiedene *Ružica*-(Rosé-)Weine.

Weißweine mengenmäßig am häufigsten aus Welschriesling: angenehm süffig, jedoch ohne das Bukett nördlicher Weine; außerdem einige aus Rheinriesling.

*

Charakteristik der jugoslawischen Weine

Im N österreichischen ähnelnde herzhafte, spritzige *Weißweine,* nach S zunehmend schwere und auf Adria-Inseln sehr schwere, körperreiche *Rotweine;* auch einige vollsüße, ungespritete, fast sirupartige, weiße *Dessertweine.*

9.4.2 Albanien

Geschichtliches: Rebkultur sehr alt, geht, wie bei meisten Mittelmeer-Anrainern, auf Phönizier, Griechen und Römer zurück. Wirtschaftliche und politische Schwierigkeiten sowie Reblaus-Befall brachten einst verbreiteten Rebanbau nahezu zum Erliegen. Seit 1946 langsamer Wiederaufbau mit Pfropfreben.

Anbaufläche und Ertrag: Gesamtfläche etwa 13 000 ha (1974); genaue Angabe und Lokalisierung kaum möglich, weil mindestens 15 Mill. Weinreben auf 9 000 ha, wie in Italien, als »rankende Reben« an Bäumen als Zwischenkultur gezogen werden, restliches Drittel über ganzes Land verstreut ist. Schwerpunkt: Adria-Küste.

Neben schwer erfaßbarem Hauswein produzierten 1974 staatliche, um moderne Kellertechnik bemühte Kellereien 80 000 hl Wein; daneben Ernte von fast 1 Mill. Zentner Tafeltrauben.

Ausfuhr: 111 000 hl (1974), ausschließlich in COMECON-Länder.

Klima und Böden: Klima vielerorts für Rebkulturen sehr günstig. Weinanbau bis in 1 000 m Höhe, wobei in unteren Lagen Tafeltrauben und Trauben für Dessertweine sowie Rosinen, in mittleren Lagen Trauben für Rotweine und in oberen Lagen Trauben für weiße Tafelweine angebaut werden. Mannigfaltige Bodenarten von leichten, warmen Sandböden bis zu schweren Verwitterungsböden.

Rebsorten und Weine: neben alten, lokalen Rebsorten, wie *Debin, Kotek, Wljosch,* europäische, wie *Welschriesling, Kadarka, Barbera* und *Pinot,* außerdem *Rkaziteli* und *Saperawi;* daneben weitere Sorten für Tafeltrauben, Rosinen und Sultaninen von Bedeutung.

Charakteristisch für albanische Weine: rote, weiße und Dessert-Weine haben meist Charakter schlichter bis guter Tafelweine, ähneln denen benachbarter jugoslawischer und griechischer Anbaugebiete.

9.4.3 Griechenland

Geschichtliches: ältestes Weinland Europas; von hier führte Weg der Weinrebe nach Jugoslawien, Italien und Frankreich. In keiner Kultur des Altertums spielt Wein so überragende Rolle wie in griechischer. In Literatur – z. B. Epen des HOMER im 8. Jh. v. Chr. – und Kunst werden Rebstock und Wein noch öfter als in der Bibel erwähnt (→1.3 und 1.4). Wein war im alten Griechenland nicht nur am Alltag und Festtag Nahrungs- und Genußmittel (Grundlage für die menschliche Ernährung und Wirtschaft am Mittelmeer bildeten die Hauptprodukte Weizen, Olivenöl und Wein), sondern auch Inhalt religiösen Kults, bei dem Gott des Weins, Dionysos, verehrt wurde. Heutige Bedeutung des Weins, wenn auch noch groß, entspricht bei weitem nicht mehr klassischer.

Anbaufläche: 207 000 ha (1974), etwa 10 % der gesamten griechischen landwirtschaftlichen Nutzfläche; mehr als Hälfte davon mit wurzelechten Rebstöcken (→3.3) bepflanzt.

Ertrag: 4,5 Mill. hl (1974). Neben Keltertrauben (42 %) werden große Mengen sehr rentabler Tafeltrauben (18 %) und Rosinen (40 %) – über 9/10 Korinthen, getrocknete, kleine, kernlose, violettschwarze Beeren der Korinther-Traube mit etwa 60 % Zuckergehalt, und Sultaninen – im Lande verzehrt oder ausgeführt. Erträge schwanken je nach Standort und Bewirtschaftung sehr stark, liegen bei 60 dz/ha bzw. bei 300 dz/ha in modernen Anlagen.

Ausfuhr: rd. 15–20 % (623 000 hl 1974) der Jahreserzeugung.

Einfuhr: 13 000 hl (1974).

Pro-Kopf-Verbrauch: 37 l (1973).

Klima: mediterran mit heißen, trockenen Sommern und feuchten Wintern. In kühleren Gebirgslagen, v. a. in N-Griechenland, oder im ausgeglicheneren Klima vieler Inseln, wie Samos, Santorin, Rhodos, Kos, Korfu und Kreta, gedeihen Weine besserer Qualität; in Tiefebenen des Festlandes dagegen für Weinrebe keine optimalen Bedingungen: warme Jahreszeit zu lang, heiß und trocken.

Böden: Vulkan-, Schiefer- und Kalkböden.

Weinbau: Rebstöcke werden überwiegend in *Gobelet-Erziehung*, d. h. ohne jegliche Unterstützung, wie in S-Frankreich, angepflanzt.

Weinwirtschaft: Junge Genossenschaften bemühen sich um moderne Kellerwirtschaft; in abgelegenen Gegenden Kellertechnik mitunter noch rückständig.

Rebsorten: etwa 20 verschiedene Sorten im Anbau, darunter *Mavrodaphne, Savatiano, Debina, Malvasier,* verschiedene *Muskateller*-Sorten sowie einige aus Frankreich eingeführte Rotwein-Reben.

Weine

Mavros (griech.: schwarz) ist Bezeichnung für Mehrzahl dunkler Rotweine mit reichlich Gerbstoff, die oft als Verschnitt- und Deckweine (→5.2.3) verwendet werden.

Muskateller-Weine sind vielerorts (Patras, Kefallinia, Kreta) gefällige, süße Landweine; als überdurchschnittlich gilt weißer *Muskat von Samos* (→9.4.3.3).

Retsina-Weine (Rezine = Harz) sind eigentümliches, appetitanregendes, bekömmliches Getränk des Landes; machten vor 30 Jahren noch 90 % der Weine Griechenlands aus, stellen heute etwa 50 % und sind weiter rückläufig. Während Gärung wird dem meist aus weißen Savatiano-Trauben hergestellten Wein 0,5 % Harz der Seestrandkiefer beigegeben und beim 1. Abstich wieder entfernt. Retsina-Weine werden dadurch terpentin-artig aromatisiert, altern langsamer, sind haltbarer als übrige Weine und darmbakterienfeindlich. *Attika,* Landschaft um Athen, ist Stammland der geharzten Retsina.

Kokkineli: entsprechender hellroter, aber seltenerer Wein.

Wenig bemerkenswert sind in der Regel saubere, neutrale, gefällige, alkoholreiche Weißweine.

Nur knapp 10 % der Weine stammen aus abgegrenzten Herkunftsgebieten, erfüllen Bedingungen der EWG-Klassifizierung und sind *Appellations d'Origine*-(AO-)Weine; ihr Anteil wächst.

Hauptanbaugebiete über das ganze Land verstreut: Peloponnes, Festland mit Attika, Thessalien, Epirus und Makedonien sowie Ägäische und Ionische Inselwelt (→Karte 11).

9.4.3.1 Peloponnes

Hauptgebiete um *Patras, Nemea* im NO, *Achaia* im NW sowie auf *Monemvasia.* Im warmen Mittelmeer-Klima mit 320 Sonnentagen wachsen hier mehr als 1/3 aller griechischen Weine, v. a. Süßweine:

Mavrodaphne, benannt nach gleichnamiger Rebsorte (Schwarzlorbeer-Traube = Mavrud auf Balkan und in östlichen Mittelmeer-Ländern), gilt als Spitzenerzeugnis: dunkel, süß, stark, mit Weingeist auf 16 % Alkoholgehalt aufgespritet, portwein-ähnlich;

Muscat und *Malvasia* aus Muscat blanc-Trauben sind topasfarbige beliebte Dessertweine;

Demestika: trockener heller Weißwein aus dem NW.

9.4.3.2 Attika, Thessalien und Makedonien

Von **Attika** neben Retsina-Weinen verschiedene frische, fast trockene, kernige, säurebetonte Weißweine aus Savatiano-Trauben.

Thessalien und **Makedonien** mit stark kontinentalem Klima-Einfluß (Durchschnittstemperaturen im Januar –8,5°C, im Juni +23°C) bringen frische, spritzige Weißweine aus Debina-Trauben und helle, nervige Rotweine aus verschiedenen alten lokalen Rebsorten. Sehr geschätzt herbe, sehr dunkle *Naussa*-Weine.

9.4.3.3 Ägäische und Ionische Inseln

Weinbaumäßig bedeutendste der zahlreichen Inseln im Ägäischen und im Ionischen Meer sind Kreta, Samos, Santorin und Kefallinia.

Kreta: Weinberge hier noch älter als die des griechischen Festlandes; steht an 3. Stelle der griechischen Weinproduktion mit alkohol- und körperreichen, feinbukettierten, tiefrubinroten Weinen aus uralten einheimischen Rebsorten und dicken Likörweinen; wahrscheinlich, zusammen mit Zypern, Heimat des Malvasiers.

Samos: liefert weltbekannte, pikante, madeira-ähnliche *Moscados,* die aus fast ausschließlich (95 %) angebauten, angewelkten *Muskateller-(Muscat blanc-)* Trauben unter Zusatz von Weingeist und Zuckerfarbe bereitet werden.

Santorin: bringt aus Kalk- und Vulkanböden im feuchtwarmen Seeklima kräftigen, sehr aromatischen, berauschenden Dessertwein, *Vino santo,* nach Tokajer-Art unter Beigabe von Trockenbeeren aus lokalen Traubensorten hergestellt.

Kefallinia: stellt v. a. würzige Muskateller-Weine.

*

Charakteristik der griechischen Weine

Hälfte der Weine Griechenlands stellen heute noch die W-Europäern schwer zugänglichen *Retsina*-Weine. Anteil anspruchsloser Landweine ebenfalls sehr hoch, wobei rote weißen meist überlegen sind. Verschiedene Muskateller-Sorten ergeben überdurchschnittliche, schwere, süße *Dessertweine.*

9.4.4 Bulgarien

Geschichtliches: Als Weinbauland jung, da es bis kurz vor Jahrhundertwende unter türkischem Einfluß stand. Erst 1949 begann tatkräftige Modernisierung von Rebanbau und Weinausbau.

Anbaufläche: 163 000 ha (1974), verteilt über ganzes Land; mehr als Hälfte der Neuanlagen im letzten Vierteljahrhundert. Beste Rebflächen nahe Schwarzmeer-Küste. Anbau heute nicht, wie früher, nur in Ebene, sondern auch (mit Staatsprämien) auf Hänge mit Terrassenbau ausgeweitet. Bis 1980 Ausdehnung auf 315 000 ha geplant.

Weinbau: Anbau in voll mechanisierten genossenschaftlichen oder staatlichen Großbetrieben (bis 1300 ha Rebfläche), Ausbau der Weine in mehr als 100 staatlichen, modern eingerichteten Weinkellereien (Vinprom). Mehrere staatliche Institute sind in Lehre und Forschung für Weinbau und Weinbereitung international anerkannt tätig.

Ertrag: 5,1 Mill. hl (1974); meist Rotweine.

Ausfuhr: 2,3 Mill. hl (1974); fast 80 % der Weinerzeugung (Weinausfuhr an 5. Stelle der Weltrangliste) werden über staatliche Exportorganisation Vinimpex vorwiegend in COMECON-Länder, aber auch in BRD ausgeführt (großer Teil von Makedonien mit Phantasienamen), ebenso sehr große Mengen Tafeltrauben.

Einfuhr: 139 000 hl (1974).

Pro-Kopf-Verbrauch: 20 l (1973).

Klima und Böden: Klima für Rebbau sehr geeignet; sonnenscheinreich, 500–700 mm günstig verteilte Jahresniederschläge; Jahresdurchschnittstemperatur +11,5–13,5°C; meist fruchtbare Schwarzerdeböden.

Rebsorten

Hier erwähnte Rebsorten auf *beste* bulgarische beschränkt: *Dimiat, Misket (Muskat), Mělnik, Fetiaska (Leányka* in Ungarn, *Mädchen-Traube), Pamid, Gamza* (Name stammt angeblich aus dem Arabischen und bedeutet »Grübchen in Mädchenwangen«; auch *Gumza, Gamsa, Kadarka), Mavrud (Mavrodaphne)* u. a.; neuerdings auch *Rcatzetelli, Rheinriesling, Silvaner, Pinot gris, Welschriesling (Italienischer Riesling), Aligoté, Barbera, Cabernet Sauvignon, Pinot Chardonnay* und *Pinot noir* angebaut.

Weine

Weißweine (wie in Rumänien Roten überlegen)

Dimiat: nach gleichnamiger, dem Rheinriesling verwandter und auch als Tafeltraube geschätzter Rebe benannt; blaß-grüngelb, frisch, angenehm fruchtig, leicht würzig, alkohol- und säurereich; auch Grundwein für Schaumweine; bringt Spitzenqualitäten an Schwarzmeer-Küste.

Misket: gelblichgrün, mild, mit zartem Muskat-Aroma, recht trocken; Elsässer Muskat vergleichbar, jedoch schwerer und weniger elegant.

Hemus: halbtrocken.

Silvaner: trocken.

Pinot Chardonnay: französischem Weißen Burgunder ebenbürtig.

Rotweine

Pamid: hellrot, leicht, frisch bis spritzig, fruchtig, schnell reifend, jedoch nur Konsumqualität; aus gleichnamiger, ältester und am häufigsten angebauter, anspruchsloser und recht fruchtbarer bulgarischer Traube.

Gamza: gleichnamige alte blauschwarze Kulturtraube und Kadarka-Varietät, deren Herkunft nicht mehr feststellbar ist, bringt dunkelgranatroten, gefälligen Wein, blumig, herb-trocken, schnell reifend, im Alter zunehmend bukettreich, von mittlerem Alkoholgehalt (11–13 %), in Spitzenqualitäten französischen Spätburgundern vergleichbar, als *Rosentaler Kadarka* sehr beliebt wegen hohen Restzuckergehalts (50 g/l); Gamza-Reben nehmen Hälfte der Rebfläche Nordbulgariens ein.

Mavrud: sehr geschätzt, schwarzrot, extrakt- und alkoholreich, mit pflaumenartigem Geschmack; aus überreifen Trauben wird auch halbsüßer, roter Dessertwein bereitet; Rebe am verbreitetsten in Südbulgarien.

Trakia: beliebter, angenehm milder und ausgeglichener, roter Verschnittwein aus 60 % Pamid- und 40 % Mavrud-Trauben.

Balkan: ähnlich Trakia, aber Mavrud gegen Gamza ausgetauscht.

Mělnik: dunkelrot, alkohol- (12–14 %) und extraktreich, weich, süßlich, Dalmatiner ähnlich, langsam reifend; v. a. in SW-Ecke des Landes angebaut.

9 Anbaugebiete sehr unterschiedlicher Größe im N, O, S und SW Bulgariens (→Karte 11).

9.4.4.1 Nordbulgarien

In **Tälern der Donau** und ihrer Nebenflüsse, nördl. des Balkans, gedeiht fast Hälfte der gesamten Weinernte. *Hauptzentrum* um Pleven; vorwiegend *Rotweine* mit Burgunder-Charakter (etwa 50 %) aus Gamza- und Pamid-Trauben; vom S-Abhang des Balkans um Karlovo gedeiht *weißer* Misket.

9.4.4.2 Ostbulgarien

Im **Schwarzmeer-Bezirk** bringt 25 km breiter Anbaustreifen an Küste mit Varna und Burgas *weiße Weine,* v. a. aus Dimiat- und Welschriesling-Trauben, schwere Weißweine aus Rcatzetelli (um das Schwarze Meer angebaute Traube) und weiße Spitzenweine, hauptsächlich aus Pinot Chardonnay-Reben.

9.4.4.3 Süd- und Südwestbulgarien

7, meist kleinere, *verstreut liegende* Anbaugebiete mit extraktreichen *Rotweinen* aus Pamid- und Mavrud-Trauben sowie alkoholreichem, süßlichem, dunklem *Mělnik,* ferner schweren oder süßen *Weißweinen* aus Dimiat-, Rcatzetelli- und Riesling-Reben und trockenem, aromatischem *Misket.*

*

Charakteristik der bulgarischen Weine

Im N und im Schwarzmeer-Gebiet leichtere, trockenere, im S und W schwere, extraktreiche bis Dessertweine. Skala der *Rotweine* bes. groß: von hellrot bis fast schwarz, von nahezu trocken bis süßlich, von leicht bis schwer alkoholreich. *Weißweine* im O des Landes frisch bis weich, fruchtig mit angenehmem Muskat-Aroma.

9.4.5 Sowjetunion (einschließlich nordasiatischem Teil)

Geschichtliches: Rebanbau geht auf griechische Kolonisatoren zurück, die ideales Schwarzmeer-Klima auf Halbinsel Krim für umfangreiche Anpflanzungen zu nutzen wußten. Auch Georgien (Grusinien) und Armenien werden seit dem Altertum wegen ihrer Weine gerühmt. In Jahrhunderte währender Zarenherrschaft wurde Weinbau nur extensiv betrieben mit geringen Ernten und Qualitäten. Rückschläge durch Kriege und Seuchen führten zum Tiefstand 1921 mit 137 000 ha Rebfläche. Intensive, moderne Entwicklung im Weinbau setzte im 3. Jahrzehnt dieses Jahrhunderts ein. UdSSR heute viertgrößter Weinerzeuger der Erde nach Frankreich, Italien und Spanien.

Anbaufläche: 1 090 000 ha (1974; 1950 nur 400 000 ha); jährlich sollen etwa 100 000 ha neu bestockt werden, großer Teil davon zur Erneuerung alter Bestände, wenig ertragreicher einheimischer Rebsorten oder Hybrid-Reben. Anbauflächen haben sich im letzten Halbjahrhundert verachtfacht, Hektarerträge mehr als verdoppelt, das bedeutet schnellste und größte Ausdehnung von Rebbau und Weinproduktion in der Welt.

Weinwirtschaft: Mehr als Hälfte (52 %) der Rebfläche befindet sich in Händen von Staatsbetrieben (Sowchosen), mehr als 1/3 (36 %) im Besitz von örtlichen Genossenschaften (Kolchosen), 12 % als Kleinareale im Besitz von Arbeitern und Angestellten.

Weinbau: Rebanbau, neuerdings bes. von blauen Sorten, vom Staat sehr gefördert. Unions-Weinbau-Institut in Magaratsch bei Jalta/Krim (gegründet bereits 1828) und Fachinstitute in allen weinanbauenden Republiken betreiben wissenschaftliche Forschung, prüfen über 2000 heimische Rassen und Varietäten sowie ausländische Rebsorten auf Anbaufähigkeit für unterschiedliche Klimata und verschiedenartige Böden in der UdSSR, züchten bewährte Klone, kälteresistente Rebsorten sowie Kreuzungen. *Kellerwirtschaft* entwickelt in Spezialkellereien aus Grundweinen zunehmend Typenweine, die Traubencharakter weitgehend erhalten.

Ertrag: 27 Mill. hl 1974 (33,5 Mill. hl 1971), davon 26 % Weiß-, 12 % Rotwein, 41 % Dessert-(Likör-) und 7 % Schaumwein, 14 % Brennwein, außerdem 405 000 t Tafeltrauben (13 % der Gesamternte der UdSSR, an 2. Stelle der Erde).

Ausfuhr: 475 000 hl (1974).

Einfuhr: 7,6 Mill. hl (1974).

Pro-Kopf-Verbrauch: 12 l (1973).

Klima: kontinental; heiße Sommer, kalte Winter, im S gemäßigter. Mitteltemperaturen im Juli und Wintertiefstwerte: in Kischinew (Moldau) +21°C und –32°C, in Odessa (Ukraine) +22°C und –28°C, in Jalta (Krim) +27°C und –15°C, in Nowoscherkassk (Russische SFSR) +24°C und –28°C, in Kasachstan +23°C und –37°C. Hälfte der Rebstöcke muß bei derart extremen Temperaturen, um harten Winterfrost zu überdauern, niedergelegt und mit Erde abgedeckt werden. Sonnenscheindauer kann ungewöhnlich hoch sein, z. B. in Grusinien und Usbekistan bis 4300 Std./J. Dagegen Jahresniederschläge vielerorts gering und nicht ausreichend: in Jalta 250 mm, in Kasachstan nur 150 mm, in Kischinew gerade hinreichend mit 450 mm; fast 1/3 der Rebfläche muß bewässert werden.

Böden: bei Größe des Landes naturgemäß sehr unterschiedlich; vorwiegend Sand- bis Lehm-Schwarzerde- und Schwemmland-Böden.

Rebsorten und Weine

Anzahl der Rebsorten trotz umfangreicher Bereinigung noch sehr groß; Umstellung von einheimischen Sorten und Hybrid-Reben auf europäische Edelreben dauert an. Zahl der Lokalrassen und in W-Europa unbekannten Rebsorten nimmt nach O hin stark zu. Fast 70 % der Rebstöcke werden noch wurzelecht angepflanzt, nur 30 % sind Pfropfreben. Z. Z. rd. 2000 Rebsorten in Erprobung, davon 186 von besonderer Bedeutung.

Häufig angebaute internationale *Rebsorten: Chasselas (Gutedel), Aligoté, Welschriesling, Traminer, Rheinriesling, Muskateller*-Sorten, *Fetjaska (Mädchen-Traube), Weißer Burgunder (Pinot Chardonnay), Cabernet Sauvignon* und *Blauer Spätburgunder (Pinot noir).* V. a. im O weit verbreitet: *Rkaziteli* und *Saperawi (kleinbeeriger Rkaziteli).*

Interessant ist wachsende Bedeutung der im Rheingebiet bodenständigen *Riesling*-Rebe, die über ursprüngliche Heimat hinaus nur in Rußland große Verbreitung gefunden hat. UdSSR besitzt heute *größte Riesling-Anbaufläche der Erde,* in Ukraine weit über 25 000 ha, das sind doppelt so viel wie in gesamtem

»Bestimmten Anbaugebiet« Mosel–Saar–Ruwer. Riesling wird – wie in BRD – vorwiegend in nördlicher Anbauzone, neuerdings auch in Kasachstan und Kirgisien kultiviert, Pflanzgut z. T. aus dem Rheingau importiert; dient v. a. als pikanter Grundwein für sehr körperreiche *Schaumweine* (Produktion 100 Mill. Flaschen 1973; beste Schaumweine stammen von der Krim) und als Verschnittwein für große Mengen säurearmer, wuchtiger *Dessert-* und *Likörweine* mit 13–17 % Alkoholgehalt und 200–320 g/l Zucker.

Sehr geschätzt sind vorzügliche, gehaltvolle, feurige, lange haltbare *Rotweine* von der Krim, der kaukasischen Schwarzmeer-Küste und aus Grusinien aus vorwiegend *Cabernet Sauvignon*-Trauben.

In der UdSSR selbst werden schwere, süße Weine herben, leichteren vorgezogen.

Anbaugebiete (→Karte 11) *in 11 von 15 Sowjet-Republiken;* überwiegend (fast 80 %) im südlichen, klimatisch begünstigten, breiten Reblandgürtel um das Schwarze Meer von rumänischer bis zu türkischer Grenze und bis zum Kaspischen Meer: Moldau (23 % der Gesamt-Rebfläche der UdSSR) – Ukraine mit Krim (30 %) – Russische SFSR (16 %) – Grusinien (10 %) – Armenien (4 %) – Aserbaidschan (10 %) – Usbekistan (5 %) – Tadshikistan und Kasachstan (je unter 2 %) – Turkmenien und Kirgisien (weniger als 1 %).

In westlichen Republiken werden in steigendem Umfang europäische Edelreben angebaut, während in südöstlichen und asiatischen Gebieten zahlreiche, in W-Europa unbekannte, einheimische Rebsorten vorherrschen.

9.4.5.1 Moldauische SSR

Zweitgrößte Anbau-Region der UdSSR (23 %) mit uralter Weintradition (→9.2.10); führt rumänischen Anbau in östl. des Pruth 1940 von Rumänien abgetrennten Anbaugebieten fort; tauscht Welschriesling, Fetjaska und Cabernet Sauvignon gegen große Hybrid-Reben-Flächen aus.

Weine und Rebsorten

Meiste Weißweine stammen aus Welschriesling. Im N des Landes fast ausschließlich Weine für Weinbrand- und Schaumwein-Erzeugung, im mittleren Teil um *Kischinew* Markenweine aus *Aligoté, Silvaner, Welschriesling, Rkaziteli, Cabernet Sauvignon* und *Merlot,* im südlichen hochprozentige Rot- und Dessertweine. *Hervorzuheben:*

Romanesti: bordeaux-ähnlicher Mischwein aus Cabernet Sauvignon, Merlot und Malbec;

Negri de Pukar: typischer (einst rumänischer), leichter, angenehmer, sehr blumiger Rotwein mit Johannisbeer-Bukett;

Trifesti: weißer starker Dessertwein aus Pinot gris-(Ruländer-)Trauben.

9.4.5.2 Ukrainische SSR

Mit 30 % Anteil größte Anbau-Region der UdSSR, mit bedeutenden Anbaugebieten um **Odessa, Ismail** und in der **Karpato-Ukraine.** Kalte Winter erfordern Abdecken der Rebstöcke. Angebaut werden in wachsendem Umfang Europäer-Reben, aus denen leichte Tisch-, Schaum- und Dessertweine bereitet werden.

Im Gebiet von **Cherson** und **Dnjepropetrowsk** im O ist nach Bau großer Wasserkraftanlagen und Durchführung künstlicher Bewässerung sowie Windschutzpflanzungen weitere Ausdehnung des Weinbaus auf große Flächen geplant.

Krim, mit besten Lagen an steinigen Abhängen des Jaila-Gebirges an S-Küste, gilt als »Perle des sowjetischen Weinbaus«. Rebanlagen sind wurzelecht bestockt, weil es gelang, durch Direktmaßnahmen Reblaus erfolgreich zu bekämpfen.

Weine und Rebsorten

Berühmt sind natursüße *Dessert-* und *Likörweine*, wie voller, brauner *Massandra*. Aus verschiedenen *Muskateller*-Sorten, *Pedro Ximénez* und Tokajer-Sorte *Furmint* werden Weine mit Tokajer-, Portwein- und Madeira-Charakter bereitet.

Weltbekannt sind Spitzen-*Schaumweine, Krimskoje* (russ. = von der Krim), v.a. aus *Pinot noir-* oder *Pinot Chardonnay*-Trauben, außerdem aus *Sauvignon, Semillon, Mädchen-Traube, Rheinriesling, Traminer, Aligoté* und der Karpaten-Sorte *Bákador;* machen als echte Krim-Erzeugnisse nur 1 % sowjetischer Schaumwein-Produktion aus, werden zu 90 % in die BRD ausgeführt. Anteil trockener Weine mit 10–15 % beachtlich hoch.

Vorzüglich sind wuchtige, langsam alternde, tiefdunkle *Rotweine.*

9.4.5.3 Russische SFSR

Drittgrößte sowjetrussische Anbau-Region mit 16 % der Gesamtfläche; weitere riesige Steppengebiete sollen urbar gemacht, bewässert und mit Reben bestockt werden.

Don-Becken um *Rostow* liefert Masse der sowjetischen *Schaumweine.*

Großes Anbaugebiet bei **Anapa** südl. Krasnodar zwischen Kaukasus und Schwarzem Meer bringt bes. im Küstenstreifen beste russische *Weißweine,* darunter erstklassige Export-Rieslinge, kaukasische Portwein-Typen und andere hochwertige Weine aus europäischen Edelreben.

In Region **Stawropol** stehen Rebanlagen auf Schwemmland des Terek und in Steppengebieten, die nach Bewässerung noch weiter ausgedehnt werden sollen. Zahlreiche einheimische Rebsorten werden von europäischen allmählich verdrängt. In weiten Bereichen am Kaspischen Meer und an N-Abhängen des Kaukasus werden Reben wurzelecht kultiviert und künstlich bewässert.

Im Gebiet **Astrachan** gefällige *Tafelweine* aus heimischen Rebsorten.

9.4.5.4 Grusinische SSR (Georgien)

Ausgedehnter Rebbau (10 % der UdSSR) in Transkaukasien mit Hauptstadt **Tbilisi** (Tiflis); gehört zu besten Anbaugebieten der UdSSR. Im feuchten (bis 1 500 mm Jahresniederschläge), mäßig warmen bis subtropischen Klima werden bis zu 500 Lokalrassen und eine Reihe europäischer Edelrebsorten für Tafel-, Dessert- sowie Grundweine für *Sowjetskoje* (Schaumweine) angebaut. Tiflis besitzt eine der größten Schaumwein-Fabriken.

Bekannte **Weine:** beaujolais-ähnlicher *Saperawi* und sehr trockener bukettreicher *Mukuzani* sowie weiße, trockene Tafelweine *Rkaziteli* und *Zinandali.* Größerer Teil grusinischer Weine wird zu russischem Weinbrand »Grusiniak« destilliert und exportiert.

9.4.5.5 Armenische SSR und Aserbaidschanische SSR

Armenische SSR stellt in Transkaukasien Anbaugebiet um *Eriwan* mit 4 % des Rebanbaus der UdSSR.

Aserbaidschanische SSR besitzt große Weinanbaugebiete am Kaspischen Meer nördl. *Baku* mit 10 % des sowjetrussischen Rebanbaus.

Die beiden Republiken erbringen in Talbereichen große Mengen süßer, schwerer, teilweise madeira-ähnlicher, weißer, brauner oder roter *Dessertweine* aus mehr als 200 einheimischen Traubensorten sowie im Gebirgsklima hochwertige Weine zur *Schaumwein*-Bereitung.

9.4.5.6 Usbekische SSR und Tadshikische SSR

Auch in der mittelasiatischen **Usbekischen Republik** nimmt Rebanbau (5 %) ständig zu; von hier stammt Hauptteil der Tafeltrauben (und Rosinen) für gesamte UdSSR.

In Gebieten von **Taschkent, Samarkand** und **Buchara** erntet man im ausgesprochenen Kontinental-Klima gewaltige Mengen (33 t/ha) Tafeltrauben mit hohem Zuckergehalt.

Dessertweine mit spanischem oder portugiesischem Charakter, wie aus Saperawi-Trauben bereiteter *Usbekistan,* sind intensiv rot oder gleichen Portweinen. Gebirgstrauben ergeben Tisch- und Schaumweine.

In der hochgebirgigen, an Usbekische SSR grenzenden **Tadshikischen Republik** finden sich im *nordöstlichen Teil* ähnliche Verhältnisse, nur weniger entwickelt (unter 2 % des sowjetischen Weinbaus).

9.4.5.7 Kasachische SSR

Auch in dieser fast asiatischen Republik gewinnt alter Rebbau erst in jüngster Zeit Bedeutung (unter 2 % des sowjetischen Rebanbaus). Große Gebiete sind heiße Dürrezonen (250 mm Jahresniederschläge) mit Wüsten-Charakter und extremen Klimaten (Wintertiefsttemperaturen bis –40°C), müssen bewässert werden; liefern vorwiegend Tafeltrauben für Sibirien und Transural-Länder.

In Mittelgebirgs-Ebenen, wie um **Alma-Ata,** in 700–1 000 m Höhe, gemäßigtem Klima und ausreichender Feuchtigkeit (bis 700 mm Jahresniederschläge) reifen sehr geschätzte, kräftige Weine aus Aligoté-, Muskat-, Rkaziteli-, Cabernet Sauvignon-, Saperawi- und heimischen Trauben-Sorten.

9.4.5.8 Turkmenische SSR

Gehört zu trockensten und heißesten Gebieten der UdSSR; große Zahl von Wildreben zeugt von wahrscheinlich schon vorgeschichtlichem Rebanbau. Heute beträgt er knapp 1 % des gesamtsowjetischen. Reben müssen im extrem kontinentalen Klima mehrmals bewässert und im Winter abgedeckt werden. – Erzeugt werden Tafeltrauben und Rosinen, hochwertige, kräftige *Dessert-, Tisch-* und *Schaumweine.*

9.4.5.9 Kirgisische SSR

Nordöstliches mittelasiatisches, hochgebirgiges Gebiet mit extrem kontinentalem Klima. Alter Weinanbau beträgt bisher trotz künstlicher Bewässerung und Winterschutzes weniger als 1 % des sowjetischen; soll nach geplanter moderner Gestaltung verdreifacht werden.

Geerntet werden Tafeltrauben und Trauben für *Tisch-* und *Schaumweine.*

*

Charakteristik der russischen Weine

Nur Weine aus den *westlichen* europäischen Republiken der sowjetrussischen Anbaugebiete lassen Vergleiche zu, sie ähneln am meisten rumänischen. Große Anzahl einheimischer Traubensorten aus den *östlichen* Republiken liefern dem W-Europäer fremde Weine. – Überlegen sind teilweise sehr schöne Rotweine vom Schwarzen Meer mit Burgunder- oder Bordeaux-Charakter. Zahlreiche Markenweine sind schwer und körperreich, Schaumweine besitzen für unseren Geschmack zu hohe Restsüße. Sherry-, Portwein- und Madeira-Typen erreichen südeuropäische Vorbilder nicht.

10 REBSORTEN UND WEINE DER AUSSEREUROPÄISCHEN WEINBAUGEBIETE

10.1 Vorderasiatische und nordafrikanische Mittelmeer-Anrainer

Asien mit 2/3 der Erdbevölkerung steht in Anbau, Erzeugung und Verbrauch von Wein an letzter Stelle. Rebfläche ist mit 1,4 Mill. ha (1974) aber fast dreimal so groß wie die **Afrikas** mit 0,53 Mill. ha.

Geschichtliches: Mittlerer Osten mit Gebieten um östliches Mittelmeer enthält Gen-Zentrum der *Vitis vinifera,* war Anbauzentrum der Weinrebe in der Antike. Mensch entdeckte hier Rebstock und Wein, lange bevor erste Reben in Europa gesetzt wurden. Zahlreiche Funde ältester Weinkultur, Zeugnisse von NOAH bis PAULUS sowie großer Tempel in Baalbek (Libanon), künden davon (→1.4).

Ertrag: Vorderasiatische und nordafrikanische Mittelmeer-Anrainer gegenüber europäischen Mittelmeer-Ländern heute weinmäßig von untergeordnetem Interesse. Güte- und mengenmäßig *geringe Weinerzeugung* von relativ großen Anbauflächen hat *3 Gründe:*

- *religiöse,* da Koran Moslems Weingenuß verbietet, deshalb wird Masse der Trauben frisch oder getrocknet verzehrt, nur kleiner Teil zu Wein verarbeitet;
- *wirtschaftliche,* da Erzeugung von Tafeltrauben, Rosinen, Sultaninen sowie Pekmes (→10.1.1) als Zuckerlieferant Vorrang genießt;
- *technische,* da Methoden in Rebanbau und Weinausbau meist noch rückständig sind (Ausnahme: Israel).

Von Weinproduktion Asiens entfielen 1974 fast 80 % auf *Zypern* (mit 500 000 hl), *Israel* (mit 400 000 hl) und *Türkei* (mit 500 000 hl), Rest (→Tab. 23) verteilt sich auf *Japan, Libanon, Jordanien, Iran* und *Syrien.*

Vorderasiatische Anbaugebiete

10.1.1 Türkei

Geschichtliches: Mittelmeer- und Schwarzmeer-Küste der heutigen Türkei sind uraltes Weinland der Antike. Älteste Zeugnisse der Weinkultur – Weingefäße aus Kupferzeit (etwa 3500 v. Chr.) – stammen aus Kleinasien. Rebkultur erlebte große Blütezeit unter Phrygiern im 12. und 11. Jh. v. Chr. HOMER (8. Jh. v. Chr.) berichtet von Vielzahl phrygischer Rebsorten. Weine Kleinasiens von römischen Kaisern vor 2000 Jahren überaus geschätzt. In andauernden Kriegswirren des osmanischen Reiches ging Weinbau ständig zurück.

Tab. 23: Rebanbauflächen und Weinerträge außereuropäischer Länder (1974)
(nach FAO Production Yearbook 1974, Rom 1975)

Weinbauland	**Rebflächen** in 1 000 ha [( ) = in % der Welt]		**Weinertrag** in Mill. hl [( ) = in % der Welt]	
Asien (insgesamt)	1 400	(13 %)	1,8	(0,5 %)
davon:				
Türkei	830		0,5	
Zypern	49		0,5	
Israel	9		0,4	
Libanon	17		0,04	
Jordanien	4		?	
Iran	135		?	
Syrien	76		?	
Japan	28		0,2	
Afrika (insgesamt)	539	(5 %)	14,7	(4 %)
davon:				
Tunesien	47		1,0	
Algerien	280		7,4	
Marokko	82		1,3	
Republik Südafrika	109		5,0	
Amerika (insgesamt)	836	(8 %)	50,4	(15 %)
davon:				
Kanada	17		0,6	
USA	240		15,2	
Mexiko	21		0,2	
Argentinien	325		26,0	
Chile	130		6,0	
Brasilien	60		1,4	
Uruguay	14		0,9	
Peru	2		0,1	
Ozeanien (insgesamt)	66	(0,6 %)	2,2	(0,6 %)
davon:				
Australien	64		2,0	
Neuseeland	1		0,2	
Außer-Europa (insgesamt)	2 841	(27 %)	69	(20 %)
Europa[1)] zum Vergleich	7 816	(73 %)	274	(80 %)
Welt	10 657		343	

[1] einschließlich gesamter UdSSR

Anbaufläche und Ertrag: Türkei besitzt mit 830 000 ha (1974) fünftgrößte Rebfläche der Welt, erzeugt Wein (540 000 hl/1974) aber von nur kleinem Teil der Reben, während Hauptteil der Ernte als Tafeltrauben und als Rosinen – vorwiegend aus der kernlosen Sultana-Traube – im Lande verzehrt oder ausgeführt wird. Außerdem wird aus größerer Menge der Ernte – meist nach Säure-Entzug des Mostes – honigartiger Trauben-Dicksaft, *Pekmes*, bereitet, der der bäuerlichen Bevölkerung als Brotaufstrich, Zucker- und Honig-Ersatz dient.

Ausfuhr: 40 000 hl (1974).

Pro-Kopf-Verbrauch: 0,84 l (1972).

Klima und Böden: sehr unterschiedlich auf Grund großer Ausdehnung des Landes.

Weinwirtschaft: 17 junge Staatsgüter und -kellereien erzeugen und exportieren Großteil türkischer Weine sowie den Anisweinbrand *Raki*, türkische Spezialität.

Anbaugebiete (→Karte 11):

(1) in *Zentral-Anatolien* (über 300 000 ha),
(2) an *Mittelmeer-Küste* (über 150 000 ha),
(3) an *Küste des Ägäischen Meeres* (über 120 000 ha),
(4) in *SO-Anatolien* (über 100 000 ha),
(5) am **Schwarzen Meer**
(6) am **Marmara-Meer**
(7) im europäischen **Thrakien**
} (zusammen etwa 70 000 ha)

Von diesen *7 Regionen* kommen für Weinerzeugung nur die kleineren Gebiete 5–7 in Betracht.

Rebsorten und Weine: Im westlichen, feuchteren Klima werden neben einheimischen Rebsorten aus *Cabernet-, Merlot-, Carignan-, Alicante Bouchet-* (ältere Kreuzung durch 2 Botaniker gleichen Namens aus *Teinturier du Cher-, Aramon-* und *Grenache*-Rebe), *Grenache-* und *Pinot*-Trauben gute, ehrliche Weine erzeugt, wobei hochprozentige *Verschnittweine* die Menge stellen.

Bekannte *Qualitätsweine* sind: leichterer herber *Trakya*-Rotwein und weißer, herber *Barbaros* aus Thrakien, roter *Adabag* aus Marmara-Gebiet, halbherber weißer *Narbağ* aus Tokat und dunklerer *Buzbağ* aus SO-Anatolien, ferner aus *Semillon*-Traube gekelterter *Trakya*-Weißwein und herber weißer *Ürgüp* (heute in Geschäften für türkische Gastarbeiter – neben zahlreichen Weinen aus Ostblockländern – in der BRD erhältlich).

10.1.2 Zypern

Geschichtliches: Rebkulturen seit ältester griechischer Zeit bekannt; leicht herbe Zypro-Weine wurden auch von Römern und im Mittelalter, bes. von Kreuzrittern, sehr geschätzt.

Anbaufläche und Ertrag: von 49 000 ha wurden 1974 500 000 hl Wein sowie bedeutende Mengen an Weintrauben und Rosinen gewonnen.

Ausfuhr: 346 000 hl (1974), beträgt damit fast 70 % der zyprischen Wein-Produktion; bes. Sherry-Weine aus weißer Xynisteri-Traube, aber auch Grundweine für Schaumweine und Branntweine gewinnen an Bedeutung.

Pro-Kopf-Verbrauch: 11 l (1973).

Klima, Böden und Anbau: Klima für Rebanbau vielerorts ideal. Rebe wird bes. an S-Hängen des *Troodos*-Gebirges an steinigen Hängen bis über 1 000 m Höhe, aber auch auf steinigen Kalkböden der Ebene kultiviert.

Rebsorten: 3 alte Insel-Rebsorten werden überwiegend angebaut: schwarze *Mavron,* die farbstoffreiche, feurige Rotweine liefert, weiße *Xynisteri* und *Alexandria-Muskat.*

Weine: 3/4 sind Rote; *Tafelweine* etwas herb und – ähnlich griechischen – oft geharzt. Bekanntester der süßen *Dessertweine* ist der von Kreuzrittern schon Ende 12. Jhs. bereitete, aus getrockneten, roten wie weißen Trauben gekelterte, fast likörartige, intensiv süße, gespritete, marsala- oder malaga-ähnliche, sehr langsam reifende *Vino della Commandaria,* Komturwein Zyperns.

10.1.3 Israel

Geschichtliches: neben Ägypten ältestes und im Altertum lange Zeit bedeutendstes Weinland damaliger Welt. Altes Testament berichtet u. a. von NOAH und dem Weinstock, von Riesenweintrauben aus Gelobtem Land Kanaan (Terra promessa) – wahrscheinlich ist noch heute kultivierte Rebsorte *Nehel escol* mit Trauben von über 50 cm Länge und 5–6 kg Gewicht gemeint. Älteste (rd. 3 000 Jahre) und noch heute benutzte Weinkeller (über 100 000 l Fassungsvermögen) der Welt beim biblischen Ort Gibeon, nordwestl. Jerusalem. Nachdem MOHAMMED im Koran Weingenuß verbot, folgte »trockenes Jahrtausend«; daran änderte sich auch unter türkischer Herrschaft wenig.

Heute ist Israel eines der jüngsten und entwicklungsfähigsten Weinbauländer. Mit jüdischer Wiederbesiedlung des Landes führte Baron EDMOND DE ROTHSCHILD 1886 französische Rebsorten und europäische Anbau-Methoden im damals noch türkischen Palästina ein. Umfangreicherer moderner Weinbau beginnt erst 1948 mit Gründung des Staates Israel.

Anbaufläche und Ertrag: 1974 wurden von 9 000 ha 430 000 hl Wein erzeugt; reichlich Hälfte der Traubenernte wird als Tafeltrauben und Rosinen verzehrt.

Weinbau: Weine werden nach modernsten Methoden in *Genossenschaften* erzeugt; älteste und bedeutendste ist *Carmen Oriental,* die etwa 60 % der Weine des Landes produziert und 80 % exportiert.

Ausfuhr: 42 000 hl (1974), steigt ständig, da Wein besser als der aller Nachbarländer, und geht nach USA, England, neuerdings auch in die BRD.

Einfuhr: völlig unerheblich (1974 290 hl).

Pro-Kopf-Verbrauch: mit 4 l (1973) niedrig.

Klima: subtropisch; regenlose Sommer, winterliche Regenzeit; Jahresmitteltemperatur an Küste +20°C, im Landesinneren +24°C. Jahresniederschläge an Küste und im Hügelland 500 mm, im S des Landes in Negev-Wüste 24 mm. Meiste Rebkulturen müssen künstlich bewässert werden.

Rebsorten

Gängige französische *blaue Rebsorten,* wie *Alicante Bouchet, Carignan* mit mehr als 40 %, *Alicante Grenache* v. a. für Rosés, *Cabernet Sauvignon* und *Malbec;*

weiße Rebsorten, wie *Clairette* als Vielzweck-Traube, *Semillon* und *Ugni blanc, Muscat d'Alexandria* und *Muscat de Frontignan.*

Neuerdings auch Anbau von *Sauvignon blanc, Chenin blanc* (aus Loire-Gebiet) und *French Colombard* (aus Cognac- und Armagnac-Gebiet).

Weine: 60 % rot, 40 % weiß; qualitativ gut, ehrlich, preiswürdig. Heute etwa 70 % trockene, 30 % ausgesprochen süße Weine, daneben auch einige sehr leichte, halbtrockene Weißweine, wie *Carmelit.*

Bekannte *Qualitätssorten:* trockener weißer *Carmel Hock,* halbtrockener weißer *Château Richon,* halbtrockener roter *Burgundy Adom Atic* und *Topaz*-Dessertwein.

Seit Madrider Abkommen von 1961, das Verwendung europäischer Orts- und Typennamen verbietet, tragen israelische Weine meist ins Hebräische übertragene Namen: *Almog* für malaga-, *Partom* für portwein-, *Sharir* für sherry-ähnliche Weine. Hinter *Adom Atic* verbirgt sich halbtrockener Rotwein, hinter *Rose of Carmel* Rosé.

Außer guten, preiswerten Tafel-, Dessert- und Schaumweinen werden Grundweine zur Essig-Bereitung, Weinbrände (hervorragend ist »777«), Liköre, Wodka und Süßtraubenmoste hergestellt.

Anbaugebiete (→Karte 11) liegen verstreut im Land:

(1) **Oberes und unteres Galiläa,** im N des Landes; gebirgig, ziemlich kühl; junges Weinbaugebiet mit guten Weiß- und Rotweinen.

(2) **Zichron-Jaacob-Gebiet,** größtes und ältestes Weinbaugebiet an Abhängen des Carmelberges; Spezialität: Rosé aus Alicante Grenache.

(3) **Sydoon-Gezer-Gebiet** im Zentrum des Landes; zweitgrößtes Gebiet; besonders gute Rotweine.

(4) Umgebung von **Jerusalem,** verhältnismäßig kleines und junges Anbaugebiet; gute rote und weiße Weine.

(5) **Negev-Gebiet,** im S des Landes um *Beersheva;* heißes, trockenes Klima; künstliche Bewässerung notwendig; neu angelegter Weinbau erfolgreich mit Weißweinen.

Ehemalige Rothschildsche Anlagen südl. Tel Aviv in *Richon-le-Zion* und südöstl. Haifa in *Zichron-Jaacob* mit größten Kellereien des Landes, heute durch Schenkung staatlich, umfassen 1 200 ha.

Nordafrikanische Anbaugebiete

Trockenes und warmes Klima am Mittelmeer macht Küstenstreifen von *Tunesien, Algerien* und *Marokko* zu sehr geeigneten Weinbaugebieten. Wirklich große Weine lassen sich aber nicht herstellen, da Gärung im warmen Klima bereits nach 1–2 Wochen abgeschlossen ist.

In neuester Zeit haben sich die 3 Länder im Hinblick auf ihren Export den weinrechtlichen Verordnungen der EWG angepaßt und strenge Qualitätsbestimmungen wieder oder neu eingeführt.

10.1.4 Tunesien

Geschichtliches: Schon in Antike, im 4. Jh. v. Chr., waren große Mengen und gute Qualitäten der Weine Karthagos berühmt. Dann zerstörten Römer Weinberge und machten N-Afrika zur Kornkammer Roms. Arabische Herrschaft mit islamischem Alkoholverbot ließ neuen Anbau nicht zu. Erst französische Kolonisten und italienische Siedler im 19. Jh. brachten Rebe an S-Küste des Mittelmeers zurück. Nach fast völliger Vernichtung der Rebkulturen durch Reblaus Ende vorigen Jahrhunderts Neuanlage im 4. Jahrzehnt dieses Jahrhunderts.

Anbaufläche und Ertrag: auf 47 000 ha 1974 Ernte von 1 Mill. hl Wein, daneben große Mengen an Tafeltrauben.

Ausfuhr: 780 000 hl (1974; über 3/4 der Erzeugung), gehen vorwiegend in EWG-Länder, denen Tunesien als ehemals französisches Gebiet assoziiert ist.

Pro-Kopf-Verbrauch: 3,2 l (1973).

Klima und Böden: im Küstenstreifen mediterranes Klima; heiße, trockene Schirokko-Winde beschränken Anbau auf Gebiete mit ausreichender Feuchtigkeit; künstliche Bewässerung mangels Wasser nur sehr bedingt möglich. Böden alluvial, fruchtbar.

Rebsorten: südfranzösische Rebsorten *Pinot noir, Carignan, Alicante Bouchet* und *Grenache,* ferner viele Hybrid-Reben im Anbau.

Verschnittweine in der Überzahl, meist kräftig und tanninreich. *Markenweine,* z. B. *Karthago* und *El Djem,* weich und voll. *Rosés,* wie *Arianer* mit nachhaltigem Abgang und körperreicher *Carthagener,* von guter Qualität. *Rotwein*-Qualität steigt; *Spitzen*weine aus Pinot noir-Trauben werden als denen des benachbarten Algerien ebenbürtig eingeschätzt. *Dessertweine,* wie sehr fruchtig-aromatischer *Gralsbecher* aus Muskateller-Trauben mit 17 % Alkohol- und 70 g/l Zucker-Gehalt, gelten als vorzügliche *Spezialität.*

Mistellen, das sind Traubenmoste, deren Gärung durch Zusatz von Alkohol, bis etwa Gehalt von 16 % erreicht ist, verhindert oder unterbrochen, also stumm gemacht wird, werden hier und in Algerien hergestellt.

Anbaugebiete: nur im N des Landes **in Küstennähe:** an Mittelmeer-Küste um *Kap Bon* – südöstl. *Tunis* – östl. *Bizerta* (Bensert) – südl. *Sousse* (→Karte 11).

10.1.5 Algerien

Geschichtliches: Seit altersher bekannter und schon von Römern geförderter Weinbau erhielt erst Bedeutung, als Algerien Mitte 19. Jhs. nach Aneignung durch Frankreich Teil des französischen Mutterlandes wurde. Damit gegenüber dem Kolonie-Status verbundene Vorteile förderten Rebanbau, der sich von 1842 mit 4 600 ha (durch französische Winzer) bis zur Unabhängigkeitserklärung des Landes 1963 mit 400 000 ha Anbaufläche und enormem Ertrag von 18,2 Mill. hl Wein zum viertgrößten Erzeugergebiet der Welt entwickeln konnte. Mehr als 1/3 aller algerischen Arbeitnehmer, überwiegend Moslems, waren in Weinherstellung tätig. Nach 1963 verließen die meisten Franzosen das Land, Güter wurden enteignet, Boden wurde aufgeteilt. Da Algerier selbst als Islam-Angehörige keinen Wein trinken, ging Erzeugung (und Ausfuhr) immens zurück, betrug 1971 8,3 Mill. hl. Außerdem lassen große Bodenfunde mit reichen Gewinnchancen, v. a. von Erdöl, Weinbau weniger lohnend erscheinen. Weitere Entwicklung noch nicht abzusehen, jedoch wenig aussichtsreich.

Anbaufläche und Ertrag: 1974 wurden von 280 000 ha nur noch 7,4 Mill. hl Wein sowie Tafeltrauben geerntet.

Ausfuhr: 6,1 Mill. hl (1974), also trotz aller Einbußen auch heute noch bedeutender Exporteur farbintensiver, alkoholreicher und säurearmer Rotweine, vorwiegend nach Frankreich; dort hauptsächlich zur *coupage,* d. h. zur Verbesserung schwacher Weine (9 % Alkohol) und schlechter Jahrgänge, v. a. des Midi, verwendet; ergeben beliebten *Vin ordinaire* (11 % Alkohol) des Franzosen.

Pro-Kopf-Verbrauch: nur 0,6 l (1973).

Klima: im Küstenstreifen mediterran mit heißen, trockenen Sommern und milden, niederschlagsreichen Wintern.

Böden: sehr unterschiedlich; in Ebene fruchtbar, im Hügelland Sand und Löß, in Hochebenen (1 000–1 500 m) vulkanisch.

Weine und Rebsorten

Für algerische **Weine** *gilt allgemein:* je weiter vom O des Landes die Trauben stammen, desto schwächer und ausdrucksloser ist der Wein.

Billige, *rote Konsumweine* mit 11–14 % Alkoholgehalt sowie Deckweine stellen 4/5 der Erzeugung; bessere, kräftige (12–15 % Alk.-Gehalt) Rotweine stammen aus Bergland in 500–900 m Höhe und 50–70 km Entfernung vom Mittelmeer. Hier brachten bis 1962 12 Anbaugebiete (→u.), wie Tlemcen, Haut Dahra, Mascara und Zaccar, auf 26 000 ha durchschnittlich 450 000 hl/J Ertrag an *Qualitätsweinen,* die in Frankreich als VDQS eingestuft waren und als beste Algeriens beurteilt wurden. Wenn auch heute noch Hügelweine von Médea, Haut Dahra und Mascara als landesbeste und Küstenweine von Zaccar als überdurchschnittlich gelten, haben sie in der Exportgeltung doch an Bedeutung eingebüßt.

Mistellen werden, wie in Tunesien, jährlich bis 2 Mill. hl hergestellt.

Algerische *Branntweine* sind sehr geschätzt.

Rebsorten (zu 80 % blaue) sind französischer Herkunft; am verbreitetsten: Carignan, Cinsault und Alicante Bouchet.

Carignan: ertragreiche Rotwein-Traube für Tischweine;

Cinsault: bringt leichtere geschmeidige Rotweine;

Alicante Bouchet: nicht sehr hochwertiger Massenträger mit reichlich Farbstoff im roten Beerensaft und hohem Zuckergehalt;

Cabernet Sauvignon- und *Pinot noir-*Trauben liefern beste Rotweine;

Clairette: ergiebige helle Traube, bringt abgerundete, recht neutrale und bukettarme Weißweine;

Ugni blanc (St.-Émilion in Cognac bzw. *Trebbiano* in Italien): stellt liebliche und saubere Weißweine;

Aligoté und *Chasselas (Gutedel):* liefern angenehme weiße Tischweine.

Anbaugebiete erstrecken sich am Mittelmeer auf *Küstenstreifen* von 1 200 km Länge und 100 km Breite (→Karte 11):

(1) **Oran:** westliches Anbaugebiet im Flachland des Départements, stufenweise bis zum Atlas-Gebirge ansteigend, nimmt fast 3/4 der Anbaufläche Algeriens ein. Bekannte *Anbauzentren:* Tlemcen, Haut Dahra, Mascara und Mostaganem. Produziert werden vorwiegend dunkle, kräftige (11–14 % Alk.-Gehalt), säurearme Weine, meist zum Verschnitt leichterer, hellerer und säurereicher Konsumweine verwendet.

(2) **Alger** (Algier): in breiter Küsten-Ebene und in Tälern des südl. anschließenden Hügellandes des Départements fast 1/4 der Rebfläche des Landes. *Anbauzentren:* Zaccar, um Miliana und um Médea; liefern leichtere Weine (10–11 % Alk.-Gehalt).

(3) Im Département **Constantine** restlicher kleinerer Anbau im O des Landes um *Annaba* (frz. Bône).

10.1.6 Marokko

Geschichtliches: Marokko ist jüngstes der 3 nordafrikanischen Weinbauländer. Zwar ist Weinstock hier seit über 2 000 Jahren heimisch, aber nachdem Römer aus Konkurrenzangst Weinreben weitgehend vernichten ließen, hat Anbau sich erst im 20. Jh. wieder eingebürgert. – Anlage moderner Weinkulturen begann mit Errichtung französischen Protektorats um 1912 durch Siedler aus Frankreich. Seit 1962 Marokko wieder selbständiger Staat.

Anbaufläche und Ertrag: von 82 000 ha 1,3 Mill. hl (1974); wird vorwiegend von dort lebender zahlreicher europäischer Bevölkerung getrunken. Staatliche Stellen in Rabat sind sehr um Ausweitung des Anbaus und steigende Ausfuhr bemüht.

Ausfuhr: 823 000 hl (1974), also 80 % der Ernte; besteht größtenteils aus Grundweinen für Wermut und Aperitifs.

Pro-Kopf-Verbrauch: geschätzt auf nur 2 l (1973).

Klima und Böden: für Rebanbau günstig; trockene, heiße O-Winde bedeuten Gefahr, vor der durch Zwischenkulturen geschützt wird.

Rebsorten entsprechen Nachbarländern, v. a. *Carignan-, Cinsault-, Alicante Bouchet-* und *Cabernet-*Trauben.

Weine

Rotweine rein und bekömmlich; sind oft geschickt verschnittene Markenweine, tragen Phantasienamen und ähneln in Mehrzahl guten französischen Midi-Weinen; bessere Qualitäten erinnern an Beaujolais oder Bordeaux.

Helle Rosés mit leicht graugetönter Lachsfarbe *(Vins gris)* sind frisch und herb.

Weißweine aus *Clairette-* und *Pedro Ximénez-*Trauben weniger bedeutend; werden rasch trocken und altern schnell.

Dessertweine aus *Muskateller-*Trauben recht gut, mit 15 % Alkoholgehalt.

Anbaugebiete entlang Atlantik-Küste (→Karte 11):

(1) in Ebene um alte Städte **Meknès** und **Fès** bis Rif und Atlas-Vorberge mit einfachen, angenehmen, für südliches Klima sehr leichten, tiefdunklen Weinen;

(2) südl. und östl. von Hauptstadt und Weinzentrum **Rabat** mit beaujolaisähnlichen Weinen; um *Casablanca* und *Marrakesch* Rosés.

10.2 Übersee-Gebiete

Geschichtliches: Geschichte des Weins in Alter Welt – seit ihren Anfängen mindestens 5 000 Jahre alt – wiederholt sich in Neuer Welt bzw. Übersee-Gebieten in stark verkürzter und gedrängter Form.

Verpflegungswein benötigten Heeresintendanten auf Eroberungszügen und in Etappengarnisonen für Truppen und Besetzungseinheiten, *Meßwein* Missionare und Mönche, *Tafelwein* Gouverneure und Fürsten für neue Hofhaltungen.

Europäische Rebe wanderte mit Missionaren um 1520 nach Mexiko, 1560 nach Argentinien, 2 Jahrzehnte später brachten Mönche sie weiter nach Peru, 1697 nach Kalifornien.

1655 pflanzte Gründer der Kap-Provinz erste Reben am Kap S-Afrikas; bald entwickelten sich gro Rebkulturen, von denen mehr Wein erzeugt wurde, als abzusetzen war.

Mit letzter Inbesitznahme fremder Kontinente durch Europäer gelangte 1788 Weinstock nach Australien.

Weinbau und Weinwirtschaft: Planmäßiger Anbau begann erst um Mitte vorigen Jahrhunderts in Kalifornien, Argentinien und Australien, noch später in Chile und Neuseeland. Zunächst wurde überall Herstellung vertrauter europäischer Weine *nachgeahmt,* wie Rheinwein, Chablis, Sherry und Portwein. Zeugen dieser unerfreulichen Imitationen sind noch heute anzutreffen.

Art des Rebanbaus, der Rebsorten und der Weine ist deutlich beeinflußt worden durch Herkunft jeweiliger Weinbauern: in Kap-Provinz von französischen Flüchtlingen, in Kalifornien von Spaniern und Deutschen, in Argentinien von Portugiesen, Italienern und Deutschen, in Australien von Deutschen.

Moderne wissenschaftliche Züchtungs-, Anbau-, Ausbau- und Weinforschung in großen Versuchsanlagen sowie Erprobung neuer Kältegär- und Kellertechniken bestimmen seit 2 Jahrzehnten Umbruch in Geschichte des Weins in diesen Gebieten. Entwicklung ist im vollen Gang und verspricht noch nicht übersehbare Erfolge in Qualitätsverbesserung und Quantitätsexpansion auf dem Weg des Weins zum Volksgetränk in vielen Ländern.

10.2.1 Republik Südafrika

Geschichtliches: Weinbau in S-Afrika erst seit Kolonisation; ist etwa 300 Jahre alt. Jan van Riebeeck, Gründer der Kap-Kolonie, pflanzte 1655 erste Reben am Fuße des Tafelberges unweit des Kaps der Guten Hoffnung, 1684 legte 2. holländischer Gouverneur der Kap-Provinz, Simon van der Stel (nach ihm

Stellenbosch benannt), Weinberge bei Constantia an, deren Weine im 19. Jh. Weltruf genossen. Durch französische Hugenotten setzte ab 1688 und in neuerer Zeit durch deutsche Fachleute Weinbau größeren Umfangs ein.

Erzeugung von Wein und Tafeltrauben war bald größer als Eigenverbrauch im Land und Ausfuhr; Weinüberschuß bestand und wuchs ständig. Da wirksame staatliche Unterstützung ausblieb, griffen Weinfarmer zur Selbsthilfe und gründeten 1918 »Genossenschaftliche Weinbauernvereinigung von Süd-Afrika« (»*K*ooperatieve *W*ijnbouwers *V*ereniging van Zued-Afrika«, abgekürzt K.W.V.) mit Sitz in Paarl, der heute fast alle Weinbauern und die 70 regionalen Genossenschaften angehören.

Anbaufläche und Ertrag: von 109 000 ha Rebfläche wurden 1974 5 Mill. hl Wein erzeugt. Nur Hälfte – und dies auch erst seit wenigen Jahren – wird als Tischwein *(Good Wine)* verzehrt, andere Hälfte als Brennwein verarbeitet (in Republik Südafrika wurde lange Zeit mehr Weinbrand als in jedem anderen Land der Erde getrunken).

Weinwirtschaft: K.W.V. (→o.) nimmt heute als halbstaatliches Unternehmen zentrale Stellung in Weinindustrie der Republik Südafrika ein, organisiert überaus straff, kontrolliert und dirigiert praktisch gesamte Weinwirtschaft und 90 % der Ausfuhr, besitzt große moderne Kellereien mit 2 Mill. hl Kapazität. Absatzlage hat sich wesentlich verbessert, zumal Nachfrage nach südafrikanischen Weinen, meist *Kap-Weine* genannt, stark gestiegen ist und kürzlich strenge Herkunftsbestimmungen nach Vorbild französischen Appellation-Contrôlée-Systems erlassen wurden. Weinbau ist bedeutendster landwirtschaftlicher Zweig des südwestlichen Kap-Landes.

Ausfuhr: 170 000 hl (1974), hauptsächlich nach Großbritannien (38 %) und Kanada (28 %).

Einfuhr: 32 000 hl (1974).

Pro-Kopf-Verbrauch: 17 l (1973); Inlandsabsatz wird durch hohe Besteuerung und eingeschränkten Verkauf gelenkt (Verkauf von Wein und Spirituosen im Lande darf nur in Gaststätten, Hotels und mit ihnen verbundenen Läden *[off sales]* oder bes. genehmigten Verkaufsstellen *[bottle stores]* erfolgen; Sortiment aus aller Welt ist ungemein reichhaltig).

Klima: gemäßigt, gleicht dem westlicher Mittelmeer-Länder und ist mit 1 500 Sonnenstunden während Vegetationsperiode und wenig Sommerregen für Weinrebe außerordentlich geeignet:

- im Anbaugebiet des *Küstengürtels* Sommertemperaturen gemäßigt (bis +30°C), Niederschläge betragen etwa 600 mm/J und nehmen nach dem Landesinneren hin auf 300 mm/J ab;
- im höher gelegenen Weinbaugebiet *Little Karroo* kontinentaleres Klima: krassere Temperaturunterschiede, sogar Spätfröste, Niederschläge nehmen auf 200–300 mm/J ab, meist muß daher künstlich bewässert werden.

Böden: Sandstein, Granit, Tonschiefer im Küstenanbaugebiet, alluviale Böden und Schieferverwitterungen im Little Karroo-Bergtal.

Rebkrankheiten: bleiben – mit Ausnahme von Oidium (→3.2.4) – bedeutungslos.

Weinlese: von Februar bis März, Spätlesen erst im April.

Rebsorten

Reben stammen aus Europa, meist aus Frankreich. Nachdem Ende 19. Jhs. Reblaus-Plage Umstellung erforderte, werden heute über 90 % Pfropfreben in zahlreichen Sorten angebaut. Als beste weiße Traube gilt *Steen (Stein)*, die von französischer Chenin blanc aus dem Loire-Tal abstammt; ferner u. a.: *Clairette blanche* (aus S-Frankreich), *White french, Shiraz (Syrah)* und *Hermitage (Cinsault)* (beide aus Rhône-Tal), *Cabernet Sauvignon* (aus Bordeaux), *Pinot noir* (aus Burgund), *Gamay* (aus Beaujolais), *Riesling* (aus Deutschland) und *Port*-Varietäten (aus Portugal). *Groendruif* ist Spielart von *Semillon, Fransdruif* Variante von *Palomino,* hinter *Hanepoot* verbirgt sich würzige und bukettfüllige *Muscat d'Alexandria* und hinter rotem *Muscatel* vermutlich *Muscat de Frontignan.* Neuerdings haben auch *Silvaner, Müller-Thurgau* und *Traminer* Eingang gefunden. *Burgund* ist Züchtung der K.W.V.

Weine

Rotweine des Kaplandes stammen oft aus gemischtem Rebsatz von Hermitage (Cinsault), Pinot noir, Cabernet Sauvignon und werden zu Markenweinen, z. B. »Roodeberg«, ausgebaut. Rebsortenweine, wie die aus der edlen Cabernet Sauvignon, können mit französischen Qualitätsweinen konkurrieren, sind elegant, rassig und mit feiner Blume. *Pinotage* ist Kreuzung von Pinot noir mit Hermitage, liefert sehr begehrte, sanfte, runde und blumige Weine, ist wie Steen (→u.) Spezialität des Kaplands. Burgund-Traube liefert farbintensiven, schweren, weichen, alkoholreichen Wein.

Weißweine: Hauptanteil der Weißweine des Kaplands stellt Steen-Rebe, liefert feinen, rassigen, frischen, trockenen, hellen, frühreifen Wein, der an Sancerre erinnert und als Spätlese *(Late Vintage)* milde Frucht und viel Körper besitzt.

Meiste Kap-Weine werden unter Markennamen verkauft. Deutsche Herkunftsbezeichnungen, wie »Oppenheimer«, »Liebfrauenmilch« oder »Spätlese«, bzw. noch häufiger burische Phantasienamen sind üblich. Rebsorten werden nur bei einigen, wie z. B. Riesling, angegeben.

Anbaugebiete sehr unterschiedlichen Charakters und unterschiedlicher Hektarerträge (mäßig im Küstengebiet, hoch im Inneren) liegen v. a. im Halbkreis von 160 km um Kapstadt zwischen 33° und 34° s. Br., also vom Äquator ebensoweit südlich wie nordafrikanische Weinbaugebiete nördlich des Äquators, gehören damit zum südlichen, die Erde umgebenden Weinbaugürtel zwischen 30° und 40° s. Br. (→Karte 1): Cape Region und Little Karroo (→Karte 15).

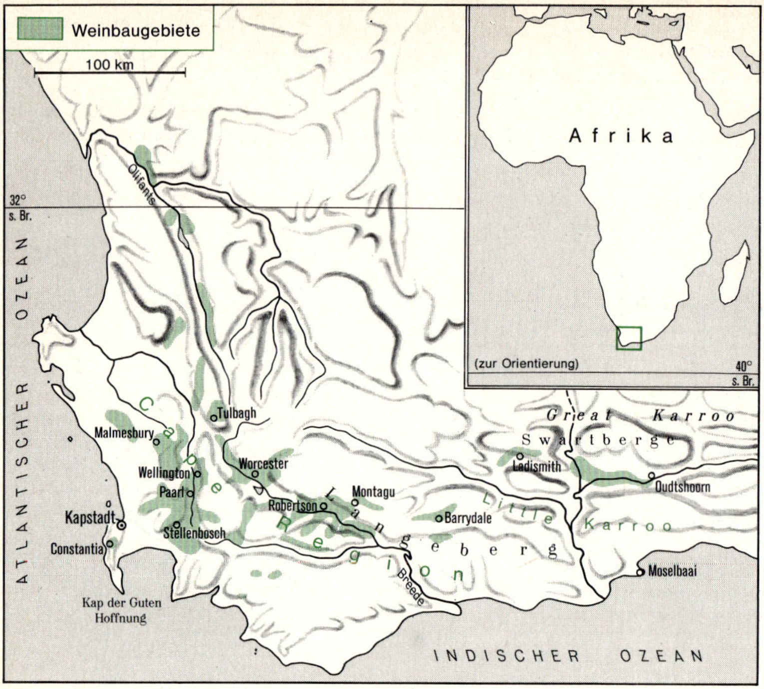

Karte 15: Die Anbaugebiete der Republik Südafrika

10.2.1.1 Cape Region

Kap-Region um *Kapstadt* und *Kap der Guten Hoffnung (Cape of Good Hope)* ist fast in sich geschlossenes und eigentliches Qualitätsweingebiet der Republik Südafrika mit mäßigen Hektarerträgen. Zwischen Alantik und abschirmenden, ersten Bergketten der hohen Drakensteinberge kilometerweite, maschinell bearbeitete Weinfelder in Talsohlen oder an leichten Hängen.

Berühmte *Weinorte:* Constantia (Wynbergen, landschaftlich sehr reizvoll), Stellenbosch, Wellington, Paarl, Malmesbury, großes Zentrum des südafrikanischen Weinbaus, und Tulbagh.

Weine: alle *Spitzenweine* stammen aus diesem Gebiet, ferner weiße und rote *Tischweine* von beachtlicher Qualität, *Sherries, Portweine* und *Dessertweine.*

Aus *Constantia* waren berühmt und sind auch heute noch beliebt dunkelgelbe, starke, süße, tokajer-ähnliche Weine, meist aus Muskateller-Trauben gekeltert.

Tulbagh im N ist wegen seiner *Weißweine,* bes. guten Rieslingen, bekannt, körperreichen, herben Weinen, deren Sortencharakter sich unter den klimatischen Verhältnissen S-Afrikas stark verändert hat.

Um Paarl werden beste, nach spanischen Ausbau-Methoden (Solera-System) bereitete *Sherries* imitiert, desgleichen *Portweine* mit deutlichem Rosinen-Aroma.

Am **Olifants River,** 400 km nördl. Kapstadt, kleineres Anbaugebiet (5 % der Gesamterzeugung) mit vorwiegend *Dessertweinen.*

10.2.1.2 Little Karroo

Höher gelegenes, etwas rauheres Tal im Landesinneren zwischen Drakenstein-Gebirgsketten und Swartbergen. Da Niederschläge gering (bis unter 300 mm/J), müssen fruchtbare alluviale Schiefertonböden bewässert werden. Hektarerträge liegen hoch.

Weinorte: Worcester, Robertson, Montagu, Ladismith und Oudtshoorn.

Weine: auf Grund großer Bodenunterschiede sehr verschieden; viele zeichnen sich durch hohen Zuckergehalt und wenig Säure aus, zur besseren Haltbarkeit darf ihnen Wein- oder Zitronensäure zugesetzt werden. Vorwiegend handelt es sich um hervorragende süße *Muskateller,* schwere süße *Dessertweine* von Weltruf, wie Marsala, Frontignac, Pontac, Moroso-Sherry, und ausgezeichnete *Brennweine.*

10.2.2 Vereinigte Staaten von Amerika (USA)

Geschichtliches: N-Amerika besitzt eine Reihe von Reb-*Arten* der Gattung *Vitis,* die vom Tertiär (Braunkohlenzeit) über diluviale Eiszeiten bis heute in ihrem Verbreitungsgebiet erhalten geblieben sind. Schon von Indianern gesammelte und von ersten europäischen Ansiedlern wegen typischen Fox-Geschmacks *Fuchs-* oder *Stinktier-Rebe* genannte *Vitis labrusca* (nach hebräischem Namen einer Vitis-Art) und *Vitis rotundifolia (Muscadine-Rebe)* werden in O-Gebieten der USA noch heute angebaut; *Vitis rupestris (Felsen-* oder *Sand-Rebe),Vitis riparia (Ufer-Rebe)* und *Vitis Berlandieri (Winter-* oder *Kalk-Rebe)* haben als Unterlagsreben (→3.3) zum Schutze gegen Reblaus-Befall große Bedeutung erlangt. Gefürchtete Rebkrankheiten, wie Oidium und Peronospora, sowie Reblaus (→3.2.4) haben die natürliche Barriere der Rocky Mountains niemals nach W (Kalifornien) überschritten, sind auf Umweg über Frankreich eingeschleppt worden. Schon Mitte 16. Jhs. wurden erste Weinberge mit einheimischen Amerikaner-Reben angelegt.

Anbau von *Sorten* der europäischen *Vitis vinifera* geht auf spanische Padres (Missionare) zurück, die ab 1770 in Kalifornien auf Stationen an Missionswegen nach N spanische, französische und deutsche Rebsorten anpflanzten und daraus Meß- und Tischweine herstellten. Sog. *Missionrebe,* gern zur Sherry-Bereitung verwendet, kündet noch heute davon.

Starker Rückschlag erfolgte nach 1827 infolge Zerstörung der Klöster durch mexikanische Regierung, Wiederaufbau nach Inbesitznahme Kaliforniens (1848) durch die USA nur langsam infolge dünner Besiedlung; Einführung der *Prohibition* (Verbot des Alkoholgenusses von 1919–1933) lähmte weitere Anbauentwicklung empfindlich. Erst nach deren Aufhebung und 2. Weltkrieg setzte stürmische moderne Entwicklung ein, die noch nicht beendet ist.

Anbaufläche und Ertrag: 240 000 ha brachten 1974 15,2 Mill. hl Wein sowie Tafeltrauben und Rosinen; damit USA auf 6. Platz der Welt-Weinerzeuger gerückt. Aus etwas mehr als 50 % der Traubenernte wird Wein bereitet, Produktion von Tafeltrauben macht 20 %, von Rosinen 30 % der Welterzeugung aus.

Hektarerträge entsprechen etwa denen in der BRD. Anbau in Kalifornien meist in den fast 300 größeren Betrieben mit 50–100 ha Rebfläche, einige bis über 500 ha.

Ausfuhr: 43 000 hl (1974).

Einfuhr: 2 Mill. hl (1974).

Pro-Kopf-Verbrauch: im letzten Jahrzehnt sehr gestiegen, betrug 1973 6,5 l. Trend ging vom Whisky über stark aufgespritete Weine (nach Aufhebung der Prohibition) zu Qualitätsweinen bis zur Spitzenklasse. 80–90 % des Verbrauchs werden im Lande erzeugt; Rest wird aus Europa (Frankreich, BRD, Italien und Spanien), S-Amerika (Argentinien) und Australien eingeführt. Steigender Anteil eigener Traubenernte wird zur Wein-, nicht mehr zur Spirituosen-Bereitung verwendet. Jährliche Zuwachsrate gegenwärtig 7 %; für die nächsten Jahre ist Überproduktion zu erwarten.

Weinbau: an O-Küste sehr günstige Voraussetzungen, im N Kaliforniens problemlos, auf europäische Verhältnisse jedoch nicht übertragbar.

Klima:

- in *Kalifornien* ideales Weinklima – hohe Sonnenscheindauer, kühle Nächte im N, ausreichende Niederschläge (November–April) –, dabei Kontraste schon auf kleinem Raum erstaunlich groß. Anbaufläche nach Wärme-Sonneneinfall-Methode in 5 Zonen von kühl bis heiß eingeteilt. Küstengebiete gehören zur gemäßigten, Landesinneres zur wärmsten Zone.
- in *O-Küsten-Region* im Staat New York, unweit kanadischer Grenze, kontinental; rauh, mit kurzen, heißen Sommern und auf –30°C absinkenden Wintertemperaturen; Frostgefahr wesentlich größer als in europäischen Weinbaugebieten, deshalb vorwiegend Anbau harter, einheimischer Reben oder Hybriden.

Böden: fruchtbar nur in Talebenen des westlichen Central Valley, im O Schwemmland-, Kies- und Kalkböden.

Weinwirtschaft: Weinbau-Institut der Universität California in Davis untersucht klimatische und bodenmäßige Bedingungen und berät hinsichtlich der für jeweiligen Anbau geeignetsten Rebsorten.

250 technisch hervorragend ausgerüstete, fabrikartige Weinkellereien *(Bondes Wineries)* stehen unter staatlicher Kontrolle.

Art des Handels mit alkoholischen Getränken ist in den einzelnen Bundesstaaten unterschiedlich. Sog. Kontrollstaaten besitzen staatliche Einzelhandelsgeschäfte. Allgemein unterscheidet man *off sale-* (Verkauf über die Straße) und *on sale*-Geschäfte (Ausschankstellen). Weinhandel wächst zum wichtigen Wirtschaftszweig der USA, folgt in Kalifornien bereits nach Viehwirtschaft.

Weine: Grundsätzlich *zu unterscheiden:*

Generic- oder *Country-Weine* (Typenweine): große Masse aller Weine; mehr als Hälfte sind Dessertweine. Ihnen dürfen nach Gesetz bei der Herstellung Zucker, Wasser und Weinalkohol zugesetzt werden, jedoch darf Volumen nicht über 35 %, Alkoholgehalt nicht über 13 % ansteigen, Weinsäure nicht unter 5 g/l sinken. Etwa 1/3 aller Weine sind heute noch aufgespritet.

Varietals: bessere, überwiegend aus *einer* Traubensorte gekelterte Weine; tragen Angabe der Rebsorte auf Etikett und müssen von ihr mehr als 51 % enthalten; dürfen Bezeichnung »Originalabfüllung« tragen, wenn Inhalt zu 100 % aus betreffender Traubensorte hergestellt ist.

Von den Weinen entfallen etwa 8 Mill. hl auf Tafelweine, 2,5 Mill. hl auf Dessertweine, 2 Mill. hl auf aufgespritete und 0,4 Mill. hl auf Wermut-Weine.

Anbaugebiete (→Karte 16): USA besitzen in Großregionen an W-Küste und an O-Küste *2 Weinbaugebiete* derart unterschiedlichen Charakters wie kein anderes Land der Erde: California und Finger Lakes.

Weitere kleinere Anbaugebiete in den Bundesstaaten *Oregon, Washington, Missouri, Ohio, Virginia* und *Maryland* haben vorerst nur mehr oder weniger lokale Bedeutung.

10.2.2.1 California

Weinbau der W-Küsten-Region Kalifornien in 2 Küsten- und in 3 Binnen-**Anbaugebieten:**

– an *Pazifik-Küste:*

(1) **Northern Coastal Region:** nördl. San Francisco von Calistoga und St. Helena bis Napa und Sonoma.

Napatal: Anbau auf Sohle des 60 km langen, in N-S-Richtung verwufenden, bis 8 km breiten, durch Bergrücken geschützten Tals des Napa River; extensiv betrieben, weiträumig bepflanzt (3,60 × 2,60 m); Drahtrahmen-Erziehung nur in modernen Anlagen, in alten Anlagen noch freistehende Rebstöcke, Traubenerträge mit 2–8 t/ha dementsprechend niedrig; ausschließlich Bereitung von *Qualitäts-* und *Spitzenweinen.*

Pflanzenschutz einfach: Peronospora und Botrytis treten nicht, tierische Schädlinge kaum auf, werden ggfs. zusammen mit 4 Schwefel-Spritzungen gegen Oidium bekämpft.

Düngung nur gelegentlich mit Kalium- und Magnesiumsalzen, andere Mineralien und Spurenelemente im Boden ausreichend vorhanden; Stickstoffgaben nicht erforderlich.

Vor *Frostschäden* bieten Frostschutzberieselungen sichersten Schutz.

Zur *Bewässerung* werden ggfs. im Sommer stationäre Anlagen verwendet.

Arbeitsaufwand: günstige Gegebenheiten ermäßigen AKh-Bedarf je ha/J auf nur 200–400 Std. (1/4–1/3 des europäischen, vgl. 3.2.5), davon entfällt größter Anteil auf Lese.

Ernte-Zeitpunkt durch optimalen Reifegrad bestimmt; Zuckerwerte liegen zwischen 200 und 250 g/kg.

(2) **Central Coastal Region:** südl. San Francisco mit Santa Cruz und Salinas; an parallel zum Pazifik verlaufenden Gebirgszügen bis 600 m Höhe und in Mittel-Europa ähnelndem Klima sind aus ehemaligen Viehweiden neue, sehr große Rebkulturen mit Qualitätsrebsorten entstanden; flächenmäßig bereits größer als (1).

– im *Landesinneren:*

(3) **Great Central Valley:** flache, heiße, fruchtbare Ebene zwischen Madera und Bakersfield mit großen Mengen einfacher Konsumweine und meist süßen Dessertweinen, wie Sherry, Portwein, Madeira und Wermut.

(4) Südl. **San Bernadino** zwischen den Gebieten von Los Angeles und San Diego sowie

(5) um **Cucamonga,** unweit Los Angeles, je ein kleineres Anbaugebiet.

Rebsorten und Weine

2 Dutzend *europäische Rebsorten* gedeihen im vorwiegend weichen Klima Kaliforniens:

helle: Semillon, Sauvignon blanc, Pinot Chardonnay, Pinot blanc, Rheinriesling, Silvaner, Traminer, Grenache;

blaue mit 83 % vertreten; die häufigsten: *Cabernet Sauvignon, Pinot noir, Gamay, Zinfandel.*

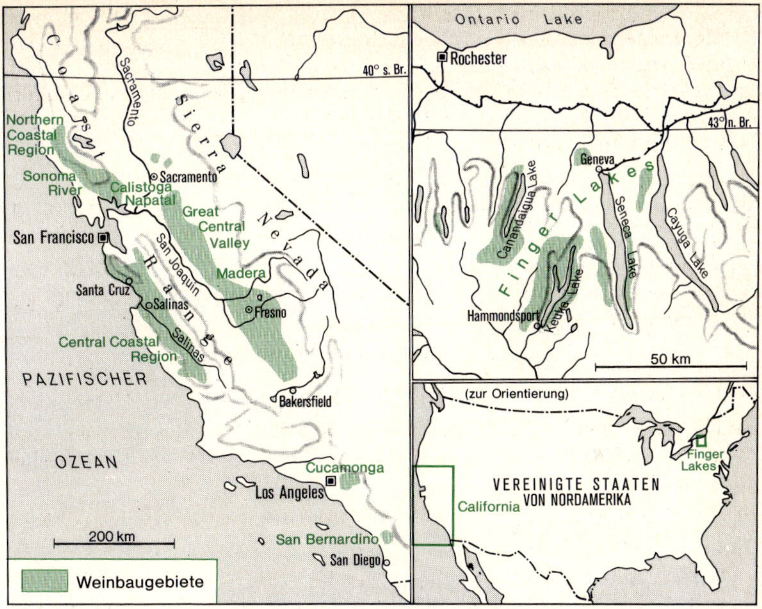

Karte 16: Die Anbaugebiete der USA

Kalifornische Weine behalten überraschenderweise sortentypischen Charakter der Traubensorten französischer oder deutscher Abstammung bei, jedoch mangelt es ihnen an Ausgeglichenheit von Süße und Säure sowie genußreicher Vielseitigkeit, sie sind alkoholreicher, blumiger und trockener als entsprechende europäische.

Weißweine

Beste *Chablis* aus Pinot Chardonnay-Trauben, trocken, voll, langlebig; *White Riesling (Johannisberg Riesling)* sehr gefragt und oft erstklassig; Sauvignon blanc-Trauben stellen angenehme, Chenin blanc-Trauben französischen gleichwertige Weißweine; dagegen besitzt spanische *Palomino* (Sherry-Traube) wesentlich weniger Säure und Charakter als in ihrer Heimat.

Rotweine

Erstklassige aus Cabernet Sauvignon-Trauben, guten europäischen durchaus ebenbürtig: dunkel, trocken, fruchtig, elegant und langsam alternd.

Kalifornische Spezialität: Zinfandel aus gleichnamiger reichtragender Rebsorte (nicht zu verwechseln mit österreichischer weißer Zierfandler!), die wahrscheinlich von italienischer *Barbera* abstammt und bereits seit 1825 angebaut wird; bringt angenehmen würzigen Rotwein mit leichtem Himbeer-Aroma; nicht sehr zutreffend auch häufig »kalifornischer Beaujolais« genannt.

Barbera ist unverkennbarer purpurfarbener, starker, würziger Rotwein mit harmonischer Säure aus gleichnamiger italienischer Traube.

Tischweine aus Pinot noir-Trauben sind gut, leicht, ausgeprägt aromatisch, kommen jedoch französischen Burgundern nicht entfernt gleich.

Rosés guter Qualität aus Grenache und Gamay; bes. die aus Grenache sind gegenüber sonstigen Rosé-Weinen trocken, rund, fruchtig, körperreich.

Schaumweine

Beste stammen aus Pinot Chardonnay- und Pinot blanc-Trauben: *American Champaign* oder *California Champaign.*

*

Kalifornien ist zweifellos großes Weinbauentwicklungsland der Zukunft, insbesondere durch neuerschlossene höhere Lagen; mit 86 % der US-Gesamterzeugung quantitativ und qualitativ O-Küsten-Region weit überlegen.

10.2.2.2 Finger Lakes

Weinbau der O-Küsten-Region an den 5 Finger-Seen im N des Staates New York, 300 km nordwestl. New York City, bringt bei kontinentalem Klima in nördlich rauher hügeliger Landschaft etwa 8 % der USA-Gesamtweinerzeugung.

Weinzentrum: Hammondsport.

Rebarten: Unterschiedlichkeit der Anbaugebiete von W-Küsten-Region (Kalifornien) und O-Küsten-Region (Finger-Seen-Gebiet) liegt mehr als im sehr verschiedenen Klima v. a. darin, daß in O-Region völlig andere Reb-*Arten* angebaut werden, die nicht zu verwechseln sind mit den Hunderten von Reb-*Sorten* der europäischen Edelrebe *Vitis vinifera.* Dieses *»Nicht-Vinifera-Anbaugebiet«* ist das einzige auf der Erde.

Insbesondere aus *Vitis labrusca (Fox Grape, Fuchs-Rebe)* mit großen süßen, schwarzen Beeren, weniger aus *Vitis rotundifolia* und *Vitis riparia* entwickelte Sorten und Hybriden (→u.) sind etwa zu einem Dutzend im Anbau.

Weine im Staat New York dementsprechend vorwiegend aus einheimischen amerikanischen Reben oder Hybriden bereitet.

Rebsorten und Weine

Concord: bekannteste und am meisten (85 %) angebaute Sorte; kleine, zähe und ertragreiche Rebstöcke, abstammend von *Vitis labrusca;* dunkelrote Trauben ergeben Wein mit ausgeprägtem Fox-Geschmack.

Catawka: eine der frühesten und besten Züchtungen aus *Vitis labrusca* mit hellroten Beeren, aus denen Weiß-,Rot- und Rosé-Weine bereitet werden.

Delaware: Züchtung mit blaßroten Trauben und hohem Zuckergehalt, reichtragend; liefert Weine mit geringem Fox-Geschmack.

Niagara: bringt süße, sehr fuchsig schmeckende Weißweine.

Seyve-Villard: stellt recht gute und säurearme Weißweine; wird neuerdings auch in S-England (Sussex) versuchsweise angebaut.

Baco noir: rote Hybride der *Vitis riparia,* bringt dunklen, sauberen, säurebetonten Wein; eine Baco-Sorte wird in Neuseeland angebaut.

Großer Teil einheimischer Sorten wird zu Traubensäften, Sherries und Schaumwein (z. B. aus Delaware) verarbeitet; bei Herstellungsverfahren verliert sich Fox-Geschmack weitgehend.

Neuerdings auch Versuche mit Anbau von Europäer-Reben, wie *Riesling, Pinot Chardonnay, Pinot noir* und *Cabernet* erfolgreich.

*

Charakteristik der nordamerikanischen Weine

Bedeutung der kalifornischen Weine mit 86 % der US-Erzeugung quantitativ und qualitativ weit größer als die der 8 % meist foxtöniger der O-Küsten-Region.

Kalifornische Weine vereinigen in sich alle Weintypen Europas, besitzen jedoch entsprechend südlichem Klima weniger Säure und Frische, aber mehr Körper und Bukett als entsprechende europäische Weinsorten. Da Qualität ständig gesteigert wird, gilt Kalifornien, bes. in den neuerschlossenen höheren Lagen, als großes Qualitätsweingebiet der Zukunft. Spitzenweine, v. a. unter den roten, sind europäischen ebenbürtig. Weißweinen, mit Ausnahme des Chablis, mangelt es meist an Rasse und Eleganz.

10.2.3 Argentinien

Geschichtliches: argentinischer Weinbau verglichen mit dem der klassischen Weinbauländer um das Mittelmeer jung. Spanische Eroberer brachten 1560 Weinrebe ins Land. Aber erst Ende 19. Jhs. – mit verkehrsmäßiger Erschließung des Landes und starker Einwanderung aus S-Europa – setzte moderne Entwicklung des Wein-Anbaus und -Ausbaus ein.

Anbaufläche: 325 000 ha (1974), fast 4-faches der bundesdeutschen; wird ständig vermehrt, obwohl Weinerzeugung trotz hohen Eigenverzehrs weit über Eigenverbrauch liegt.

Ertrag: mit 26 Mill. hl (1974) fünftgrößter Weinerzeuger der Welt nach Frankreich, Italien, Spanien und UdSSR.

Pro-Kopf-Verbrauch: 73 l (1973). Im Weinkonsum aller Länder an 5. Stelle. Wein ist Volksgetränk. 1,5 Mill. Menschen oder 7 % der Bevölkerung leben unmittelbar oder mittelbar von der Weinproduktion.

Weinwirtschaft: Größe und Vielfalt imponierend. Weinbau und -bereitung stehen an 3. Stelle in Wirtschaft des Landes. Wert der Weinernte beträgt jährlich rd. 900 Mill. US-Dollar. 1/3 der Weinproduktion entfällt auf Eigenerzeuger, 1/3 der Traubenernte oder des Mostes wird von großen Verarbeitungsbetrieben aufgekauft und weiterverarbeitet, letztes Drittel durch 3. Hand gekeltert und verkauft.

Fast 3/4 der Produktion werden mit Eisenbahn oder in Lasttankwagen in 1200 km entfernte Hauptstadt Buenos Aires transportiert, dort in modernsten Anlagen gefiltert, meist verschnitten, mit Tagesausstoß von 600 000 Flaschen erhitzt und abgefüllt.

Erträge lohnend: 20 000–50 000 kg/ha Trauben je nach Sorte bringen Erlöse von etwa 4-fachem des beim Getreideanbau in der Pampa zu Erzielenden. Kosten für Anlage eines Hektars Rebfläche einschließlich Wasserversorgung liegen bei etwa 7000 US-Dollar, sind damit noch relativ gering.

Argentinisches Staatliches Weininstitut *(Instituto Nacional de Vitivinicultura Argentina)* in Mendoza überwacht Weinbau und -erzeugung – Kontrolle erstreckt sich von Weinlese bis zum fertigen Wein –, erteilt Zertifikate für Ausfuhr von Wein und anderen Traubenerzeugnissen, wie Weinbrand und Kernöl, koordiniert Exporte und erstellt Weinanalysen, die staatliche Garantie für Weinqualität darstellen. Gesetzliche Vorschriften und Überwachung ihrer Einhaltung äußerst streng, Verfälschungen daher nahezu ausgeschlossen.

Ausfuhr (58 000 hl/1974) von Weinen und Traubensaftkonzentraten auf Spezialtankschiffen soll gesteigert werden; Aussichten, bes. für Ausfuhr nach N-Amerika, günstig, Absatz auf europäischen Märkten dagegen wesentlich schwieriger, weil EWG selbst große Mengen Tafelwein erzeugt, Zollfreiheit innerhalb ihres Wirtschaftsgebietes besteht, Frachtwege wesentlich kürzer sind, europäische Kellertechnik der argentinischen überlegen ist.

Mostkonzentrate aus San Juan und Mendoza werden bereits zu 2/3 der Produktion zur Herstellung von Likören und soft drinks ausgeführt, bes. in Länder ohne eigenen Weinbau. Tafeltrauben und Rosinen sind wichtige Exportartikel nach N-Amerika und Europa.

Klima und Böden: auf N-S-Länge von700 km – im N bis in tropische Zone, im S bis in kalte und trockene Steppe Patagoniens reichend – sehr unterschiedlich. Für Rebanbau einige vorzüglich geeignet.

Rebsorten: meist europäischer Herkunft, aus Spanien, Italien, Frankreich oder Deutschland, davon 2/3 Rotwein-Reben.

Blaue Rebsorten: Cabernet Sauvignon, Cabernet franc, Malbec (meistangebaute blaue Sorte in Argentinien), *Verdot, Pinot noir, Syrah, Barbera, Grenache;*

helle Rebsorten: Pedro Ximénez, Palomino, Muscat, St.-Émilion (Ugni blanc), Malvasia, Pinot Chardonnay, Sauvignon blanc, Semillon, Torrontés, Riesling.

Weine

34 % der Traubenernte werden zu Rotwein, 20 % zu Weißwein, 27 % zu Rosado (Rosé) verarbeitet, 19 % als Tafeltrauben oder Rosinen verzehrt. Im Unterschied zum deutschen Weißherbst (→5.2.3) können Rosados auch aus roten und weißen Trauben gekeltert werden.

Cabernet-Weine: gerbstoffreich, robust, langlebig.

Sauvignons: trocken, kräftig, körperreich, fruchtig, ausdrucksvoll.

Rieslinge: trockener und stärker, aber ohne die Eleganz entsprechender europäischer.

Malbec: gleichnamige, sehr reich tragende und ertragssichere Traube wird, im Gegensatz zu Europa, wo sie vorwiegend Bestandteil der Bordeaux-Weine ist, hier oft allein gekeltert und zu selbständigem dunklem, weichem, geschmeidigem, fruchtigem Wein mit langem, angenehmem Abgang ausgebaut; für Europäer eine freudige Entdeckung.

Criollo (urspr.: Bastard zwischen Weißem und Indio) ist Bezeichnung von doppelter Bedeutung:

a) älteste argentinische *Rebsorte,* die Jesuiten im 16. Jh. aus Spanien mitbrachten und die sich zur eigenen geographischen Rasse entwickelt hat;

b) *Konsumwein,* Mischung irgendwelcher Traubensorten, auch weißer mit blauen; sein Anteil wird auf 60 % der argentinischen Gesamtproduktion geschätzt.

Schaumwein von guter Qualität wird seit 1960 in Provinz Mendoza unter Beteiligung französischer Fachleute hergestellt.

Weinbereitung: Anders als in Europa werden auch weiße Trauben auf der Maische vergoren und bewußt oxidativ (→9.3.3.4) ausgebaut. Gärung erfolgt während 5–6 Tagen bei +28–30°C, anschließend 25–30 Tage bei geringerer Temperatur in anderem Gärbehälter. Weiße Weine dieser Herstellungsart für Europäer meist geschmacklich fremd.

Neuerdings werden zunehmend kühler vergorene, sehr beachtliche Qualitätsweine *(Finos)* erzeugt; Anteil an Gesamtproduktion geschätzt auf zwischen 5 und 10 %. Im Unterschied zu Tafelweinen werden sie an Ort und Stelle auf Flaschen gefüllt und im steigenden Umfang exportiert.

Zusatz von Zucker oder Konzentraten bei Weinbereitung verboten, Mischung verschiedener Jahrgänge erlaubt. Dessertweinen darf reiner Alkohol zugesetzt werden. Zugabe von Säuren (wie z. B. Zitronensäure bei manchen säurearmen Weinen südlicher Länder) nicht üblich. Gehalt an Schwefliger Säure (zum Haltbarmachen des Weins, →5.2.1) erfreulich niedrig: bei Konsumweinen SO_2-

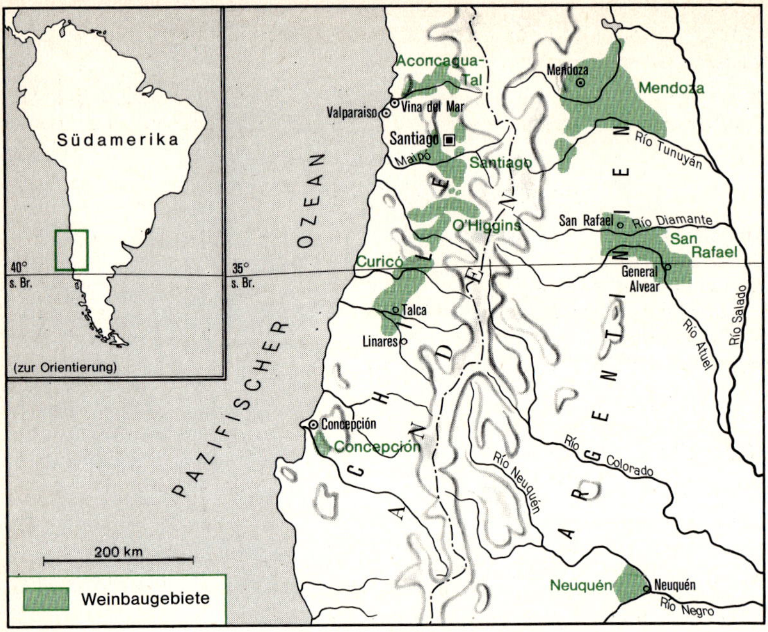

Karte 17: Die Anbaugebiete Südamerikas (Argentinien und Chile)

Gesamtmenge 50 g/hl, bei Finos nur 20 g/hl; freie Schweflige Säure darf generell bis höchstens 20 g/hl enthalten sein. – Wein wird jung getrunken.

Auf *Flaschenetikett* angegebene Rebsorte muß mindestens zu 80 % in Flasche enthalten sein; Flasche mit Bezeichnung *Malbec* z. B. muß mindestens 80 Teile dieser Traubensorte enthalten, während Rest aus anderen Sorten, z. B. Sauvignon, bestehen darf.

Anbaugebiete (→Karte 17) liegen im W des Landes an O-Abhängen der *Anden* unweit chilenischer Grenze (bis in 800 m Höhe um *Mendoza,* bis in 1700 m um Cafayate, bis zu 3000 m in Ausnahmelagen) und gliedern sich in *3 Regionen.*

(1) **Im N** etwa 3 % der Gesamtanbaufläche in den Provinzen *Jujuy, Salta, Catamarca* und *La Rioja.*

(2) **In der Mitte** 90 % des argentinischen oder 50 % des südamerikanischen Rebanbaus in den Provinzen *Mendoza* (71 %) und *San Juan* (19 %). Im sehr trockenen und warmen Klima – jährliche Niederschlagsmenge höchstens bis 200 mm – werden Rebstöcke künstlich bewässert. Mendoza war noch vor reichlich

einem Jahrhundert Wüste. Italienische und deutsche Einwanderer bewässerten Ödland mit Schneewasser aus Anden-Hochgebirge und verwandelten es in fruchtbares Land.

(3) **Im S** 7 % in den Provinzen *Rio Negro* und *Neuquén.* Kühleres Klima läßt Trauben hier nur langsam reifen; Weine rassiger und eleganter als die des N.

*

Charakteristik der argentinischen Weine

Argentinische Weine allgemein arteigen und selbständig, gleichen weder aus gleichen Traubensorten hergestellten französischen oder spanischen noch kalifornischen, sind frisch und fruchtig, alkohol- (12–14 %) und extraktreich sowie klimabedingt säurearm; dem Anteil nach zu mehr als 90 % preiswürdige, gute Tafelweine und Typenweine. Rote meist Weißen und Rosados überlegen, von angenehmer Milde und Geschmeidigkeit.

10.2.4 Chile

Geschichtliches: Erste Weinanpflanzung geht auf Eroberungszeit durch Spanier zurück; Weinstock gelangte kurz vor 1600 von Peru nach Chile. Rebanbau gewann aber erst um 1850 an Bedeutung durch eingewanderte französische und deutsche Winzer, die Reben aus ihrer Heimat nach Chile mitbrachten. Französischer und auch deutscher Einfluß in chilenischer Weinerzeugung noch heute unverkennbar.

Anbaufläche und Ertrag: 130 000 ha (1974) bringen 6 Mill. hl Wein sowie Tafeltrauben. Weinanbau nimmt nach Getreide 2. Platz in landwirtschaftlicher Erzeugung Chiles ein.

Ausfuhr von vorwiegend billigen Tischweinen seit einem halben Jahrhundert. 1974 47 000 hl. Beste chilenische Weine, die durchaus mit europäischen Prädikatsweinen wetteifern können, werden im Lande getrunken, wenige nach USA exportiert, keine nach Europa.

Pro-Kopf-Verbrauch: 45 l (1973).

Weinbau Chiles ist fortschrittlichster, Weine waren und sind noch beste S-Amerikas, wenn Argentinien qualitätsmäßig auch stark nachdrängt.

Klima: bei 4200 km Küstenlänge an südlichem Pazifik umfaßt Chile von tropisch bis polar alle Klimazonen. Ideales Rebklima besitzt mittlere, mediterran gemäßigte Region um Hauptstadt Santiago de Chile, in der Anden-Winde und kalter Humboldt-Strom für Abkühlung sorgen. Niederschläge nehmen von N nach S und nach Anden hin zu, betragen um Santiago jährlich 370 mm; fast Hälfte der Rebkulturen wird künstlich bewässert.

Böden: meist vulkanischen Ursprungs, aber auch Sand und Kies häufig, wie im Maipó-Gebiet.

Rebsorten und Weine

Französische und spanische Edelreben, wie *Cabernet, Pinot noir* (seit 1851 im Anbau, heute eine der wichtigsten Sorten), *Merlot, Semillon, Sauvignon, Trebbiano, Muskateller, Traminer,* herrschen vor, *Riesling* zeugt von Arbeit deutscher Winzer.

60 % der Produktion entfallen auf blaue, Rest auf helle Traubensorten.

Cabernet liefert ausgeglichenen, fruchtigen, gerbstoffreichen, langlebigen, feinen Qualitätswein, *Pinot noir* leuchtenden, öligen, milden, vornehm duftenden Wein, köstlicher *Merlot* reift auf Kiesböden in *Maipó-Gebiet, Sauvignon* bringt trockenen, körperreichen, weißburgunder-ähnlichen, ausdrucksvollen Wein, *Riesling* (in bocksbeutelartigen Flaschen) gerät trockener und bukettreicher, ohne Eleganz deutscher Rieslinge zu erreichen.

Beste Weine mit Bordeaux- und Burgunder-Charakter werden um Santiago erzeugt und typenmäßig ausgebaut. *Gute Dessertweine* stammen aus N des Landes, ansprechende*Tischweine* aus Landesmitte, *Vins ordinaires*aus dem S.

Rotweine müssen 11,5 %, *Weißweine* 12 % Alkohol besitzen.

Portweine, Sherries und süße *Schaumweine* sowie *Pisco* genannter Traubenbranntwein werden in größeren Mengen hergestellt.

Weinbezeichnungen: courant sind einjährige Weine, *special* haben 2 Jahre gelagert, *reserve* sind 4 Jahre, *gran vino* 6 Jahre alt; letzte beide stellen gehobene bis beste Qualitäten dar und unterliegen strenger staatlicher Kontrolle.

Namen, wie Chablis, Sauternes, Borgona (Burgunder), Rhin, zeugen vom französischen Einfluß.

Weinbaugebiete (→Karte 17) erstrecken sich verstreut über fast 3000 km Gesamtlänge von Aconcagua im N bis Talca im S und konzentrieren sich:

(1) im *mittleren Chile* im Halbkreis um **Santiago;**

(2) *im N* in **Aconcagua-Ebene;**

(3) *im SO* an **Maipó-Ausläufern** der Anden;

(4) *weiter südlich* um **Linares, Concepción** und **Talca** liegen Massenproduktionsgebiete.

10.2.5 Australien

Geschichtliches: Reb- und Weinkultur im 5. Kontinent sind jung, einheimische Wildreben und Rebsorten unbekannt. Kolonisten brachten bald nach erster Besiedlung (1788) Rebstöcke aus Europa mit und pflanzten sie in Neu-Südwales nördl. Sydney versuchsweise an. Eine Sammlung von mehr als 500 Rebsorten CHAPTALS (→5.3) kam 1832 aus Paris nach Sydney. Deutsche Winzer ernteten 1850 ersten Jungfernwein im Barossa-Tal in S-Australien, heute bekanntestem australischem Weinbaugebiet. Familien-, Orts- und Weinnamen sowie Warenzeichen zeugen noch jetzt von deutscher Pionierzeit. Nach Schwierigkeiten und Rückschlägen entwickelte sich Weinbau Australiens zu beachtlicher Höhe.

Anbaufläche und Ertrag: 64 000 ha (1974; etwa 3/4 der BRD) erbringen 2 Mill. hl Wein (etwa 1/3 der BRD).

Ausfuhr 85 000 hl (1974); größerer Teil der Produktion wird, da Australien vorwiegend Biertrinkerland, exportiert in etwa 50 Länder, v. a. nach USA, Kanada, England (hier bes. geschätzt »Flor Sherries«) und auf die Westindischen Inseln, desgleichen Tafeltrauben (10 000 t/J) und größere Mengen (29 000 t/J) Rosinen, Sultaninen und Korinthen.

Einfuhr: 42 000 hl (1974).

Weinwirtschaft: Rebanbau und Weinausbau wurden (bei sehr hohen Arbeitslöhnen) schon frühzeitig mit modernsten technischen Mitteln durchgeführt und gleichen wissenschaftlich geleiteter Industrie. Australische Bundesregierung fördert Weinforschung durch finanzielle Unterstützung.

Klima und Böden im südlichen Drittel des Erdteils für Rebanbau grundsätzlich sehr geeignet, jedoch wirken sich die (ähnlich wie in Kalifornien) für Gedeihen der Reben optimalen Bedingungen oft durch zu hohen Zuckergehalt und zu wenig rassige Säure der Trauben auf Güte und Bukett der Weine negativ aus. – 2/3 der Rebfläche müssen bei großer Hitze (bis 40°C) und mangelnden Niederschlägen (um 250 mm/J) im trockenen Landesinneren künstlich bewässert werden. Verhältnismäßig kühle und feuchte Gegenden, wie Barossa Valley und hügelige Randgebiete des Hunter Valley, bringen beste Weine.

Rebsorten

Etwa 3 Dutzend eingeführter europäischer Edelrebsorten werden angebaut, davon hier die wichtigsten:

Helle Rebsorten: Weißer Burgunder (nicht immer Grundlage des sog. »White Burgundy«), *Rhine-Riesling* (echter Riesling, während sog. »Riesling« meist aus *Semillon blanc = weißer Bordeaux*-Traube stammt), sehr beliebt *Muskateller,* etwas *Gewürztraminer, Marsanne* (Traubensorte aus Rhône-Tal), *Trebbiano* (in Italien weit verbreitet), *White Frontignac* (aus S-Frankreich stammend), *Semillon blanc, Sercial* (aus Madeira), *Palomino* (berühmte Sherry-Traube Spaniens), *Verdelho* (bekannte Madeira-Sorte, urspr. aus Mittel-Italien), *Pedro Ximénez* (spanische Sherry-Traube) sowie *Doradillo* (ausschließlich zur Weinbrand-Herstellung).

Blaue Rebsorten: Grenache (Grenache noir, in S-Frankreich, Spanien und Kalifornien häufig angebaut) ergibt rote, portwein-artige Weine; ferner weitverbreitet *Shiraz* (südfranzösische Qualitätsweinsorte *Syrah), Pinot noir, Cabernet Sauvignon.*

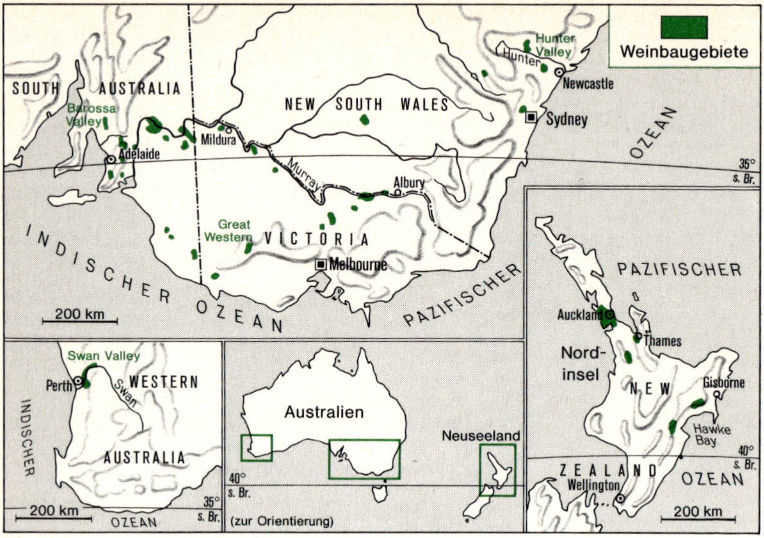

Karte 18: Die Anbaugebiete Australiens und Neuseelands

Weine

Außerordentlich verschiedenartig: von Grundweinen über weiße und rote *Tischweine, Typendessertweine,* v. a. mit Sherry-Charakter, *aromatisierte Weine, Perl-* und *Schaumweine* bis zu beachtlichen *Spitzenqualitäten.* Weine aus heißen Gebieten sind alkohol-, körperreich und süß, aus höheren und kühlen Lagen leichter und etwas rassig.

Rotweine im allg. von besserer Qualität als Weiße. Bezeichnung *»Claret«* (roter Bordeaux) oder *»Burgundy«* (Burgunder) meist für billigere Sorten, *»Cabernet«* und *»Shiraz«* dagegen für gute Qualitäten.

Bis vor kurzem wurden schwere und süße, gespritete Aperitif-, Dessert- oder Likörweine leichteren, trockenen Tischweinen vorgezogen.

Bei *weißen Tafelweinen* 2 Typen: leicht-herb und süß-schwer. Herbe meist etikettiert als »Riesling«, »Hock«, »Moselle«, »White Burgundy« oder »White Hermitage«; entsprechen mehr modernem Publikumsgeschmack.

Sherries, Ports, Rosés, Perl- und *Schaumweine* sowie *Brandies* werden neben weißen und roten Weinen in Australien in größeren Mengen hergestellt.

Auf *Etikett* von in Australien abgefüllten Flaschenweinen meist keine Jahrgangsangabe, dagegen Name des Weingutes oder Erzeugers. Bei Angabe der Rebsorte Vorsicht geboten, da europäische Rebsorten- und Weinnamen oft mißbräuchlich verwendet werden; strenge Weingesetze wie in Europa (→6.1), die genaue Deklaration auf Etikett vorschreiben, in Australien noch unbekannt. Durch scharfen internationalen Wettbewerb hat sich jedoch Qualität sehr gebessert, und australische Weine werden auf internationalen Ausstellungen beachtlich ausgezeichnet. Angabe der tatsächlich in Flasche enthaltenen Traubensorte auf Etikett beginnt sich, v. a. bei Rotweinen, durchzusetzen; Namen großer Weingüter, wie *Tahbilk, Oakvale, Coonawarra* oder *Ewell,* bürgen für Echtheit.

Weinbaugebiete größeren Umfangs in *4* von 6 *Bundesstaaten* des Commonwealth of Australia, alle im südlichen Drittel des Kontinents gelegen (von O nach W): New South Wales – Victoria – South Australia – Western Australia (→Karte 18).

10.2.5.1 New South Wales

Hunter Valley, nördl. Hauptstadt *Sydney,* ist Anbauzentrum im Gebiet von New South Wales (Neu-Südwales); verhältnismäßig kühl und feucht, gilt als bestes und ältestes australisches Rebgebiet, in dem mittelschwere, aromatische, farbintensive Rotweine erzeugt werden; auch Weißweine zeigen hier beachtliche Qualität.

10.2.5.2 Victoria

Steht in australischer Weinerzeugung an 2. Stelle; umfaßt *3 Anbaugebiete:*

(1) bei **Albury** und **Mildura;**

(2) nördl. **Melbourne;** von hier werden gute Weißweine geschätzt;

(3) **Great Western;** aus dieser Region auch bekannte Schaumweine.

10.2.5.3 South Australia

Im S des Kontinents werden etwa 3/4 aller australischen Weine erzeugt.

Barossa Valley, 35 km lang, 3–12 km breit, 50 km nördl. Adelaide gelegen, ist *größtes* geschlossenes Anbaugebiet Australiens mit 7 300 ha.

1839 gründeten deutsche Kolonisten erste Ansiedlungen und führten Rebanbau nach deutschem Muster ein. Älteste Stadt Tamunda und Siedlungen Angaston mit Yarlumba Wineries sowie Nuriootpa mit Seppelt Winery und Penfolds Winery zeugen noch eindrucksvoll von deutscher Australien-Kolonisation.

Helle Rebsorten bringen von fruchtbaren roten Böden fast 2/3 der Weine hervor. *Rhine-Rieslings* sind frisch, herb, saftig bis elegant.

Blaue Rebsorten gedeihen vorwiegend in *Orlando Weinbergen* im *Rowland Flat;* hier werden beste *Bordeaux-Weine* hergestellt.

Aus Hügellandschaft bei *Springton, Eden Valley* und *Pewswy Valley* stammen feinste Weine. Als *Spezialität* gilt *Barossa-Cabernet,* meist aus *Cabernet Sauvignon-* und *Hermitage-(Shiraz-)*Trauben bereitet.

Einzige *Genossenschaft* des Barossa Valley bringt mehrere Markenweine »Kaiserstuhl« heraus.

10.2.5.4 Western Australia

Nahe Indischem Ozean mit Hauptstadt Perth. In östl. davon gelegenem **Swan Valley** (Schwan-Tal, 33° s. Br.) konzentriert sich westaustralischer Weinbau und wachsen beste Weine dieses Anbaugebiets.

Klima: subtropisch; lange und heiße Sommer mit durchschnittlichen Temperaturen von +30–35°C sind ungünstig für Gedeihen der Rebe (→2.4.2).

Weine und Rebsorten

Weißweine

Verdell aus *Verdelho-*Trauben (aus Mittel-Italien stammende, bes. als Madeira-Wein sehr geschätzte Rebsorte): attraktiver und delikater, v. a. jung ansprechender Wein.

White Burgundy aus *Semillon-* und *Tokay-*Trauben: in guten Jahren fein und frisch, mit starkem, köstlichem Aroma, wie in keinem anderen australischen Weißwein; in extrem heißen Sommern fällt er aus.

Chablis aus *Semillon-*Trauben: trotz ziemlicher Fülle von genügender Feinheit (verglichen mit sonstiger typischer Körperfülle der Swan Valley-Weine).

Rhine-Riesling aus *Riesling-*Trauben: angenehm trocken, mit köstlichem Bukett und mehr Charakter als in Weinen der O-Regionen; wegen hoher Qualität sehr begehrt.

Rotweine

Hermitage aus *Shiraz-*Trauben: milder, voller Wein mit sehr viel Duft, jedoch Eleganz von Weinen gleicher Rebsorte aus Rhône-Tal und Wallis nicht erreichend.

Malbec aus gleichnamiger Traube (als Verschnitt in Bordeaux-Weinen und unverschnitten in argentinischen Weinen): in guten Jahren zu den besten australischen Weinen zählend, nach zu heißen Sommern für manchen Gaumen zu kräftig und schwer.

Cabernet: gleichfalls schwerer als entsprechende in O-Regionen Australiens.

Strelley (nach Namen einer Bucht im Swan Valley): trockener, bukettreicher Mischwein aus Cabernet-, Malbec- und Shiraz-Trauben.

Claret und *Red Burgundy:* in ganz Australien beliebte Tafelweine.

Charakteristik der australischen Weine

Allgemein gilt: australische Weine weisen – wie kalifornische und argentinische –, klimatisch bedingt, weniger Sortenunterschiede und elegante Säure auf als entsprechende in BRD und Frankreich.

10.2.6 Neuseeland

Geschichtliches: Anbau auf der 2 000 km südöstl. von Australien *im Pazifik* gelegenen Doppelinsel geht auf Anfang des 19. Jhs. zurück. Seuchen, wie Oidium und Reblaus, sowie Prohibition und wechselnde Regierungen brachten immer wieder Rückschläge.

Klima und Böden: mit ausgeglichenem und gemäßigtem ozeanischem, sonnenreichem Klima (Breitengrade entsprechen Mittel-Italien bis Algerien), reichlich Niederschlägen und guten Bodenverhältnissen insgesamt sehr günstige Bedingungen für kleinen, aufstrebenden Weinbau.

Anbaufläche und Ertrag: 1 000 ha (1974) mit Erzeugung von 200 000 hl Wein und 300 t/J Tafeltrauben. Hektarerträge mit Hybriden-Massenträgern doppelt so hoch wie in Europa oder Australien.

Ausfuhr: 3 000 hl (1974).

Einfuhr: 27 000 hl (1974).

Pro-Kopf-Verbrauch: 9,4 l (1973).

Rebsorten: angebaut werden neben großem Anteil von *Hybriden* amerikanischer Herkunft, wie *Baco 22 A* und *Albany Surprise,* zahlreiche *europäische Standardsorten* in kleinen Mengen.

Weine: im wesentlichen *Tisch-* und *Tafelweine,* oft mit Fox-Ton; mehr als 1/3 des Mostes wird zu mit Hefebranntwein aufgespriteten Dessertweinen verarbeitet.

Anbaugebiet (→Karte 18): in Provinz **Auckland** der N-Insel.

Literatur

ALLEN, H. WERNER: Portwein und Madeira. Ullstein, Berlin 1963
AMBROSI, HANS: Weinlagen-Atlas mit Wein-Lexikon. Ceres, Bielefeld 1974
–: Wo große Weine wachsen. Gräfe und Unzer, München 1974
–: Weinatlas Europas. Ceres, Bielefeld 1975
–: Vom Weinfreund zum Weinkenner. Gräfe und Unzer, München 1976
ANDRES, STEFAN: Gäste im Paradies. List, München 1956
–: Die großen Weine Deutschlands. Ullstein, Berlin 1975
–: Weinpilgerbuch. Piper, München 1976
BARY, HERBERT DE: Eigenarten der europäischen Weine. Orion, Heusenstamm 1974
BECKER, WERNER u. a.: Moderner Weinverkauf. Verlag Handels- und Werbepraxis, Neuwied 1969
BERNHEIM, JULIUS: Ärzte kochen besser. Bertelsmann, Gütersloh 1966
BERTSCH, KARL und FRANZ: Geschichte unserer Kulturpflanzen. Wiss. Verlags-Ges., Stuttgart 1949
BILM, PETER, und KESCHOW, GERT: Das Weinbuch. Moderne Verlags-GmbH, München 1969
BLAŽEK, MIROSLAV u. a.: ČSSR – Land, Volk, Wirtschaft in Stichworten. Hirt, Wien 1971
BOCKER, H. u. a.: Das Weinbuch. VEB Fachbuchverlag, Leipzig 1963
BODE, CHARLES: Italiens Weine. Kupferberg, Mainz 1966
BÖTTIGER, THEODOR: Die Weine Italiens. Heyne, München 1972
–: Die Weine Deutschlands. Heyne, München 1974
–: Die Weine Spaniens und Portugals. Heyne, München 1974
BORCHERT, GÜNTER u. a.: Erdkunde in Stichworten. Hirt, Kiel 1976[4]
BREIDER, HANS u. a.: 50 Jahre bayerische Rebenzüchtung. Bayerischer Landwirtschaftsverlag, München 1962
BRILLAT-SAVARIN, JEAN ANTHELME: Physiologie des Geschmacks. Heyne, München 1962
BÜRGIN, GOTTFRIED: Weinkultur in der Schweiz. Benteli, Bern 1975
BUNDESSORTENAMT: Beschreibende Sortenliste der Reben. Strothe, Hannover 1974
BUNDESVERBAND Deutscher Pflanzenzüchter: Rebenzüchtung in der BRD. Bonn 1972
CAMERINI, ALBERTINA: 140 Vini Italiani. Rinnovamento S.p.A., Roma 1975
CARTER, YOUNGMAN: Bordeaux und Burgunder. Kupferberg, Mainz 1968
CASTOR, PAUL, und BILM, PETER: Das große Party-Buch. Moderne Verlags-GmbH, München 1967
CHRISTOFFEL, KARL: Durch die Zeiten strömt der Wein. de Gruyter, Berlin 1957
–: Wein-Lese-Buch. Prestel, München 1964
–: Moselfahrten – weinvergoldet. Südwestdeutsche Verlagsanstalt, Mannheim 1968

CLAUS, PAUL: Der Riesling und seine Weine. Weinberg- und Keller-Verlag, Traben-Trarbach 1967
CLAUSS, ERNST: Das schlesische Weinland. Keppler, Frankfurt/M. 1961
CORNELSSEN, FRIEDRICH AUGUST, und ENDT, RUDI VOM: Der Weg zum Wein. Deutsche Weinwerbung, Mainz 1963
–: Deutsche Weinfibel. Deutscher Weinverlag, Mainz 1967
–: Wir proben Wein. Deutsches Weininstitut, Mainz 1967
CORNELSSEN, HERTHA: Kochen mit Wein. Meininger, Neustadt/Weinstraße 1971
CROFT-COOKE, RUPERT: Madeira. Putnam, London 1966
CSÖNDES, ZOLTÁN: Ungarische Wein- und Kellerwirtschaft. Globus, Budapest 1975
DEBNIZE, GERARD: Dictionaire des vins. Librairie Larousse, Paris 1969
DEICHMANN, PHILIPP, und WOLF, HANS: Weinchronik. Rauschenbusch, Stollhamm 1950
DITTRICH, HELMUT HANS: Chemie des Weines. In: Bild der Wissenschaft, H. 11/1975
DUMAY, RAYMOND: Französische Weine. Heyne, München 1969
DUMBACHER, E.: Internationale Weinbibliographie 1955/65. Klosterneuburg 1966
EGGENBERGER, W., FÜRSTENBERGER, M., REUTLINGER, H. und SCHWABE, E.: Schweizer Weinatlas. Pharos, Basel 1975
–, KOBLET, W., MISCHLER, M. und SIMON, J.-L.: Weinbau. Huber, Frauenfeld 1975
EICHHORN, ERNST: Geschichte und Bedeutung des Weinbaues an der Hessischen Bergstraße. Schriften zur Weingeschichte, Nr. 29. Wiesbaden 1972
ENDT, RUDI VOM: Deutscher Wein-Atlas. Deutsche Weinwerbung, Mainz 1963
ESCHNAUER, H.: Mineralstoffe und Spurenelemente im Wein. Umschau, Frankfurt/M. 1960
FESTSCHRIFT 47. Deutscher Weinbau-Kongreß 1969: Der Deutsche Weinbau, H. 25. Wiesbaden 1969
FRANK, J.: Gute Absatzorganisation sichert die Zukunft: In: Der Deutsche Weinbau, H. 18. Wiesbaden 1970
FRASS, HERMANN: Wein und Weinbau in Trentino/Südtirol. Manfrini, Rovereto/Bozen 1964
GEIGY, I. R.: Reben in der Schweiz. Basel 1970
GEISS, WILHELM: Lehrbuch der Weinbereitung und Kellerwirtschaft. Selbstverlag W. Geiss, Bad Kreuznach 1960
GOETTLER, HANS: Lexikon der Spirituosen und alkoholfreien Getränke. Grüner, Berlin 1958
GÖTZ, BRUNO, und MADEL, WALDEMAR: Deutsches Weinjahrbuch 1970. Waldkirchner Verlagsgesellschaft, Waldkirch 1971
GOLLMICK, FRIEDRICH, BOCKER, HARALD, und GRÜNZEL, HERMANN: Das Weinbuch. VEB-Buchverlag, Leipzig 1976
GOROSTIZA, M. LLANO: Los Vinos de Rioja. Induban, Bilbao 1974

GRAUDENZ, KARLHEINZ: Der Wein erfreut des Menschen Herz. Südwest, München 1960
HALASZ, ZOLTAN: Hungarian Wine through the ages. Corvina-Press, Budapest 1962
HEUBACH, ALFRED: Der Weinbau in der Gemeinde Spiez. Bern 1968
HILLEBRAND, WALTER: Taschenbuch der Rebsorten. Bilz und Fraund, Wiesbaden 1974
HOCHRAIN, HELMUT: Die Weine Österreichs. Heyne, München 1974
HOCHREIN, M.: Präventive Cardiologie. Medicus, Berlin 1961
HOFMANN, ALFRED, und GAYER, KURT: Das schwäbische Weinbuch. Seewald, Stuttgart 1976
HORNICKEL, ERNST: Der Weinkenner. Seewald, Stuttgart 1965
–: Die Spitzenweine Europas. Seewald, Stuttgart 1966
–: Der private Weinkeller. Seewald, Stuttgart 1968
–: Wein-Reisen. Seewald, Stuttgart 1971
HUYN, HANS Graf: Das Tiroler Weinbuch. Seewald, Stuttgart 1965
ITALIENISCHES INSTITUT für Außenhandel (I. C. E.): Spitzenweine aus Italien. Mailand 1974
JÄRGEN, HEINZ: Allgemeine Einführung in das neue Weingesetz. Der Deutsche Weinbau, Sonderausgabe. Wiesbaden, Juni 1969
JAKOB, LUDWIG: Weinbewertung und Weinansprache. Meininger, Neustadt/Weinstraße 1970
JASON PUBLICATIONS: Australia Hunter Valley. Sydney 1971
JELLINEK, GISELA: Wissenschaftliche Grundlagen der sensorischen Geruchs- und Geschmacksanalyse. Sonderdruck aus: Gordian, Internat. Zschr. f. Lebensmittel und Lebensmitteltechnologie, 1968
JOBÉ, JOSEPH: Le Grand Livre du Vin. Edita Lausanne, 1969
JOHNSON, HUGH: Der große Weinatlas. Hallwag, Bern 1976
–, und KRÜGER, ARNE: Das große Buch vom Wein. Gräfe und Unzer, München 1973
JUNG, HERMANN: Wein in der Kunst. Bruckmann, München 1961
–: Visitenkarten des Weines. Mercator, Duisburg 1966
JURSA, OSKAR: Das Wachauer Weinbuch. Bergland, Salzburg 1961
–, und RUCKENBAUER, WALTER: Weine aus Österreich. Kremayr, Wien 1971
KIAULEHN, WALTHER: Rüdesheimer Fragmente. Privatdruck Schultz-Grümlack, Rüdesheim 1949
KLIEWE, H.: Wein und Gesundheit. Meininger, Neustadt/Weinstraße 1969
KOCH, HANS-JÖRG: Wein für Ketzer und fromme Leute. Sanssouci, Zürich 1962
KRAEMER, ADO: Das Bocksbeutelbuch. Stürtz, Würzburg 1964
–: Frag den Wein. Ein Brevier für Weinfreunde. Stürtz, Würzburg 1967
KRÄMER-BADONI, RUDOLF: Das kleine Buch vom Wein. Bertelsmann, Gütersloh 1967
KRESSMANN, EDOUARD: Der französische Weinführer. Moderne Verlags-GmbH, München 1971

KÜRENBERG, JOACHIM V.: Champagner. Mölich, Hamburg 1948
LABONTE, CHRISTIAN, und STAAB, JOSEF: Eine Dokumentation des Rheingauer-Qualitätsweines, Schloß Johannisberg 1816–1966. Erasmusdruck, Mainz 1966
LANGES, GUNTHER: Südtiroler Weinstraße. Bozen 1966
LARREA, ANTON: Vides Americanas Portaingertos. Ministerio de Agricultura, Madrid 1973
LINCK, OTTO: Der Weinberg als Lebensraum. Rau, Öhringen 1954
LUKAS, JAN: Das Buch vom Wein. Artia, Praha 1964
MANGOLD, RICHARD: Schwäbische Weinstraße. Schwabenwerk, Stuttgart 1967
MARKOS, GYÖRGY u. a.: Ungarn – Land, Volk, Wirtschaft in Stichworten. Hirt, Wien 1971
MARZELL, HEINRICH: Heil- und Nutzpflanzen der Heimat. Ensslin und Laiblin, Reutlingen 1947
MEHLER, NORBERT: Das Buch der Getränke. Römer, München 1975
MELVILLE, JOHN: California Wines. Nourse Publishing Company, San Carlos (Cal.), USA, 1955
–: Guide to California Wines. Nourse Publishing Company, San Carlos (Cal.), USA, 1960
MERIAN: Australien. H. 5/XXVII. Hoffmann und Campe, Hamburg
MICHEL, WERNER: Der deutsche Weinmarkt im Jahre 1968. Diemer, Mainz 1969
MOECKLI, B., und WENIGER, H.-P.: Reben in der Schweiz. Geigy, Basel 1969
MOOG, HEINRICH: Einführung in die Rebsortenkunde. Ulmer, Stuttgart 1957
MOSER, LENZ: Weinbau einmal anders. Österreichischer Agrarverlag 1966
MOSTAR, GERHART HERRMANN: Das kleine Buch vom großen Durst. Scherz, München 1963
MURPHY, DAN: What Wine is that? Ure Smith, Sydney 1973
NÄGELI, ERNST: Ostschweizer Reben. Huber, Frauenfeld 1966
NEGRUL, A. M.: Genetische Grundlagen der Weinrebenzüchtung. Bull. Appl. Bot. Serie VIII, No. 6, 1936
NÉMETH, MÁRTON: Ampelografiai Album. 3 Bände. Mezögazasági Kiadó, Budapest 1967, 1970, 1975
NEUHAUS, ULRICH: Die Große Ernte. Altberliner-Verlag, Berlin 1949
PEMÁN, JOSE MARIA: Il vino de Rioja. Madrid 1967
PEYER, E., und EGGENBERGER, W.: Weinbuch. Schweizerischer Wirteverein, Zürich 1973[6]
POSTGATE, RAYMOND: Was man vom Wein wissen sollte. Kupferberg, Mainz 1967
–: Die Weine Portugals. Kupferberg, Mainz 1972
POUPON, PIERRE, und FORGEOT, PIERRE: Die Weine Burgunds. Presses Universitaires de France, Paris 1971
PROVINS VALAIS: Über die Reben und Weine im Wallis. Sitten 1974
RENOUIL, YVES: Dictionaire du vin. Férot et fils, Bordeaux 1962

Rössler, Otto: Getränke aus aller Welt. Nicolaische Verlags-Buchhandlung, Herford 1967
Romero, Fernando B.: Vides de la Rioja. Ministerio de Agricultura, Madrid 1971
Ruff, Lajos: Lob der Königsarzenei. Neff, Wien-Berlin 1968
Schiferl, Lois: Weinland Niederösterreich. Agrarverlag, Wien 1955
Schlegel, Walter: Der Weinbau in der Schweiz. Steiner, Wiesbaden 1973
Schmidt di Simoni, Ewald: Die edlen Weine der Pfalz. Seewald, Stuttgart 1968
Schmitt, Jacques: Die Weine Frankreichs. Meininger, Neustadt/Weinstraße 1953
Schnack, Anton: Weinfahrt durch Franken, Süddeutscher Verlag, München 1967
Schoene, Renate: Bibliographie zur Geschichte des Weines. Südwestdeutsche Verlagsanstalt, Mannheim 1976
Schonmaker, Frank: Das Wein-Lexikon. Süddeutscher Verlag, München 1967
Schwarz, Erica: Urlaub im Schwarzwald. Bertelsmann, Gütersloh 1967
Simon, André L.: Vom Wein und anderen geistigen Getränken. Herbig, München 1960
–: Das Weinbuch des Kenners. Kupferberg, Mainz 1965
–: Die großen Weine Frankreichs. Ullstein, Berlin 1965
–: Auf dem Wege zum Kenner. Kupferberg, Mainz 1969
–: Wines of the World. Mac Graw Hill Publ., London 1972
Staab, Josef: 500 Jahre Rheingauer Klebrot = Spätburgunder. Schriften zur Weingeschichte, Nr. 24. Wiesbaden 1971
Steigelmann, Wilhelm: Der Wein in der Bibel. Meininger, Neustadt/Weinstraße 1971
Stein, Gottfried: Reise durch den deutschen Weingarten. Prestel, München 1972
Thorpy, Frank: Wine in New Zealand. Collins, Auckland 1971
Traxler, Hans: Das österreichische Weinbuch. Austria-Press, Wien 1962
Troll, Thaddäus, und Oheim, Gertrud: Das Buch der Getränke. Bertelsmann, Gütersloh 1957
Troost, Gerhard: Die Technologie des Weines. Ulmer, Stuttgart 1961
Vogt, Ernst u. a.: Weinbau. Ulmer, Stuttgart 1967
–: Der Wein. Ulmer, Stuttgart 1968
Waugh, Alec: Weine und Spirituosen. Time-Life International, Nederland 1969
Weinhold, Rudolf: Winzerarbeit an Elbe, Saale und Unstrut. Akademie Verlag, Berlin 1973
Wesendonk, Aladar: Taschenbuch vom Wein. Heyne, München 1967
Woschek, Heinz-Gert: Der deutsche Weinführer. Moderne Verlags-GmbH, München 1976
–: Der österreichische Weinführer. Moderne Verlags-GmbH, München 1970

Führende (regionale) Weingutverbände im deutschsprachigen Raum

Bundesrepublik Deutschland

Verband Deutscher Prädikatsweingüter e.V.
Langgasse 3, 6505 Nierstein

- Fränkische Weingüter und Selbstvermarkter e.V.
  Postfach 296, 8700 Würzburg 1
- Großer Ring der Prädikatswein-Versteigerer der Mosel, Saar und Ruwer e.V.
  Zum Schloßpark 63, 5500 Trier
- Erster Versteigerungsring der Naheweingüter e.V.
  Brücke 53, 6550 Bad Kreuznach
- Vereinigung Rheingauer Weingüter e.V.
  Adolfstraße 15, 6228 Eltville
- Vereinigung Rheinhessischer Rieslinggüter e.V.
  Langgasse 3, 6505 Nierstein
- Verein der Prädikatsweingüter der Rheinpfalz e.V.
  Weingut Sieben, 6705 Deidesheim
- Arbeitsgemeinschaft Württembergischer Weingüter
  Burg Schaubeck, 7141 Steinheim-Kleinbottwar

Österreich

Bundesverband der Weinbautreibenden Österreichs,
Löwelstraße 12, 1014 Wien

- Landesweinbauverband Niederösterreich, Löwelstraße 12, 1014 Wien
- Verband niederösterreichischer Winzergenossenschaften,
  Simmeringer Hauptstraße 54, 1110 Wien
- Weinbauverband Burgenland, Esterhazystraße 15, 7000 Eisenstadt
- Landesweinbauverband Steiermark, Hamerlinggasse 3, 8010 Graz

Schweiz

Office des vins vaudois, 1007 Lausanne

Opav, 1950 Sion

Office des vins de Neuchâtel, 2003 Neuchâtel

Office des vins genevois, 1211 Genève 13

Agrosuisse, 8026 Zürich

Dipartimento dell'economia pubblica, 6501 Bellinzona

REGISTER

Zur Beachtung:

– **halbfette** Ziffern beziehen sich auf **Hauptabhandlungen,** *kursive* Ziffern auf *Tabellen;*

– *bei allen Rebnamen* vgl. auch unter den entsprechenden Synonymen;

→● bedeutet: das Stichwort tritt – außer auf den angegebenen Seiten – in allen speziellen Rebsorten- bzw. Länder-Kapiteln auf;

f..f bedeutet: das Stichwort tritt auf den anschließenden Seiten in unregelmäßiger Folge wiederholt auf.

Abkürzungen:

Alb	=	Albanien
Alg	=	Algerien
Arg	=	Argentinien
Au	=	Australien
B	=	Bereich
b. A.	=	bestimmtes Anbaugebiet
Bel	=	Belgien
BRD	=	Bundesrepublik Deutschland
Bul	=	Bulgarien
Č	=	Tschechoslowakei
Ch	=	Schweiz
Chi	=	Chile
DDR	=	Deutsche Demokratische Republik
El	=	Elba
Frk	=	Frankreich
G	=	Gebiet
Gb	=	Großbritannien
Gr	=	Griechenland
Isr	=	Israel
It	=	Italien
Ju	=	Jugoslawien
Kt	=	Karte
Lux	=	Luxemburg
Ma	=	Malta
Mar	=	Marokko
N-Afr	=	Nord-Afrika
NZ	=	Neuseeland
O	=	Ort
Östr	=	Österreich
Port	=	Portugal
Ru	=	Rumänien
S-Afr	=	Republik Südafrika
Sp	=	Spanien
SU	=	Sowjetunion
Tf	=	Tafel
Tü	=	Türkei
Tu	=	Tunesien
Ung	=	Ungarn
USA	=	Vereinigte Staaten von Amerika
Zy	=	Zypern

A Namenregister

B Register geographischer Namen

C Sachregister

HIRTS STICHWORTBÜCHER

SONDERREIHE: LAND, VOLK, WIRTSCHAFT

Kurzgefaßte, inhaltsreiche Darstellungen einzelner Länder unter Berücksichtigung der wichtigsten Fakten zur naturräumlichen Gliederung, historischen Entwicklung, Staat und Verwaltung, Bildungswesen, Wirtschaft. Die Reihe wird ständig fortgeführt.

Österreich – Land, Volk, Wirtschaft
von Prof. Dr. Leopold Scheidl † – Prof. Dr. Herwig Lechleitner
2., neubearb. Aufl. 1972, 184 S., 45 Abb., 62 Tab., brosch., ISBN 3 7019 8010 1

Schweiz – Land, Volk, Wirtschaft
von Prof. Werner Nigg
1975, 176 S., 19 Abb., 41 Tab., brosch., ISBN 3 7019 8015 2

Griechenland – Land, Volk, Wirtschaft
von Prof. Dr. Friedrich Sauerwein
1976, 128 S., 23 Abb., 40 Tab., brosch., ISBN 3 7019 8025 X

Ungarn – Land, Volk, Wirtschaft
von Hochschulprof. Dr. György Markos
1971, 136 S., 46 Abb., 23 Tab., brosch., ISBN 3 7019 8005 5

Bulgarien – Land, Volk, Wirtschaft
von Prof. Dr. Ivan Stefanov – Prof. Dr. Ljubomir Dinev – Zdravko Koev, unter redaktioneller Mitwirkung von Dr. Theodor D. Zotschew
1975, 128 S., 34 Abb., 25 Tab., brosch., ISBN 3 7019 8020 9

ČSSR – Land, Volk, Wirtschaft
von Hochschulprof. RN Dr. Miroslav Blažek – RN Dr. Jaromír Demek CSc. – RN Dr. Miroslav Macka
1971, 144 S., 47 Abb., 25 Tab., brosch., ISBN 3 7019 8001 2

DDR – Land, Volk, Wirtschaft
von Prof. Dr. Johannes F. Gellert – Prof. Dr. Hans-Joachim Kramm
1977, 144 S., 26 Abb., 35 Tab., brosch., ISBN 3 7019 8030 6

Polen – Land, Volk, Wirtschaft
von Stanislaw Leszczyki und Teofil Lijewski *(in Vorbereitung)*

VERLAG FERDINAND HIRT